035

视界

除了野蛮国家，整个世界都被书统治着。

司母戊工作室

俄罗斯千年文化

РУССКАЯ КУЛЬТУРА

从古罗斯至今

[俄]德米特里·利哈乔夫_著　　焦东建　董茉莉_译

人民东方出版传媒
東方出版社

图书在版编目（CIP）数据

俄罗斯千年文化：从古罗斯至今 /（俄罗斯）德米特里·利哈乔夫著；焦东建，董茉莉译 .—北京：东方出版社，2020.2
ISBN 978-7-5207-1182-1

Ⅰ.①俄… Ⅱ.①德… ②焦… ③董… Ⅲ.①文化研究—俄罗斯 Ⅳ.① G151.2

中国版本图书馆 CIP 数据核字（2019）第 202113 号

著作权合同登记号 图字：01-2019-5336号

俄罗斯千年文化：从古罗斯至今
（ELUOSI QIANNIAN WENHUA: CONG GULUOSI ZHI JIN）

作　　者：［俄］德米特里·利哈乔夫
译　　者：焦东建　董茉莉
策　　划：姚　恋
封面设计：李　一
版式设计：知行兆远
责任编辑：姚　恋　杨　磊
出　　版：东方出版社
发　　行：人民东方出版传媒有限公司
地　　址：北京市朝阳区西坝河北里 51 号
邮　　编：100028
印　　刷：北京图文天地制版印刷有限公司
版　　次：2020 年 8 月第 1 版
印　　次：2020 年 8 月第 1 次印刷
开　　本：787 毫米 ×1092 毫米　1/16
印　　张：24.5
字　　数：580 千字
书　　号：978-7-5207-1182-1
定　　价：128.00 元
发行电话：（010）85924663　85924644　85924641

致中国读者

亲爱的中国读者：

很高兴我外祖父德米特里·谢尔盖耶维奇·利哈乔夫（Дмитрий Сергеевич Лихачёв）的两部著作《俄罗斯千年文化：从古罗斯至今》和《俄罗斯千年艺术：从古罗斯至先锋派》译成汉语与中国读者见面。大家手中的这本《俄罗斯千年文化》是作者所做的一份巨大贡献，它有利于不同民族之间的文化交流，促进彼此之间的了解。而我外祖父德米特里·谢尔盖耶维奇一生都在推动这种对话的发展，他的思想和精神财富随时可激发活力，能使全球不同区域的人们感兴趣，本人为此感到十分欣慰。衷心希望，这部著作能增进世人对俄罗斯和俄罗斯文化的了解。

——薇拉·济利金克维奇（Вера Зилитинкевич）

目 录

文化与良知

如果有人认为他是自由的，这是否意味着他就可以为所欲为呢？回答当然是否定的。这并非外人开始对他发出禁令，而是因为人们自身的行为往往是由本人自私自利的动机所决定，此种动机与自由意志做出的决定互不相容。

自由经常对自己提出诸多的“不许”，但并非随意禁止某些事物，而是因为自私的想法和动机本身并不在自由范畴之内。自私自利是一种被迫的行为，尽管被迫性不可能禁止任何东西，但它却能使人失去自由。因此只有在不受任何外力强制的情况下，一个人才能获得真正的内心自由。如果一个人在个性、民族性（民族主义、沙文主义）、阶级、阶层或其他方面表现得特别自私，他就不可能产生任何自由。

只有当一个人彻底摆脱利己主义，表现得大公无私时，他的行为才能是自由的。

良知是个人自由的捍卫者，良知可使人摆脱自私利己的（广义上的）鸡虫得失和自私自利的动机。自私和利己主义是人的外在特征，而良知和无私则深藏于人的灵魂深处。因此完全符合良知的行为才是自由的行为。

由此可见，良知是一个人真正的内心自由的捍卫者。良知敢于抵抗来自外部的各种压力，使人免受外力作用的侵扰。当然，良知的力量时大时小，有时甚至完全消散。

可使人服服帖帖的外因（包括经济、政治、身体病痛等）能导致人的内心产生混乱及不和谐。请看几个最简单的例子，党的利益有时与个人利益之间产生矛盾，而在不同的时间，人们对个人利益的看法也不尽相同：发财致富、政治声誉、身体健康、享受等，能使人采取完全不同及互不相容的行为。深受外力支配的人，其行为也会变得不协调。

从广义上讲，良知是无私的，它可唤起人们做出无私行为的欲望。良知本身是自由的，它是一个人完全独立、精神完整、保持自我和个性的基础，甚至当身处集中营、监狱、单身囚房和接受酷刑时，它也能坦然相对。

阿西西的圣方济各曾经断言，只有在“寄人篱下”的时候，才能真正感受到自由的重要性。换言之，只有不受任何外因左右自己生活的人，只有精神和行为不受外界支配的人，其行为才是自由的。

良知与所有的自私和利己主义的外力作用是对立的，与消除人们个性差异以及破坏人的内心和谐的行为是对立的。

事实上，良知是非常神秘的。它最终也可能变成一种无私的恶行。如果相信世间存在着邪恶

《弗拉基米尔圣母像》，12 世纪初从拜占庭传入，俄罗斯最受欢迎的圣母像之一

和魔鬼，那么，这一点就比较容易理解（因此可能会把邪恶和魔鬼看作一种个性）。

为什么凭良知做出的诸多行为之间不仅不会相互矛盾、相互对立，反而还能形成一个整体呢？难道这不意味着善良会使人趋于完善，不意味着能使个性变得崇高并更接近上帝吗？

由良知决定的个人自由具有自身的空间和活动范围，有的空间和活动范围较大，有的则较小；其程度也有深浅。个人自由行为的广度和深度，取决于他个人的文化程度和全人类社会的文明程度，良知通常在个人的文化程度和人类社会的文明程度的范围内发挥作用……文化修养颇深的人们，往往在做出某种决定或解决某些问题时，会有很大的选择余地，会有广泛的创作可能。在这一方面，良知决定着一个创作者的真诚度、天赋发挥的程度和独创能力等。

良知的作用空间不仅限于狭窄的日常生活范围，而且还是一种有利于科研和艺术创作的大环境。良知的活动空间和环境是一种充满信仰的领域，是人与自然、人与文化遗产之间相互关联和相互作用的领域。文化与良知相互需要，文化可以拓宽并丰富良知的活动空间。

大诺夫哥罗德的圣索菲亚大教堂，建于 1045—1050 年

文化是一种整体环境

在很大程度上，文化是人民和民族向上帝证明自身存在的表现形式。

今天，很多人都在谈论各种不同“空间”与“活动范围”之间的统一问题。刊登在数十种报纸杂志上的文章，电视台和广播电台经常讨论经济、政治、信息和其他空间统一的问题，而最使我感兴趣的是文化空间问题。在这种情况下，我理解的文化空间不仅是固定的地理位置及其范围，它首先是一种环境空间，该空间不仅具有自身的长度，而且还有其深度。

在我国，至今尚无文化和文化发展的概念。大多数人（其中还包括某些“政治活动家”）对文化的理解仅局限于少数几种现象：剧院、博物馆、说唱艺术、音乐、文学，有时甚至不把科学、技术、教育等纳入文化范畴之内。除此之外，我们还会经常看到，人们对已被纳入“文化”范畴之内的几种现象进行相互隔离的分析研究：戏剧方面的问题是独立的，作家协会的问题也是独立的，演出团体的问题也是独立的，博物馆的问题还是独立的……

然而，文化是一种十分广泛而完整的现象，它使人们分别占据固定的空间，使众多的普通人成为人民和一个民族。宗教、科学、教育、人们的行为规范和国家道德准则等，都应被纳入文化范畴之内，它们曾经都属于这个范畴之内。

如果人们只是占据了某个地理位置和空间，如果他们缺乏属于自己的整体文化、历史、传统的文化生活和文化圣地，那么，他们（或他们的统治者们）必将面临异常严峻的考验，国家的完整必将遭到各种专制主义意识的侵扰，这种意识将会更强硬，更缺乏人性，由文化标准定义的国家完整和统一将无法保证。

文化是人民的圣物，是民族的圣物。

那么，究竟什么是古老的、有些过时的、模糊不清的（主要是不再随意使用的）概念——“神圣的罗斯”呢？当然，它不仅是俄罗斯历史及伴随其发展的、固有的各种诱惑和罪孽，而且还是俄罗斯宗教财富，其中包括教堂、圣像、圣地、朝拜和祭祀的地方以及与历史记忆密切相关的名胜。

“神圣的罗斯”乃是俄罗斯文化中的神圣瑰宝，那一时期的科学、积淀千年的文化财富、珍藏整个人类精神珍宝的博物馆，这一切都是俄罗斯各民族人民的精神财富。还有俄罗斯妥善保存的古希腊罗马文物，意大利人、法国人、德国人和亚洲人民创造的作品，它们在俄罗斯文化发展史上，同样发挥了巨大的作用，同样是俄罗斯的宝藏。除了极少数的例外，它们都被编织在俄罗斯本国文化的织体上，并成为俄罗斯文化发展的一个组成部分。在圣彼得堡，俄罗斯画家不仅可以在美术学院学习，还能在埃尔米塔日博物馆、库舍列夫－别兹博罗德科画廊、斯特罗加诺夫画廊、施蒂格利茨等画廊学习；在莫斯科，画家们还可在休金画廊和莫罗佐夫画廊学习。

"神圣的罗斯"这种文化艺术珍宝既不会遗失，也不可能被随意出卖；既不能受到侮辱，也不能被人遗忘或肆意挥霍。如果那样，必将是一种不可饶恕的罪行。

出卖国家文化财富或将其作为抵押（欧洲文明国度的人们一向认为，放高利贷是最卑鄙的勾当），就等于一个人犯下了不可饶恕的罪行。不仅政府和议会无权支配国家文化财富，当代人也无权支配它们，因为从根本上讲，文化财富并不属于某一代人，而是属于将来的子孙万代。这就如同从道德权利上讲，我们无权盗窃或滥用自然资源，我们也无权忽视我们子孙应该拥有的财产权和生活的权利。与此同理，我们无权支配应该服务于后代的文化财富。

我认为，将文化看作某种有机现象或某种整体环境极为重要，各种不同的文化观、发展趋势及规律、相互吸引和相互碰撞等各种法规，均在这种环境下共存。

我还认为，必须将文化看作一种固定的空间、神圣的场所，不能像玩象形玩具游戏[①]那样，可从这一空间任意拆下某一件小部件，而不碰及其他部件。然而，只要从文化中"拆除"某个"零部件"，整个文化必将面临崩塌。

暂且不去深入探讨局部和细节问题，也不必重点讨论艺术理论、语言理论和科学理论领域中现有的各种观点之间的差别。本人只想在此提醒大家注意，应该具有整体观念，从整体上研究艺术和文化。从这一观念出发，存在着创作者（某些文章或作品的作者、音乐作品的作曲者、油画的创作者、艺术家、学者等）和需求者（信息、文章、作品的获得者等）。根据这一观念，文化现象会在某种空间和时间内得以发展。创作者位于这一链条的开端，而需求者位于这一链条的终端，即相当于句子末尾的句号。

上述文化学的这一链条不能使人彻底而全面地理解文化现象，也不能对它们做出应有的评价。文化创作过程本身、人们对创作者的创作成果的接受能力，最终都会导致人们对文化现象的低估，还可能低估人参与文化活动及其在文化活动中的作用。

首先必须注意的是，恢复创作者与接受者之间的联系，应该重视接受者的共同创作，缺乏这一点，创作本身将会失去意义。作者（如果是一位天才的作者）总是会特意留下某种"悬念和空间"，以便使接受者、观众、听众和读者去完成，去思考。这种情况在文化迅猛发展的时代（古希腊、古罗马、古罗斯及 18 世纪的各种艺术创作）尤为突出。

在罗马艺术当中，乍看上去，每根圆柱的尺寸大小一致，每个柱冠的高度也相同，但实际上它们之间依然存在着明显的区别，圆柱使用的材料本身，同样存在着明显的区别。由此可见，某件作品完全一致的参数可使人将另一件作品的不同参数看作是相同的。换言之，这一事实可使人"推测出不同作品的同一性"。在古罗斯建筑艺术中，我们同样可以捕捉到类似现象。

在罗马艺术当中，使人感到惊讶的还有一点，即所有的艺术创作都源自圣经故事。十字军从圣地（耶路撒冷）巴勒斯坦运来一批圆柱，并将它们分别竖立在用本土材料制成的尺寸相同的柱子中间，于是基督教教堂在被毁掉的多神教神殿的地基上拔地而起，以此使观众（在很大程度上，迫使观众）推测和想象建筑师的构思。

① 象形玩具游戏（Бирюльки），俄罗斯特有的一种儿童游戏"比留尔卡"。需要若干木质或金属刻制的微型玩具（通常有极其微小的茶壶、茶杯、勺子、叉子、桌椅板凳和其他器皿），将它们无序地堆积在一起，然后用小钩子一个一个地钩出来，但不得碰到其余的玩具。谁钩出的玩具多，谁就是胜者。

大诺夫哥罗德商贸区的女圣徒帕拉斯凯娃（"星期五"，诺夫哥罗德商人的保护神）教堂，始建于 1207 年

19 世纪的修复者全然不懂中世纪艺术的这一特点，他们的追求主要是准确恢复古代教堂完全对称的结构、保持教堂左右两翼的绝对一致。例如，19 世纪，曾以德国人固有的认真和严谨的特质，恢复修建了位于科隆的罗马天主教教堂：教堂正面两侧的尖塔绝对一致。法国修复大师欧仁·维奥莱·杜克（E. Viollet-le-Duc），在修复巴黎圣母院时，同样采用了这种绝对对称的建筑风格，只是教堂正面两侧塔楼的尺寸相差 1 米，但这不可能是由于设计师的任性出现的差别。

类似的其他建筑艺术实例还有很多，在此不必一一列举。

作品绝对的准确性和完整性是艺术中的大忌之一，难怪普希金的长诗《叶甫盖尼·奥涅金》、陀思妥耶夫斯基的长篇小说《卡拉马佐夫兄弟》、列夫·托尔斯泰的长篇小说《战争与和平》等，都没有彻底完成，也没有最终结局。正因为这种未完成性，对哈姆雷特和堂吉诃德等文学形象的叙述中才存在着某些差别，有时甚至是争议性的。正因为历史时代发生了变化，这些形象才永远具有一定的现实意义。

连接文化的首先是南斯拉夫学者亚历山大·弗拉凯尔（A. Флакер）提出的一种现象，即风格流派。这个意义十分广泛的定义不仅与建筑艺术直接相关，而且还涉及文学、音乐和绘画。在很大程度上，这一定义还与科学（思维方式）相关，

莫斯科克里姆林宫圣母升天大教堂内祈祷圣像画《圣母》局部，作于13世纪

它可使我们区分巴洛克、古典主义、浪漫主义、哥特式等欧洲各国不同的文化现象，以及罗马艺术（英国人称其为“诺曼风格”），这种风格同样曾对当时的多种文化产生了一定的影响。现代风格也算是风格流派之一。

在20世纪的先锋派艺术风格当中，多种文化之间的相互关系得到了最鲜明的体现。只要回忆一下“左翼文艺战线”、结构派、纪实文学、纪实电影、绘画和诗歌中的立体未来主义、文学研究中的形式主义、无物体绘画等风格，便能理解这层意思。

从某种程度上讲，20世纪文化的统一甚至比前几个世纪表现得更鲜明，相互之间的关系更密切。语言学家罗曼·雅各布森曾这样说道：“科学、艺术、文学和生活是在统一战线，这条战线充满了新兴的、未经探索的和未来的珍品。”此言并非偶然。

为了充分理解风格的统一，重要的是必须懂得，不是在任何时候都完全一致的。准确地、不折不扣地照搬某种艺术风格的所有特点进行创作，这只是天赋不佳的创作者的造化，而真正的艺术家必然与某种风格的形式化特征有所区别，哪怕只是局部的区别。在圣彼得堡建造大理石宫时，意大利天才建筑师安东尼奥·利纳尔蒂（A. Rinaldi）全部按照古典主义风格进行设计，只是偶尔运用了少量的洛可可元素，从而使结构发生了微妙而稍显复杂的变化，他的这种做法不仅美化了整座宫殿建筑，而且还具有这样一个特点：他仿佛是在邀请真正的建筑艺术鉴赏家来破解这座建筑与古典风格之间的区别和其中的奥妙。

位于圣彼得堡郊外的斯特列里纳宫（又译“康斯坦丁宫”）属于最伟大的建筑之一，18—19世纪的大批建筑师先后参与了这座宫殿的设计建造工作，该建筑被看作最精美、最具特色的建筑之谜，它每时每刻都在迫使十分内行的观众去猜想，曾参与这座宫殿建设的每一位建筑师各有神一样的设计理念及构思。

在文学作品当中，也有两种风格或多种风格相互渗浸和相互关联的实例。莎士比亚属于巴洛克和古典主义作家；果戈理的作品带有明显的自然主义与浪漫主义相结合的特点；还有很多类似的实例，在此不必一一列举。创建观众和读者易于理解和越来越新颖的作品这一欲望，经常迫使建筑师、画家、雕塑家和作家改变自己的作品风格，同时不断为读者和观众制作属于自己的风格、结构（构图）和情节谜语。

创作者与跟他共同创作的读者、观众和听众之间的统一，仅仅是文化统一的第一级。

第二级则是文化素材的统一，但这是一种存在于变化和差别之中的统一。

语言是文化最主要的表现形式之一。语言不仅是一种简单的交际手段，它首先是一位缔造者和塑造者。不仅是文化，而且还有整个世界都是从神圣的语言（圣言）开始的。正如《约翰福音》中所说：“起初已有圣言，圣言曾与上帝同在，圣言就是上帝。”

语言可帮助我们观察、发现和理解离开语言无法看到和难以理解的事物，可向人类揭示周围的世界。

世界上，没有名称的现象似乎是不存在的，我们只能借助与其相关的其他已有名称的现象去猜测它，但是在人类看来，作为某种独特的现象，没有名称的现象是不存在的。由此可见，对人们而言，丰富的语言具有何等重要的意义，它可丰富世人的文化意识。

俄语是一种异常丰富的语言，俄罗斯文化创造的世界也是特别丰富多彩的。

俄语的丰富是由一系列因素决定的。第一，这也是最主要的因素，俄语诞生于广袤无垠的大地上，其地理环境和自然条件千姿百态，俄罗斯人与其他诸多民族保持着密切的往来关系。除此之外，他们还有第二种语言——教会斯拉夫语。

许多权威的语言学家（沙赫马托夫、斯列兹涅夫斯基、翁别格恩等）甚至认为，对俄罗斯文学风格的形成而言，教会斯拉夫语是第一种的基础语言（后来在此基础上，逐渐形成了俄语俗语、俚语和多种方言）。俄语还从民间口头创作和科学中（包括科学术语和概念）汲取了大量的营养。从广义上讲，谚语、俗语、成语、惯用语（源于《圣经》、俄罗斯古典文学作品的引语、俄罗斯浪漫曲和民歌歌词）等，均属于语言的范畴。许多文学作品主人公的名字（冯维辛喜剧《纨绔子弟》中的主人公米特罗凡努什卡、冈察洛夫长篇小说《奥勃洛摩夫》中的主人公奥勃洛摩夫、果戈理喜剧《钦差大臣》的主人公赫列斯塔科夫等）早已融入俄语之中，并成为俄语不可分割的一部分（已成为俄语中的普通名词）。除此之外，进入俄语之中的还有"语言的眼睛"所看到的东西和语言艺术创造的成果。还有一点同样不能忽略，即通过绘画作品、音乐作品、文学翻译，通过希腊语和拉丁语，世界各国的文学、世界各国的科学、世界各国的文化使用和体现出的术语、概念和形象等，也均已进入俄语意识之中，进入俄语意识所看到的世界。

由此可见，由于俄罗斯文化的敏感性，俄罗斯文化界显得格外异彩纷呈。然而，这一世界不仅可以不断丰富，而且还会逐渐地，有时甚至是灾难性地和快速变得苍白而贫瘠。这种苍白和贫瘠不仅是由于我们不再对许多现象进行"创作"，不再继续看到它们（例如，曾一度特别常用的"谦恭"一词已经消失。虽然如今人们依然能理解该词的含义，但几乎无人再使用），而是还有与我们现在越来越频繁地使用某些低俗的、空洞的、陈腐的、非根植于文化传统的词语，以及毫无意义和根本不需要的外来语。

革命之后（十月革命之后。译者），国家禁止传授《圣经》，也不允许讲授教会斯拉夫语，所有这些举措均使俄语和本来易于理解的俄语界受到了重创。《诗篇》《圣经》（特别是《旧约全书》）、神学中的许多直接引语开始变得难以理解。俄罗斯文化遭受的这种最严重的损失非常值得我们研究和深思。俄罗斯文化遇到了双重劫难：被排斥和被取代的多数是精神文化方面的概念。

从统一的整体来看，人类的文化素养可比之山地与冰川，它们的流动看似缓慢，但却蕴含着惊人的威力。

我们在俄罗斯文学中可清晰地发现这一点。有人认为，文学只是从生活中"汲取营养"，文学能"反映"现实生活，可直接改变生活，可使人的性情变得温和，但这种极为通行的说法是完全错误的。实际在很大程度上，文学是自给自足的，是非常独立的。毫无疑问，当文学从它自己创建的主题和形象中汲取营养时，必然会对周围世界产生较大的影响，甚至还有助于周围世界的形成，但必须通过非常复杂的方法才能实现，有时甚至要通过难以预料的方法得以实现。

人们早就提出并开始研究一种现象，即19世纪俄罗斯文化的发展。比如，对《叶甫盖尼·奥涅金》的故事情节、体裁结构及形象和专门描写"多余的人"形象的自我发展等现象进行研究。

我们可从下列作品中发现文学的"自我发展"现象：萨尔德科夫–谢德林（М.Е. Салтыков-Щедрин）的作品，他起初借用了古罗斯编年史中的人物形象、某些讽刺作品中的形象，以及后来的杰尼斯·冯维辛、伊凡·克雷洛夫、尼古拉·果戈理、亚历山大·格里鲍耶陀夫（А.С. Грибоедов）等作家作品中的形象，一直不断延续自己的生命：结婚生子、供职，同时具有在新生活和新的历史条件下子承父业的特点。所有这些均为萨尔德科夫–谢德林提供了独特的可能性，使他自如地描写自己同时代人的生活习俗、性情、思想倾向和社会行为规范等。

只有在下列两种条件下，才能出现如此独特的现象：第一，文学应该是特别丰富和发达的；

莫斯科克里姆林宫圣母升天大教堂内的祈祷圣像画《基督》（局部），作于13世纪初

第二，文学的主题范围必须十分广泛，能够引起社会的广泛关注，并具有明显的可读性和趣味性。正是由于这两个条件，俄罗斯文学才成为一部作品，一部与整个欧洲文学密切相关的作品，一部为精通法国文学、德国文学、英国文学和古希腊文学（哪怕是翻译的文学作品）的读者而创作的杰作。如果说到陀思妥耶夫斯基的早期创作或19世纪和20世纪初文学家的作品，不难发现，俄罗斯古典文学家首先要求读者具备多么广博的学识和修养（当然他们很早就发现了这一点！）。这同样证明了俄罗斯（或更确切地说，俄罗斯人）规模宏大的文化环境。

俄罗斯的文化环境本身就足以使每一个有教养的人深信，他所接触的是一种伟大的文化、伟大的国家和伟大的民族。为了证明这一事实，既不必通过坦克群，也不需要上万架战斗机，也不需要展示广袤的领土疆域和取之不尽的自然矿产。

如今欧亚主义之说重新开始盛行[1]。当人们谈到欧亚大洲之间的经济合作和文明合作时，欧亚主义便是一种可被接受的思想，但是今天的“欧亚主义者”主张俄罗斯文化及历史的“图兰民族”①特性，他们将我们引入一个值得怀疑的幻想、非常苍白的神话境地，这种幻想和神话的情感超过了科学事实，超过了历史和文化的现实以及纯粹而理性的依据。

作为一种思想流派，欧亚主义产生于20世纪20年代俄罗斯移民潮的背景下，然后随着《欧亚》杂志②的发刊而得到了进一步发展，该杂志是在十月政变给俄罗斯带来的痛苦和极大损失的影响下诞生的。部分移居国外的俄罗斯思想家，由于自己的民族受到伤害而被另一种倾向所迷惑，这种倾向轻易解答了复杂而悲痛的俄罗斯历史问题。于是他们宣布，俄罗斯是一个特殊的机体，具有面向东方、面向亚洲（而不是面向西方）的特殊地域。由此得出结论，欧洲的法则是根据西方人的标准和价值观制定的，它们似乎完全不适于俄罗斯的发展。有什么办法呢？亚历山大·布洛克（А.А. Блок）的诗歌《西徐亚人》就是在满怀民族屈辱感的基础上写出的。

事实上，在俄罗斯文化中，欧亚性只是一种幻觉。俄罗斯地处欧洲与亚洲之间，这仅仅是一个地域问题，我甚至可以说，仅仅是一个“地图”问题。如果从下方看俄罗斯，我们当然处于东方，或至少是处于东西方之间。不过，在法国人眼中，德国就是东方；在德国人看来，波兰就是东方。

俄罗斯文化中的东方元素少之又少，在俄罗斯绘画艺术中，几乎没有受到任何东方元素的影响；在俄罗斯文学中，尽管有一些从东方引进的故事情节，但说来也很奇怪，这些东方情节竟是从欧洲（从西方或南方）引进的。特别典型的是，甚至在普希金作品的“全人类意义”当中，取自波斯诗人哈菲兹诗歌中的情节，或取自《古兰经》的故事情节，同样是通过西方国家传入俄罗斯的。俄罗斯还不曾了解塞尔维亚人和保加利亚人常用的（波兰和匈牙利都有的）一个词——“假土耳其人”的真正含义，后来他们才知道，所谓“假土耳其人”，原来是指已接受伊斯兰教的多个斯拉夫民族的代表。

对俄罗斯而言，对欧洲多国（西班牙、塞尔维亚、意大利、匈牙利）而言，南北方各民族之间的矛盾和对抗，比东西方各民族之间的矛盾和对抗更重要。

欧洲的精神文化从南方、拜占庭帝国和保加利亚传入古罗斯，而另一种信奉多神教的公国侍卫时期的军事系统（斯堪的纳维亚的军事）从北方传入古罗斯。比较自然的说法应该是“具有斯堪的纳维亚元素的罗斯”，而不是“具有欧亚元素的

① “图兰民族”是一个过时的术语，原指确定中亚各民族区别性的外表特征，这些民族包括中亚各民族、西伯利亚人、乌拉尔人、欧罗巴人和蒙古人等。

② 《欧亚》杂志是英国百万富翁和东方学家斯波丁1923年在柏林创办的期刊，主要刊登欧亚主义者的文章，先后出版三期：第一期（1923年）、第二期（1925年）和第三期（1927年）。

罗斯”。

为了在社会中实现和发展真正的大文化，应该提倡很高的文化素养，应该掌握渊博的知识。除此之外，需要营造文化环境，营造不仅带有本民族文化价值的文化环境，而且还需营造属于全人类的文化环境。

这种文化环境（概念环境、概念空间）最鲜明地体现在欧洲文明之中，确切地说，体现于西欧文明之中，因为西欧文明始终保持了过去和当今的文化，即古希腊文化、中东文化、伊斯兰文化及佛教文化等。

欧洲文明是全人类的文明。

我们的文化是俄罗斯文化，正是由于我们的文化是欧洲文化，因此我们的文化才具有全球性的意义。

如果我们想理解亚洲和古希腊的精神文明和文化瑰宝，我们就应该成为俄式欧洲人。

由此可见，文化是一个统一的整体，在这个统一体当中，一个方面、一种氛围得以发展，就必然与另一个方面的发展保持最紧密的联系。因此“文化环境”或“文化空间”是一个牢不可破的整体，其中某个方面的缺失必将使整个文化遭受损失。人文水平的下降或其中某个方面（比如音乐）的下降，甚至会影响数学或物理等学科的水平，虽然这种下降有时可能不会被立刻发现。

文化的存在依靠全人类的积累，而文化的某些组成部分、文化统一机体的某些组成部分的损失必将导致文化的消亡。

文化具有自己的种类（比如民族文化）、形式（如古希腊文化、中东文化、中国文化），但是文化无国界，它会随着自身特点的发展而得以丰富，在与其他民族文化的交流过程中得以丰富。民族的封闭性必将导致文化的衰退，使文化的个性趋于泯灭。

导致文化消亡的似乎是由于下列两种原因和相互对立的趋势（或民族受虐癖）：否定本民族的价值观，不珍惜本民族的文化财富，仇视有教养的阶层，即仇视精英文化的创作者、载体和领路人（在俄罗斯，经常可以看到这种现象）；文化的消亡还可能是由于“蒙受侮辱的爱国主义”（陀思妥耶夫斯基语），这种爱国主义者有时表现得十分极端，有时甚至是已经落后的民族主义（在俄罗斯，这种倾向同样迅速上升）。在这种情况下，我们遇到了同一种现象（民族的偏执性特点）的两个方面。

为了彻底克服民族自身的缺点，我们决不能把民族文化的拯救绝对地看作由我国欧亚分界线所决定的版图优势，也不能将其绝对地看作对实用而优越的地缘政治的探索，决不能把文化拯救的希望寄托在内容匮乏的欧亚意识形态中。

我们的文化，包括俄罗斯文化和俄罗斯各族人民的文化，都是欧洲文化，是一种包罗万象的文化，它有利于研究并掌握世界各国文化的优点。

俄罗斯文化包罗万象这一特点的最佳证明是：革命前俄罗斯皇家科学院创建的科研事业、科研质量及其规模。在科学院里，虽然院士的数量不多，但是他们对突厥学、阿拉伯学、中国学、日本学、非洲学、芬兰乌戈尔学、高加索学、印度学等方面的研究，始终保持很高的科研水平，在阿拉斯加和波利尼西亚还有极为丰富的藏品。

陀思妥耶夫斯基之所以提出俄罗斯文化具有包罗万象的特点和全人类特点这一理念，是因为俄罗斯与恰好具有这种全人类性的欧洲文化非常接近。与此同时，这种全人类特性有利于每个民族保持各自的精神风貌。

今天我们最迫切的任务是：决不能削弱俄罗斯文化的欧洲特性和全人类的特性，大力支持俄罗斯文化这个统一整体的存在及其均衡的发展。

古罗斯第一任大公留里克的雕像

历史的自我意识与俄罗斯文化

我虽然怀着一丝痛感在描述亲爱的祖国俄罗斯，但绝不是在宣扬民族主义。这些短文的产生出于各自不同的缘由，有些是我对本人与某篇文章的作者（很多是已发表文章的作者）不得已而发生争执的回应，因为他们总是对俄罗斯和俄罗斯历史做出极其简单的论断。通常这些作者缺乏对本国历史的了解，他们的文章对祖国目前现实的评价过于随意，对祖国未来的预测也过于偏执。

我发表的意见有时是本人对祖国历史的“读后感”，有时是本人对某些历史发展阶段的思考。我写这些短文的目的，并不是想捋清所有事件的头绪。有人可能会觉得，我的短文过于主观，但最好还是先不必急于对笔者的观点做出结论。我只不过是在祖国历史的大背景下正常看待俄罗斯。我认为，读者最终会明白，这种正常看待的实质是什么，我国目前灾难性现实的真实原因究竟深藏于俄罗斯民族性格的哪些特点之中。

首先我想谈谈，地理位置对俄罗斯究竟有哪些意义。

欧亚大陆还是斯堪的纳维亚？

我在前面已经提到，对古罗斯国家而言（特别是对古罗斯历史的前几个世纪而言），北方与南方之间的状况比欧亚各国的状况更有意义，斯堪的纳维亚比欧亚更有意义。奇怪的是，古罗斯从亚洲获得的东西少之又少[1]。

普遍认为，古罗斯从拜占庭和保加利亚引进了基督教，如果否定这两个国家的意义和作用，则意味着坚持庸俗的“历史唯物主义”的偏激立场。此处所指的并非在基督教影响下风俗的简单弱化（根据白身的体验，我们都很清楚作为　种官方世界观，无神论可将社会道德引向何处），而是关于国家生活的走向本身，关于罗斯各公国之间的相互关系以及罗斯国土的统一问题。

在一般情况下，俄罗斯文化被评定为介于欧亚之间和东西之间的一种中间文化，但这仅仅是从地域角度出发的一种观点，仅仅是西方对罗斯的看法，而实际上，早在习惯于定居的古罗斯时代，亚洲游牧民族只产生了微不足道的影响。拜占庭帝国赋予古罗斯基督教文化及特点，而斯堪的纳维亚主要赋予古罗斯军事和公国侍卫体制。

如果不算古罗斯民间文化和多神教文化，在俄罗斯文化形成的过程中，拜占庭帝国和斯堪的纳维亚发挥了决定性作用。两种截然不同的影响贯穿于整个广袤无垠和多民族的东欧平原，并且在古罗斯文化的创建过程中起到了决定性作用。因此，俄罗斯文化所具有的是介于南方与北方之间的特征，而不是东方与西方之间的特征；对俄罗斯文化影响最深的是拜占庭帝国和斯堪的纳维亚，而不是亚洲与欧洲。

事实上，基督的博爱不仅对古罗斯的个人生活产生了全面的和难以估量的影响，而且还对古罗斯国家政治产生了深远的影响。在此仅举一例：当年基辅罗斯大公雅罗斯拉夫·穆德雷（Ярослав I）在向儿子们口述政治遗嘱时，说出了这样一段话：“听着，我的孩子们：我将离开人世。你们要相互爱戴，因为你们都是一母同胞，都是亲兄弟。如果你们相互之间能保持友爱，上帝将与你们同在，祂将帮助你们战胜一切敌人。你们要和睦相处。如果你们相互仇视，发生内讧，相互为敌，你们将会自取灭亡，将使祖上历经千难万险开创的江山社稷毁于一旦。因此你们必须和睦相处，兄弟之间必须互相遵从。”由于雅罗斯拉夫·穆德雷的遗嘱、他之后的弗拉基米尔·莫诺马赫（В. Мономах）和他儿子姆斯季斯拉夫的遗训，罗斯王公之间建立并保持了和睦的相互关系，维护了法制和公国王位的继承权。

比来自南方拜占庭帝国的宗教影响更复杂、更重要的，是来自北方的斯堪的纳维亚对古罗斯国家政体的影响。根据俄罗斯法律史学家谢尔盖耶维奇（В.И. Сергеевич）的科学论证，9—13 世纪的罗斯国家政体是王公与“维切”（即市民代表会议）混合的权力。从某种意义上讲，这种权力是对王公权力的一种限制[2]。古罗斯时期的维切与王公体制，实际上是北方日耳曼王公侍卫军组织与古罗斯很早就有的维切政权相结合的产物。

在谈到瑞典国家政体的影响时，我们应该记住一点，即早在 19 世纪，德国历史学家雷曼（K. lehmann）曾这样写道：“13 世纪初（罗斯人请求瓦兰人执政 300 年之后。利哈乔夫语），瑞典的政体尚未达到‘国家’政体这一概念的水准。最古老的西哥特法典中多次谈到的‘Riki’或‘Konungsriki’（君主政体），只是通过国王本人相互联系的若干国家形成的‘联邦’。其实，‘若干国家’和‘若干地区’之类的概念，根本没有任何较高层次的和统一国家政体之意义……每个地区均有各自的权利、各自的行政管理中心，归属诸多地区之一的某个地区相当于归属某个国家。”[3]

古罗斯的统一始于俄罗斯国家建立初期，即始于 10 世纪，它比瑞典国家政体的统一更现实。毫无疑问，在这方面，来自南方的基督教充分发挥了自身的作用，因为当时北方的斯堪的纳维亚还处于多神教时期。罗斯人从瑞典邀请来的酋长三兄弟——留里克、西涅乌斯和特鲁沃尔（如果历史上确有其人）来统治罗斯。他们首先教罗斯人掌握了军事技术和兵法，施行了来自北方的王公侍卫军体制。在很大程度上，由于古罗斯本土的国家和社会传统（维切制和地方自治传统），公国的体制才得以建立。在蒙古鞑靼侵略者统治罗斯时期，他们打击的主要对象是古罗斯各地的王公和公国的管理体制，当时维切制和地方自治传统均具有重大的意义。

由此可见，斯堪的纳维亚的国家组织已经落后于古罗斯已建立的国家组织。在古罗斯，在弗拉基米尔·莫诺马赫和他长子姆斯季斯拉夫（Мустислав）执政时期，各公国之间建立并保持了相互关系，在 12 世纪和 13 世纪公国内需的影响下，各公国之间的关系继续发生变化。

拔都入侵使古罗斯国家遭受了最严重的灾难（无论欧亚主义者如何描写这一事件，无论他们如何强调自己的观点），古罗斯国家的公国侍卫军体制因此被摧毁，人民的支柱只剩下村社国家的生活方式。乌克兰史学家格鲁舍夫斯基（М.С. Грушевский）也持有这种观点。

国家传统与人民

在回答斯堪的纳维亚在古罗斯国家固定的政体创建过程中的作用这一问题时，我们遇到了另一个问题，即民主主义传统在俄罗斯历史生活中发挥了哪些作用。在讨论关于俄罗斯的问题时，有人认为，俄罗斯根本不曾有过民主主义传统，也没有正常的、略微考虑人民利益的国家政权方面的传统。这又是一种偏见！在此不必列举足以驳斥陈腐意见的全部事实，只需有针对性地指出几种反面意见。

罗斯人与希腊人于 945 年签订的《和约》使用了“每一个公国，罗斯国家所有的臣民”等词语，而“罗斯国家的臣民”不仅指斯拉夫人，而且还有与斯拉夫人权利平等的芬兰乌戈尔部落（包括楚德人、默利亚族人、维西人等）。

王公们还定期参加代表大会——“王公会议”，他们每天开始工作时，首先召集侍卫军官（即“大贵族智囊团”）开会。公国的杜马是一个王公管辖之下的常务组织，如果“不事先通告杜马的官员”，如果“不与自己的官员共同议事”，王公不得擅自采取任何行动。

还应充分考虑早已存在的律书《罗斯法典》①、最早正式出版的法律汇编《1497 年法律汇编》②，这两部法典的出现都早于其他民族的同类律书。

君主专制

奇怪的是，随着彼得大帝时期西欧影响的步步深化，俄罗斯却出现了专制政体。彼得大帝之前的古罗斯，已经具有非常丰富的社会生活经验。首先应当指出的是“维切”（市民代表大会），不仅在诺夫哥罗德有这种维切，而且在全罗斯各地都有维切和类似组织，既有“王公会议”，也有缙绅会议、教会、大贵族杜马、乡村会议、民兵等组织。只是到了彼得一世时期，即在 17—18 世纪之交，类似的社会活动才宣告终止。正是从彼得一世开始，选举组织被迫停止活动，原来有权反驳沙皇指示的大贵族杜马已不复存在。在大贵族杜马的文件中，除了平时的“沙皇指示，大贵族一致通过”这种行文格式之外，还可发现另一种行文格式——“沙皇指示，大贵族不予通过”。宗主教的决议与国王的命令之间也常常出现偏差，在彼得一世的父亲阿列克谢·米哈伊洛维奇执政时期，也有类似的实例，沙皇的命令有时与宗主教尼康的决议之间发生矛盾。阿列克谢·米哈伊洛维奇并不是一个不肯尽职的沙皇和意志薄弱者，而是与此相反，所以沙皇与宗主教之间的冲突最后达到了异常紧张的状态。为了避免这种现象，彼得一世伺机削弱了宗主教的权势和地位，并以东正教最高会议——主教公会的集体决议取代了原来的宗主教管理制。在彼得一世的观点中，有一点是正确的：迫使大多数官员服从他的意志要比强迫一个强者顺从他的意志轻松得多。我们根据当今的现实也能看清这一点。可允许一个天才而知名的统帅存在，但决不允许天才和有威望的总参谋部存在。一个人在科技领域做出了伟大的创举，他就会遭到大多数学者的反对。此类实例比比皆是：哥白尼、伽利略、爱因斯坦……

然而，这并不意味着本人赞成专制政体。我这样写的目的，只是避免一切可能产生的误解。我本人坚决赞同弘扬强大的个性，而专制与个性之间绝无相同之处。

“莫斯科帝国理论”——“莫斯科是第三罗马”

每当我们思考这一问题时，总是觉得有点奇怪：在尚未归属莫斯科的普斯科夫，叶列扎罗夫村的一座小修道院的长老怎么可能发明带有侵略特性的“莫斯科帝国主义”这一概念。其实，很早就有人指出了“莫斯科是第三罗马”的含义和根源，同时《弗拉基米尔诸王公的故事》也揭示了莫斯科大公国政权的真正实质及其来源。

根据拜占庭人的理解，皇帝不仅是教会的庇护者，而且是世界上唯一的庇护者。事实非常清楚，1453 年君士坦丁堡沦陷之后，在没有皇帝的情况下，俄罗斯教会还有另一位教会的庇护者，他就是经长老菲洛费批准的莫斯科大公和庇护者。当时在世界范围内，除了皇帝之外，再也没有第二个信奉东正教的君主了。莫斯科选择新皇城君士坦丁堡接班人是人们认识东正教会的必然结果。为什么需要半个世纪，莫斯科才开始认识这种思想？为什么 16 世纪的莫斯科没有接受这种思想呢？为什么期待着已退职的都主教斯皮里东（Спиридон-

①《罗斯法典》(Русская Правда，又译《基辅罗斯法典》)，俄罗斯最早的一部成文法律汇编。由雅罗斯拉夫·穆德雷主持编写，成书于 1016 年，主要内容包括刑事、遗产、贸易和司法实践方面的法律标准。

②《1497 年法律汇编》（Судебник 1497 года），罗斯国家法律汇编。其目的是使罗斯法律规范化和系统化，成书于莫斯科及全罗斯大公伊万三世执政时期（1462—1505）。该书是古罗斯封建法律经典之一。

Савва）制定另一种观念——《弗拉基米尔王公的故事》呢？为什么所有的接班人都是冠名为“弗拉基米尔”的莫斯科王公呢[4]？

其实，这些问题并不难解释，君士坦丁堡接受异教之后，参与了佛罗伦萨教派与天主教会的合并，而莫斯科却不想承认自己是第二个君士坦丁堡。因此，创建了弗拉基米尔王公直接源于第一罗马的理念，即直接从第一罗马帝国的创始人奥古斯都承继而来的理念。

直到17世纪，“莫斯科是第三罗马”这一概念才获得了前所未有的广泛意义。直到19世纪和20世纪，长老菲洛费当年给莫斯科大公伊万三世·瓦西里耶维奇（Иван III Васильевич）信中的几句话才开始具有全球意义。果戈理、康斯坦丁·列昂季耶夫（К.Н. Леонтьев）、格里戈里·丹尼列夫斯基（Г.П. Данилевский）、弗拉基米尔·索洛维约夫（В.С. Соловьёв）、尤里·萨马林（Ю.Ф. Самарин）、维亚切斯拉夫·伊万诺夫（В.И. Иванов）、尼古拉·别尔嘉耶夫（Н.А. Бердяев）、安东·卡尔塔绍夫（А.В. Карташов）、谢尔盖·布尔加科夫（С.Н. Булгаков）、尼古拉·费奥多罗夫（Н.Ф. Фёдоров）、格奥尔吉·弗罗洛夫斯基（П.А. Флоренский）和成千上万的人士，分别受到“莫斯科是第三罗马”这一片面的政治和历史概念的熏染。只有这一概念的缔造者（长老菲洛费）未曾想到，他开创的这一概念竟能产生了如此之大的影响。

小亚细亚和巴尔干半岛原来信奉东正教的人们开始成为穆斯林信徒，在君士坦丁堡沦陷之前，他们一直承认自己是拜占庭皇帝的臣民。尽管这种归属感和服从感是一个抽象概念，但它在拜占庭皇帝执政期间的确是现实存在的。在俄罗斯，也曾有过这种归属感和服从感，它们在普拉东·索科洛夫（П.П. Соколов）的《来自拜占庭的古罗斯高级僧侣及其在15世纪初之前的任命权》[5]一书中有所体现，由于该书出版时发生了一系列重大事件，因此很少有人知道它的存在。

农奴制

经常有人发表言论并著书立说，似乎是由于农奴制，俄罗斯人的性格才逐渐形成，但他们并没有考虑这样一个事实，即俄罗斯国家的整个北部地区任何时候都不曾实行农奴制，农奴制在俄罗斯中心地区的建立也相对较晚，而波罗的海一带和喀尔巴阡山脉附近国家农奴制的形成都早于俄罗斯。按当时的规定，每逢尤里节①，农奴有权从一个地主家转到另一个地主家。在残酷的农奴制废除之前，这一规定一直有效。俄罗斯农奴制的废除时间早于波兰、罗马尼亚、美利坚合众国等奴隶制的废除时间。在波兰，由于国民之间的相互仇视，残酷的农奴制得到了进一步强化。当时波兰的多数农奴主要是白俄罗斯人和乌克兰人。

早在亚历山大一世执政时期（1801—1825），俄罗斯的农奴制已经开始受到限制，同时开始为废除农奴制做前期准备。1803年，颁布了关于解除农奴身份的法令。在此之前的1797年，皇帝保罗一世曾下达命令并规定：农奴每周的工作（为地主家劳动）时间最多3天。

如果我们参照其他事实，不难发现，1882年，成立了一个农奴银行组织，该组织专门为农奴购买土地提供资助。

劳动法也有所改进，亚历山大三世执政时期（1881—1894），政府通过了一系列有利于工人的法律：1882年，颁布了限制童工在工厂做工的时间，这条法律早于其他国家颁布的相关法律；1885年，颁布了限制少年和妇女的夜班工作时间的法律；1886—1897年，先后颁布了若干调整工人在工厂做工的法律。

有人可能会向我提出反驳意见，因为毕竟有一些与上述内容相反的事实，其中包括政府采取

① 尤里节（юрьев день）是旧俄历11月26日纪念圣格奥尔吉的节日。1497年法典规定，此日前后各一周内，农奴有权从一个地主家转到另一个地主家。

俄罗斯最古老的城池遗址——大诺夫哥罗德上游的留里克古城遗址（公元 9 世纪）

的某些反面行动。是的，特别是在 1905 年革命[1]和革命之后的几年内，的确发生过类似情况，但是事情总是有点蹊跷，在为具有重要意义的正面现象做艰苦斗争的同时，那些现象反而得以强化。这就意味着，人民获得了改善自己的生存权利，他们曾经为自己的自由而奋斗。

有人说，俄罗斯的革命只是“自上而下”的革命，可他们并不清楚，这些“革命”究竟宣告了些什么呢？不管怎样，彼得一世的全面改革并没有通过任何革命，他的改革最终使国家政权得以巩固和强化，甚至达到了专制的程度。

如果谈到亚历山大二世的改革，首先应该指出的是废除农奴制这一事件，但农奴制的废除并不是一场革命，而只是良性的历史演进阶段之一，其中发挥推动作用的是 1825 年 12 月 14 日发生在参政院广场上的十二月党人起义。虽然那次起义遭到了镇压，但其生命力和影响力一直贯穿于整个 19 世纪的俄罗斯。问题在于，任何革命都是从改变某种意识形态开始，以直接意义上的政变和暴动宣告结束。社会意识的改变使人们明显地感受到 1825 年 12 月 14 日发生在彼得堡参政院广场上的那次起义及其重要意义。

人民的监狱

有些刊物经常登载此类文章，我们随时可以听到这样的说法：沙俄时期曾是“人民的监狱”。但是任何人都只字不提另一件事，即在俄罗斯，一直允许宗教和布道活动的存在，既有天主教和

① 1905 年革命（又称“俄罗斯第一次革命”）是指 1905 年 1 月至 1907 年 6 月发生在俄罗斯帝国首都圣彼得堡的第一次革命。导致那场革命的缘由是“流血星期日”，即在 1905 年 1 月 22 日（俄历 1 月 9 日）皇家军队向广场上高呼政治口号的和平示威者开枪镇压事件。

路德教，也有伊斯兰教，还有佛教和犹太教。

正如大家多次指出的那样，在俄罗斯，一直有普通法和人民早已习惯的公民法。在波兰王国，继续执行拿破仑法典；在波尔塔瓦省和切尔尼戈夫省，继续执行立陶宛法律；在波罗的海的几个省，继续执行马革德堡城市法；在高加索、中亚和西伯利亚地区，当地法律依然有效；在芬兰，继续维持亚历山大一世亲自组织的由4个阶层参加的一院制。

有必要再次指出，俄罗斯的确有过镇压人民的史实，但这并不意味着，应该忽视民族之间的敌意未曾达到当今的程度这一事实，也不应认为，大多数俄罗斯贵族都是鞑靼人和格鲁吉亚人。

其他民族对俄罗斯人始终有一种特殊的引力。一个民族对另一个民族的引力，特别是对那些弱小民族和少数民族的引力，曾有助于俄罗斯本国境内的200多个民族的生存，大家应该承认，这可是个不小的数字啊。然而，俄罗斯这块"磁石"曾一度排斥其他生机勃勃的民族（比如，波兰人和犹太人）。在这个磁场上，在这块吸引其他民族或将其他民族从俄罗斯人身边推开的磁场上，甚至还出现了陀思妥耶夫斯基和普希金。陀思妥耶夫斯基强调了俄罗斯民族的全人类性，同时他又经常在与这一信念的矛盾中失去了自控力，后来又出现了反犹太主义倾向。普希金一边宣称，在俄罗斯，每一个活着的人都将来到他的纪念碑下（"……俄罗斯所有的人民、高傲的斯拉夫子孙、芬兰人、野蛮的通古斯人、草原之友卡尔梅克人"）；一边写出了名为"俄罗斯的诽谤者"等诗歌。他认为，诗中具有反俄倾向的一句"立陶宛的动荡"（这是当时的名称，实际上是指波兰）是指其他民族无权干涉斯拉夫人之间的内部争论。

俄罗斯脱欧

在彼得大帝之前的700年历史当中，俄罗斯是否有过脱欧现象？是的，曾经有过，但并没有到这一神话的创造者——彼得大帝亲自宣告的那种程度。彼得大帝在冲向北欧时，的确需要类似的神话，但是在鞑靼人入侵古罗斯之前，古罗斯已与南欧和北欧多国建立并保持了密切的往来关系。诺夫哥罗德还曾是汉萨同盟①的成员，诺夫哥罗德城内还发现了哥特货币，荷兰人还在诺夫哥罗德建造了自己的教堂。早在9—11世纪，在"从瓦兰到希腊之路"②出现之前，诺夫哥罗德已是波罗的海诸国与地中海国家之间的主要通商之路。1558—1581年，俄罗斯国家已拥有通过雷瓦尔（塔林的旧称）和其他港口可抵达的纳尔瓦港口，前来经商的不仅有英国人和荷兰人，而且还有法国人、苏格兰人和德国人。

到17世纪，纳尔瓦城的居民主要是俄罗斯人，他们不仅在此开展广泛的贸易活动，而且还积极地从事文学创作活动，我撰写的《1665年纳尔瓦河畔的哭泣》一文足以证明这一点，文中描写了纳尔瓦居民对瑞典人压迫的愤懑[6]。

英国外交官吉尔斯·弗莱切（G. Fletcher）在《关于俄罗斯国家》（圣彼得堡，1906年）一书中写道，在纳尔瓦属于俄罗斯的那一时期，每年都有上百艘满载俄罗斯亚麻的商船通过海关。

文化滞后

有一种传播甚广的观点，即俄罗斯人极不文明。这种观点究竟意味着什么呢？俄罗斯人在国内外的行为举止确实"迫使人希望他们表现得更好些"，但是经常在"国外航行"的那些俄罗斯人，绝对不都是俄罗斯民族的杰出代表，这一点早已是众所周知的了。大家非常熟悉的还有另一种情况，

① 汉萨同盟（ганзейский союз）是一个政治和经济联盟，直接意义上的政治和经济集团，其成员包括西欧和北欧国家的300多个城市。该同盟成立于12世纪中叶，17世纪中叶解散。

② "从瓦兰到希腊之路"（"瓦兰之路"或"东方之路"）指从波罗的海经东欧前往拜占庭帝国的一条水上商路，是10世纪初至13世纪中叶瓦兰人对外扩张的商路之一。古罗斯商人也利用这条水路与君士坦丁堡和斯堪的纳维亚从事贸易活动。

即在布尔什维克掌权的75年内，某些官员，特别是那些喜欢贪污受贿的官员，曾被看作最可靠的人和“政治上最文明”的人。然而，我可以这样说，毋庸置疑，具有上千年历史的俄罗斯文化属于“中上等文化”。下列文化名人足以说明问题，科技界有米哈伊尔·罗蒙诺索夫、尼古拉·罗巴切夫斯基、德米特里·门捷列夫、弗拉基米尔·韦尔纳茨基等；音乐界有米哈伊尔·格林卡、莫杰斯特·穆索尔斯基、彼得·伊里奇·柴可夫斯基、亚历山大·斯克里亚宾、谢尔盖·拉赫玛尼诺夫、谢尔盖·普罗科菲耶夫、德米特里·肖斯塔科维奇等；文学界有加夫里尔·杰尔查文、尼古拉·卡拉姆津、亚历山大·普希金、尼古拉·果戈理、费奥多尔·陀思妥耶夫斯基、列夫·托尔斯泰、安东·契诃夫、亚历山大·布洛克、米哈伊尔·布尔加科夫等；建筑艺术界有安德烈·沃罗尼辛、瓦西里·巴热诺夫、瓦西里·斯塔索夫、伊万·斯塔罗夫、安德烈·施塔肯什内德尔……难道还需要一一列举所有行业的精英和代表人物吗？有人说，俄罗斯没有哲学。是的，在俄罗斯，像德国那样的哲学家的确很少，但是俄罗斯拥有大批本土哲学家：彼得·恰达耶夫、格里戈里·丹尼列夫斯基、尼古拉·费奥多罗夫、弗拉基米尔·索洛维约夫、谢尔盖·布尔加科夫、谢苗·弗朗克、尼古拉·别尔嘉耶夫等。

19世纪古典主义时代的俄罗斯语言又是怎样的呢？难道俄语本身还不足以证明俄罗斯文化本身的崇高价值和高端的文明程度吗？

假如不出现上述大批学者、音乐家、作家、画家和建筑师，假如没有他们创造的高端文化财富，俄罗斯文化的辉煌成就又该从何谈起呢？

还有人说，俄罗斯曾是一个真正的文盲国家。这种说法当然是不准确的，科学院院士索博列夫斯基（А.И. Соболевский）收集了15—17世纪的文献收集整理的统计数据，它们完全可以证明，俄罗斯人具有很高的知识水平。起初，人们不相信这些统计数据，后来考古学家阿尔齐霍夫斯基（А.В. Арциховсикй）通过诺夫哥罗德出土的桦树皮文献，雄辩地证实了那些统计数据的可靠性，那些桦树皮文献都是由普通工匠和农奴刻写的。

18—19世纪，在没有实行农奴制的俄罗斯北方地区，人们的知识水平都很高。在最后一次战争（这里指卫国战争。译者）爆发之前，许多农民家里都设有书房，甚至还有大量的手抄本书籍，其中的部分书籍至今还在收集整理之中。

在19—20世纪的人口普查过程中，凡是旧教派信徒，都被归入文盲之列，因为他们曾拒绝阅读印刷本图书。北方、乌拉尔和俄罗斯其他许多地区的旧教派信徒，一直是本地的老居民。

历史学家马琳娜·葛罗米柯（М.М. Громыко）和她学生的研究成果表明，在俄罗斯历史上，从事农业、捕鱼业、狩猎的族群通过民间口述文学创作理解并掌握的知识丰富而宽泛，区别只是在于文化的种类各不相同。当然，俄罗斯农民的文化水平尚未达到大学的水平。虽然俄罗斯的大学文化出现得较晚，但是在19—20世纪迅速达到了很高的水准，特别是在语文学、历史学和东方学等领域，成绩尤为突出[7]。

那么，俄罗斯究竟发生了什么呢？

为什么一个人口众多、文化博大精深的国家，会陷于如此悲惨的境地呢？上千万人被镇压、被管制、被饿死，有的是在“屡战屡胜”的战争中阵亡，这样的国家最后成为一个拥有诸多英雄、众多的被镇压者、无数监视者的国度，这究竟是为什么呢？

人们再次开始探索俄罗斯所肩负的特殊“使命”，此次传播甚广的思想是一种陈旧但特具“颠覆性”的思想，即俄罗斯正在完成自己的使命——警示世人事先提防人为的、国家教育和社会教育导致的死亡和毁灭，展示乌托邦主义的难以实现性和灾难性，特别难以置信的是，19世纪一代代的“先进分子”都对此十分狂热，并将全部希望寄托在乌托邦主义建设上。这简直是不可思议的。我本人拒绝相信如此美好的“使命”，我是一百个不相信，一千个不相信。

俄罗斯从未有过任何特殊使命，也根本不可能有什么特殊使命！

从原则上讲，民族的命运与个人的命运毫无区别。如果一个人带着自由意志来到世上，他就可能会选择自己的命运，可能会成为一个善人或恶人，他本人将会对自己负责，为自己的选择负责，他必将遭受异常的痛苦或接受被承认的幸福，不，不是自我承认，而是得到参与行善的最高法官——最后审判的承认（我特意选用了比较谨慎的词语，因为谁都不能准确地知道，上帝的最后审判究竟是一个怎样的过程），那么，任何一个民族也会这样对自己的命运负责。不能因为自己的“不幸”而怪罪他人，即不能怪罪诡诈的邻居或阴险的征服者，也不能怪罪突发事件，因为突发事件都不是偶然的，也不是由于某种“命运”、劫运或使命注定的，而是由于每一次偶然都有具体原因……

许多偶然事件发生的主要原因之一，均是俄罗斯人的民族性格之使然，因为俄罗斯人的性格决非单一性的。在俄罗斯的民族性格当中，不仅融合了各种矛盾性的特点，而且“同一音域”内同时存在着各种不同的特点：带有极端无神论特点的宗教性、夹杂着吝啬的无私奉献；当他们面对外部情况时，既表现出典型的实用主义，又显得孤立无助；既有沙文主义倾向，又有民族的妄自菲薄；他们的热情好客精神经常带有对人类的一丝仇视；他们不善于带着突然出现和非凡的顽强精神去作战。

普希金曾经说道，尽管俄罗斯的暴动“是毫无意义和极为残酷的”，但是在暴动过程中，这些特点首先表现在暴动者自己身上，表现在因内容贫乏、思想表达不清而献身的暴动者身上。

陀思妥耶夫斯基在长篇小说《卡拉马佐夫兄弟》中声明说：“俄罗斯人的心胸宽广，过于宽广，我真想使它变窄些……”

不少人认为，俄罗斯人在所有事情上都表现得非常极端。这种看法是完全正确的。若想弄清其中的原因，需要进行专门的讨论。在此我只想说，其中都具有非常具体的原因，无须相信什么命运和“使命”之类的东西。中间派的观点是很沉重的，俄罗斯人简直无法承受。

俄罗斯人在各方面都表现得特别极端，而在这种特性当中，还有一种极端的轻信。在俄罗斯历史上，正是由于俄罗斯人的轻信特性，才导致出现了数十名伪沙皇。从某种程度上讲，布尔什维克的胜利是因为他们（根据大众的认识）想进行大变革，而不是孟什维克建议的那种小变革。我对文件和资料（报纸、传单、口号）中没有反映出的这些论据记忆犹新，它们早已深深地刻在我的脑海中。

俄罗斯人不幸的根源，就是由于他们过于轻信

轻信并不是轻率，绝对不是。有时轻信会使人觉得是一种信任，轻信与善良、同情和好客密切相关（甚至与那种最熟悉的、目前已经消失的习俗——慷慨好客相关）。也就是说，在民族性格的“对舞”队列里，正反两方面的特点混合在一起，而轻信却是这一队列的反面特点。有时轻信能导致经济计划或拯救国家的轻率计划：比如，赫鲁晓夫起初相信养猪业，后来又相信养兔业，最后开始倾向于玉米种植，这些都是俄罗斯平民非常典型的特征。

俄罗斯人常常自嘲过于轻信：我们做一切事情都带着“也许”“但愿”“大概是”“恐怕是”的侥幸心理，做事马马虎虎，但同时又企盼“时来运转”。甚至在最严峻的时刻也能充分反映俄罗斯人典型行为举止的这些词语，难以被译成其他任何一种文字。这并不是轻率在某些实际问题中的表现，我们不能对它们做出这样的诠释，而应该

将其理解为：以不自信的形式表现出来的对个人命运和个人使命的相信。

他们试图摆脱国家“监护”并敢于冒险，他们宁愿去大草原，去森林，去西伯利亚，去寻找神话中的幸福而自由的王国。在这个寻找过程中，为了满足个人的欲望，他们甚至可以前往遥远的阿拉斯加，或者移居日本。

有时他们也相信外国人，并试图在这些外国人当中寻求导致个人不幸的罪魁祸首。毫无疑问，在这些外国人的职业生涯和晋升过程中，其优势恰恰是因为他们不是俄罗斯人，而是格鲁吉亚人、车臣人和鞑靼人等。

俄罗斯人的智慧很少用于日常生活的琐事之中，而是极力去深刻地思考历史以及世界上所发生的一切。也正因此，俄罗斯人的轻信特性酿成的悲剧也越来越惨痛。俄罗斯农民平时坐在自家的土台子上，与朋友们谈论政治、俄罗斯人的个人命运与国家命运。这是一种司空见惯的现象。

为了实现个人的计划和思想，俄罗斯人有时表现得非常狂热，他们随时准备付出最宝贵的财富去冒险，随时准备去受冻挨饿、忍受痛苦，甚至为了自己的信仰、观念和思想，随时准备像旧教派信徒那样去自焚。这种现象不仅发生在过去，而且今天也时有发生。

我们俄罗斯人最终必须获得权利，必须获得自行把握自己的今天、自行决定本国政策（包括文化、经济、国家体制等领域的政策）并集聚实力的权利。若想获得这种权利和实力，应该依靠现有的事实，依靠现有的传统，而不依靠关于俄罗斯历史的各种偏见，不依靠关于俄罗斯人肩负着全人类历史发展“使命”的神话，也不依靠俄罗斯由于不曾有过、其他许多国家都曾有过的和特别惨重的奴隶制遗产而必然灭亡的神话，不依靠似乎缺少我国曾有的“民主主义传统”、似乎缺乏而实际上又极为充足的实干精神（仅征服西伯利亚一次事件，我们已付出何等的代价）等等。我们曾有本国的历史，曾有既不比其他民族更差，也不比其他民族更好的历史。

我们应该对目前所面临的实际状况负责。在对时代负责的同时，我们不应该将一切责任全部归咎于敬重前辈的美德和优质上。

我们是自由的，正因为如此，我们才是有责任的。最糟糕的是将一切归咎于命运，做事漫不经心，又指望“时来运转”，但对我们而言，“时来运转”是不可能的！

早在彼得一世时期，编造了许多关于俄罗斯历史和文化方面的神话，我们不敢与此苟同，因为彼得一世当时为了使国家按照他需要的方向发展，必须放弃俄罗斯本民族的传统。不过这是否意味着，我们应该因此而感到心安理得并理所当然地认为，我国的境况正在进入“正常状态”呢？

不是，不是，绝对不是！许多事情都是由于我国上千年的文化传统，我们才应该，也有必要继续保持伟大的强国地位。这不仅由于辽阔无际的疆域和众多的人口，而是由于值得赞誉和伟大的俄罗斯文化。当有人企图贬低我国的文化时，他们总是把俄罗斯文化与整个欧洲和整个西方的文化进行对比，不是与世界上某一个国家的文化进行对比，而是与所有国家的文化进行对比，这当然不是偶然的。尽管这种对比经常是下意识的，但是它们本身恰恰说明，俄罗斯完全可以跻身于欧洲国家之列。

如果我们能保护自己的文化和有利于文化发展的一切（图书馆、博物馆、档案馆、中校、大学、期刊，特别是俄罗斯典型的“厚本”杂志），如果我们能捍卫尚未损毁的、最丰富的语言，文学、音乐教育和科研机构，那么，我们就一定能在北欧和亚洲占据主导地位。

当我们思考本国的文化和历史时，我们要像不能摆脱自我那样，不能忘记对祖国历史的记忆，因为文化因传统和牢记历史才显得强大。重要的是使本民族文化永远保持自身的价值。

描绘俄罗斯最早的圣者鲍里斯与格列布兄弟（弗拉基米尔一世大公之子）的画作

俄罗斯文化的两大根源

俄罗斯文化已有 1000 多年的历史。像其他许多民族的文化那样，俄罗斯文化是在它之前的两种文化相互结合的基础之上产生的。

新文化不可能在与世隔绝和彻底封闭的空间里萌芽和成长，如果有这种可能，那种自我发展的新文化也不会带来独特而持久的结果。从整体上讲，任何一种文化都是在一种文化与其他多种不同文化“之间”诞生的，是决不会在空洞无物的表层成长起来的。

现在我们来看俄罗斯文化在诞生和成长过程中的一系列特点。

首先，俄罗斯文化诞生于幅员辽阔的东欧大平原，因此俄罗斯文化对无尽空间的自我意识，经常伴随着它的政治观念、政治诉求以及史学理论，甚至还伴随着美学观。

其次，俄罗斯文化是在多民族的沃土上诞生的。在北方的波罗的海到南方的黑海之间广袤的土地上，居住着众多的民族，其中包括东斯拉夫、芬兰乌戈尔、突厥、伊朗、蒙古等部落和民族。古代编年史作者多次强调了古罗斯多部族的特点并引以为豪。

在后来的岁月里，俄罗斯一直保持了多民族的特点。从俄罗斯国家形成迄今，俄罗斯一直是一个多民族的国家。多民族的特点曾经是俄罗斯历史、俄罗斯贵族阶层、俄罗斯军队和科学等领域的典型特征。在俄罗斯军队里，鞑靼人、格鲁吉亚人、卡尔梅克人组成了单独的军团。在 18—20 世纪，俄罗斯贵族阶层当中，有一半以上都是格鲁吉亚贵族和鞑靼王公。

最后，我在刚开始提到的两种文化的相遇，由于两者之间相距甚远，因此不得不消耗巨大的能量。与此同时，起到作用的这两种文化（拜占庭帝国文化与斯堪的纳维亚文化）之间存在着很大的差异，因此二者之间在文化形态上更鲜明地显现出各自的不同特点。位于南方的拜占庭帝国崇高的精神文化对古罗斯发挥了作用，位于北方的斯堪的纳维亚的军事对古罗斯产生了深远的影响；拜占庭帝国将基督教传给了古罗斯，斯堪的纳维亚的留里克家族也在古罗斯扎下了根。10 世纪末，这两种文化对古罗斯产生了极其深远的影响，所以俄罗斯文化起源的时间也应该从那时算起。

两种文化（来自南方的基督教和精神文化与来自北方的军事和国家政体）的综合最终也没有彻底融合。在俄罗斯人的生活中，一直保持了两种文化的两个来源，直到现在，人们还在围绕着俄罗斯文化的统一问题而争论不休。这种来自拜占庭帝国的文化与帝国的皇权密切相关，它最终也未能根植于古罗斯。出现在古罗斯的斯堪的纳维亚文化却由于留里克贵族家庭的迅速俄化，逐渐失去了自身的斯堪的纳维亚特色。

这种新型的拜占庭文化和斯堪的纳维亚文化未能在古罗斯达到彻底交融，同时分别获得并强化了各自不同的特点：通过保加利亚语这一媒介，拜占庭文化只是被古罗斯人掌握了一半，并获得了非常明显的宗教特点；而斯堪的纳维亚文化却变成了古罗斯较为具体而实用的国家政体之基础，甚至是带有唯物主义特点的国家政体基础。

在俄罗斯文化的整个发展过程中，两种文化来源具有下列共性特征：一是紧张和不断地思考俄罗斯命运及俄罗斯所肩负的使命；二是在国家与宗教之间经常出现对立。

拜占庭帝国的精神文化与斯堪的纳维亚的国家政体之间，存在着深刻而重要的区别，这些区别迫使两种文化分别从意识形态上保持自我。拜占庭帝国的教会文化证明了自己在古罗斯（国家和人民）宗教使命中的正确性，而古罗斯的世俗政权从“法律层面”证实了自身的权利，即证实了继承整个大公家族或其中某一分支的权利。

11 世纪上半叶的基辅都主教伊拉里昂（Иралион）[1] 是俄罗斯和俄罗斯人民精神命运的预言家，在很大程度上，俄罗斯所有关乎精神生活使命的思想全部从他开始。伊拉里昂在《律法与神赐》一文中，明确指出了俄罗斯在世界历史发展过程中的作用。

在王公贵族争夺国家政权的斗争中，许多编年史作者先后成为某个王公合法身份的“法律”依据和证人。这些编年史作者仔细核查了古罗斯王公地位的变迁，证明了本公国王公的“合法权益”以及他们有权登上全罗斯最高王位的“合法性”。

“俄罗斯使命”的两种观念（宗教使命与谱系使命）曾在古罗斯境内广泛传播，从 11 世纪一直流传至今，同时发生了多次变化。伊拉里昂认为，古罗斯及其主要城市基辅是君士坦丁堡和耶路撒冷使命的继承者，这种观点一直持续到 13 世纪鞑靼人占领基辅之后，并以这种复杂观念解释了基辅沦陷的原因，同时将弗拉基米尔城和莫斯科看作是基辅罗斯和第二罗马——君士坦丁堡的继承者。

而编年史的作者们则认为，从留里克开始的俄罗斯王朝的兴起就是与鞑靼政权媾和的结果。

毫无疑问，在俄罗斯文化的发展中，宗教倾向远远优胜于国家政权。

在古罗斯，远离尘世的修道院非常盛行，它们逐渐成为强有力的宗教启蒙发祥地。希腊静修思潮的影响力不断扩大，民族自我意识和宗教自我意识开始在修道院里生根发芽。图书事业得以蓬勃发展，许多从希腊文译成古俄语的作品陆续问世。

从 14 世纪末开始，圣三一谢尔吉大修道院的影响力逐步增强，一座座修道院拔地而起，它们在一定程度上依附于圣三一谢尔吉大修道院，同时为其他修道院奠定了基础。比如，安德罗尼科夫修道院、基里尔－别洛泽尔斯基修道院、救世主－卡缅修道院、瓦拉姆斯基修道院、救世主－普利卢茨基修道院、索洛韦茨基修道院等，都是在圣三一谢尔吉大修道院的影响下建造的。规模盛大的新修道院星罗棋布，遍及古罗斯的整个北方地区。

随着蒙古鞑靼桎梏的衰亡（可以认为从 1476 年起），宗教倾向在俄罗斯文化中全面优胜于国家政权，当时的古罗斯国家正处于国力恢复阶段。

就在此时，在位于普斯科夫附近的叶列阿扎洛沃修道院里，长老和院长菲洛费 [2] 以格言警句的形式，公开陈述了“莫斯科为第三罗马”这一理念。

国家倾向同样创建了准确的俄罗斯国家的王朝理念，但这只是纯“法律”意义上的王朝理念：通过鼻祖留里克，俄罗斯沙皇家族可追溯到罗马皇帝奥古斯都大帝，莫斯科大公（沙皇）是奥古斯都大帝的合法继承者。他们的出现未经因东正教（实际上是由于佛罗伦萨教会合并）而沦陷的第二罗马的准许……这种理论在莫斯科公国的外交实践中一度占了上风，这一事件甚至被刻画在俄罗斯主要大教堂——莫斯科克里姆林宫圣母升天大教堂内的沙皇宝座的四壁上。

后来到了 19 世纪，上述两种理论（宗教与国家）之间的区别逐渐淡化，甚至达到了二者合一的程度，当然这是一种非常错误的观点。十分明显的是，菲洛费长老的理论带有纯粹的宗教意义，其目的并非侵犯他国领土或吞并他国。这一理论证实，莫斯科只是从精神层面上依赖于它之前的两个基督教国家，也就是说，证实了上帝的恩赐从那两个国家向古罗斯的过渡这一事实。而斯皮里东－萨瓦在《弗拉基米尔王公的故事》中陈述的理论却带有纯粹的世俗意义，它证实了莫斯科对继承罗马皇帝奥古斯都大帝的一切权力这一追求的合法性。无论从直义上讲，还是从转义上讲，这一理论均带有帝国主义的性质。

非常典型的明证是发生在 16 世纪的宗教权力与国家权力之争，这种斗争曾一度非常激烈，但它却一直在隐蔽地进行，因为从形式上看，宗教权力和教会占了优势，位于世俗政权之上。事实上，任何人都不曾为此而争夺，这种现象也非常符合俄罗斯文化的特点。

至于莫斯科国家①的主要圣地，历史上一直是位于莫斯科克里姆林宫内的圣母升天大教堂，几乎所有的莫斯科都主教都安葬在这座教堂内，而不是位于莫斯科克里姆林宫内的天使长主教堂，在此安息的是历代的莫斯科大公和沙皇。

非常典型的一种说法是：鉴于最早的莫斯科大公都是从第一罗马派遣而来，而并非从第二罗马派遣而来，所以莫斯科在修建克里姆林宫教堂时，邀请的全部是意大利建筑师，而且都是来自承认罗马教皇权力至上的那些城市，包括来自拥护教皇统治的城市——比如米兰的著名建筑师亚里士多德·菲奥拉万蒂（A. Fioravanti）。莫斯科克里姆林宫城墙顶部的雉堞也与米兰城墙一样，这也是罗马教皇权力的象征。其实，莫斯科克里姆林宫四周城墙上的雉堞犹如雄鹰的翅膀，它正是教皇党的标志（而俄罗斯人错误地将其称为“燕尾”形垛口）。

关于俄罗斯文化两大根源之间的斗争一直持续至今，某些异教徒和他们所属的教派也参与了这场纷争。修道院也逐渐分为坚持国家意识形态的约瑟夫派和禁欲派，后者带有宗教性和神秘主义色彩，其主张是放弃财富并脱离国家政权。

最终约瑟夫派获胜。伊万雷帝对违抗他旨意的教会进行了残酷的镇压，他本人十分渴望亲自管理教会，并迫不及待地下达了一系列命令和重要批示。当时的俄罗斯教会首领——都主教菲利普[3]在做礼拜时被捕之后，被发配到特维尔少年圣母升天修道院②，随后就被活活勒死。

然而，执政王朝（留里克王朝。译者）却没有合法的继承人。王朝灭亡之后，随之而来的便是混乱时期，正如发生在 12 世纪的古罗斯国家割据时期和 13—15 世纪的蒙古鞑靼桎梏时期那样，混乱时期反而促进了宗教倾向的深化和发展。在俄罗斯文化史上，教会和宗教倾向有助于拯救俄罗斯，激发全社会的宗教热情，还推动了集资活动和武器制造业[4]。建立于 1589 年的宗主教专权

① 莫斯科国家（Московское государство），16—17 世纪沙俄境内莫斯科大公国的名称，在俄罗斯首都迁往圣彼得堡之前，它与“俄罗斯”一词同义，也是俄罗斯帝国初期使用的名称。在 19—21 世纪的历史文献当中，“莫斯科国家”一词是 15—18 世纪俄罗斯中央集权国家的名称之一。

② 特维尔少年圣母升天修道院（Тверской Отроч Успенский монастырь），俄罗斯东正教修道院，建于 13 世纪中叶。1930 年，整个修道院被毁，唯一幸免的是圣母升天大教堂。围绕这座修道院，有一个美好的传说：有一天特维尔公雅罗斯拉夫·雅罗斯拉维奇带着少年卫兵格里戈里在特维尔郊外打猎时，突然发现一位美丽的少女，名叫克谢尼娅，他立刻想娶她为妻。当特维尔公与克谢尼娅结为伉俪之后，格里戈里便剃度出家，并在此修建了一座圣母升天修道院。由于格里戈里出家时正是青春少年，因此人们特意将这座修道院称为“少年圣母升天修道院”。1265 年的《编年史》中对此有所记载。

1995 年为普利卢基救世主修道院修复的 16 世纪初季奥尼西画派的圣像《圣像普利卢基修道院圣季米特里的生平故事》，作者：A.B. 尼杰茨基

是俄罗斯在宗教复兴之路上迈出的第一步，它加固了教会管理和国民精神生活中的个性化原则。

在文化和人民的精神生活中，个性化原则显得极为重要。

17 世纪初，在俄罗斯开始复兴之后，引导文化发展的两个人物发挥了头等重要的作用：一个是宗主教，一个是君主。

由于强力人物——宗主教的出现和君主专制的复兴，17 世纪遇到了许多新问题，即在宗教权力与世俗政权的相互关系中出现了许多问题。

在此之前，世俗政权所受到的重创多于教会权力所受到的挫折。教会为自己增加了世俗政权的多种功能。在少年沙皇米哈伊尔·罗曼诺夫执政初期，实际掌管国家的是他父亲——俄罗斯宗主教费拉列特。17 世纪中叶和下半叶，宗主教尼康的奢望更大，他干脆自称“伟大的君主”。

尼康为了尽快在重新合并后的俄罗斯各地扩大自己的势力范围，包括在小罗斯 – 乌克兰境内，

圣像画《萨罗夫修道院的圣格拉西姆》，作于 20 世纪初

在数百年来已经形成本民族意识和礼俗的乌克兰，甚至在受到天主教影响的部分地区实行自己的权力，尼康决定对教堂祈祷仪式进行改革，试图使国家新老地区的教堂祈祷仪式趋于一致。

然而，宗教权力取代世俗政权和教会改革的奢望不仅未能实现，反而给俄罗斯精神生活带来了连续 300 年的灾难。大多数俄罗斯人没有接受尼康的宗教改革方案，有些人怀着满腔仇恨接受了它们，宗教信仰遭到冷落，教会的权力开始被削弱。由于旧教派信徒的对抗，彼得一世轻而易举地就取缔了宗主教制，并恢复了俄罗斯文化中的世俗政权优先的法则。彼得一世也因此而断送了教会管理中的个人独裁专制，创建了没有个人独裁专制的集体化管理机构——“主教公会”，这一组织完全服从他的意愿。众所周知，在集体化管理条件下使人服从君主政权要比一人掌权时使人服从君主政权容易得多。事实果然如此，教会开始服从国家并变成一个非常保守的组织。第三

大诺夫哥罗德城堡，始建于 11 世纪中叶

弗拉基米尔城圣母升天大教堂，建于 12 世纪下半叶，由当时的弗拉基米尔－苏兹达利公安德烈博格柳布斯基奠基

罗马并没有变成与前两个罗马宗教联系的象征，而成为国家实力和国家尊严的标志，从此俄罗斯变成了一个满足帝王欲望的帝国。

18 世纪中叶，俄罗斯国家生活中占统治地位的只有世俗政权、“唯物主义”思想和极具优越性的实用主义。如同昔日，随着阿索斯圣山和巴尔干半岛上的其他修道院职能逐渐还原，俄罗斯的宗教活动得以复兴。第一个最辉煌的胜利便是在俄罗斯卡卢加市郊外，建造了一座奥普塔修道院，该修道院还逐渐强化了伏尔加河中下游左岸（东岸）一带的长老及其禁欲派的某些观念；第二个胜利是萨罗夫修道院的道德和宗教生活的恢复，19 世纪上半叶，这座修道院曾使俄罗斯的宗教生活显得非常丰富，时任院长的是圣谢拉菲姆·萨罗夫斯基[5]。

俄罗斯宗教原则的回归经过了各种不同的途径和道路，旧教派信徒的宗教生活单独地发出了一丝微弱的亮光。在俄罗斯知识分子当中，有些人也分别独立开展宗教活动。只要回忆一下果戈理、丘特切夫、霍米亚科夫、陀思妥耶夫斯基、康斯坦丁·列昂季耶夫、弗拉基米尔·索洛维约夫等一大批优秀作家和诗人的名字，就足以说明问题。到了 20 世纪，谢尔盖·布尔加科夫、尼古拉·别尔嘉耶夫、帕维尔·弗洛连斯基、谢苗·弗朗克、亚历山大·梅耶尔、瓦西里·津科夫斯基、亚历山大·叶尔恰尼诺夫等大批哲学家，依然以俄罗斯、俄罗斯国家的命运、俄罗斯的过去和未来为主题进行创作。起初在俄罗斯，后来在俄罗斯移民期间，分别创建了俄罗斯思想家联合会，他们的专著和论文也相继出版。

莫斯科市孔采沃区的拜占庭式教堂，始建于 18 世纪中叶

在文化发展过程中，究竟是什么在等待宗教－教会活动与主张国家唯物主义思想之间的对立呢？为了说明国家的文化倾向将沿着全欧之路发展下去，为了说明这条道路要求一个国家必须与其他国家保持密切的往来关系，我们根本不需要成为预言家，因为国家正在渐渐地丧失自己的民族特征，已经无法表达人民的意志，许多人民代表已不能创建崭新的治国方略。若想创建崭新的治国方略，需要大批具有个性的人物和个人权力。除此之外，由多位统治者构成的集体迟早一定会关心他们本身的个人利益，并极力捍卫本人拥有的地位。“代议制的沼泽地”将逐渐成为所有新生事物和新生力量的主要障碍。人民代表仅限于为自己的选民编写完美无缺但无法实现的方针政策，对低级趣味采取纵容的态度。党派已经不能继续表达人民的思想，他们只能以各种不同方式维护人民代表的利益。只有在这个基础上，他们才能趋于所谓联合。

无力的集体化管理形式（主要是指议会、委员会、理事会等）可直接削弱国家的文化创意。

与此相反，精神文明可独立开展活动，而无须国家的干预，当然也不会得到国家的资助。任何一种形式的国家意识形态都是中世纪意识的遗迹，它们以某种形式为实质性的国务活动打上了不可容忍的古代烙印。不能摆脱意识形态的国家，根本无法捍卫人民的自由。与此相反，国家一旦彻底放弃了意识形态，就不再会以知识分子为敌，也就不会产生压制知识自由的企图了。

如果社会上没有任何事物干扰自由和天才的个性发展，那么，社会中将会出现崇高的文化成就。

圣彼得堡俄罗斯博物馆门前的普希金雕像，A.K. 阿尼库申、B.A. 彼得罗夫，作于 1957 年

欧洲文化的三大基础与俄罗斯的历史经验

我本人很早就对历史哲学感兴趣，比如，我比较关注的是，欧洲文化究竟有哪些主要特征？俄罗斯又是如何对待这些特征的？如此等等。

那么，欧洲文化的主要特征究竟是什么呢？

如果想确定欧洲的地理边界，这并不难做到。在很大程度上，确定边界具有一定的相对性。我们可以认为，欧洲的边界位于乌拉尔山脉、博斯普鲁斯海峡（伊斯坦布尔海峡）和高加索山脉。

然而，我们若想确定欧洲人的精神边界，谈何容易，因为地理边界与精神边界是无法吻合的。

例如，虽然北美洲远离欧洲大陆，但是北美洲的文化无疑属于欧洲文化。

与此同时，我们应该承认，如果欧洲的地理边界由于自身的“物质性”而具有一定的相对性，那么，欧洲文化的精神特征却是固定的，也不存在任何相对性。

欧洲文化的这些精神特征是可以直接领会的。我认为，这些特征的存在不需要任何证明，它们早已被描述，人们早已知晓欧洲文化的主要特征。

欧洲文化首先是一种个性特点鲜明的文化。

其次，欧洲文化对其他个性和其他民族的文化十分敏感（欧洲文化的普遍意义就体现于此）。

最后，欧洲文化是一种基于自由创作基础之上和表达个人创作意愿的文化。

现在我们来谈谈欧洲文化易受其他文化感染的特性。陀思妥耶夫斯基在普希金纪念碑揭碑仪式[①]上发表了精彩的演讲。他说，只有俄罗斯人才具有易受其他民族文化感染的特点，而实际上，这种易受感染的特性具有“全人类”的特点，易受其他文化感染的特性是整个欧洲文化的共性基础。

欧洲人善于研究，善于将所有的文化现象、所有的“石头”、所有的“墓地”等，统统纳入自己的研究活动范围之内。他们认为，所有的现象之间都存在着某种“亲缘关系”。他们不仅善于用智慧去了解一切文化财富，而且还善于发自内心地接受它们。

欧洲文化从起初就注重研究、理解并吸纳古希腊文化、中东文化和埃及等国的文化，而且在最近200年当中，还吸纳了中国、日本、印度和非洲各国的文化。

欧洲文化不仅是一种具有普遍意义的文化，而且还是一种个性化特点鲜明并具有广博意义的文化。在欧洲文化中，最受重视的是人的个性、个性化特点、区别性特征、人的天赋及信念。

欧洲文化的个性化特征决定了自身对其他“各

① 1880年6月6日，莫斯科举办了声势浩大的纪念普希金诞辰纪念活动，节日从6月5日开始，持续了3天，其中包括展览会、研讨会和名人演讲等活动。普希金雕像矗立在莫斯科市中心的特维尔广场（雕塑家：亚历山大·奥佩库申）。1880年6月5日，大型展览会在莫斯科杜马大厦举办；6月6日，普希金纪念碑揭幕庆典在莫斯科大学举行；6月7—8日，各界人士演讲活动在全俄文学爱好者协会举行，会上发言的有屠格涅夫等知名作家。陀思妥耶夫斯基在发言中称普希金是“人民的诗人”“诗人—预言家”“具有全人类意义的作家”。

种文化”的特殊关系，也就是说，个性化特点决定了欧洲文化对欧洲大陆之外的其他各民族文化的特殊关系。

这不仅包括欧洲文化的包容性，而且在很大程度上还包括欧洲文化对其他文化的向往，由此体现出自由原则和人的精神自由原则。

欧洲文化的这三大基点（个性化特征、普遍意义和精神自由）密不可分，缺少其中之一，这三大基点都将是不可思议的。只要摒弃其中之一，其他两个基点将不复存在。如果去删除其普遍意义，只承认本民族的文化，自由就等于死亡，反之也是如此。民族主义、法西斯主义和斯大林主义等，已向世人展示了这种极其恐怖的危险性。

个性化特点的基础是个人意志的自由表达，只有自由，才能保证人的尊严。

只有在与其他个性保持“相互联系”的前提下，个性才能得以增长。自由的具体表现就是创作个性的实现。

由此可见，欧洲文化的三大基点：个性化特征、普遍意义和精神自由。三者缺一不可，缺少其中的任何一个基点，其他两个基点便不复存在。若想彻底实现其中的某一基点，首先必须实现其他两个基点。

欧洲文化的三大原则与文化及其最高使命之间有着极为鲜明的联系。文化的最高使命就是在人的心灵深处，在科技事业中和情感深处，充分理解并保护好人类所有的文化，包括理解并保护现有的文化和历史长河中的文化。

每一种文化和每一个有文化的民族，分别在历史中肩负着各自的使命，分别具有各自的思想。

然而，这种使命和思想在受到恶势力有针对性的攻击之后，有时会产生“对抗使命”的性质。

根据本人的理解，恶行是善良的反面镜，是一种负面反映。

恶行所完成的都是负面使命，它们专门攻击文化，攻击与文化相关的思想。

善良越占强势，它的“反面镜”——恶行构成的威胁将会越大，尤其是带有文化个性特点的恶行，即负面的恶行将会更加凶险。

例如，如果一个民族慷慨大方，如果这种慷慨是这个民族最重要的特征，那么，恶行将以一种挥霍现象出现。如果一个民族最明显的特征是精准缜密，那么，恶行将表现得消极无为、因循守旧、冷酷无情。

虚幻而邪恶的个性是善良个性创作的负面之反映，恶行根本没有独立的创作原则，恶行存在于非创作性的否定之中，处于非创作性的、与善良的对立之中。

综上所述，恶行的典型特征逐渐变得易于理解，因此恶行在欧洲文化中首先表现为与文化的个性化原则、包容性、创作自由之间的斗争形式，表现为否定欧洲文化中所有最有价值的东西。欧洲人认为，所谓恶行，首先是指发生在中世纪（15—16 世纪）的宗教之争和 20 世纪的法西斯主义，后者还带有明显的种族歧视、压制创作、使创作变得单调而枯燥以及消灭整个民族和阶层的企图。

根据上述内容，我们来谈谈俄罗斯文化和俄罗斯人民中的善与恶及其特点。

斯拉夫主义者一致认为，俄罗斯文化的主要特征是其同一性。如果只谈俄罗斯文化的长处和优质，这种观点是正确的。

同一性是指基督教向社会普及和提高精神特质的具体表现。音乐中的同一性体现在合唱技艺之中。事实的确如此，合唱是俄罗斯教堂音乐和歌剧音乐中非常典型的表现形式（格林卡、穆索尔斯基等作曲家的歌剧音乐，都清晰地反映了文化的同一性）。在日常生活中，同一性表现为公社（但仅限于最好的公社）等。

在各民族之间的关系中，同一性与包容性比邻。我们可回忆一下传说中的古罗斯起源：起初，罗斯人一致邀请瓦兰王公前来统治罗斯，与罗斯人一道请求瓦兰王公的还有东斯拉夫部落和芬兰乌戈尔部落。从那时起，罗斯就是一个多民族国家。对古罗斯和18—20世纪的俄罗斯而言，其他民族文化的广博性和直接引力曾具有典型意义。在古罗斯国家建立期间，除了罗斯人之外，参与国家建立的还有德国人、鞑靼人、波兰人、乌克兰人、白俄罗斯人、芬兰乌戈尔人等。

这对俄罗斯的科技发展和俄罗斯多民族国家的利益而言，都具有极为典型的意义。俄罗斯皇家科学院创办了颇有发展前景的斯拉夫学和东方学等，在科学院工作的有中国学、阿拉伯学、蒙古学、伊朗学、印度学、日本学、芬兰乌戈尔学、斯拉夫学、突厥学等学科的专家。彼得堡和莫斯科还曾设立亚美尼亚和格鲁吉亚文化中心。

应该注意的是，俄罗斯的旧都彼得堡集中了欧洲国家的各门类艺术。在此从事建筑的有意大利人、荷兰人、法国人和苏格兰人等。在彼得堡已有的各个领域中，德国人、瑞典人、法国人和波兰人分别展示了各自的才华，他们中间既有工程师，也有学者、商人、画家、音乐家、工匠、装饰工和园艺师等。

人民对自由、对“个人意志”表达的渴望反映在经常向北方、东方和南方迁移的过程中。农民们为了摆脱国家政权的束缚而极力融入哥萨克阶层，有的去乌拉尔山脉以东地区定居，有的去俄罗斯北方茂密的原始森林中谋生。尽管如此，应当指出，这些人与地方部落之间的敌对比较少见。除此之外，还有毋庸置疑的一点：人民怀念和追求以教会活动传统形式表达的古代风俗，追求同样极力摆脱国家政权控制的旧教派信徒运动。

由于善良的顶峰总是与最深的恶行之峡谷相邻，因此俄罗斯文化曾饱受反文化及其善良的“平衡器”（相互敌对、残暴、民族主义、不容异见等）的抑制。再次提醒大家注意的是，恶行总是试图毁灭最珍贵的文化财富。

因此在俄罗斯，经常出现对人身自由的攻击和迫害、残暴的统治手段、奴役农民、流放“政治犯”、实行宗教镇压（特别是对旧教派信徒的镇压）和民族镇压等恶劣行径。

在俄罗斯人民当中，善与恶之间的摆度极大。俄罗斯民族是一个性格极端的民族，是个能突然地从一方转向另一方的民族，所以俄罗斯人民才创造了令人匪夷所思的历史。

令人吃惊的是，在俄罗斯文化中，所有的欧洲精神财富和基督教文化都受到恶行的攻击，受攻击的还有民族的包容性和社会的自由。

在伊万雷帝执政时期（1547—1584年），恶行特别猖獗（那一时期对俄罗斯历史并没有典型意义）。在彼得一世执政时期（1682—1725年），全盘欧化的过程与人民对此国策的信任度及国家暴政的强化统统交织在一起。

在斯大林执政时期和“斯大林主义”时期，俄罗斯国内恶行的攻势曾一度达到了“登峰造极”的程度。在此后的一个时期内，尽管国内发生过多次反抗，但恶势力却丝毫没有减弱。

值得一提的是一个非常典型的细节：俄罗斯人民曾以勤劳而著称，确切地说，曾以农民“勤劳的土地耕作”和组织缜密的耕作生活而著称。对他们而言，耕作土地是一项神圣的事业。

俄罗斯农民阶层和俄罗斯人的宗教意识曾被当作主要歼灭的对象，其结果正像人们所说的那样，原来被誉为“欧洲粮仓”的俄罗斯变成了“消费他人粮食的需求国”，恶行最终达到了具体化。

值得注意的是，当今的恶行有一个惊人的特点。正如大家所知，最简单、最有力的社会基本单位是可在自由条件下融合的家庭。目前依然如此，当俄罗斯文化有望摆脱恶行这张网（不容异见、残暴政策、专制、民族主义等）的束缚时，家庭仿佛“无缘无故地”便成为被恶行攻击的主要目标。实际上，最正确的说法是，家庭无缘无故地成为明确的攻击对象。我们大家应该意识到，特别是在我们的祖国，应该意识到这种危险性。恶势力随时会向我们发起全面进攻！

罗斯受洗
在俄罗斯文化史上的作用

我认为，应该像乌克兰文化和白俄罗斯文化那样，俄罗斯文化的起始完全可以从罗斯受洗算起。这是因为俄罗斯文化、乌克兰文化和白俄罗斯文化的典型特征（即古罗斯时期的东斯拉夫文化特征）都是源于基督教取代多神教的年代。

古罗斯本土不曾有过伟大的文化先驱，无论是芬兰部落，还是突厥部落，都没有在北方和南方留下足以润泽东斯拉夫文化的任何遗迹。然而，在南方，在古罗斯疆域之外的地方，曾有一种文化媒介和文化基质，它们对后来古罗斯精英文化的出现起到了决定性作用。因此东斯拉夫部落深深地被这种文化所吸引，在向希腊的老殖民地（特姆塔拉甘和科尔松）移民时，在罗斯远征拜占庭帝国时，最终在不寻常的狩猎活动中，迅速地接受了那里的希腊基督教，这一切都并非偶然。如果考虑到，古罗斯基督教的来源曾使多神教信徒与新基督徒之间的对抗趋于弱化，古罗斯基督化的速度之快和“进展之顺利”的确令世人瞠目。如此之快的基督化进程可以解释为，当时的古罗斯急需接受基督教，如同急需某种文化基质那样，在此基质上，理应诞下伟大而独立的古罗斯文化。

基督教是一种书面宗教，它促使古罗斯开始研究广为传播的神话，研究欧洲和中亚各国的历史。古罗斯文化与当时最先进的国家——拜占庭帝国的文化相互融合，这种融合恰好发生在9—11世纪拜占庭帝国文化繁荣昌盛的巅峰时代。

我们来回顾一下这次文化融合的过程。在瓦尔达·福卡①起义中，罗斯拯救了拜占庭帝国皇帝瓦西里（Василий）。弗拉基米尔一世[1]派6000精兵（瓦兰人）增援皇帝瓦西里二世（Василий II）和康斯坦丁八世（Костантин VIII），帮助他们镇压了起义。那次事件之后，瓦西里二世当即应允将自己的妹妹安娜（Анна）许配弗拉基米尔一世。然而，当皇帝瓦西里二世和跟他同时执政的那位不谋其政的康斯坦丁八世稳坐王位之后，顿时将自己的诺言抛至脑后，决定不再去想它，因为他的祖父康斯坦丁七世·巴格利亚诺罗德内（Костантин VII）曾下令禁止拜占庭皇帝与外国人联姻，更不能与多神教信徒通婚。“皇家女性不许嫁给外国人”这条禁令甚至被刻在索菲亚教堂的祭坛上。在这种情况下，弗拉基米尔一世充分展示了自己的军事实力，围攻科尔松城之后，科尔松城不久就沦陷了。由于形势所迫，瓦西里二世才不得不让自己的妹妹嫁给了弗拉基米尔一世。此举立刻使古罗斯的地位攀升至前所未有的高度，并且与拜占庭皇家成为亲戚。后来的古罗斯大公弗拉基米尔·莫诺马赫就是拜占庭帝国的后裔。古罗斯文化的繁荣发展，标志着古罗斯从一个位于地球边缘的野蛮强国变成一个具有世界文化、世界宗教的强国，基辅索菲亚大教堂的建立标志

① 瓦尔达·福卡（В.М. Фока，？—公元989），拜占庭帝国的军事统帅，皇帝亲自任命的安蒂奥基亚军区长官。

《救世主》，安德烈·卢布廖夫，作于1410—1420年

托尔戈圣母进堂女子修道院教堂壁画局部，1314 年由罗斯托夫主教普罗霍尔兴建，位于伏尔加河左岸雅罗斯拉夫尔州河段

着古罗斯前所未有的繁荣，这座教堂至今依然是基辅市的中心建筑物。我们还记得位于波洛茨克城内的索菲亚大教堂，它也是该城的中心建筑物。诺夫哥罗德也有一座索菲亚大教堂，无论它周围矗立着多少座摩天楼，索菲亚大教堂永远是诺夫哥罗德标志性的中心建筑物，只有它才能代表古城诺夫哥罗德，而不是其他某座与俄罗斯文化不相符的建筑物。位于切尔尼戈夫城的救世主大教堂，至今是该市的中心建筑物。位于弗拉基米尔城的圣母升天大教堂是该市的中心教堂。虽然邻国各地也都在建造各类教堂，但是在教堂规模和美观程度上，却没有与古罗斯完全相同的教堂。因为在这一时期，捷克、摩尔达维亚和波兰等国所建造的主要是一些圆形小教堂，而在他们的东方，却是一个具有许多大型教堂（壁画、马赛克、精美传神的圣像和丰富多彩的文献）的伟大的国家。比如，古罗斯有伊拉里昂的《律法与神赐》，这是一部绝对优秀的作品，因为甚至连拜占庭帝国都不曾有过如此令人折服的神学和政治演讲作品。在拜占庭帝国，只有神学和布道方面的文献，而在古罗斯，当时已有历史哲学和政治方面的演说辞，它们足以证明古罗斯的存在、古罗斯与世界历史之间的联系以及古罗斯在世界发展史中的地位。这是一种令人惊叹的现象，它就如同古罗斯最早的编年史（《编年纪事》）那样令人惊叹。令人瞠目的还有基辅洞窟大修道院院长费奥多西的著作[2]。后来的基辅大公弗拉基米尔二世·莫诺马赫在自己撰写的《家训》中，将崇高的基督教义与多神教的军事思想巧妙地融为一体。因此古罗斯逐渐成为世界强国，而基辅城完全可以与君士坦丁堡比肩。

我认为，古罗斯之所以如此迅速地跻身于世界文化的行列，是因为古罗斯当时具有最坚实的基础，即以民间文化和法学体系形式（比如，《罗斯法典》显然是在罗斯基督化之前问世的）出现的基础。“从瓦兰到希腊”的伟大商路也为此提供了沃土，因为古罗斯曾控制北欧和南欧之路。12世纪，虽然这条商路向西部转移，但“从瓦兰到希腊”的伟大商路依然是连接南北欧的主要通道，基督教也正是沿着这条通道发展起来的。因此才有了使徒安得烈[3]曾沿着这条路布道的传说。在科尔松、基辅、诺夫哥罗德等古罗斯中心城市，沿着这条伟大的商路，出现了古罗斯的基督教，基督教甚至出现在曾攻打君士坦丁堡的多神教信徒组成的军队里。如果从911年与希腊人签订的《合约》来看，当时能代表古罗斯的主要是多神教信徒，那么，在944年签订的《合约》中，代表古罗斯签字的首先是基督徒。

类似内容在上述两份合约中都有详细的记载。收录在《编年纪事》中的签订于944年的《合约》写道：信奉基督教的古罗斯人在伊利亚教堂里发誓，而信奉多神教的古罗斯人面对基辅的诸神发誓。古罗斯曾是一个令人震惊的强国，它联合了芬兰乌戈尔人、突厥人、伊朗人和东斯拉夫人。这一点可通过某些人名和诸神的名称证实。比如，什么是莫科什神？原来她是莫科什部落信奉的女神。什么是佩龙神？这是芬兰乌戈尔部落信奉的神。而古罗斯人信奉的是维列斯神①、斯特里博格神②……当时的古罗斯还需要政治联盟，在罗斯受洗之前的几年内，即在980年，弗拉基米尔一世曾试图建造一座万神殿，但是他未能如愿。我觉得，这是由于一系列客观原因所致：多神教分散在各地和各个不同的部落，能够联合起来的只有各部落的首领，但无法使整个宗教达到统一，也无法使其保持完整。除此之外，多神教是一种没有发达文字体系的宗教，来自欧洲和拜占庭帝国的多神教还具有明显的独立性和隔离性。

多神教曾一度十分盛行，因为这种宗教本身

① 维列斯（Велез или Волос，又称沃洛斯），古罗斯多神教时期的牲口保护神，文学和诗歌的庇护者，是斯拉夫人最崇拜的神之一。

② 斯特里博格神（Стрибог），古罗斯多神教诸神之一。一种说法是司火的“佩龙神”；另一种说法是司风的“风神”。

也有其道德基础，这是非常重要的一点。马林娜·葛罗米柯在自己编写的优秀专著《19 世纪俄罗斯农民传统的行为规范与交际形式》（1986 年）中证实，每一种仪式都具有某种道德标准。什么是托洛卡[①]？托洛卡就是农村的一种集体劳动形式，而在信奉基督教的古罗斯，当经济发展的托洛卡到来时，不再需要原来的集体劳动形式了，原因是农民们都有了各自的土地，他们都能独自耕种，托洛卡变成了帮助贫穷家庭和失去男主人的家庭的一种形式。在罗斯受洗之前，在托洛卡期间，斯拉夫农村便自动地联合起来一起行动。还有一个被称为“双教并存”的概念。我认为，这只是杜撰出来的一种神话。双教并存是不可能的，因为一个人不可能同时相信多神教和基督教，这是根本不可能的。由于曾一度极为盛行的多神教已经破碎，因此弗拉基米尔一世通过相当和平的手段就将其消灭。人们将几年前矗立在基辅各处的多神教木雕神像抛入第聂伯河中，当时人们还为它们而哭泣，然后就把它们忘却了。但大家应该注意的是，人们并没有将那些神像砍得粉碎，也没有将它们付之一炬，而是恭恭敬敬地为它们送行：他们把那些破旧不堪的神像放入水中，默默地将它们的命运交给第聂伯河。古老的诸神走了，但多神教至今依然活在农村的日常生活和人们的精神生活中。例如，家里既有家神，也有莫科什女神。他们认为，莫科什女神与基督教之间毫无矛盾。我们还记得，陀思妥耶夫斯基笔下的主人公拉斯科尔尼科夫对大地发誓，并请求大地之神的饶恕。甚至还有关于崇拜大地之神、向大地之神忏悔的科学论文和论著。当农民们在用犁耕地之前，他们首先请求大地之神的原谅，他们唱着歌，歌词大意是：“请原谅我们吧，亲爱的大地，请饶恕我们破开你的胸膛。”土地耕种就建立在大地信仰和大地崇拜的基础之上，可这并不是双教并存，而是人们对大地的热爱和崇敬。而双教并存是出现于 19 世纪的一个术语，这一点也非常重要。让我们回到刚才所说的“托洛卡”，人们为了互相帮助，个个身穿节日盛装，唱着欢乐的歌曲，装点了各家的骏马，然后举行赛跑、游戏和宴会等活动，到处洋溢着热闹非凡的节日气氛，帮助他人和慈善活动显得自然而毫不勉强。这不是一种沉重的义务，而是一种节庆仪式，托洛卡的真正含义就在于此。这与人们信奉参天大树是同一个道理。我们可回想一下古罗斯神圣的小树林，佩龙神庙附近就有一片神圣的小树林，位于诺夫哥罗德郊外，或许，这是由于权力部门的过失而被毁的最后一片神圣的小树林。诺夫哥罗德人曾经常维护和恢复这片充满神力之林，而今这里却是某个夏令营所在地，人们随意践踏敬拜佩龙神的圣地……人们崇拜大树，崇拜大树具有使人健康的神力，这一点何等重要！我们今天试图采用各种科学方法去对待的那些东西，它们都曾有各自的生命，都曾受到人们的崇拜。比如，人们崇拜生命之树，如果一个人生活在大橡树下，那么，他就能长寿，因为他也献出了自己的一份力量。难道不是这样吗？在基督教中，早已被公认的是：圣三位一体就是世上万物的欢乐。

我在自己的一部专著中再现了一幅古罗斯圣像，画面内容是所有的树木正在向圣母鞠躬祈祷。还有一幅描绘的是骑着各色骏马的圣者弗拉西、富禄、洛禄的圣像（画面上的弗拉西取代了多神教之神沃洛斯），一匹匹骏马犹如一朵朵艳丽的鲜花。

我认为，这一过程（弗拉西取代沃洛斯的过程）进展得比较顺利，因为发生在 1071 年的古罗斯术士起义，首先引起的是饥荒，而不是捍卫古老的诸神。术士们坚决主张：某些巫师能在驼峰里储藏粮食，所以若想得到粮食，必须撕开驼峰。由此可见，那些起义并非纯粹意义上的宗教起义，而是一次经济性质的起义。

① 托洛卡（Толока，талока）是在俄罗斯、乌克兰、白俄罗斯、爱沙尼亚、立陶宛和拉脱维亚等国曾盛行的农村互相帮助的一种形式。一般是指抢收、速建等集体劳动，有时也指在短期内建造教堂、学校、抢修道路等。

在很长一个时期内，王公贵族们在人们面前的行为举止必须遵循多神教的人格与荣誉准则。值得军人效仿的最佳典范并非基督教信徒，而是多神教信徒，这一准则一直保持不变。基辅罗斯大公弗拉基米尔·莫诺马赫说，他曾多次率军远征，每次远征时，他都以神速从基辅赶到切尔尼戈夫，并以此自我夸耀。虽然这不是基督教信徒的行为，但是这与10世纪的斯维亚托斯拉夫大公（Святослав Игоревич）的行为非常相似，后者每次率军远征时，“既不带运送粮草的马车，也不带任何食品”，而是随时吃马肉、各种野兽和动物的肉并将它们切成薄片，藏在马鞍之下备用，他甚至还经常在马背上睡觉。这才是多神教时期的王公之典范。再次重申，虽然我们不知道，多神教崇拜的最高境界究竟是什么，但我们却懂得多神教仪式，当时的每个部落均有各自的祈祷仪式。我们还对多神教的伦理标准有所了解。

文学杰作《伊格尔远征记》清楚地表明，在12世纪，虽然多神教的世界观还没有被人遗忘，但是它已经拥有了18或19世纪非常典型的一种形式，18—19世纪的作家甚至将古代多神教诸神当作某种特定的象征。在《伊格尔远征记》中的“司特利博格神箭”并不是含有宗教意义的诗句，而是多神教时期美学标准的体现。尽管原来的诸神已不再是人们信奉的对象，但是多神教的生态体系却被基督教所接受。多神教并不是一种负面因素，而是一种固定的文化财富。只是随着古罗斯接受基督教，这种财富开始贬值，同时还由于另一种世界观而逐渐上升到崇高地位。在某一《诗篇》中这样写道：“每个活着的人都在赞美上帝……”多神教关于“每个活着的人”的概念也被提升到多神教信徒难以达到的高度，但是国家却不能在互不匹配的两种信仰的条件下生存。弗拉基米尔一世带领罗斯受洗之日，正是他联合古罗斯疆域之时。我们不得不承认，那是国家之必需，而多神教当时根本无力满足这种需求。弗拉基米尔一世时期的国家既不是在警察体制下运转的，也不是在单一的军事体系下运转的，因为那是一个多民族的国家。正因为如此，国家才特别需要国际化的宗教。在罗斯受洗之后，伊什特万一世（斯特凡一世）使匈牙利接受了基督教，而在此前，匈牙利只有少数地区的斯拉夫部落从伟大的保加利亚传教士基里尔和梅福季①那里接受了基督教。伊什特万一世接受的是西方基督教，然后用武力统一了匈牙利王国，并像查理大帝（Charlemagne）那样曾面对宝剑为萨克森人洗礼，而我们则不需要任何武器，我们的受洗过程非常和平。那么，在理解东方正教的问题上，最重要的是什么呢？请看宗主教福季[4]，在他担任宗主教期间，在阿斯科尔德和季尔②率军攻打君士坦丁堡失利之后，他在给保加利亚公鲍里斯－米哈伊尔（Кн. Борис-Михаил）的信中写道，只有通过美，才能认识真理。

如果一个人的容貌是健全而美丽的，那他就不必做任何修整。在宗主教福季看来，只有通过美，才能认识真正的宗教。基辅罗斯大公弗拉基米尔一世派往各国寻求真教的使者们，回来之后向大公禀报，应该接受希腊人的信仰，因为他们在希腊人那里看到了真正的美。

无论弗拉基米尔一世是否了解福季的格言，他的格言渗透着一切，其中包括使者们的决议。不过正如编年史料中记载的那样，他们的决议并非特别言简意赅。

我们可以相信编年史中的记载。即使我们对那些使者和多次出访以及他们的论据有所怀疑，可又怎能不相信大公最后的选择呢？最具说服力

---

① 弟弟基里尔（Кирилл，827—869；世俗名：康斯坦丁）；哥哥梅福季（Мефодий，815—885；世俗名：米哈伊尔）。兄弟二人都是等同使徒的圣者，拜占庭帝国的传教士、哲学家，二人将希腊文《福音书》译成古斯拉夫语，被看作俄罗斯文字的创始人，俄罗斯许多城市都有他们的雕像。为了纪念这两位圣者，俄罗斯将5月24日定为俄罗斯文字文化节。

② 阿斯科尔德（Аскольд，？—882）和季尔（Дир，？—882），基辅罗斯公（与季尔一道执政）。据《编年纪事》记载，阿斯科尔德和季尔都是大贵族，曾参加侍卫军。

彼得拉扎沃茨克圣富禄与圣洛禄教堂圣像《圣瓦西里》，作于 15 世纪下半叶

的论据就是那一座座教堂，它们分别以各自真正的美而令人折服。弗拉基米尔一世曾为建造教堂而操劳，而伊什特万一世却不曾在匈牙利为此费心。如同接受了西方基督教的波兰和摩拉维亚那样，也没有为此劳神。而弗拉基米尔一世却在不断地建造教堂。他还邀请希腊人来基辅罗斯指导，还创建了完整的手工艺体系。所有这些均对整个俄罗斯文化产生了影响，而这种影响是在美学观高于哲学观的基础上出现的。那么，谁是最优秀的俄罗斯哲学家呢？杰尔查文（代表作之一——《赞美上帝》）、丘特切夫、陀思妥耶夫斯基、弗拉基米尔·索洛维约夫。还有车尔尼雪夫斯基，他也曾力争成为一名作家。他们是否都是优秀的哲学家，这一点可能存有争议，但俄罗斯哲学家都是作家或画家，而“色彩中的思辨”就是圣像画的主要特点。那么，15 世纪初最伟大的专题论文是什么呢？当然是安德烈·卢布廖夫（А. Рублёв）的圣像画《圣三位一体》。

人们都爱美并希望通过美认识世界，虽然这种愿望十分强烈，但仅凭愿望是远远不够的。在古罗斯时期，尽管不曾有过大学教育，但古罗斯很早就是一个有文化的国家，而且是一个很有文化的国家。院士阿列克谢·索博列夫斯基通过古文献上的文字曾证明了这一点，如今诺夫哥罗德的出土文物也提供了雄辩的证明。那些桦树皮文献已不再使我们感到惊讶，尽管当时没有开办大

圣像《天使长米迦勒讲述苦难圣徒富禄和洛禄兄弟创造的奇迹》，诺夫哥罗德圣像画派，作于 15 世纪末

学，但是我们的艺术丝毫没有落后于西方国家，俄罗斯艺术一直在因循自己独特的发展之路前行。这种独特性究竟是如何体现的呢？我们的教堂都是欢乐的和装饰精美的建筑杰作。可以这样说，我们的教堂建筑还含有一定的东方元素。或者更确切地说，我们的教堂建筑含有令人欢快的美感。东正教是一种最使人感到愉悦的宗教，诗人丘特切夫有这样的诗句："我喜欢新路德派信徒的祈祷仪式。"[5] 实际上，诗人在此强调了这种祈祷仪式的忧郁性。请大家注意，天主教教堂因自身气势恢宏的规模而显得格外庄严肃穆。相比之下，俄罗斯教堂由于明亮的、色彩鲜艳和闪光的圣像壁，由于人性化的建筑格式、大小适宜的空间、浩瀚而金光闪烁的宇宙感，整座教堂显得美轮美奂，光芒四射。

应当说，古罗斯任何时候都没有与其他国家隔离，她既吸纳了拜占庭帝国的文化，也吸纳了西方国家、北方的斯堪的纳维亚和南方邻国（游牧族）的文化。这是因为古罗斯文化自身的基础异常坚实，在受到教会斯拉夫语和书面语的影响之前，我们的古罗斯语言曾多么优美动听！大公们对士兵们的训导和他们在王公代表会议上的演讲时所用语言，多么精练，多么优美，多么令人感叹！他们所讲的并非民间俗语，而是雄辩的演说词，古罗斯的口头文学创作传统曾坚实无比。

在罗斯受洗之后，修道院发挥了非常重要的

谢尔吉圣三一大修道院的壁画《圣谢尔吉向修士们介绍神火圣餐》

作用。我们曾有一种习惯的观点：俄罗斯文化的发展主体现存在于城市之中，但事实上，从一开始，古罗斯的庄稼人和后来的自由农民①就已成为基督徒。在最古老的罗斯史料中，“自由农民”一词只出现过一次。这就意味着，在农民当中，基督教的传播非常迅速。然而，这不可能是由于维切（市民大会），很可能是由于基督教化之后的多神教所致，它使基督教义变得更加易于理解。自由农民将基督教看作多神教的延续。

尽管如此，一条条崭新的地平线（新知识）已经出现，自由农民们已经做好了接受新知识的准备。古罗斯人已经懂得，除了传统的农事周期之外，还有邻国民族已经接受的一些新地平线、新知识和新视野。或者说，自从接受了纵向的时间，周期便开始纵向运转。

在我国，基督教的发展之所以始于伟大的“从瓦兰到希腊”商路，是因为我们的先辈在沿途看到了许多外国人和外国商品。他们逐步认识到，在这个世界上，还有其他民族存在，于是便产生了这样一个概念：历史不仅局限于本地的坟茔，世界上还有全人类的历史。

斯拉夫人曾有自己的文字，但是那些文字都是比较无序和散乱的。黑衣修士赫拉布尔[6]曾说，斯拉夫人曾用刻画线条和符号书写，但没有固定

① 自由农民（Смерды），《罗斯法典》规定的一类居民，泛指9—14世纪古罗斯从事土地耕作的农民。他们与当时的奴隶不同，随着地方管理体制的发展，自由农民逐渐沦为农奴。古罗斯时期的自由农民直接归属于当地王公管辖。

的次序。最早的文字只是一些符号，他们有时还借用几个希腊字母。例如，刻在某些容器上的符号说明，这个容器里装的是葡萄酒，而另一件容器里装的是粮食。随着基督教进入古罗斯，另一种文字，即最高水平的文字也随之而入，这就是词语有序的文字，带标点符号、空格和具有一定语法规律的文字。这是一种文学语言，是一种最丰富的文学语言。随之产生了一些最复杂的术语，这就是专门为接受基督教思想和文字所准备的语言。在此方面，古罗斯修道院发挥了巨大的作用。一片片新土地是怎样开垦的呢？是通过主要从事文字创作的修道院开垦的。最重要的一项慈善事业就是文字，这就是在基督教向北方推进时首先要建造许多修道院的缘故。在雅罗斯拉夫尔市，修建了救世主修道院；在沃洛格达市，建造了基里尔－别洛泽尔斯基修道院。正是在这两座修道院里，文字创作得到了长足发展。然后在拉多加湖内北部的瓦拉姆群岛上修建了主易圣容修道院，该修道院同样主要从事文字创作。此后在索洛韦茨基群岛建造的修道院主要从事绘画活动。在这些修道院里，还开办了规模庞大的手抄本书籍作坊，从而使书籍获得了新的广阔天地，大批手抄本书籍被运往西伯利亚。书籍还征服了西伯利亚，或者说，最终征服西伯利亚的并不是武器，而是大量的书籍。修道院通常都在郊区建造，基辅洞窟大修道院位于基辅城外；坐落在谢尔盖耶夫城外的圣三一谢尔吉大修道院，乃是俄罗斯书籍最主要的创作中心，历史上将其称为“俄罗斯修道院之母”。十分清楚的是，图书事业在城市远郊得以发展，十分繁重的书籍抄写工作也在郊外。

在我国，曾有这样一种观点，修道院似乎是蒙昧主义的发源地。那么，从事书籍抄写工作的曾是哪些人呢？是谁引进了一整套新的经营管理体系，比如，索洛韦茨基群岛上的经营管理体系，又是谁曾从事新品种水果的培育技术呢？早在古罗斯时期，解决遗产学和育种学问题的正是古罗斯各地的修道院！我们知道，当时古罗斯的苹果就有 300 多个品种！我还没说美学呢，至今我们一直为之赞叹的教堂圣咏美学、教堂祈祷美学、绘画美学和建筑美学，它们一直处于最高水平。不能对此视而不见。除此之外，我们还知道，在俄罗斯历史发展中，教会发挥了多么重要的作用。比如，在古代的封建割据时期，教会支持统一，反对内讧；教会始终鼎力支持抵抗外国入侵的斗争。虽然我们经常谈到德米特里·顿斯科伊在库利科沃会战①取得的胜利，但是我们却往往忽略谢尔吉·拉多涅日斯基（св. С. Радонежский）的作用，他曾为此次会战举行祝圣仪式，正如教会文献记载的那样：“你曾向莫斯科大公德米特里·顿斯科伊预示了与入侵罗斯并在罗斯烧杀抢掠的阿加尔人决战的胜利。”谢尔吉·拉多涅日斯基还勇于打破教规，特意为大公德米特里增派了两名修士[7]陪同，而不是送给他两名勇士。假如他增派的是两名勇士，无论他们多么骁勇善战，在那次会战中也不会发挥显著作用。然而，正是这两名修士使罗斯军队增强了自信。他们随时向罗斯士兵们说明，这是一场神圣的战争，那些在战死沙场的将士将会升入天堂，这次会战不仅仅是通过杀敌来拯救祖国，而是一场神圣的战争。在此鼓舞下，罗斯军队勇往直前，誓死捍卫祖国，他们有意在越过奥卡河之后捣毁渡口，烧毁渡船，决定背水一战并誓死捍卫梁赞公国的领土。

关于基督教对俄罗斯文化、俄罗斯民族性格和俄罗斯人的审美意识的影响，已公开发表多部专著和论文，所以在此不必赘述，但是有一点需要说明，即关于俄罗斯人的宗教意识的一大特点，却不曾有人发声。如果将谢尔吉·拉多涅日斯基与意大利阿西西的圣方济各相比（经常有人进行这样的对比），不难发现二者之间存在着很大的原

① 库利科沃会战（顿斯科伊大公战马迈），1380 年 9 月 8 日，以德米特里·顿斯科伊率领的古罗斯联军与别克利亚尔贝克率领的金帐汗军队在顿河南部支流涅普利亚达一带（今图拉州境内东南部）展开的一次大决战。

则性区别。虽然两者都认为贫穷是僧侣的主要优点，但圣方济各宣扬贫穷，鼓励修士们过流浪生活，而圣谢尔吉·拉多涅日斯基却禁止修士们到修道院以外的地方寻求施舍。他认为，修士们应该辛勤劳动，自食其力，他本人平时就像农民那样辛勤劳作。他的弟子潘富季·博罗夫斯基（П. Боровский）临终前还下令，并告诫修士们必须坚持从事各项生产劳动。索洛韦茨基修道院院长菲利普在索洛韦茨基群岛建造了一座技术设施完善的修道院，这一直被看作他的主要贡献。出身贵族的女圣者尤里扬尼娅·奥索尔金娜（И. Осоргина）为了获得内心的拯救，甚至在自己家里也从事生产劳动，因此她被看作真正功绩的典范。在俄罗斯圣者当中，还有许多特别热爱生产劳动的实例。在俄罗斯，基督教经典产生了真正的美德——勤奋劳动、关心整个集体的财富。无论是修道院，还是某一个公国，还是整个国家，或是一个拥有许多仆人的地主家，都曾具有这种美德。

谢尔吉·拉多涅日斯基是正确思想和传统的领路人，他使古罗斯的统一与教会紧密结合。正如他的学生和智者叶皮凡尼[8]所说，卢布廖夫创作“三位一体”圣像完全是“为了赞扬神圣的神父谢尔吉，是为了通过笃信圣三位一体，彻底消除世人之间的相互仇视和恐惧”。罗斯王公之间相互争斗，他们像当年的波洛伏齐人那样，引来鞑靼人进犯古罗斯国家。激烈的大公王位之争时有发生，每个公国的公都想登上大公的宝座，而教会却能保持统一。因此卢布廖夫的圣像画《三位一体》的中心思想就是主张统一，这一思想在国家分裂期间显得尤为重要。莫斯科大公德米特里·顿斯科伊并非从统一疆土入手，而是从统一民族道德意识开始。作为莫斯科大公和罗斯军队的统帅，德米特里·顿斯科伊的这一举动显得特别睿智，莫斯科也因此赢得了全罗斯的信赖。莫斯科取得的这一胜利并非像某些学者认为的那样，是为了证明，莫斯科占据着得天独厚的商贸之路，而是为了证明，由于在相当复杂的环境下，莫斯科率先实施了整个罗斯疆域的统一。换言之，莫斯科最终以精神力量获胜。

关于经济发展规律，国内经常有这样一种错误而粗俗的见解，这些规律当然是万物之基础，但是当它们带来宗教繁荣时，宗教原则便开始在某一时刻发挥主导作用。莫斯科的经济发展并不比特维尔或诺夫哥罗德更快，但是莫斯科的宗教发展却处于强势和领先地位。

全罗斯宗主教迁居莫斯科之后，莫斯科顿时成为精神联合的象征。

我们再来讨论发生在17世纪的教派分裂活动。应当承认，从某种程度上讲，宗主教尼康的改革是必然的，但那次改革本应带来另一种结果。由于莫斯科已成为乌克兰和白俄罗斯的中心，因此东正教会应有统一的祈祷仪式。教派分裂的倡导者是宗主教尼康，因为他取缔了原来用两个手指画十字的方法，取而代之的是用三个手指画十字。正如古罗斯时期所说，希腊人的祈祷仪式“已被玷污”，同时还出现了多种所谓“创新”，而俄罗斯却保持了传统习俗。当时完全可以找到某种妥协的解决办法，而尼康为使乌克兰和白俄罗斯与俄罗斯联合起来，却站在了乌克兰一方，而乌克兰实行的依然是“从希腊人那里学来的”三指画十字法。现在人们才清楚地认识到，原来在很多情况下，旧教派信徒的做法是正确的，所以正如大家所知，尼康的追随者们只好伪造某些文件。除此之外，尼康本人还具有异常残暴的性格。彼得一世的父亲沙皇阿列克谢·米哈伊洛维奇同样具有非常偏激和跋扈的性格。尼康与阿列克谢通过采取残酷的手段，迫使人们接受统一的祈祷仪式，因而加速并激化了俄罗斯教会的分裂活动。这就是个人崇拜所发挥的历史作用。我认为，很多问题都取决于彼得一世，尽管他本人并不是一个无神论者，热爱东正教，还喜欢在教堂唱诗班里歌唱。实际上，彼得一世的国家改革是宗主教尼康宗教改革的继续，彼得一世的改革使教会的威信大大下降。如果一个忏悔者失去了私密忏悔的权利，如果神父按照国家颁布的命令随时告密，那么，教会还能有什么威信呢？在这种情况下，旧教派祈祷仪式开始兴盛，但这种兴盛并没有发生在阿列克谢·米哈伊洛维奇执政时期，而是发生在后来的彼得一世时期和尼古拉一世时期。在这一发展过程中，尼古拉一世起到了完全相反的作用：他下令驱赶旧教派信徒，因此导致俄罗斯经济发展遭到重创，因为当时最有实力的劳动阶层是旧教派信徒。比如，乌拉尔地区的工业就是由旧教派信徒建立起来的。尼古拉一世制定了反对旧教派信徒的专门法律，从而破坏了俄罗斯的金属制造业。在叶卡捷琳娜二世和亚历山大一世执政时期，俄罗斯的制炮业已经位居世界第一。在冶炼数量和质量方面，俄罗斯同样位居世界前茅。如果咨询一下博罗金诺沙场的考古专家，他们一定会说，俄罗斯制造的炮弹与法国炮弹之间有着明显的区别。俄罗斯的冶炼和铸造技术完全处于另一种高水平上，炮弹上没有任何砂眼。被英国人缴获的俄罗斯古时铸造的火炮，依然挺立在英格兰和苏格兰的许多城堡里，英国人至今还在为俄罗斯古炮的品质惊叹不已。然而，在尼古拉一世执政时期，俄罗斯已经开始倒退，不该把专制制度与东正教混为一谈。尽管修士大司祭福季[9]等人曾有过某些过错，但鄙人在此不敢对教会究竟有多少错误妄加评论。教会的威信在于它独立于国家的这一特性。由于教会与国家交织在一起，因此国家的所有过错全部归咎于教会。这一公式彻底毁灭了当时的东正教会，或者说，至少使教会受到了重创。教会应该独立于国家……1000 年以前，基督教成为古罗斯的国教，这一宗教使整个古罗斯国家趋于统一。后来基督教又使俄罗斯与乌克兰和白俄罗斯达到了全面联合。强势就在于此，弱势也在于此，因为服从于国家的教会丧失了自身的宗教自由和良知自由，并注定了后来的一切：信徒就等同于保皇党。基督教并不是某种意识形态，既不是资产阶级意识形态，也不是社会主义意识形态，而是一种世界观和日常生活中应该遵循的美学准则。一个人去教堂就是为了赶时髦，或是为了改变自己的世界观，这同样是一种谎言。教堂不仅能改变一个人的世界观，而且还能改变人们的生活方式和习惯。信徒的日常生活也应该具有宗教意义，他们应该按时守斋、按时过宗教节日等等。许多人走进教堂，完全是出于表示自己反对半官方谎言这一目的。不过这也带有一丝谎言的色彩，基督教要求的不仅是单一的基督教世界观，而是实际行动。没有实际行动的信仰是僵死的信仰，而具体行动却不曾有过。

有时听到不少人在谈及罗斯二次受洗问题，这是一种不太准确的说法。其实，在罗斯受洗之前（在 988 年正式接受基督教之前），古罗斯已经有了基督教。比如，女大公奥莉加（Ольга）早已接受基督教洗礼；基辅城内很早就有先知伊利亚教堂。罗斯受洗说明，古罗斯国家已正式将基督教定为国教并实行政教合一（即教会与国家合一）的政策。尽管如此，也不可能产生罗斯二次受洗这种说法。就基督教而言，政教合一实际上是一种不幸。本应与此相反，即教会应该完全独立于国家，目的是使教会能得到自由的发展并成为完整意义上的宗教。从整体上讲，社会的发展应该在自由中进行，在自由范围不断扩大的前提下进行。自由的范围应全面扩展，而教会自由范围扩大的标志是它逐渐摆脱自身对国家的从属关系。究竟是一种什么样的从属性呢？有时是被赞许的从属性，有时是被排斥的从属性。

如果说到当代的教会，特别是今天的教会，当我们在关注罗斯受洗千年史和两千年的基督教发展史的同时，必须强调指出：我们坚决支持教会完全彻底地脱离国家的主张。我们的国家应该成为一个真正独立于宗教的国家，国家不应该干预教会事务。当然，教会也不应该干预国务。

俄罗斯罗曼诺夫王朝的第一任沙皇米哈伊尔·费奥多罗维奇（彼得一世的祖父）

解析俄罗斯历史

在我看来，俄罗斯历史犹如一部徐徐展开的、孤独而令人费解的文化悲剧，有时因为自身的孤独被抛到不被人理解的悬崖之下，有时又因为那些伟大的作品和非凡的人物而自我彰显。

从20世纪初到20世纪接近尾声时，我已走过十分漫长的人生之路，我所拥有的是自己对俄罗斯历史最直接的感受，而不是文字和资料记载的历史，也就是说，是"亲历"的感受。比如，我对皇帝尼古拉二世、皇后亚历山德拉·费奥多罗芙娜、皇位继承人、各位大公等人物，还有十月革命前的老彼得堡（彼得堡艺人、女芭蕾舞演员等）都记忆犹新。革命浪潮、机关枪从火炮博物馆方向朝着彼得堡要塞连续扫射的情景、纳甘左轮手枪向索洛韦茨基群岛受难者墓地上空射击的枪声、许多饥饿的农家妇女带着孩子，在列宁格勒居民楼的门廊内躲避寒冷的场景（1932年严冬时节）、对列宁格勒大学和普希金文学之家那些受辱、无助和哭泣的学者们的批判、列宁格勒900天大围困的恐怖气氛等等，所有这些都深深地铭刻在我的视觉和听觉记忆之中。

对我来说，歌剧《霍万希斯之乱》《鲍里斯·戈杜诺夫》《隐城基捷日的传奇》等，都是通过艺术形式表现的俄罗斯百年历史写照。

我对历史、俄罗斯文化的研究成果已融聚成一幅充满浓烈感情色彩的俄罗斯千年史画卷。其中既有痛苦和磨难，也有英雄主义气概；既有探索，也有失落。

在俄罗斯文化史中，曾有过几个充满悲剧的巨变阶段。每逢此时，总让人觉得，一切又将重新开始。

古罗斯接受基督教的过程也曾如此。当时的人们仿佛觉得，多神教文化的寿数已尽，俄罗斯语言艺术的民间口述创作形式已成为过去。然而，数百年之后的今天，我们才认识到，语言文化并没有消失，只不过是变成了另外多种形式。民间口述文学不仅没有消失，而且还有了新的表现形式——书面语形式。

大变革阶段发生在伊万雷帝执政时期。"无益的"文学、小说似乎被彻底斩除，但是我们发现，半个世纪过后，即在17世纪初，过去的经验依然如故。不仅如此，尽管那些经验在16世纪下半叶一直"保持沉默"，但它们却变得更加崇高。

在俄罗斯文化史中，具有启示意义和悲剧性的巨变发生在彼得一世改革时期。当时一切都必须重新做起，但是根据几个世纪的俄罗斯文学发展状况，专家们清楚地看到，俄罗斯文学的发展并没有发生任何中断。俄罗斯文化的发展线路一度遇到危机，但它最终得以恢复并在新水平上继续发展，即在掌握西欧经验的水平上继续发展。

每次巨变到来时，人们总是觉得，一切又得从头做起，每次巨变都分别有其特点。中断来得比较迟缓，每次中断都发生在新的飞跃之前。延迟都是内在的，而内在的延迟都是由外部事件引起的，而且每次延迟的具体情况又各不相同。

这种由外因引起的中断还发生在13世纪中叶，即发生在蒙古鞑靼入侵时期。

那时究竟发生了什么呢？欧亚主义者倾向淡化东方入侵罗斯的意义，而其他学者则与此相反，他们夸大蒙古鞑靼入侵罗斯的意义。尽管如此，无论是欧亚主义者，还是与他们观点相反的学者，都没有从实质上分析和描述那次重大的历史事件，而这一点无疑要比只从数量上评价文化中断的原因更重要。

对西方国家和俄罗斯而言，特别典型的一种现象是夸大俄罗斯的历史特色。探求历史特色是必要的，但是这种探索必须在历史特色经得起科学推敲的范围内进行。几乎所有的人都因伊万雷帝而责备我们，但是正当伊万雷帝在我国施行暴政时，在荷兰，阿尔瓦公爵对自己的敌人进行了血腥的镇压;在巴黎，还发生了巴托罗缪之夜事件，即大屠杀事件。

我们总是被历史的偏见所控制，其中的一种偏见就是有人证实，古罗斯，即"彼得一世"之前的罗斯，是一个文化极其落后的国家。

在俄罗斯的许多图书馆和档案馆内，有成千上万册保存完好的手抄本书籍，其中包括诺夫哥罗德发现的数百张桦树皮文献，它们记载着古罗斯时期的工匠师、农民、男人与女人、普通人、上层社会和许多头面人物的生平事迹；我们的印刷本图书充分反映了古罗斯时期高水平的印刷术；彩绘插图本书籍中那精美的书眉装饰图案、书末的图案、每页上的花形首字母和小型插图画等，"五彩缤纷，色彩诱人"；优美的印刷体字母和手写体字母无不令人惊叹；一个个图书制作中心分别建立在远离城镇和农村的密林深处、沼泽地上和小岛上的古罗斯修道院内；通过手抄本书籍这笔遗产，我们发现了越来越多的新作品、经典杰作和翻译作品；人们很早就已知晓，在古罗斯，以手抄本形式保存下来的保加利亚和塞尔维亚的图书遗产，甚至比他们本国同类遗产的数量还多；在古罗斯，崇高的文学艺术音乐文化中有了许多新发现；古罗斯的教堂壁画和圣像画、古罗斯的实用艺术等，早已在世界范围内得到公认；古罗斯建筑艺术是一个广阔、迷人和丰富多彩的世界，它们仿佛属于不同国家、不同民族，并具有各种不同的美学文化；我们还从手稿中发现了古罗斯医学、俄罗斯历史和哲学、各种惊人的文学体裁、插图艺术、朗读艺术、各种不同的书写体系和标点符号使用规则等方面的资料。而我们自己却一次又一次地重申："古罗斯是一个文化水平很低的国家，古罗斯人只穿草鞋和树皮鞋，古罗斯不曾有过语言。"

为什么会这样呢？我猜想，或许是由于到了19世纪，古罗斯文化的主要载体依然是农民，历史学家们也主要通过他们，通过农民来评价古罗斯，而那些农民早已被农奴制彻底束缚了手脚，因此他们只能趋于贫困，根本没时间读书，整天只能从事过于繁重的体力劳动，他们才是纯粹意义上的赤贫。

在任何一部史学著作中，我们都能习惯地读到关于剥削制度的强化、阶级压迫、民众趋于贫困等方面的内容。不过事实的确如此，但是我们的前辈当时明明知道，在那种压迫日益加深的条件下，人民的文化水平只能持续下降，为什么他们当时没有做出另一种选择呢？我们不能根据19世纪既没文化又不识字（这种情况更严重！）的农奴数量去评判11—16世纪的古罗斯。不能认为，居民的文化水平和文字水平在不断提高。当然不能这样，因为居民的文化和文字水平已陷入低谷。正是农奴制，才导致了文化水平的持续下滑，19

世纪的俄罗斯人依然“只穿草鞋和树皮鞋”的历史才得以持续，甚至有些历史学家也认为，这就是古罗斯固有和最典型的特征。

《百条宗教决议》① 关于诺夫哥罗德教士缺少文化的一番话，曾是（现在依然是）对全民缺少文化的肯定。但问题是，当年召开百条宗教会议是为了统一全罗斯的教堂祈祷仪式。会议期间，与会代表们按照诺夫哥罗德的习俗，仅从所有街道的居民中选举教士，所以成为教士的甚至还有根本不懂得教堂礼仪的人。

总而言之，至今保存完好的手抄本书籍和印刷本图书，是由热情的志愿者和爱国主义者勇敢地前往北方、乌拉尔、西伯利亚和其他地区收集整理的，是一笔最丰富和最可靠的史料，它们需要我们的承认，我们应将这些书籍看作俄罗斯前700年历史中高水平文字文化的证明。人民的知识水平有助于我们理解高水平的语言文化在俄罗斯民间口述文学中的作用，理解民间建筑艺术、民间工艺制作中的崇高的美学观，理解在未受农奴制束缚的地区，俄罗斯农民具有崇高的道德品质。比如，俄罗斯北方农民就具有崇高的道德品质。

有些人对历史不够了解，特别是对俄罗斯历史不够了解，但他们又特别喜欢谈古论今，而且喜欢在广为流传的神话基础上做文章，并以怀疑的态度思考当代的某些大问题。这大概不仅是俄罗斯独有的现象，我在法国人和英国人那里也发现了类似的现象。他们喜欢阅读居斯蒂纳侯爵[1]的著作，他曾在19世纪30年代造访俄罗斯，在不懂俄语的情况下，这位侯爵先生收集了一些碎片资料，但是他的著作在法国曾多次再版。而他本人在俄罗斯仅逗留了两个半月！即使是这样，在克里米亚战争② 爆发之前，他的著作竟成为反对俄罗斯的宣传品。

然而，关于俄罗斯历史和俄罗斯人性格的神话却显得非常可信，它们通俗简单，自然地长期流传，人们还在此基础上创造了许多新神话和传奇之谜。我们也不必去破译这些新谜语，因为这些新谜语读起来也能让人感到平静：既可通过乐观精神而使人趋于平静，也可借助悲观特点使人趋于平静。人们常说，这个国家历来都是应有尽有，可他们却一事无成，即使他们也曾尝试改变什么，但最终什么都没有变化。

有人说，斯大林曾有自己的前辈（其实只有一位，那就是伊万雷帝；大概无人将彼得一世纳入斯大林的前辈之列，因为无论是在个人天赋方面，还是在教养方面，二者存在着天壤之别）。在俄罗斯，历次革命只是在上层进行（解放农奴也被宣布为“一场革命”）。人民永远都是服从者，他们永远都是毫无怨言的奴隶。这是在发生过无数次起义（斯捷潘·拉辛率领起义、布拉温发动的起义、布加乔夫起义等）的国家里存在的一种现象。在这个国家，哥萨克阶层得以发展壮大，上万名旧教派信徒四处逃亡，上千人甘愿自焚，也不肯服从政权的统治和沙皇的命令；在这个国家，知识分子经常反对政权部门；在这个国家，曾出现世界上唯一的特殊现象——十二月党人运动，他们为了捍卫国家和人民的自由，甚至反对本阶层的利益。

其实，在十二月党人的功绩中，也有人民的一份功劳。早在蒙古鞑靼桎梏之前，古罗斯已是东斯拉夫统一体中的一员，那时的古罗斯尚未分化成三大东斯拉夫民族——乌克兰人、大俄罗斯

① 《百条宗教决议》（«Стоглав»），1551年俄罗斯东正教会和缙绅会议共同通过的宗教决议100条。本次联合大会于1551年2月23日—5月11日在克里姆林宫圣母升天大教堂内召开，与会者有俄罗斯沙皇伊万雷帝、教会的最高领导、俄罗斯大贵族杜马代表等。《百条宗教决议》内容涉及俄罗斯教会事务、教会土地拥有权、国家经济发展、国家法、司法、刑法与教会法之间的相互关系等方面的问题及法律解释。

② 此处指1853—1856年的克里米亚战争（Крымская война 或 Восточная война，又译“东方战争”），作战的一方是俄罗斯帝国，另一方是英国、法国、奥斯曼帝国和萨丁尼亚王国组成的联合军队。战斗分别在高加索地区、多瑙河沿岸公国、波罗的海沿岸、黑海、亚速海、白海、巴伦支海峡、堪察加半岛以及千岛群岛等地展开，其中克里米亚的战局最激烈，所以人们将那次大规模、大面积的战争称为克里米亚战争。

圣像画《亚速海圣母》，作者不详，作于 18 世纪初

人（俄罗斯人）和白俄罗斯人，已经对不抵抗主义的勇敢精神有所了解。圣鲍里斯与格列布兄弟[①]为了捍卫国家利益，毫无抵抗地接受了极其可恶的哥哥斯维亚托波尔克（Святопольк）的残害；切尔尼戈夫公米哈伊尔（Михаил）和他的大贵族费奥多尔（Фёдор）拒绝接受多神教仪式，亲自前往金帐汗并甘愿接受死刑。

“过去我国的文化几乎是非常低下的！”这就是旧教派信徒一直坚持使用教会书面文献的国家，而他们却被认为是没有文化的人，因为他们拒绝阅读新出现的印刷本图书。这就是 19 世纪为世界贡献最佳文学杰作的国家。

① 鲍里斯与格列布兄弟（Борис и Глеб，？—1015），俄罗斯最早的圣者（二人的教名分别是罗曼和大卫），古罗斯王公、基辅罗斯大公弗拉基米尔一世·斯维亚托斯拉维奇之子。被誉为俄罗斯国家的保护神，俄罗斯王公贵族认为，兄弟二人是“上帝给他们派来的助手”。

关于彼得一世执政时期的诠释，曾出现过各种各样的神话。顺便说明一下，其中的许多神话都是出自彼得本人之手，其目的就是证明自己的方针政策是正确的。还有关于古罗斯因循守旧和停滞不前的神话、关于古罗斯自我封闭性（与希腊、保加利亚、斯堪的纳维亚和西斯拉夫国家相互隔离，甚至在 17 世纪时，古罗斯还与意大利、荷兰、瑞典等国相互隔离！）的神话。彼得一世创造自己的神话，是为了实施他本人制定的政策，而我们为什么需要这些呢？

为了分析我国社会对彼得一世改革的看法，历史学家瓦西里·克柳切夫斯基（В.О. Ключевский）这样写道：“我们只顾观察改革使俄罗斯古代传统发生了哪些变化，而没有发现俄罗斯古代传统使改革发生的变化。”瓦西里·克柳切夫斯基将后一种现象称为“历史的回应”[2]。

关于彼得一世改革的一封信

最尊敬的久拉·斯瓦克先生：

我们在布达佩斯文化研讨会期间谈到了彼得一世的改革，因为当时有人来电，希望我尽快去参加会议，故未能彻底结束我们的谈话，我为此感到非常遗憾。问题在于，在18—20世纪的许多文献中，甚至在许多社会思想中，关于彼得一世的改革对俄罗斯文化是否具有进步意义或毁灭性打击这一问题被彻底搞乱，但是若想理顺这种混乱现象并非毫无希望。在给您这封简短的回信中，似乎不能详细陈述本人对这一问题的看法和观点，但是我可以借此机会，说明几条基本信息，它们完全可被看作未来的答案。

首先，应该这样提出问题：在俄罗斯文化的总体发展趋势中，彼得一世是否实现了某种根本性变革？或者彼得一世的改革行动是否符合俄罗斯文化发展的总趋势？我本人赞同最后一种观点。彼得一世延续俄罗斯文化中原有的一切，并加速了它们的进程。俄罗斯欧化过程始于本国的混乱时期[①]，那时的俄罗斯一直与其他国家保持密切的往来，其中包括与斯堪的纳维亚、拜占庭帝国、西斯拉夫国家、南斯拉夫等国之间的往来关系。彼得一世所打开的并不是“通向欧洲的窗口”，而是打开了通向西北欧诸国的大门。即便如此，这也不能算作他的“新发现”，因为早在16世纪，俄罗斯就对英国开始产生兴趣，在他父亲阿列克谢·米哈伊洛维奇执政时期，俄罗斯已开始对荷兰发生极其浓厚的兴趣。彼得一世第一个将匈牙利式大衣运到俄罗斯，但这也只能勉强算作他的创新之一，因为早在11—12世纪，古罗斯已经开始对匈牙利产生了兴趣。

关于“开明的君主政体”和“沙皇是一个劳动者”的思想，早在彼得一世之前的西梅翁·波洛茨基（彼得父亲阿列克谢·米哈伊洛维奇给孩子们请来的家教）的诗歌中就有所体现。

彼得一世更换了俄罗斯原有的整个体系（包括象征、标志、国徽和旗帜），为俄罗斯引进了寓意深刻的伊索寓言，将首都迁至邻近波罗的海诸国的天然之路，但是早在17世纪，俄罗斯已为这种“彻底更换体系”做了充分的准备。

您提出的第二个问题是，人民是否曾为彼得一世的“善行”付出了过于昂贵的代价？是的，俄罗斯的确为此付出了极其昂贵的代价。别的暂且不说，彼得一世在沼泽地上铺满了管道，在此基础上建造了彼得堡城。也许完全没必要那么匆忙，本来可使改革进程持续整个18世纪，也能达到同样的效果。当然，我们是以现代人的观点来看问题，我们已有丰富的历史经验。现实一点说，假如彼得一世当时不那么“匆忙”，或许轻易就能出现另一批历史活动家，但他们可能是在国务创作方面天赋不足，或者是一批能力欠佳的国务活动家。问题在于，专制是任何“开明的君主政体”的诟病之一。“开明的君主政体”不仅是单纯追求为人民创造幸福，这种体制往往还通过强制手段获得这种幸福。“太阳国王”路易十四同样不曾是一只小绵羊。这在“强调意识形态的国家里”是根本不可能的，大家永远都不会忘记，路易十四时期的法国究竟是怎样一种境况。类似的实例还有很多，在此不必一一列举。

彼得一世拉近了俄罗斯与西北欧国家之间的距离，这种接近是必然的，而且这一构想很早就已形成。在彼得一世时期，西方盛行的是两种风格——古典主义和巴洛克，而在俄罗斯，从17世纪下半叶起，主要盛行的是巴洛克风格，这种风格甚至有了新形式，并足以取代文艺复兴式风格。巴洛克不仅是一种典型的艺术风格，而且还是科学、思维方式和人的行为规范等方面的典型风格。彼得一世就是巴洛克风格的典型代表人物，他是

① 此处指发生在16世纪末至17世纪初（1598—1613）的俄罗斯“混乱时期”。赶走占领莫斯科的波兰人，米哈伊尔·费奥多罗维奇·罗曼诺夫当选为俄罗斯沙皇，标志着动乱时期的结束。

肖像画《阿列克谢·米哈伊洛维奇》

肖像画《皇后纳塔利娅·纳雷什金娜》

一个带有矛盾性、对立性、充满激情和神秘色彩的“巴洛克式人物”。

我们不应该指责彼得一世，而应该对他表示理解，应该理解他所处的时代和社会需求，面对那些需求，俄罗斯不知不觉地便进入了世纪之交（17—18世纪）时期。

是否可将彼得一世看作俄罗斯历史的典型代表呢？只能在一定程度上可以这样认为，即在幅员辽阔的俄罗斯，所有的改革、一切历史变革，都要求付出巨大的努力。为了实现所有的改革方案，必须付出艰苦的劳动，必须做出巨大的牺牲。

此致

敬礼！

您的Д.利哈乔夫

针对彼得一世决定在气候极其恶劣的地带建立新都的主张，不少人曾提出反对意见，历史学家谢尔盖·索洛维约夫（С.М. Соловьёв）在《关于彼得一世的公开讲座》中精辟而睿智地指出：“应该如何看待在如此恶劣的气候条件下和不利于建城的地带建立新都这一问题，我认为，不能要求身强力壮的人预感到后代的虚弱无力。”[3]

人物及其个性特点是人文科学研究的主要对象，正因为如此，人物及其个性才具有人文主义特点，但是人文主义科学的主要分支之一（历史科学）早已脱离了对人类的直接研究，于是人类历史中便缺少了“人”这一对象。

由于唯恐夸大一个人在历史中的作用，我们不仅使俄罗斯本国的历史研究论文论著失去了人物性格特点，而且还缺乏人的个性化特征，这种研究最终是毫无意义的。读者对历史的兴趣正在异常迅猛地增长，历史文献的数量也在与日俱增，但是从整体来看，读者与历史学家见面的机会几乎是零，因为读者最感兴趣的首先是人和人类的发展史。

因此历史科学领域出现了新的研究方向，这一方向便是人类个性发展史。

事实上，如果人的个性没有在历史发展中发挥19世纪史学家所说的那种巨大作用，那就意味着，历史本身已在人的个性形成过程中发挥了巨大作用。无论是人类支配历史，还是历史支配人类，人总是处于人文知识和各领域艺术创作的中心位置。

18世纪下半叶是人的个性及命运大转折的时代。如果说在古罗斯，人的个性发展比较缓慢，但其发展过程却很和谐，从而逐渐形成了鲜明的个性化特点，那么，在某种程度上，彼得一世时期压制了人的个性发展。其实，彼得一世这个超大人物形象本身并没有压制他那个时期的人，他也不曾是伊万雷帝那样的暴君，而是试图控制自己的专制，使专制制度遵循一定的规则，并且赋予俄罗斯日常国务某些稳定的形式。然而，这些稳定的形式并不都是成功的。按照彼得一世编制的《职官等级表》，所有的国家官员被分成14个级别，这个级别好像是一块巨大而沉重的铁板，严重压制了人的个性发展，特别是在彼得大帝去世之后，这块沉重的“铁板”还压制了所有能够奋力挣脱和能够躲避压制的人们。

只是到了18世纪下半叶，人的个性才开始逐渐积蓄实力，人的自尊才开始被发现，那时人们才意识到，除了靠阿谀逢迎攀登14级职位之外，还应制定其他的生活目标。

若想发现那一时期的人的个性特点，并非易事，尚未失效的14级职官表继续在障目，它犹如一面笨重的屏障，使我们难以看到人的自然心理活动。在很多情况下，那一时期的贵族还以无知和毫无高人之处而感到羞耻，他们一边尽力确保自己按照14级职官表不断晋升，一边又试图隐藏在勋章、精美的丝带和定制的肖像画背后。

俄罗斯的社会科学正在扼杀爱国之情，而缺乏爱国之情，既不可能有文化的存在，也不可能有道德风尚的存在，更不可能有国家自身的存在。应该向全国人民宣告这一点，每个国民都应该懂得这一道理，首先是历史学家、语言学家、文艺学家、社会学家和政治学家。我们的教育也局限于概括性的、失去个性的和空洞无物的谈论，对历史的兴趣已被彻底打消，最简单的和人人该知的事实和人物却不为人知，无人知道阿夫拉米·帕利岑[4]、佩列斯韦特和奥斯利贝亚[5]分别是什么人物；也很少人知道，“公民米宁与波扎尔斯基公”[6]是什么样的人物（甚至在他们的故乡下诺夫哥罗德，几乎没人知道他们是谁！），更不必说，有谁知道费奥多尔·哈兹博士[7]是何许人也！对农奴制和解放农奴这一事件的认识，同样是模糊的。

由于错误的教学方法，我们的历史科学也出现了完全错误的方针，即教育高于培养，从而导致了我国文学和文化基础知识匮乏。在我们心中，缺乏对祖国的热爱，我们的内心空虚（在最好的状态下，也是“精神匮乏的非黑土地带”！），取代热爱人民情感的是仇视他人（最坏的情况）。代替爱国主义精神的是各种有据和毫无根据的“反对”意识（反犹太主义、反俄和反突厥倾向等）。

俄罗斯历史正在被彻底歪曲，完全被各类神话和传说所取代。

必须恢复俄罗斯历史原貌，应该使俄罗斯历史从神话传说中解放出来。当然，决不容许出现民族主义！

这不仅是教育领域的任务，而且还是历史科学领域的任务。我们必须自我了解，必须了解本民族的历史、最崇高的人的尊严和自身的严重缺点，优点与缺点永远是互相对立的。应该直接面

莫斯科皇村科洛缅斯科耶的皇宫

对我们真正的优点（我不止一次地重申这一点）和真正的（但不是神话传说中的）缺点。

在所有俄罗斯固有的缺点当中，最突出的是一边前进，一边打上所有旧俗的烙印，同时又力争与过去决裂。彼得一世彻底表现出了这一特性，但这也是许多俄罗斯文化活动家和19、20世纪（乃至今天）的“文化低下者”非常典型的特性。

必须引起重视的还有另一种俄式特质，即俄罗斯人往往以极端的态度对待一切事物。比如，若要建立新首都，不是在国家的中心地带建立（从地理的角度出发），而偏偏选择国家的边境地区！而若要建立图书中心，也不需要在城市中心建立，而要把它们建在森林中和遥远的孤岛上（比如，基里洛夫市、瓦拉姆岛或索洛韦茨基群岛等）！在艺术中，应该形成比“先锋派”更前卫的风格！在社会生活中，应该摆脱本民族的传统习惯。幸运的是，这种特点尚未极端化，但应该引起我们的高度重视，因为这种极端性可导致自我毁损、在错误轨道上探索真理，或使人产生逃离祖国等愿望。

谢尔盖·索洛维约夫说得好：“过去、现在和将来都不属于即将离开的人，而是属于决定留下的人——决定留在本国、留在自己的兄弟之间、决定留在人民旗帜之下同甘共苦的人。”[8]

在开始撰写编年史的10—12世纪，古罗斯不仅已有斯拉夫语之间的融合，而且还出现了芬兰乌戈尔语与统一的东斯拉夫语之间的相互结合，这种语言后来分为俄语、乌克兰语和白俄罗斯语，但是在日常生活中，还曾流行芬兰乌戈尔语。非常重要的一点是，最古老的芬兰语书面文献正是在古罗斯两大政治和文化中心之一——诺夫哥罗德发现的。在诺夫哥罗德的五个市区，其中之一曾冠名“楚德区”，而楚德人就是芬兰乌戈尔部落。在基辅城内，曾有编年史中记载的一个区，也叫“楚德庭院”，同时还描绘出了基辅地形图。这个“楚德庭院”可能是某个楚德名贵之家，也许是某个芬兰客栈，客栈阔绰而闻名，编年史作者已对它进行了专门的描述，目的是便于读者理解。

《编年纪事》的作者生动地描写了与古罗斯相邻和纳入古罗斯版图的几个民族。在《编年纪事》的开头部分，作者在描写迁居的斯拉夫部落时这样写道：“在雅弗（圣经人物诺亚的三儿子）的国内，居住着罗斯人、楚德人和其他多个民族：默里亚人、穆罗姆人、伯朝拉人、维西人（维普斯人）、莫尔多瓦人、北德维纳河与奥涅加河之间的楚德人、普乔雷人、耶米人、乌戈尔人、立陶宛人、泽姆加里人、科尔西人、雷特戈里人（拉丁人的祖先）和立窝尼亚人。”接着，编年史作者重新回到原来的问题，这些民族的居住地分别如下：“维西人住在别洛泽尔湖畔，默里亚人住在罗斯托夫湖畔，在普列谢耶沃湖附近的克列希纳村也有默里亚族人。再说居住在奥卡河流域（特别是奥卡河汇入伏尔加河的地带）的各个部落：使用本部落语言的穆罗姆人、使用本部落语言的莫尔多瓦人。在古罗斯使用斯拉夫语的有波里安人、德列夫里安人、诺夫哥罗德人、波洛契安人、由于居住在布南格河畔而得名的布南格人，后来叫瓦兰尼亚人。另外还有经常向古罗斯进贡的其他民族（说明一下，当时向罗斯王公进贡的还有斯拉夫人），其中包括楚德人、默里亚人、维西人、穆罗姆人、马里人、莫尔多瓦人、伯朝拉人、耶米人、立陶宛人、泽姆加里人、科尔西人、纳罗瓦人、立窝尼亚人，他们各自使用本部落的语言，但他们都是居住在北方地区的雅弗后裔。”根据《编年纪事》的记载，每逢王公出现之前，北方斯拉夫部落和芬兰乌戈尔部落因经过此海域，需向瓦兰人（诺尔曼人）进贡，而当罗斯人决定邀请瓦兰王公前来执政时，部落联盟中表示赞同的既有斯拉夫各部落，也有芬兰乌戈尔部落的维西人。《编年纪事》还写道，在古罗斯北部地区，瓦兰人属于外地人，而属于本地居民的是斯拉夫各部落和芬兰乌戈尔部落，同时还指明，哪个部落主要居住在哪个地带。

油画《青年时代的彼得》

留里克在两个弟弟先后去世之后，开始独自掌管整个古罗斯北方地区。在他去世之后，他的接班人奥列格（князь Олег, Вещий Олег）即位。公元 882 年，他亲自率军远征古罗斯南方地区。在他的军队里，既有斯拉夫人，也有芬兰乌戈尔人：“奥列格远征时，率领一支庞大的军队：其中有瓦兰人，也有楚德人、斯拉夫人、默里亚人、维西人、克利维奇人……”此次远征胜利之后，奥列格将基辅城定为本国首都。而在公元 907 年，奥列格率军攻打拜占庭帝国，他仍然率领一支由许多部落组成的庞大的联军，其中包括斯拉夫部落和芬兰乌戈尔部落：“奥列格对希腊人发起猛攻，将留

奥斯特罗密罗沃福音书中的《马可福音》（1056—1057）

里克的儿子伊格尔（Игорь）留在基辅，统领众多的瓦兰人、斯拉夫人、楚德人、克利维奇人、默里亚人、德列夫里安人、拉季米奇人、波利安人、塞维利亚人、维亚季奇人、克罗地亚人、杜利比人、季维列茨人……”《编年纪事》所强调的基辅罗斯国家的这种多民族特点是一个极好的证明。古罗斯国家曾是欧洲大陆上规模最大的国家，西至阿尔巴阡山脉，东至伏尔加河流域，从北方的波罗的海和白海至南方的黑海，那里有特姆塔拉甘公国，该公国与切尔尼戈夫－梁赞公国相邻。如此规模的大国，自然难以保持国家的统一，某些城市和地区的经济发展加大了各自的离心力。古罗斯国家很快就开始衰退，导致国家衰退的并非由于居住在古罗斯境内的、原来是部落联盟成员的个别部落的独立，而是由于围绕某些城市组成的公国，难怪斯堪的纳维亚人将古罗斯称为“城市王国”。集中在某些城市的王朝和公国利益，逐渐将古罗斯分割成若干个比部落和民族更强盛的公国。

古罗斯国家曾同时具有两个强大的中心，一个是位于北方的诺夫哥罗德，一个是位于南方的基辅城。后来国家的作用逐渐向基辅城转移。据我们所知，当时的基辅城已被奥列格占领，这一事件决定了古罗斯国家的命运。基辅曾是一个斯拉夫城市，诺夫哥罗德同样是一个斯拉夫城市，但城市周围是一些由斯拉夫人和芬兰乌戈尔人构成的农村居民，在这里，芬兰乌戈尔人甚至比斯拉夫人还多。尽管如此，各个城市都决定长足发展。斯拉夫语（确切地说，是东斯拉夫语，包括口语和公文用语和教会斯拉夫语，根据其渊源，这种语言属于古保加利亚语）成为基辅罗斯的官方语言。操俄语的有只在少数情况下保留诺尔曼名字（奥列格、奥莉加、英格瓦尔，即伊格尔）的王公，文学作品和编年史料曾用俄语书写，教会斯拉夫语主要用于教堂祈祷仪式和撰写赞美上帝的文章。在东斯拉夫和芬兰乌戈尔部落联盟中，一开始就坚持各部落权利平等的原则，而斯拉夫部落的权利偏多一些，主要体现在文化和国务方面的优势。王公们无论如何也没有因自己的权利较大而侮辱其他非斯拉夫部落，这一点也曾有利于国家的发展，它自古就培养了斯拉夫人与其他民族之间的友情，他们共同生活在同一个国家之内，与其他民族和睦相处，而当古罗斯南部边疆地区出现突厥部落之后，斯拉夫人与他们之间的战争主要带有内讧的特点，而不是民族斗争的特点。这就是起初（在古罗斯南方出现强大的突厥部落联盟和后来的蒙古鞑靼人之前）的实际状况。

如果认为，俄罗斯人的性格与生俱来就是俄罗斯式的，这种看法显得比较荒谬。实际上，俄罗斯人的性格特点是俄罗斯所经历的历史及历史状况培养起来的，而在俄罗斯之前，东斯拉夫各民族曾有一个共同的国家——古罗斯，或叫罗斯国家。

任何一种民族特点都不是孤立存在的。我们发现，俄罗斯性格中的某些差别是在沿海地区的居民中逐渐形成的，现在依然不断形成，而另一些差别则是在西伯利亚地区形成的，还有的差别是在伏尔加河流域（主要是中下游）形成的。不能把俄罗斯国家与生活在俄罗斯大地上的各族人民隔离开来，因为他们与俄罗斯人共同构成了俄罗斯国家的民族躯干。从各种文化财富、相互融合的各民族文化的特点、各种不同的表现力度以及与其他各民族之间的关系来看，俄罗斯几乎是世界上唯一独特的国家。

思考俄罗斯

只要俄罗斯存在的意义在现在、过去或将来依然是个谜，只要人们还在绞尽脑汁地思考：上帝为什么创造了俄罗斯？那就意味着，俄罗斯还将继续生存下去。

本人研究俄罗斯文化史已有60多年，这使我有权将我认为的俄罗斯文化史中最典型的特点写出来，哪怕只有几页也好。

意大利文艺复兴时期最聪明的人物之一——马克西姆·特利沃里斯，在古罗斯被称为马克西姆·格列科[1]，他在古罗斯度过了痛苦的大半生，他曾就读于意大利的三所大学（威尼斯大学、帕多瓦大学和佛罗伦萨大学）。他曾用下列象征手法对当时的古罗斯进行了形象的描述："我沿着一条充满灾难的道路前行，突然间看见一个妇人坐在路边，她低垂着头，不时地在那儿痛苦地呻吟着、伤心地哭着，一群野兽（狮子、狗熊、狼和狐狸等）围绕在她身边……'我的名字叫女皇……''你为什么独自一人坐在这空旷的路边，身边还有这么多猛兽呢？'马克西姆这样问道。妇人回答说：'这是一条空旷之路，而路上的行人便是最后这个万恶时代的形象……'"

马克西姆·格列科既没有使用空洞的字眼，也没有借用空洞的形象。不过他与那位在俄罗斯只逗留两个半月的法国侯爵德·居斯蒂纳不同，他饱受了痛苦的命运，他在监狱里研究俄罗斯，而监狱显然不是从事研究工作的最佳场所，但类似情况却并不稀奇。

"妇人坐在路边……"事实的确如此，俄罗斯始终都觉得自己一直在寻求未来之路，或者感到自己正在沿着这条道路急速前行。古罗斯接受基督教时是如此，当古罗斯努力挣脱外夷入侵和桎梏时，在探索国家统一时也是如此，在实施"第三罗马"的宏伟计划时、在俄罗斯全面欧化时依然如此。

甚至连俄罗斯首都的地理位置，有时位于国家边境地区，有时位于"从瓦兰到希腊"这条伟大的商路上（分别在诺夫哥罗德和基辅），有时却在东西方的交界地。将首都设在俄罗斯国家的最边缘（彼得堡，而在彼得堡之前，伊万雷帝曾试图在白海附近的沃洛戈达城建都）。哥萨克人曾向国家的边境地区移动，他们曾在西伯利亚及西伯利亚东部寻求幸福生活，在他们眼中，那里的白水王国（纯洁王国）仿佛随时绽放着自由的鲜花。前往边境地区的还有最保守的社会阶层之一——旧教派信徒，他们甚至还从那里离开了俄罗斯。

一座座书籍中心（即修道院）也纷纷在国家的边远地区建造起来，有的书籍中心建在远离大都市的密林中。比如，由全体修士共同建造的圣

《圣三一像》，安德烈·卢布廖夫，作于15世纪上半叶

三一谢尔吉大修道院、基里洛沃－别洛泽尔斯基修道院、救世主卡缅修道院、瓦拉姆修道院和索洛韦茨基修道院等。这些修道院制作的书籍覆盖了一片片森林、湖泊、大海和沙漠。由此可见，俄罗斯文学曾一度真正处于“……独自一人坐在这空旷的路边,身边还有这么多猛兽”那样的条件下。

其实，这些野兽像身穿黑袍、“坐在这空旷的路边”的妇人一样，也都是一种象征。只不过是另一种理论和思想，即指明通向国内最边缘的、唯一的、终结的和主要道路的思想，因为在到达这一边缘之前，历史应该走完自己的路程；这是一条终结之路，难怪妇人身穿黑色的丧服。

尽管如此，俄罗斯绝对不是停滞不前的国家。整个俄罗斯一直走在前进之路上，或一直处于“……坐在这空旷的路边……”全国各地充满了对未来的希望，蔑视现实和已经离开的家园……那个妇人之所以坐在路旁哭泣，是因为那是所有俄罗斯妇女哭泣时最典型的姿势：双臂支在膝盖上，两手托着低垂的头……

尽管我们一直在沿路前进，但是我们不能确切地知道，路上究竟有多少个转折点，也不知道，这条路最终会把我们引领到什么样的目的地。

现在，正是现在，俄罗斯未来的基础正在逐步夯实。俄罗斯将成为一个什么样的国家呢？首先必须关心的究竟是什么呢？怎样才能保护古代的最佳遗产呢？

试图恢复原有的领土和曾有的军威，这种想法是毫无意义的，所有这些尝试都必将导致“统一和不可分割”的国家彻底崩溃。最终决定人民的威信、国家的威望、人民和国家在人类世界中的意义和作用的并不是国家领土的面积，更不是国家拥有多少枚核弹。然而，迷信武力的返祖现象不仅是个别人固有的特性，而且还是整个民族固有的特性。返祖现象正因粗暴和武力而感到自豪，我们的先辈为了赢得邻国的尊重，曾通过强壮的体力征服了他人，而我们又从先辈那里继承了这种现象。而在交通工具如此发达的今天，通过“自然地理”（山脉与河流）划清界限的愿望，同样是一种返祖现象。

民族尊严

作为当今的新思维方式（至少能代表20世纪这一百年），引导大家重新审视民族和各族人民的价值观，重新审视一个民族对世界文化和道德尊严所做的贡献。

如今，在20世纪末至21世纪初，民族的道德和尊严比个体的尊严更重要。事情非常清楚，崇高的文化修养、对其他民族的包容、与邻国和睦相处的愿望、尊重他人、关心家人等优良品质，随时可赢得他人的尊重和信任。

意大利、法国、美国和日本等外国的活动家，经常对俄罗斯文化代表人物提出一些问题，主要涉及俄罗斯文化现状及相关问题。这一点并不难理解，人人都想与一个具有崇高文化素养和道德品质高尚的民族为邻，而不愿意与一个缺乏自信和随时都有可能神经质地拿起武器（包括使用核武器），或只关心经济和财富增长（而且是在牺牲其他民族利益的前提下）的民族为邻。

因此到了应该理解的时候了，只有当我们保持道德尊严和文化或文化修养时，我们的邻国才有可能把我们看作自己的友好睦邻。最有利于我国经济振兴的因素就是关心本民族文化的发展。俄罗斯应该保持自身在整个苏联文化第一的领先地位，目前仍处于领先地位，这是无须证实和无争的事实。我们一直保留着本国最丰富的语言——俄语（世界上所有的经典作品几乎全部被译成了俄语），保留着俄罗斯本国的文学、民族音乐、民族绘画、诗歌、抒情歌曲和本国的戏剧，甚至还有国内尚未遭到彻底破坏的自然环境。

山脉的高度取决于山峰，而不取决于山中的峡谷和深渊，俄罗斯文化也是如此，其民族文化水准不应以个别堕落公民的文化素养来衡量，而应以我们那些不可磨灭的和积累1000多年的文化成果来评判。此类成果包括普希金、陀思妥耶夫斯基、托尔斯泰、契诃夫等人的作品；包括俄罗斯宗教音乐、俄罗斯作曲家格林卡、柴可夫斯基、穆索尔斯基、里姆斯基－科萨科夫、拉赫玛尼诺夫、普罗科菲耶夫的作品；俄罗斯教堂壁画和圣像画、画家亚历山大·伊万诺夫、涅斯捷罗夫、谢罗夫、马列维奇等人的画作；科技界有罗蒙诺索夫、洛巴切夫斯基、门捷列夫、维尔纳茨基、亚历山大·维谢洛夫斯基、沙赫马托夫、帕甫洛夫及其科研成果；戏剧界有夏里亚平和斯坦尼斯拉夫斯基、索宾诺夫和列梅舍夫、安娜·巴甫洛娃、克舍辛斯卡娅、斯佩西芙采娃、卡尔萨温娜、尼任斯基、乌兰诺娃、杜丁斯卡娅……宗教界有谢尔吉·拉多涅日斯基、谢拉菲姆·萨罗夫斯基、小奥普塔修道院的长老；等等。难道这还不算是俄罗斯民族尊严的具体体现吗？即使是最卑鄙无耻的走私犯，也无法掠走这笔丰富的财富。倘若我们想在欧洲东部保持主导地位，我们必须依靠的正是这笔遗产。任何“民族主义嫉妒者”都无法驳斥这种文化保护的主张。

关于俄语，我们应该牢记并以俄语为自豪。俄语不仅是一种交流工具，而且还是精神文明之宝库，它的凝聚力甚至达到了指数倍的高度。俄语的范围不仅是浩瀚的词汇储备库，而且还是这些词义的宝库，其中有大量的来自文学、教堂祈祷仪式、哲学、科学、民间口述文学和艺术的成语和概念。我说这些，并不是为了自吹自擂。我们必须，也非常有必要了解我们的宝贵财富和我们的价值，应该为它们感到自豪，目的是更好地保护它们，同时也不能因为我们现在的衣衫褴褛而感到羞耻。

综上所述，就是我们的文化！这就是我们首先应该考虑的问题，首先应该关心我们的未来。

民族的尊严与个人的尊严几乎没有任何区别，我们经常给妇女、儿童、老人和病人让路。从国家的角度出发，我们应该保护少数民族，努力保护他们的文化、生活习俗和语言。无论是在私人生活中，还是在国务实践中，人们都应该善待他人，应该善于理解脱离祖国和背井离乡者的需求，应该尽力保护他们，使他们免受“当地民族”的欺压。

现在全世界都像干燥夏季的森林大火一样，到处迸发着粗暴势力的火花。不久前的被压迫者也渴望成为压迫他人的人；不久前深受压迫的民族已经忘记，身为“少数民族”是一种什么滋味，于是他们开始采取过去他人压迫他们的那些手段；他们一边痛斥“帝国主义”,一边学习“帝国主义”。

特别令人担忧的是对民族语言的压制、禁止和强迫。语言是一个民族所具有的最宝贵的精神财富，尤其是少数民族的语言。语言是民族文化的表现形式，而不仅仅是一种社交工具。

从整体上讲，一个不干预私人生活的国家、不干预他人事务的国家、默默地保护自己的国民、努力使他们免受犯罪分子侵扰的国家就是一个好国家。国民对国家的议论越少，那就意味着这个国家就越强盛、越有秩序，这个国家的生活秩序也就越稳定，生活秩序和传统比所有的法律条款和法令都重要。“不引起国人注目的国家”就是民族文化的标志。

学者、演员、画家、作家、商人、医务人员相互交流时，应该尽量减少“栅栏”，每个人最好都具有更多的坦诚！国家利己主义是人民的不幸。

在人民的道德威望中，还有一种头等重要的品质，这就是善良，像对其他民族的包容那样，善良也是在历史中逐渐培养起来的。善良能否成为全民的品质，而不仅仅是个别人的品质呢？善良是一种交际天赋，是一种社会情感，同时还是一种极具感染力的情感。当人们感受到善行带来的幸福之后，他就很难放弃善行，他还能将善行传导给本民族其他领域的代表人物。像快乐一样，善良具有很大的感染力，善良与传统密切相关。在古罗斯时期，每逢复活节当天，探监者要向囚犯施舍，其他时间探监时，也必须这样做。在古罗斯的许多城市里，甚至到了19世纪，囚犯们依然靠探监者的施舍和周济维持生活。在教堂门前（台阶上）向穷人们施舍同样是一种善行，它已被纳入教堂日常生活的范围之内。在教堂祈祷礼仪中，也有善行和“济贫”的相关记载[2]。

嘲笑善良（故意将善良的人称为“好心肠的人”)是一种恶行。当然,在俄罗斯人的日常生活中，随时随处可见，特别是在民族丧失理智并变得粗野的年代，在因尚武而兴奋不已的年代，尤其是这样。愤怒非常有利于尚武精神的培养，但实际上，愤怒可使人丧失勇敢精神，因为愤怒是利己主义的表现，愤怒不利于勇敢精神的培养，愤怒不可能成为自我牺牲的基础。

世界上有很多性情善良的民族吗？是的，如果掌权者不强迫本民族去实施反面行为，那么，他们就属于善良之辈。

一个民族越是崇高，这个民族就越不惧怕其他民族及他们的“霸权势力”。

一个民族为了生存下去，就必须发展本民族的文化。

俄罗斯实力之所在，就是俄罗斯人永远为本国的多民族特点而自豪。18世纪刻画各民族代表的微型雕像曾获得多么辉煌的成功！在俄罗斯假面舞会上，最华丽的首先是俄罗斯各民族的服装；俄餐也是具有俄罗斯各民族特色的美味佳肴；沙皇仪仗队的服饰也都是俄罗斯各民族的服装和军服。如果有人认为，这些款式不同、五颜六色的华丽服装应该是俄罗斯实力和征服其他民族的实力的表现形式，那他就大错特错了。这些服装之所以如此美观漂亮，是因为它们款式多样、色彩斑斓、富贵华丽。所有声名显赫的先生和女士们也都对民族服饰的特殊元素情有独钟。

某些新型国家对“少数民族”的态度令人愤慨。这种现象有时还发生在那些具有很高文化水平、以本国文化和传统自居的民族当中！然而，我可以完全负责地说：他们从邻国汲取了很多东西，而缺少这些东西，他们将无法继续生存和发展，无法创建本国的文化。如果他们意识不到这一点，他们就是根本不会懂本国的历史，甚至还会阻断本国的历史。

与罗马帝国当年准备在欧洲各民族中推广统一基督教文化的范围相比，俄罗斯在规模较小的情况下联合了东欧许多民族的文化。与此同时，从国务活动家的成员结构来看，俄罗斯始终是一个多民族国家，但是在俄罗斯境内，俄罗斯居民被压制的程度并不亚于波兰人、拉脱维亚人、乌兹别克人和犹太人。

尽管如此，俄罗斯民族曾有着共同的圣地和共同的文化成果。无论是乌克兰文化，还是俄罗斯文化，或是格鲁吉亚文化，还是亚美尼亚文化或鞑靼文化，都不应该局限于本国境内。现如今，在民族关系问题上，俄罗斯逐渐变成单一民族的国家（虽然俄罗斯永远不会成为单一民族的国家，这还是很幸运的），我们应该思考的是，怎样才能为发展生存下来的数十个俄罗斯民族的优点提供可能，怎样才能充分利用全人类的优点，首先是充分利用俄罗斯人民的优点。

只有彻底抹去记忆，抹去文化记忆、历史记忆、对祖国的记忆（无论别人怎样评价我们的祖国。或许俄罗斯曾是很多人的继母，而不是生身之母，但她毕竟有过），才能像现在这样分割俄罗斯领土，然后重新组成若干“独立的国家”。

在高加索、巴尔干半岛、阿尔巴千山、阿留申群岛和美洲的许多地方，直到加利福尼亚，都有俄罗斯战士的尸骨。至于他们为什么长眠在世界各地，是谁将他们赶到了东方、南方、西方和北方，这是另一个问题，而在半个地球上丧生的俄罗斯人当时可能在想，他们正在为俄罗斯做一件善事，正在为后来的俄罗斯人造福。他们的确是这样做的：他们从土耳其人的压迫中解放了罗马尼亚人、保加利亚人、塞尔维亚人，他们使芬兰人和波罗的海人操起本民族的语言，甚至还编写了本民族语言的语法。

俄罗斯的东方学家曾研究芬兰乌戈尔语、突厥语、伊朗语、蒙古语、汉语、日语、阿拉伯语和印度语等。他们曾在关于拜占庭帝国的研究领域占有领先地位，翻译出版了《古兰经》和《塔木德书》。俄罗斯皇家科学院创造的很多功绩都令人难以忘怀。

在通向索洛韦茨基群岛修道院、基辅洞窟大修道院、瓦拉姆修道院、位于高加索的新阿索斯圣山的道路上，分别保留了人们对俄罗斯的记忆。而在乌拉尔和西伯利亚的商路和工业基地，保留了人们对勇敢的新土地开垦者的记忆。普通人漂洋过海，前往各个圣地和阿留申群岛，同样给后人留下了深刻的记忆。

在如此辽阔的俄罗斯大地上，崎岖的道路和泥泞的小路还少吗？难道数百名（甚至上千名）各族人民不曾在途中相遇吗？

难道在曾一度使杰尔查文、阿波罗·格里戈里耶夫、列夫·托尔斯泰、亚历山大·布洛克等人特别着迷的、激情饱满的和非常动听的吉卜赛歌曲中，没有听出俄罗斯民歌的韵味吗？

俄罗斯文化曾反映在全人类的文化之中，只是以另一种水平出现，但是不管怎样，无论程度大小，世界各国都非常重视斯坦尼斯拉夫斯基的表演体系；如今源于法国和意大利芭蕾学派的俄罗斯芭蕾学派风靡全球；另外还有俄罗斯音乐和演奏艺术等，不也是格外突出吗？

莫斯科和彼得堡的博物馆及国家馆藏，分别系统地丰富了基辅、中亚和亚美尼亚等国的博物馆，其中不仅有“外国”大师的作品，而且还有许多俄罗斯大师的作品。

难道这些都应该忘记吗？难道俄罗斯、俄罗斯艺术、俄罗斯科技在亚美尼亚、格鲁吉亚、阿塞拜疆、摩尔达维亚、波罗的海三国文化中的意义和作用能被一笔勾销吗？

圣尼古拉像

人们会忘记俄罗斯黑海舰队的作用吗？它们曾在黑海和爱琴海峡取得节节胜利，舰队的胜利对南部斯拉夫、东部斯拉夫以及整个斯拉夫民族都具有重要意义。假如没有黑海舰队取得的胜利，巴尔干半岛上的土耳其政权依然会持续下去……俄罗斯将士的鲜血不仅洒在塞瓦斯托波尔的棱堡，而且还洒在了东普鲁士原野和旅顺口的工事中。

尽管如此，人们依然可能一次又一次地这样说：俄罗斯给人们带来了很多负面影响。然而，俄罗斯还给世人做过很多善事。世界各国均有自己的历史和过去，其中正反两方面总是相互交织。如果没有历史和过去，也就不会有现在，历史在现代文化的创建过程中发挥着巨大的作用。

为了维护虚假的“国际主义义务”思想，人类曾遭受过何等重大的损失，丧失了多少美好的事物，这非常令人遗憾。多少白桦林被砍伐；多少教堂和庄园被抢劫一空，然后被彻底捣毁；多少宝贵的财富白白流失，大量财富被用于美化和填充他人的家园和博物馆。要知道，对农民、修士，对那些不全是“压迫者”和“剥削者”的商人和地主们而言，这些财富曾是多么亲切而宝贵啊。

当然，俄罗斯普通公民所遭受的沉重灾难，都是由俄罗斯本国的老爷们造成的。这又是为了什么呢？要知道，最惨重的折磨是由于与自己的文化修养同等或比自己文化水平更低的人所致。我们的生活曾经是这样，它将依然保持原状并照常决定伟大文化的主要命脉。

为了给南部的兄弟民族提供水源，俄罗斯多条江河被污染，万顷良田被淹没。多少丰富的可利用矿藏被大面积地开采，这可不仅仅是为了俄罗斯人。经证实，在斯大林执政时期，为了支援俄罗斯边远地区的发展，为了维持俄罗斯省城的正常生活，苏联国家财政每年都会出现巨大的赤字。请看今天的俄罗斯城市，也可以将这些城市与已成为独立共和国的城市做一比较。为了深信俄罗斯人的勤劳，为了相信他们善于创建自己的生活方式，善于与周围的人和睦相处，特别是培养与相邻的其他民族和睦相处的精神，有必要在古老的俄罗斯农村生活一段时间。

只有生活方式极为丰富、性格坚强而执着的居民，才能在贫穷的俄罗斯和“寒风凛冽的广阔天地”里生存下去。

请那些憎恨俄罗斯人的人回想一下（如果他们略受教育）陀思妥耶夫斯基、穆索尔斯基、斯克里亚宾、拉赫玛尼诺夫、契诃夫和所有真正为俄罗斯争得荣耀的人物，难道还不会明白，并非每一个伟大民族的人都能与这些人物比肩，更无可能与如此之大规模的、杰出而精锐的大军相对抗。尽管各民族的文化财富及其价值是完全不同的，但每个民族的文化都是无价之宝。每个民族均有属于自己的、个性化的最佳经典，这就是不能以“高低”（谁的文化比较崇高，谁的文化比较低下）评价各民族文化的缘故。然而，毕竟……

令我感到心痛的不仅是苏沃罗夫和库图佐夫的士兵，不知是何缘故，令我感到遗憾的却是我们俄罗斯文学作品中的那些主人公：我深为塔季扬娜·拉林娜感到怜惜，为萨维利奇感到遗憾，为娜塔莎·罗斯托娃和皮埃尔·别祖霍夫感到遗憾，为梅什金公爵等人的命运感到惋惜。难道还有人会记住他们，会将他们从所处的环境中，从俄罗斯这个国家中，解救出来吗？或者只因沃洛申[3]认为克里米亚的一切都那么美好，而不承认也不理解他的作品吗？当然不是，只要俄罗斯古典文学尚存，只要还有人阅读俄罗斯文学经典，只要带有高加索元素、克里米亚元素、乌克兰动机的俄罗斯音乐尚存，只要俄罗斯造型艺术尚存，俄罗斯就不会被原来同一国界线之内的各族人民忘记，永远不会忘记。“独立的国家”不能脱离俄罗斯，我们俄罗斯人也不能脱离那些“独立的国家”。

我在此所说的并不是国家的行政区域边界线这一概念，而是隐藏于人们心中的边界线。就像我们不可能把米茨凯维奇从立陶宛、维尔诺（维尔纽斯）和科夫诺（考纳斯）驱逐出境那样，我们也不能将沃洛申从克里米亚驱逐出境，也不能禁止普希金游历高加索。

所有这些问题，都值得那些急于“抖掉身上灰尘”的人认真考虑。有何必要在具有我们为此而生存的最重要的宝贵财富之地设置边境关卡，有何必要在根本不需要的地方——各民族文化和全人类文化毫无国界的地方设置关卡。行政区域的划分是可以理解的，但有何必要一定要树立划分国界的并被涂成五颜六色的一块块界碑呢？

那么，俄罗斯城市和村镇究竟应该坚持什么样的发展之路呢？我认为，彼得堡和莫斯科的发展规划未能实现并非偶然。对那些城市和村镇而言，彼得堡和莫斯科的发展是致命的，必须停止肆意砍伐大都市四周的森林、公园和园林。那么，如何才能满足人们渴望生活在“接近文化”的地方（接近剧院、博物馆和图书馆）的愿望及合理追求呢？有一种现实可行而且十分可靠的方法，它不仅足以保存城市原有的历史面貌，而且还可使所有生活在俄罗斯的人们都能接近它们，这个方法就是铺设高速公路。如能实施从莫斯科到彼得堡之间的所有的新建设项目，同时开始建设从彼得堡到莫斯科之间的高速交通干线，我国的地势地貌非常有利于创造这种福利。将来我国一定会出现相互连接的城市和村镇，那里的居民将随时感到自己是彼得堡人和莫斯科人，他们可以参观两大都市里最好的博物馆，可以在最好的剧院里看戏，可参与那里的艺术创作和科研工作，同时还不会脱离大自然。幸运的是，莫斯科与彼得堡之间的自然环境尚未遭到彻底破坏。在我的想象中，两个规模最大的都市之间的文化干线不同于那种“线形”城市和“垂直”的城市，而是一座座相互连接的和风格独特的城市和村镇链，其中包括艺术和历史非常独特的特维尔、克林、上沃洛乔克、奥斯塔什科夫等城市，或许还有诺夫哥罗德市。

由高速公路和铁路干线连接起来的这些城市可能会有很多，如果我们接受这一方案，我们就能在未来彻底改善俄罗斯城市的地理环境。

我们应该考虑到，许多海外同胞将会回国定居，他们不仅是俄罗斯人。这是显而易见的，不事先做好准备，可能是一种掉以轻心的态度。我们应该随时随地为他们提供粮食、血液和文化。那究竟应该怎么做呢？首先应该考虑的是那些中小城市和村庄，应该考虑省城和省城的文化！然而，坚决不能使我们的城市和农村变成牛马圈和军营。我曾经说过，我们应该关心伟大的、曾养育我国很多天才的俄罗斯省城文化的发展，与此相关的是，我们不能一提到“省城”便感到耻辱，省城一直为俄罗斯文化的发展提供新的动力。

那么，关心我国省城文化发展的具体表现形式是什么呢？首先应该通过学校教育和当地的媒体，逐渐培养人们对故乡的兴趣，从而促进当地文化的发展。应该通过扩建方志学协会和发展图书馆事业等，因为此类小型文化中心足以引起青少年的阅读兴趣，可促进省城文化的发展，而阅读可在知识培养过程中发挥最重要的作用。

除此之外，我们还应该牢记，土地耕作同样是一种文化现象。俄罗斯文化向来都是与土地耕作（包括农民和贵族）密切相关的。庄园主平时住在自家的庄园内，他们并不是“住别墅的人”，他们对深居简出的农民、世袭田产的主人都非常了解，并具有土壤学、植物学和气象学等方面的知识。马琳娜·葛罗米柯女士和学生们撰写的论文已经证实，这些庄园主的知识的确非常广博。

农业、牧业、狩猎和渔业等方面的知识曾是俄罗斯各族人民的主要老师，他们从中获得的不仅是实用知识，而且还有道德品质的训练。这将是一个非常特殊的话题。

当我们猜想数百年之后的前景时（现在就需要猜想），应该思考科学院院士尼古拉·瓦维洛夫（Н.И. Вавилов）早在 1931 年提出的一项关于农业发展的建议，他说：“最近一个时期，国家在与草原地区经常发生的干旱做斗争时采取的措施之一，应该是彻底改变农业的地理环境，将农业向湿度较大的北方地区移动。农业北方化已成为我国国民经济发展的首要任务之一。”今天的现实生活依然要求农业的“北方化”。我不想在此重复尼古拉·瓦维洛夫的建议和思想，我们应该认真参考他的学术著作，参考像国家奖金获得者阿列克谢·利维罗夫斯基（А.А. Ливеровский）教授那样的专家们的学术著作。

总的来说，这仅仅是为引领大家思考未来所发出的呼吁。我们不能对自己的未来漠不关心。在请大家认真思考俄罗斯威望应该依据的基础时，思考俄罗斯应该怎样在当今如此复杂的情况下生存时，我决不认为我们应该回到官僚主义的计划经济时代或回到“五年计划”的老路上去。我们只是应该具有生活发展的方向，遵循我国数百年的历史经验办事，为我们的历史经验感到自豪，同时沿着理智指引的方向前进。我国的状况并没有那么糟糕，只要我们环视一下四周，便一目了然。

先知伊利亚教堂（雅罗斯拉夫尔市）圣像局部，《预示神意者伊利亚的生平故事》，作于 17 世纪下半叶

文化生态学

生态学是一门科学

如果单从字面意义上来看，生态学的确是一门科学，但是这个词的用法却全然不同。人们常常这样说：“这一地区的生态环境很好或生态环境很差。”还有人说“生态灾难”“生态状况”等。从生态学家本身的活动特点来看，他们就像消防队员那样随时接受召唤，以便去灭火救人、消除火灾隐患等。

实际上，生态学应该成为一门科学，而不应徒有其名。生态学应该在生态环境变得恶劣之前或保持良好的情况下研究生态环境。

作为一门科学，生态学的任务究竟是什么呢？生态学的研究对象是整个世界。这种研究的目的是为世界提供帮助，提供“治疗”措施，以便“治疗”人类给世界带来的变化所导致的“疾病”，随时弄清生态环境是否安全。

我之所以说“世界”，是因为我们的话题既涉及大自然，也关系到人类本身。希腊语中的“oikos”（家园）一词对“世界”一词做出了目的明确而恰到好处的解释。无论是大自然（充满活力的自然界或“无机的”自然界），还是人置身于其中的大自然的一部分，均可为家园提供某些便利。“家园”一词需要解释清楚，一个人在为自己建造房屋时，他实际上是在创建一种文化，其中包括风俗习惯、他所从事行业的特点、他身边已经创造的一切（他的生活处所等）、广义上被称为文化的一切事物，其中包括科学、技术和宗教等。作为一个有机整体，大自然易遭到破坏，而文化恰恰就属于这样的有机整体。

在这两种情况下（自然界与文化），研究对象，即人们对整体上的大自然、整个自然界与所有事物之间的关系、自然界与人类创造的一切、人类按照自己的愿望亲手创造的一切事物之间的相互关系的研究，这种研究仿佛是无穷尽的，仿佛是事先注定了它将是一种无止境的活动。

然而，生态学本身又建立在关于自然界的某些固定认识基础之上。

完整世界的缔造具有一系列各种不同的内在联系，而它们又是不可打破的。所有的生理学、物理学、宇宙学方面的联系和整个世界的存在，都是为了使这个世界能够存在于自己的联系之中，同时保护人类的生存。

尽管如此，世上万物并不都是那么完美，也不可能随时都能处于最佳状态，不可能是绝对完美和绝对理想的，因为人类本身就存在着许多不完美和不顺畅。

因此作为一门科学，建立在哲学基础之上的

生态学之目的，就是在各种偶然情况下，当自然界出现某些“错误”时，进行非常有限的校正。

与此目的相关的不仅是保护全球这个有机整体，人类还应对自然界提供预防措施和一定的帮助，因为人类是自然界中唯一能够保护自然界正常生存的生物，具有语言能力和自然界正常生存的保护权，具有保护植物、动物、鱼类、山脉和森林生存的权利，以及保护所有美丽风光存在的权利，这一切都需要人类的呵护。

因此我主要想说明的是，生态学不仅是一门实用性很强的科学，它以人们对世界这一有机整体的认识为基础。自然科学家弗拉基米尔·韦尔纳茨基曾建议使用“智力圈”这一术语，意思是人类智慧和技术的活动范围及其影响，乃是理智（源于希腊语“noos”一词）产生影响的。然而，在很大程度上，历史所展示的却是人类非理智的影响和具有破坏力的影响，而不是人类理智的影响。因此我建议使用一个较为简单的术语——“均质层”，意思是人类活动（既包括理智的活动，也包括非理智的活动）对周围环境的影响和作用。在此没必要列举可导致大自然、自然资源及文化财富毁灭的那些实例，甚至可以说，类似的破坏活动越来越严重，如果我们不采取理智的措施，那么，整个世界将会面临被彻底毁灭的威胁。鉴于这种情况，我曾提出一个比较慎重的、旨在保护人类文明的术语——“文化生态学”[1]。起初有人对此提出了反对意见，但后来被大家接受并在世界科技界和政论媒体界广为传播。

生态学是一种世界观，与对待家园的观点相似。自然界是人们赖以生存的家园，但文化同样是人类的家园，而且是人类亲手创建的家园，其中包括多种截然不同的现象（多种不同物质）的再现、各种思想以及各类精神财富的再现。

文化生态学本身还是一座座建筑、各门类的艺术品、包括语言和人类所有的文化遗产在内的文学作品。如果人们随意抛弃文化生态学中的某种元素，便会失去自己“家园”的一部分。因此生态学家应该关心的不仅是人类赖以生存的自然条件，而且还要关心人类在亲自创造的文化环境的生存条件。既有较高水平的文化，也有较低水平的文化；既有比较适于生活的文化，也有不太适于生活的文化。虽然这两种文化相互接触，但是它们却不相吻合。尽管如此，自然生态与文化生态之间却能相互接触，因为人类无法与大自然作对，而只能成为大自然的一部分。因此文化生态学与自然生态学便形成统一的整体，只是在整个顺畅的研究过程中稍有某些相对的区别。

有机和非常复杂的统一不仅是自然界固有的特性，也是人类整体文化的固有特性。自然界的统一经常被打破，文化中的统一也是如此，但作为人类天性存在的某种最佳形式，这种统一是存在的，建立两个整体（自然界和人类）之间的统一和协调，则取决于人类本身。

首先谈谈文化的统一。与整体上的大自然不同，对整体文化的研究往往是在各种不同形式的文化史中进行的。学术界早已确定，多种个体文化及它们之间的相互影响和相互关系，不仅体现在地理空间中，而且还反映在历史时代之中，并力争达到通常难以达到的统一。各种通信工具的进步可为文化的统一提供越来越多的可能（虽然不总是这样，但至少不会带来太大的损失）。由于这些可能使博物馆、图书馆、档案馆等文化设施得以保护和拯救，可使人们保持尊重民族历史和有教养的人所固有的爱护文物的态度。

尽管如此，在此必须指出，我们所说的文化史，包括对某个民族文化的研究、对某大陆的文化和全人类文化的研究，往往会漏掉许多超出我们现在对文化的狭隘理解范畴的内在联系。需要特别指出的是，当我们研究全人类的文化特点时，即研究超出单一民族或某个族群范围的一切时，应该注意这一点。

在研究文化生态学的过程中必须注意：生态

灾难波及异常宽泛的文化领域。请看下面的实例：将文化财富运到境外，或使这些财富超出某个群体能够接受的范围（最简单的一个实例：博物馆、图书馆等文化场所的门票昂贵）。属于发生在我们这个时代的生态学灾难，还包括俄语词汇的苍白、以单调的外来语取代俄语词汇、复合数词变格法的消失、前置词“O”[①]的扩展（比如，关于……的意向、关于……的思想、关于……问题的研究等）。克雷洛夫寓言形成的谚语和俗语从口语中逐渐消失，或格里博耶多夫长篇小说《聪明误》中的某些格言警句也慢慢地退出舞台。电影、剧院的经典剧目和音乐等许多领域中，同样存在不同程度的生态灾难。

不同文化领域之间的相互关系、艺术与科学（相互依赖关系、在社会中的均衡发展）之间的相互关系等，都属于文化生态学的研究对象。在科学界，属于生态学研究对象的是人文科学与自然科学、精密学科（其中包括某些人文学科，比如，语言学）与非精密学科（其中包括地理之类的自然学科）。对人的行为规范这一有机整体的研究具有特别重要的意义：因性而堕落和身体中毒（吸毒）而感到羞涩的程度逐渐降低；普遍羞耻感逐渐减少，对个人在人类社会中的声誉的重视程度逐渐降低，最终丧失个人的名誉和尊严，科研领域和经济等许多领域纷纷出现紊乱。

在此无须说明，研究人类文化诸多方面的有机整体和平衡的“文化生态学”，究竟在多大程度上代表了人类社会的正常发展，是否创建了固定的培养体系，国内中高等院校、各类普通学科和专业学科的布局是否合理等。

文化生态学不仅是大家普遍认为的“如何保护文化遗产”，而且还是一门最复杂、责任最重大的学科，其使命首先是在国家的文化政策、对文化领域诸多组成部分和可能出现的缺点的理解中发挥最重要的作用。

①俄语中的前置词“O”的意思是“关于”。

生态学是一个道德观念问题

生态学与道德观念之间似乎存在着某种联系，同时完全有必要对这种联系做出进一步揭示。

当一个人置身于森林或田野之中时，当他感到孤苦伶仃时，他可能会做出很多非理智的举动，此时唯一能控制他（前提是他能得以控制！）的是道德意识、责任感和他的良知。

然而，从整个人类来看，由于当今人们的思想意识，存在着“与大自然独处”的愿望。这难道不正是表明，人类对周围世界（其中包括自然界）的态度只取决于人类的道德观念吗？要知道，一个人的良知在一切不确定的情况下，是一个现实的概念，但作为统一整体的全人类的良知却是一个抽象概念。

因此事情并不是那么简单的。

在20世纪，伦理学的作用、最突出的伦理原则开始变得异常复杂。现在需要的不单单是道德感和责任心，而且还急需对不同领域的伦理问题进行科学而实用的分析和研究。

例如，具有科学依据的伦理学要求以准确的规则和形式，进行认真仔细的研究、定义并得出结论。不仅需要学者之间、导师与学生之间相互关系的伦理，而且还需要对前辈的态度的伦理、理解什么是某种科学活动中和某种科技发现中的“前辈”的道德观念，其中包括有利于理解复杂的科学思想及科学方法的著作权问题的道德观念。对一系列科学实验的目的和方法本身，同样要求进行伦理分析，比如，“工程技术”领域（我们还记得“人类灵魂的工程师”这一响亮而痛苦的术语）就要求进行伦理分析。如果化肥对自然和需求者本身——消费者均有危害，那么，是否应该允许研制并生产化肥呢？

缺乏崇高的道德和文化素养，现代社会是无法生存的。再次强调说明，现实社会将无法存在，由于最复杂的技术和最具责任感的科学存在，我们的世界就会更易于受到人这一因素的影响。

在任何一个时代，在任何一个社会里，缺乏崇高的文化和道德，经济规律、法学规律和历史规律都不可能得到正常运转（尽管人们有时仿佛觉得，“善意的残暴”可迫使社会奔向幸福的未来，但是暴君的任何表现都会危及社会的发展）。道德可使“居民”构成秩序化的社会，可缓解民族之间的仇恨，可迫使“大”民族重视和尊重“小”民族（确切地说，少数民族）的利益。在一个国家，道德是一种最强大的凝聚力。因此非常需要设立专门研究现代人道德的学科。

如果没有同情心，如果没有慈悲胸怀，如果缺乏善良、慈善、同情和怜悯之心，如果缺乏对老弱病残者、对那些受损失者和穷人的关爱和责任感，那就不可能对正常的社会产生正确的思考和认识。社会不可能在富人、学者和艺术家等人缺乏大公无私精神的条件下得以生存。

善良和无私究竟是怎样发挥各自的作用呢？是靠获得荣誉的强烈愿望吗？如果是这样，将不会出现或很难出现真正的无私精神，因为荣誉同样是一种自私的表现。

我认为，我们对善良的认识还很不够透彻。我们只是想，善良是一种奉献，而不是索取！当一个人在做一件善事时，他本人会感到由衷的幸福，他会感到精神的丰富和愉悦。这也正是善良的“精神奉献”，也是“精神自私”的一种表现。除此之外，善行能使社会趋于安定，可使家庭保持稳定。协会可以代替集体，协会（工人协会、职工协会）的出现可以取代“企业的领导者”。

这一话题还可继续扩展，但遗憾的是，很少有人思考这个问题。

我想回头谈谈刚开始的问题：现代社会特别需要道德观念。为什么这样说呢？因为我们并没有发现，最近几十年，我们已经生活在另一个完全别样的世界里。我和你们大家都已成为外星人，我们未能发现，大家怎么都变成了外星人！变化的并不是我和你们，变化的是我们人类所在的星球，它开始缩小，人口膨胀速度加快，星球对我们人类的依赖性也越来越大。

事实的确如此，与几十年前相比，科学界已变得难以置信的复杂，要求每个学者都必须保持“数千伏电压”那样强大的道德观念。只要价值数十万或数百万卢布的实验出现错误，如果隐瞒这个错误，歪曲事实，破坏学者之间的感情，那么，整个科学领域所得出的结论将会严重受损，或使整个科研工作长期停滞不前。通过雷辛科、马尔、维申斯基等人的实例，我们对此有所了解。我们可以回忆一下当年反对控制论、遗传学、宇宙政治化和形式主义等理论的战争。现在的科学不仅需要尊严，不仅要使诚实取代虚荣和阿谀逢迎，而且还需要小心谨慎和谦逊的态度，需要彻底认识自我和自身的一切潜力。

而工业领域的情况又怎样呢？众所周知，越来越重要的是产品的质量，而不是产品的数量。比如，钢筋混凝土、金属、所有“生活必需品”等能否保证质量？这些产品的质量很容易从理想的天堂顿时跌入黑暗的地狱。

史学界、医学界和军队的情况又是怎样的呢？现在从事运输业的司机、堤坝的建造者、石油管道的铺设工以及核电站的职工等，应该解决多少与道德相关的问题呢？

一个国家的外交政策、“高层谈判的各方”和每一位外交官本身的道德和责任感，的确是一个最特殊的领域。

最近一个时期，各民族之间的关系、对其他民族文化的发展、文化遗产和历史文物（其中包括这些国家已经消失的历史文物）的态度等方面，分别出现了道德层面的问题，各方面的关系变得日趋紧张。官员们的工作、他们所掌握信息的准确性和真实度、不可容忍的“行政机构的谎言”，在这种谎言之下，逐渐疏远了领导与向他们求助的群众之间的关系，领导们在谎言下推出各自的计划、方案和财政构思，如此等等。这就是最重要的和最值得研究的一个领域——“异常复杂的伦理道德”领域。

由于大自然的“缄默”，人与自然之间的关系开始变得更加复杂，冲突也愈加严重。但是无论怎样，所有这些并不像我们想象的那么简单。除此之外，对充满活力和“僵死”的自然之间的道德关系这一问题的分析甚至尚未开始。在这种情况下，必须采取清晰的、大家公认的生态哲学手段，并在此基础上创建生态伦理学。

我们谈“人与自然”“人与自然之间的关系”，意味着我们是在将人与自然隔离开来。我认为，这是一种非常错误的看法。人与自然并非是相互对立的关系，人本身是自然界的一部分。不过如果说是“一部分”，那是多大的一部分呢？在此我们遇到了几个纯世界观方面的问题，而且必须承认一种情况，即除了某个不太清晰的部分之外，世界建立在理智的基础之上。也就是说，我们应该承认世界的理智原则。在各种不同的学科当中，科学与这种承认比较接近。

世界是一个有机的整体。19 世纪末至 20 世纪初是俄罗斯文化的黄金时代，洛斯基（H.O. Лосский）将自己最重要的哲学著作之一命名为《世界是一个有机的整体》（1916 年）。如果现在想创建生态哲学，在生态哲学基础上创建生态伦理学，根据这部哲学著作所证实的世界观在当时很有说服力，但遗憾的是，如今这些优点却显得不那么充实了。为了使世上万物之间的相互关系更具直观性，必须借鉴更广泛和更具现代意义的资料。

我觉得，首先必须重视下面几个因素：在数百万种各类不同的具有生命力的生物当中，人是唯一具有语言能力和理智的生物，从而确定了人类的使命：人应该说话，应该对世界上所有的动物和生物负责，对植物负责，甚至应该对被称为“无机的”世界负责，对于这种世界，我们不可能完全相信它是“无机的”。

人不仅要从道德层面上对一切活着的和不具理性的“智慧”的语言（不仅是激情饱满的叫喊）负责，而且还要从道义层面维护它们，保护它们应有的权益。

人是整个宇宙自我意识的载体

我在很早以前就主张，我们人类的生活场所——“家园”不仅是由一系列自然元素（其中包括作为自然界的一部分的人）组成的，而且还是由一系列文化元素组成的。

因为我们生活在历史文物、艺术作品、科研成果以及技术成就等构成的环境之中，所以我认为，生态环境保护应包括两个部分：一个是保护自然，另一个是保护文化。后一部分，即文化保护部分显得更重要，因为它直接关系到人类本身的生存问题。人类既是自然界的一部分，同时也是数千年创造的文化的一部分。

人与自然整体上的灭亡不仅体现在生物学层面上所有生灵的灭绝，而且精神层面上的一切也会消失，这就是文化灭亡导致的严重后果。在这两个层面上，发挥作用的是一种非理智的、强大的和随时可能制造危险环境的因素。

通过毫无精神的“技术改造”，缺乏精神的人类与没有文化的自然的这种结合是完全可能实现的。除此之外，我们已经沿着这条道路前行，但是我们自身却毫无察觉。

既然人类是自然界的一部分，如果自然界缺乏有精神和足以代表“宇宙的自我意识”的人，那么，失去生存意义的将不仅是人类，而且还有世上万物和整个宇宙……保护这种失去主旨的自然界将是毫无意义的。

将生态学的两部分——自然生态（自然界与人的生态）与文化生态（人与文化的生态）统一在“生态学”这一名称之下，是一种比较理智的做法。自然与文化常常由于某些共同的原因而受害，请看一个简单的例子：在彼得堡，同时受到酸雨侵害的是夏花园内 17—18 世纪的大理石雕像

圣欧蒂米奥救世主修道院内的壁画

和周围的树木，而且还留下了一个隐患：彼得堡的整个夏花园有可能被彻底毁掉，实际上，它已经在慢慢地死亡。

对待大自然和文化，需要有大家共同遵守的道德规范，需要人们意识到自己是大自然的一部分，是人类文化的一部分。

关于自然与文化方面的问题，历史上曾经历三个阶段。我们所经历的第一阶段：从自然界强行获取一切迫切需要的东西；第二阶段：理智地获取，“小心翼翼地”获取，但依然是从自然界强行获取一切；第三阶段：或许是在遥远的未来才能实现的阶段，到那时，对自然界、文化和一切共同生存及和睦相处的事物的强制将彻底终止。

虽然这三个阶段都非常短暂，但弗拉基米尔·索洛维约夫在其巨著《证实善良·道德哲学》[①]中，用了一页的篇幅，就对上述三个阶段进行了相当明确的阐释，在此转引他的这段论述。在该书的第一部中，虽然弗拉基米尔·索洛维约夫与我主张的观点不完全吻合，但是最后一部（第三部），尤其是“结束语”部分还是非常重要的。

“……在两种条件下，物质劳动领域中的社会关系逐渐变成了道德关系。第一个条件，即总体条件下的目的，就是不使经济活动领域独立出来，不允许它证实自己能够独立和独立存在。第二个条件具有明显的专业性，其目的是使生产的完成不依靠生产者的人格优点，不使他们当中的任何人只作为某种生产工具，以确保每个人都能拥有正常存在和顺利发展所需的物质基础。第一种要求具有一定的宗教特点：不能把玛门[②]摆在上帝的位置，不能承认物质财富是独立存在的，哪怕是在生产经营方面，也不能将追求物质财富看作人类活动的最终目的。第二种要求是仁爱精神：不能把掘墓人和从事繁重劳动的人看作最低级和最无灵魂的生灵。在这两种要求的基础上，还必须增加第三个条件，据我所知，这个新条件尚未引起任何人的重视。我所指的是一个人应该承担的义务，即在自然物质条件下从事生产活动者的义务，他的使命是通过生产对这种自然条件进行加工。这种义务在劳动训诫中已经指明：*耕种*（此处为利哈乔夫增加的斜体）土地，也就是说，服务于土地。耕种土地并不意味着滥用土地，或使它贫瘠，或使它遭到破坏，而是意味着对土地进行改善、增加地力并使其彻底发挥自身的作用。由此可见，不仅是我们周围的人，而且还有自然环境（物质世界）都不应只成为痛苦而麻木的经济生产工具或经营所需的工具。自然环境（物质世界）既不是独立存在的，也不是我们人类活动的单一目的，而是作为特殊而独立的成员被纳入了这一目的之中。尽管它从属于神和人类，但这并不能使它变得毫无权利，它有权获得我们的帮助，以便得以改观和升华。虽然那些事物没有什么权利，但大自然和大地不仅是一种事物，它们都具有物质化的本质，所以我们可以，而且应该刺激它们的灵性。改造自然界的劳动，并不是为了利用自然条件获得更多的利益和钱财，而是为了使自然界变得更加完美，促使它激活那些已经僵死的东西，从而使物质世界变得更具灵性。此处不可能指出某些具体方法，因为它们本身构成了希腊语中的‘techne’——艺术任务。然而，最重要的是人们如何看待对象本身、内在的感觉如何、情绪以及发自内心的活动方向是什么。如果人们缺乏对自然界的热爱，将无法从道德层面上组织和建立物质生活。”[2]

弗拉基米尔·索洛维约夫再次强调指出：“要使人类运用本身对大自然的优势不仅只是为了自己的提升，而且还是为了使自然界的灵性得到提高和升华。”

① 《证实善良·道德哲学》（« Оправдание добра»）是弗拉基米尔·索洛维约夫于1897年撰写的道德哲学巨著。全书共分3卷19章：第1卷：人性中的善良（第1–6章）；第2卷：上帝赐予的善良（第7–9章）；第3卷：贯穿于人类历史的善良（第10–19章）。

② 玛门（mammona）在福音书中是领地、财富、世俗利益和邪恶的代名词。

在承认世界可组成一个有机整体的同时，我们不能认定这一整体已经十分完美，不能认为再也没必要继续改善了。关于这个问题，我个人认为，可以为人类提供帮助的，不仅是人们对大地本身的热爱，而且还有科学，是真正的科学，而不是伪科学，也不是推理和“答案”中的事实基础之上的伪科学的决议。因此可以归纳如下：

热爱大地和土壤是世世代代农民固有的态度，对大地的热爱不仅是他们美好生活的基础，而且还是他们所有节日和欢乐的基础。

热爱树木，合理利用木材（有计划地森林采伐）不仅应该伴随着“弥补性”的种植进行，而且还必须在充分考虑恢复和重建美丽风景的前提下，大大扩展森林面积。

对待河流、湖泊、泉水等各种水源，应该充分考虑生活在这些水源中的所有生灵的利益，必须充分考虑如何保护秀丽的风景这一问题。

对待文化遗产和文物，包括对历史文物、建筑遗迹、博物馆藏品、图书资料和档案资料的态度，应该像对待足以证实世界和宇宙存在的伟大财富那样看待它们，应该像对待自己的家园那样对待它们。

如此等等。

综上所述，都应该建立在道德观念基础之上，建立在坚实的生态哲学、对整个宇宙进行有机的、完整和理智的科学研究基础之上。

我们已有古代人类文明的经验，其中包括古罗斯文化的经验。整个古罗斯文化都渗透着道德准则，当时的人们已将自己看作世界的一部分。农家主要房间都设有“美丽的一角”，即位于东侧的一角，迎接太阳的一角，那里悬挂着圣像，正房本身就是一座小教堂。教堂祈祷仪式随时提醒人们，应该牢记他们理解的历史，他们的生活具有崇高的意义。他们对大地母亲的热爱也带有浓烈的宗教色彩：农民们经常向大地－母亲忏悔和祈祷。“大地－母亲！”大地是人们的圣地，他们还经常祭拜水井和泉水。新郎和新娘的订婚仪式常常在河边举行，古老的圣像也信赖河流，人们往往将那些圣像放入河中，以便使它们顺流而下。古罗斯人还曾崇拜树木和丛林。每逢圣灵降临节，都要举行祭拜各种生灵的祈祷仪式：一棵棵白桦树被装点一新，地板上铺满了花草。

当时文学描写的主要对象绝对是道德观和世界观，最受欢迎的圣书是《创世六日说》，书中高度赞扬了世间万物的理智，该书是创世记理智的颂歌。

人类活动的最终目的是改造世界，不应将这种改造理解为改变世界的本来面貌（从外观上改变世界），而应理解为揭示世上所有真正的理智，努力使理智摆脱阻碍它发展的恶势力及其束缚，克服与真正理智对立的、影响真理自我显露的一切障碍。

复合理智的岩石可以作为建造精美殿堂的材料；复合理智的大地（具有适宜的植被）可使无数种植物茁壮成长，而复合理智的植被，可促使大地变成一个百花齐放和争奇斗艳的花园，而这座花园的原型便是最美的天堂。如此等等。

人类活动的原型是艺术创作。“技艺”一词本身源自希腊语，原意是“艺术”。由于技术和艺术活动，或由于艺术和技术活动，世界应该变得更美好、更完整，并保存世上原有的一切美好事物，即可被纳入“统一晶体”的一切事物。

这应该成为人类活动的最佳典范，应该成为技艺最远大、最真实的终极目的。

人类不能没有清晰的前进目标，不能只活在短暂和无谓的忙碌之中。

雅罗斯拉夫尔市的先知伊利亚教堂圣母帡幪，侧祭坛壁画局部《马克西姆·格列科》，作于1697年

俄罗斯知识分子

一个不重视文化修养的民族必定灭亡。

俄罗斯知识分子的历史就是俄罗斯思想发展史，但不是各种思想的发展史。还有一类知识分子属于崇尚道德的知识分子。大概不会有人将波别多诺斯采夫（К.П. Победоносцев）、康斯坦丁·列昂季耶夫（К.Н. Леонтьев）等人写入俄罗斯知识分子发展史之中，但实际上，后一位（列昂季耶夫）还是应被列入俄罗斯思想发展史之中的。

俄罗斯知识分子阶层固有的特性之一，就是具有坚定的信念。首先，他们从来都没有民族主义意识，也没有高于“普通人”、高于“普通居民”（当时人们理解的“居民”）一等的倨傲。

在其他多种语言中,“知识分子”被公认是“从俄语引进的一个词语”。

本人想为“知识分子”一词下这样的定义：知识分子属于一个精神独立的社会阶层，他们不仅是一批很有教养的人，更不仅是一批从事脑力劳动和精神创作的人。精神独立是知识分子固有的一种非常重要的特性，他们往往独立于党派利益、阶层利益、阶级利益、职业利益、宗教信仰、商业利益以及仕途利益。

然而，如果知识分子坚定地加入了某个党派，那么，该党派就会要求他们毫无条件地遵守纪律、采取与他们本人意愿不同的行动，这种“自愿卖身为奴”的行为，使他们失去了将自己归入知识分子行列的可能，就好比一个人丢掉了自己所获得的医学知识，违背了自己的意愿而不再想当医生。

与此同理，如果一个知识分子勉强而盲目地接受了某种学说和教义，他就会丧失自己的精神自由，他就不再是知识分子了。甚至如果正直的知识分子在创建自己的世界观或某种观点时，他有可能由于自己的固执而拒绝重新审视自己的世界观或某些观点。

与此同时，一个不尊重他人精神自由的人，一个为了信念而迫害他人的人，都不可能被看作知识分子，因为无论精神自由在何时何地，无论它以何种形式出现，这种精神自由都值得他人的尊重。

在这个问题上，发挥作用的是道德因素。在很大程度上，精神自由永远是一种道德现象，而道德是唯一的权威和力量，它不仅不会使人失去自由，而且还能为这种精神自由提供保障。一个服从良知的人不会屈服于其他任何人和事物，只有在绝对自由的情况下，他才能服从自己的良知。这也是良知所固有的唯一特性。

当然，到处都有知识分子阶层和知识分子，

而不是一般从事脑力劳动的人（没有一定数量的知识分子，任何一个国家都将难以生存），但是对俄罗斯而言，知识分子是一种特别典型的现象。俄罗斯之所以会出现这种现象，并非由于俄罗斯是一个比较特殊的国家，而是由于俄罗斯人是一个非常独特的民族，这也是历史态势之使然。

在俄罗斯，由于各阶层之间的界限逐渐淡化（或者像现在通行的一种说法那样，由于不断增加的“透明度”），由于一种社会状况可轻松地过渡到另一种状况，为教育那些既与任何社会阶层无关，又因此而免受社会意识形态影响的人们创建了特殊条件。在一个缺少教育的社会阶层中，这种特殊条件反而可使流浪阶层有所教养，这个阶层包括“无业游民”、哥萨克人及逃到国内边远地带的各种“逃亡者”等。于是当这些脱离阶层局限又受过良好的教育、同时精通几门外语又有教养的人们获得自由时，他们就能转变成知识分子。

在各种不同的社会体制下，知识分子总是感到自己是“居住在本国的侨民”。

在俄罗斯历史上，知识分子的第一次集体行动是十二月党人起义。在十二月党人当中，不乏自愿反对本阶级的利益者，但非常典型的是，正是精神自由妨碍了十二月党人本应取得的胜利，因为他们未能组成统一而坚实的党派，也没有制定统一的行动纲领。知识分子掀起的运动很少取胜，为此也没必要表示遗憾。这既表现出他们在组织方面的弱点，同时也体现了知识分子的崇高精神和道德力量，他们是追求精神自由的人，他们的使命是创造，而不是压制其他人……

尽管如此，知识分子向来都是被国家攻击的靶子。为了巩固政权，国家要做的第一件事就是尽快消灭知识分子，彻底清除形成知识分子阶层的各种因素。

确定知识分子精神的有两种主要品质，一种是欧式教育（一定是欧洲人的教养），一种是精神自由。

大家或许要问，为什么一定是“欧式”教育呢？难道不是任何一种教育都能确定一个人是否属于知识分子吗？当然，任何一种教育都能确定……但是欧洲文化有一种明显的特点，即欧洲文化建立在与欧洲同时期或之前已有的其他民族文化基础之上，首先建立在掌握中东文明、埃及文明、地中海的古希腊文明基础之上。基督教宣布自己是民族之外和民族之上的一种宗教，“将荣耀、尊贵、平安加给一切行善之人，先是犹太人，后是希利尼人，因为神不偏待人”[1]。欧洲文化对其他民族文化的包容性、掌握他人创作技艺的能力等都源于此。欧洲的大学首先是规模最大的其他民族文化的保护者和“接受者”，在那里，其他民族的文化转化成“自己的”文化，转化成欧洲人所需的、完整的和营养丰富的文化。

由此可见，知识分子的第一特点和品质就是欧式教育。现在来看，知识分子的第二种主要品质——精神自由，足以区别知识分子与“鲁邦式学者”（“伪知识分子”和“流浪者”，这是索尔仁尼琴创造的一个非常贴切的术语）的正是这种精神自由。一个有学问的人可以出卖自己的知识，可以为凶恶的国家和不符合民族特性的党务去工作。总之，“鲁邦式学者”可能是一个失去自由的人或被雇佣之人。当时有人将谋杀“解放农奴的沙皇”亚历山大二世归罪于知识分子阶层，有人将那些天赋极好、智力健全、遵守纪律、准时完成某个实行专制的政党命令的各类人一律看作知识分子，这当然是一种极大的错误。知识分子一贯反对奴隶制，甚至是一个自由人也会如此，但是当他决定将自己的自由出卖给某个组织时，他顿时会变成一个有知识的奴隶（不包括那些只是为了挣钱糊口而不失精神自由的有知识的人），他就不再是一个知识分子了。

其实，陀思妥耶夫斯基在自己的长篇小说《群魔》中，早已十分清晰地表明，一个将自己的精神自由出卖给臆想中的“中心”并按其指令行事的人最终变成了什么。在这部小说中，只有一个人物没有丧失自己的独立性，这就是斯塔夫罗金（这个姓氏本身已经说明了他所具有的独立性：我们可回忆一下那些直属东正教事务管理局的修道院，即那些独立于当地主教的修道院），他最后也成为他的老师韦尔霍文斯基及其阴谋的俘虏，他在失去个人尊严之后才开始犯罪，犯下一系列罪行之后，最后以自杀形式结束了自己的生命。

那么，能使知识分子保持个人精神自由的究竟是什么呢？如果一个知识分子不屈服于外部作用力，是否就意味着他已落到既无舵又无帆的地步了呢？究竟什么才能使独立于外界的、不屈服强迫他们接受条件的人们凝结在一起呢？这难道不正是意味着精神自由注定使知识分子处于彻底孤立的境地吗？

知识分子不屈服于外部作用力——政党、国家利益或某种具有进攻性的意识形态，这并不意味着他们的软弱。恰好相反，这充分证明了知识分子的实力、勇于反抗的能力、维护个人尊严、坚持正派品行的能力、维护个人声誉和保持个性的能力。蕴藏在他们内心的这种力量就是他们的良知，良知可以将具有良知的人们凝结在一起，因为在很大程度上，良知可以对人们提出一致的内在要求，还可保护他们的精神自由。如果一个人听从良知的支配，那就意味着，这个人已经具有足够的力量来抵御可能使他沦为奴隶的外在需求的侵扰。良知的敌人是一种将人们变成群氓的知觉。追随群氓的知识分子会扼杀自身的教养，会使他们接受的教育变得毫无意义，会使他们的个性变得毫无意义。在此应该提醒大家的是，欧洲文化是一种彰显个性的文化。

在俄罗斯知识分子阶层中，什么是典型的俄罗斯民族特点呢？我个人认为，所谓俄罗斯民族特点，就是追求自由和独立的精神，首先是独立于国家。早在由于追求精神自由在某种程度上打成一片的知识分子群体出现之前，对独立于国家的追求使很多人投奔自古以来就敌对的哥萨克农民和草原民族。从 16 世纪起，他们开始迁居西伯利亚，同时开垦并发现了越来越多的新土地。他们当中的许多人还迁至冰冷的沿海地区（接近北冰洋的地带），开始在那气候极其恶劣的俄罗斯北方地区自由自在地生活。后来还有不少人干脆成为旧教派信徒！他们自愿进入原始森林，宁可自焚，也不失良知。请注意，是自焚，而不是掀起一场武装暴动。这些人的自焚行为不正是等同于当年十二月党人在参议院广场上举行的毫无意义的站立祈祷（起义）吗？虽然他们不顺从沙皇的旨意，但他们却没有动用武力去攻打冬宫。顺便说一下，冬宫是欧洲防御功能最差的皇宫。

十二月党人在彼得堡参议院广场上的起义，首次展示了俄罗斯当时拥有的强有力的知识分子群体，强大的力量战胜了狂暴的势力。由于十二月党人具有崇高的道德意识，他们才根本不考虑本阶层和本职业的利益。

十二月党人这种轻视个人利益和崇高道德精神的表现，给俄罗斯知识界开了一个不良的玩笑，因为知识分子们过多和过于谦虚地在人民面前承认了自己的罪过，而人民却立刻相信了他们自认的那些过错。居民中已摆脱农业劳动的阶层也因此认为，对他们犯下罪行的是腐朽的、伶牙俐齿的知识分子，“不得不这样为之”，结果爆发了一场革命，确切地说，是一场暴动，一场反对有知识、有教养、有良知，但孤立无助的和毫无支持者的暴动。

与知识分子一起受到精神摧残及肉体酷刑的还有神职人员（其中人数最多的是那些宗教信仰异常坚定的神父），他们的表现特别值得敬重，他们表现出了何等的勇敢精神，多少甚至连“苦役场”社会都难以见到的受难者。有谁知道受难者的准确人数呢？当时可作为文件的依据只有个人认罪书、负责侦破各种“案件”的组织机构出具的证明信，而法院侦查员无法证实的和他们事先

С.Г. 沃尔孔斯基公爵[2]的肖像，В.А. 特罗皮宁，作于 1824 年

十二月党人 М.И. 穆拉维约夫 – 阿波斯托尔[3]的肖像，Н.И. 乌特金，作于 1823—1824 年

亲自编写的“犯罪”剧本中的一切都未能保存下来，或者干脆没有任何记录。

目前，各种档案资料中的“案件”纷纷公开发表，知识分子重新开始受难，不过现在重新受难的是已故的知识分子，他们根本无力捍卫自己。我的义务是作为“世纪的见证者”来捍卫知识分子，尽管只是在自己的回忆中捍卫他们，那也是值得的。然而，我又知道些什么呢？我本人的回忆范围过于狭窄，在当时那种编造案例浪潮的冲击下，一切都是莫测的。尽管如此，毕竟需要有人起来质疑当时侦查观点的真实性。况且，这是一件令人毛骨悚然的事情，民众首先相信的是那些恶劣且具有争议的事件，而不是那些正常又良好的事件。

我在此证明：有尊严的知识分子通过了 20 世纪的各种严峻考验。

关于俄罗斯知识分子[6]

现状迫使我必须给你们写信，信中（关于下列问题，这已不是第一次写信了）回答了大家提出的问题：知识分子究竟处于什么地位呢？在我国社会中，他们究竟能发挥哪些作用呢？

我写的并不是一篇论文，只是一封信。尽管它没有十分严谨的顺序，但是它却能反映今天的现实情况。借此机会，我想谈谈个人的生活经验。

首先，知识分子是一个什么概念呢？我是如何理解和看待他们的呢？知识分子是一个纯粹的俄罗斯术语，它的内容及主要特点是联想式的激情。

由于俄罗斯历史经验的特点，我们俄罗斯人总是认为，情感概念比复合逻辑的定义更重要。

十二月党人 Н.М. 穆拉维约夫[4]的肖像（自画石印），П.Ф. 索科洛夫，作于 1822 年

Н.М. 穆拉维约夫的妻子 А.Г. 穆拉维约娃[5]的肖像，П.Ф. 索科洛夫，作于 1825 年 12 月—1826 年 1 月 5 日

我亲历了诸多的历史事件，目睹了太多令人瞠目的情况，所以我有资格谈论俄罗斯知识分子，但不可能给他们下准确的定义，而只是思考俄罗斯知识分子中的最杰出的代表人物。我认为，他们应该被纳入知识分子之列。在许多外语中，或是在某些词典中，"知识分子"一词通常都没有按原意翻译过来，而是被译成了带"俄罗斯"这个形容词的知识分子。

毫无疑问，索尔仁尼琴对知识分子的定义是比较准确的，他说，知识分子不仅是有知识的人，更不是被赋予"鲁邦式学者"这一名号的人，或许，索尔仁尼琴对该词的定义过于激烈，但他所理解的这种人正是那些受过高等教育但又能随时轻易出卖自己和缺乏精神追求的人。

知识分子是从事脑力劳动的职业代表（其中包括工程师、医生、学者、画家和作家），他们都是有理智和品行端正的人。令我本人感到不安的是广为流传的"创作型知识分子"这一概念，似乎除他们之外，均属于"不具创作能力的知识分子"。所有的知识分子都在从事"创作"活动，只是相互之间的创作程度不同而已，这是其一；另一方面，我认为，按照订单、为了完成任务或订单而写小说的人、教书的人、创作艺术作品的人，无论如何都不能算作知识分子，充其量也就是一些被雇佣者。

根据我的生活经验，只有自由地坚持个人信念，独立于经济和国务利益之外，并且不受意识形态和职责束缚的人，才算得上知识分子。

文化修养的基本原则是精神自由和符合道德标准的自由。一个有知识的人，就不能放弃自己的良知和思想。我深信，如果一个人一次背离了他过去接受的原则，他就随时都可能失去自由。这关系到那些"中枢神经紊乱"的人，他们总是坚持陈旧的、某时他们自己提出的或亲自尝试过的思想，那些思想本身就能限制他们的自由。陀思妥耶夫斯基将这种信念称为"制服"，将带有"职位信念"的人称为"身穿制服的人"。

人应该具有随时根据严肃认真的道德修正个人信念的权利。如果他出于私利而改变自己的信念，那将是一种最不道德的行为。如果一个有知识的人经过周密思考后接受他人的思想，如果他能意识到自身的错误，特别是在涉及与道德相关的问题中认识到自己的过错，最终也不会有损于他的尊严。

良知不仅是人格和尊严的保护神，也是一个人把握自由的方向盘，这种自由所关心的是避免使自由变成任性，在复杂而混乱的生活状况中，特别是在当今的生活中，这种自由能为他指明正确之路。

文化修养的道德基础问题非常重要，所以我想再次说明一下。

我首先要谈的是，学者并非都是知识分子（当然这是从最崇高意义上来说的）。当他们只埋头钻研个人所学的专业时，他们往往会忘记，他们的科研成果将对谁有益，那些成果将有何用。在这种情况下，他们就不算是知识分子了，因为他们在使一切都服从于本专业利益的同时，自然会牺牲他人的利益或某些社会文化财富。

最简单易懂的情况就是当人们为战争而工作的时候，或者进行给人类和动物界带来危险的某种试验。

从整体上关心自己的专业或使专业知识更加深化，这并非完全错误的规则。况且，在俄罗斯，过多的非专业人才都在从事不属于他们的工作。这种情况不仅存在于科技界，而且在急需职业活动家的艺术和政治等领域中，同样存在着类似现象。

我本人非常重视职业活动家和科研工作的专业化，但这并不是随时都与我所说的知识分子和文化修养相符。

我还可以这样说：在俄罗斯，所谓文化修养，首先是指在接受欧洲教育的同时保持思想的独立性（为什么一定是欧洲教育，我稍后会做出解释）。思想的独立性是指独立于可能限制它的一切因素，在此重申一下，哪怕这些因素可能是独断专行并凌驾于人的行为和良知之上的经济利益、对未来仕途的憧憬以及专业利益，只要它们超出良知所能接受的范围，均属于被彻底摒弃的对象。

我们可以回忆一下 20 世纪 20 年代彼得格勒的知识分子创作小组，他们经常与杰出的哲学家亚历山大・梅耶尔（A.A. Мейер）会面。起初这个小组名为"梅耶尔星期二小组",后来改名为"梅耶尔星期日小组"（小组成员由原来的每周二会面，改为每周日会面）。"梅耶尔星期二小组"的宗旨是知识分子的精神自由，即不受政权和时代的要求、物质利益以及他人观点（玛莉亚・阿列克谢耶芙娜语）的束缚。知识分子的精神自由决定了亚历山大・梅耶尔等人物及其追随者（K.A. 波洛夫采娃、C.A. 阿斯科尔多夫 – 阿列克谢耶夫、Г. 费多托夫、Н.П. 安齐费罗夫、М.В. 尤金娜、Н.И. 孔拉德、К.С. 彼得罗夫 – 沃德金、Л.А. 奥尔别利、Н.В. 皮古列夫斯卡娅）的世界观和行为规范。

从整体上来看，俄罗斯知识分子界经过了混乱时期（16 世纪末—17 世纪初）的考验。作为一个普通人和世纪的见证者，我的义务是恢复对知识分子的公正态度。我们平时总是过多地使用"腐朽的知识分子界"一词，将知识分子看作一个软弱的、不够坚强的群体，这是因为我们已经习惯地相信了侦查组织的卷宗、新闻媒体和只承认"工人阶级是领导阶级"的意识形态，但是在那些案件侦查卷宗里，剩下的只有对侦破案件有利的文件，有时甚至是通过酷刑和逼供信手段得到的资料，有时还不只是通过肉体折磨手段获得的资料。最令人恐怖的是这些受害的知识分子家庭的处境，侦查人员利用毫无限度的恐吓和酷刑等手段，肆意威胁他们的家庭成员。我们根本无权严厉评判那些不看案件虚实就认定侦破材料确凿无疑并随意在材料上签字的人（比如，1929—1930 年，知名的“科学院案件”就属于此类）。

那些出身于贵族世家的知识分子是多么崇高，多么勇敢！我常常想起 1929 年 10 月 28 日在索洛韦茨基群岛监狱被枪决的格奥尔吉·奥索尔金（Г.М. Осоргин），当时奥索尔金已被打入死牢。有一天，出乎监狱长官们的预料，奥索尔金的妻子（娘家姓：加利岑娜）突然前来探监。由于当时集中营的秩序已彻底紊乱，才对加利岑娜的到来感到意外，因为内陆政权（苏维埃政权。译者）根本不知道，群岛集中营的长官们早已习惯于恣意妄为。经过一番周折之后，监狱长相信了贵族奥索尔金的话，立刻将他从死牢囚室放出来并允许他与妻子见面，但坚决不准他告诉妻子，等待着他的将是何种厄运。他履行了自己对刽子手的承诺。转眼一年过去了，在一次简短的会面之后，他妻子加利岑娜去了巴黎，可她万万也没有想到，就在次日，她丈夫格奥尔吉·奥索尔金就被残暴地处死了。

我还时常想起另一位贵族知识分子——俄罗斯著名的弹道学家波克罗夫斯基，他只有一条腿。他曾在“黎明之门”（可惜的是，此门目前已被修复人员拆毁）进行反抗，并用自己的那只木质假腿痛打押解人员。他这样做的目的只有一个，那就是以此表示“坚决不做恭顺的群氓”。

还有格里戈里·泰巴林（Г.Г. Тайбалин）冒着生命危险，将一位穆斯林老人藏在自己的诊所里，这位老人是喀山“老布哈拉的最佳歌手”，丝毫没有自卫能力，对俄语一窍不通。正因为如此，格里戈里·泰巴林才注定被处决。

知识分子的反抗越强烈，他们所遭受的压制就越残酷。如果要谈论知识分子的反抗活动，我们应该注意下列几个问题：政权部门曾采取哪些强硬措施应对知识分子的反抗？彼得格勒大学是怎样被解散的？大学生中的清洗运动是怎样进行的？多少学者曾被迫停止教学活动？中学和大学的教学大纲是如何编写的？为什么增加了政治常识这门课？志愿报考高校的人必须经过哪些考验？当时的大学根本不可能招收知识分子的子女，许多大学都专门为工人阶级的后代开设了“工人系”。尽管如此，大学城内还出现了已有大学学历者的自修班。亚历山大·韦坚斯基（А.И. Введенский）、谢尔盖·波瓦尔宁（С.И. Поварнин）等彼得堡教授还亲自到学生家里上课，传授逻辑知识，而阿列克谢·洛谢夫（А.Ф. Лосев）还自费出版了自己的哲学论文。

在红色十月那一时期，俄罗斯知识分子早在与沙皇政府的对抗中得到了锻炼，经常召集知识分子的不仅是亚历山大·梅耶尔，不仅是他一人通过自己早在沙皇时期被流放、被关押期间积累的经验，团结了彼得堡的大批知识分子。

1922 年秋天，由于一部分知识分子在欧洲享有很高的知名度，在对他们采取一系列措施都不能奏效的情况下，政府便用两艘专用汽轮（“普鲁士号”和“哈根市长号”）将他们统统运出国境。

当时有数百名，甚至数千名学者、画家和音乐家，都勇于保持精神独立或积极抵抗历史科学、文学艺术、生物学、哲学、语言学等领域的意识形态，并与恐怖活动直接对立。支持各类首领和掀起揭发运动的是一群知识肤浅的人和半知识分子，他们惯于实施恐怖活动，为了个人利益，他们会通过某种非法手段获取学位、职称和院士称号。我敢肯定，他们绝对不是传统意义上的知识分子。没有什么比知识肤浅更危险的了。他们坚信自己一切都懂，至少是懂得所有最重要的事情，他们的行为厚颜无耻、“毫无妥协之意”。他们曾使多少人流落街头！还有多少人不得不为阿赫玛托娃、Б.М. 艾兴包姆、Д.Е. 马克西莫夫、К.Л. 科马罗维奇等人提供食物，甚至还有科学院院士列昂·Л.А. 奥尔别利，在给他安排专用实验室之前，他也曾靠他人的救济。在古代东方语言研究被宣布为反动学术行为之后，科学院院士 И.Ю. 克拉奇科夫斯基自己出钱为研究人员发工资。

那么，谁曾是俄罗斯最早的知识分子呢？假如基辅罗斯大公弗拉基米尔·莫诺马赫不曾为王公们撰写《家训》，单凭他的良知和精通五门外语的能力，他也应被纳入俄罗斯最早的知识分子之列。可是他的行为并不总是符合永久的和大家共同遵守的道德规范，因为他的良知仅限于他对王公子弟们的关心。

实际上，俄罗斯最早的知识分子是古罗斯 15 世纪末—16 世纪初的马克西姆·格列科，他本是个意大利人，接受的却是希腊的教育，出家之前的世俗名叫米哈伊尔·特里沃利斯，他曾是阿尔杜斯·马努提乌斯那样的学者。可他在俄罗斯遭受了残酷的压制和迫害，甚至还被关进监狱，他在死后才被尊为圣者。他用自己的生命勾勒出了古罗斯时期一批又一批知识分子的发展之路。

当安德烈·库尔布斯基公在担任军政长官期间，假如他没有从伊万雷帝身边“逃离”，他一定会被看作一名知识分子。作为军事统帅和政治家，安德烈·库尔布斯基有权选择适合自己的领主，但是作为军人和指挥千军万马的军官，他的逃离并非出于自愿。

在 17 世纪的古罗斯，虽然也不曾有过真正的知识分子，只有受过教育的人和主张效仿欧洲生活方式的人，但是在古罗斯时期，还没有出现过像近代俄罗斯高级知识分子那样的人物。

提出诸如彼得一世之前的古罗斯文化是不是落后的、文化水准是否很高之类的问题，显然都毫无意义，以“身高”评价文化水平的高低，也显得不太适宜。古罗斯曾有许多奇异的建筑艺术（建筑风格特点丰富多彩），古罗斯创造了崇高的合唱艺术，保存了古代宗教遗物、精美的壁画、圣像画和最赏心悦目的教堂祈祷仪式，却不曾懂得大学教育，当时拥有的只是一种具有崇高宗教特色和艺术实践的特殊文化。

有人认为，直到俄罗斯接受西欧文化观之后（其实欧洲文化观一直存在），俄罗斯才出现了知识分子这一阶层，但这种观点是错误的。

即使是在彼得一世执政时期，俄罗斯也没有出现真正的知识分子阶层。为了这一阶层的形成，需要使大学知识与自由的思想、自由的世界观以及行为规范相结合。

彼得一世曾为出现具有独立思想的人感到担忧，他似乎早已预想到，这种人的出现可能对国家构成威胁，所以他常常回避与西欧国家思想家见面。当他周游欧洲多国并在那里逗留期间，使他最感兴趣的首先是各类专业人才，其中包括国务活动家、军事专家、建筑工、水兵和普通劳动者（船长、木工和船员等），也就是那些可以实现他的构思者，而不是思想的创造者。或许正因为如此，彼得一世才能与那些天赋平平的建筑师保持良好关系，但他却未能与法国建筑师让－巴蒂斯特·列博隆（Jean-Baptiste Alexandre Le Blond）建立起良好关系，他甚至不采纳列博隆的彼得堡建城方案。在这个问题上，彼得一世没有错，因为每当他仔细研究列博隆的设计方案时，他总会发现，方案中的某些细节渗透着法国大师独立的建城理念。当彼得一世置身于天赋极佳和精力充沛的实践者当中时，他会感到自己比置身于那些理论家和思想家当中更自由。

欧洲之风之所以能在彼得一世时期的俄罗斯得以传扬，是因为彼得一世在某种程度上恢复了古罗斯时期的“从瓦兰到希腊”之路，这条商路曾被入侵俄罗斯的蒙古鞑靼阻断，而他却能从这条商路的源头重建商路。正是由于蒙古鞑靼的桎梏，在俄罗斯与西欧之间筑造了一道难以逾越的屏障，但他也未能与东方国家建立坚实的文化联系，不过作为俄罗斯沙皇，彼得一世凭借自己的权力，与喀山和阿斯特拉罕王国分别建立了平等的往来关系，而且还认可了喀山王公的贵族身份。

虽然彼得一世与欧洲建立了联系，但他却取缔了全俄缙绅会议，废除了宗主教制，同时使农奴制变得更加巩固。

对俄罗斯而言，主要问题一直是北方与南方之间的关系，而不是西方与东方的关系，甚至包括巴尔干半岛上爆发的战争、高加索地区的战争、土库曼战争等，也都是俄罗斯面对的主要问题。对俄罗斯来说，保护基督教就是保护欧洲的文化理念，即保护个性自由、人格自由和精神自由。或许正因为如此，俄罗斯知识分子才欣然接受了巴尔干半岛信奉基督教的民族解放事业，同时自身却因赞同最具欧洲特点的理念而遭到驱逐、压制和迫害。

直到18世纪末至20世纪初，真正的和典型的俄罗斯知识分子才开始出现，首先包括苏马罗科夫（А.П. Сумароков）、诺维科夫（Н.И. Новиков）、拉季舍夫（А.Н. Радищев）、卡拉姆津（Н.М. Карамзин）。杰尔查文不能被纳入此列，因为他一直过多地依附于权力机构。毫无疑问，普希金是一名知识分子，他从来都没有得到过沙皇赐予的金质鼻烟壶，而主要是靠稿酬维持生计，并且他的文学创作从来都不依附于任何权力部门，他一直走自由之路，一直是个“孤家寡人”。

作为某种精神上的群体，1825年12月14日，一批知识分子（十二月党人）在参议院广场上公开亮相。十二月党人起义是众多精神自由者出现的象征，他们坚决反对自己所属的阶层和利益，反对职业者的利益（其中包括军人的利益）。他们是在凭良知行事，而他们的“秘密联盟”不准他们追随任何一种“党派利益”。

与此同时，在俄罗斯萌生的恐怖主义、“职业革命者”、整个特加乔夫家族、涅恰耶夫家族（或许还包括车尔尼雪夫斯基家族？），他们都曾是反知识分子和反个性的典型。所有拜倒在所谓“人民”或“工人阶级”面前的人，也都不能算作知识分子，他们既不属于人民，也不属于工人阶级。与此相反，如果工人本身具有相当高远的职业和非职业视野，如果生来就有良知，基本上可被归入我们所说的普通知识分子之列。

再来看我们这个时代。

早在十月革命之前，出身于农民阶层的神职人员、城镇居民及其他领域的代表，分别表现出了知识分子的本质（神父帕维尔·弗洛连斯基），农民阶层也涌现出了一批优秀的知识分子，其中包括哲学家和神学家谢尔盖·布尔加科夫、东正教大司祭维克多林·多布隆拉沃夫、教会史学家亚历山大·叶尔恰尼诺夫等。

由此可见，大部分俄罗斯知识分子并没有以叛逆行为玷污自己。我可举出几十个人的实例，他们都非常诚实地度过了自己的一生，也从来无须用“我们曾经相信”“我们曾经这样认为”“曾是那种时代”“我们毕竟那样做了”“我们那时还不太明白”“我们那时曾深受毒害”等解释性词语来证明自己的正直和清白。虽然他们主动退出了知识分子行列，但是他们曾经履行，现在依然履行自己的义务：懂得、理解、反抗、保持自己的精神独立、从不说谎。在此没必要指出所有假知识分子的姓名，从一开始，他们参加各种各样的运动和大批判就不是偶然的，这种人的数量甚多，但是无论如何也不能因为他们而去批判整个俄罗斯知识分子界。除此之外，假如没有老一辈知识分子，就不会有年轻的持不同意见者。

我还有几段回忆，在此愿与大家分享。

那是在1928年，大约在10月初。“航天科学院”大学生小组案件的所有成员、谢拉菲姆·萨罗夫斯基协会的成员，统统被传唤到监狱长办公室（位于列宁格勒施帕列尔纳亚大街上的羁押所）。只见他十分威严、脸色阴森恐怖、双眉紧皱，而我们都站在他面前，站在最前面的是伊格尔·叶甫盖尼耶维奇·阿尼奇科夫（И.Е. Аничков），他曾在国外接受教育，曾是旧知识分子的典型代表。监狱长以报丧式的嗓音说道："请听宣判。"我记得十分清楚，当他说到"宣判"一词时，重音落在最后一个音节上，这是正确的读法。然后他开始慢速但非常庄严地宣读判决书的内容（不知是哪儿来的判决书，因为根本没有开庭审判），伊格尔·叶甫盖尼耶维奇始终百无聊赖地站在那儿。当监狱长读完判决书之后，伊格尔·叶甫盖尼耶维奇漫不经心地问道："这就完了，我们可以走了吗？"他不等对方回答，就朝门口走去。我们大家都跟着他往外走，这一举动使在场的押解人员惊慌失措，此情此景，简直太令人振奋了。

俄罗斯知识分具有顽强的性格和崇高的尊严。

这又是为什么呢？知识分子究竟是一种西方的现象，还是东方的现象呢？如果有答案，就是承认俄罗斯究竟是西方或东方。知识分子的主要基石之一就是教育的性质。对俄罗斯知识分子而言，文化修养及其特点永远是纯粹的西方现象。

如果俄罗斯属于东方或具有欧亚的双重特点，那么，俄式教育中的西欧特性易于使知识分子脱离人民，充分证实了在俄罗斯占优势的半知识分子及知识肤浅者阶层对真正知识分子的反面态度。难道不正是由于使知识分子脱离人民的这一愿望，才使欧亚主义在最近几年内获得了蒙昧主义的负面特点吗？

实际上，俄罗斯绝不是什么欧亚国家，因为区分西方与东方的是文化上的差别，而不是双方约定并在地图上标明的边界线。按照宗教和文化的特点，俄罗斯无疑属于欧洲国家。另外，在俄罗斯文化中，很难找到位于西端的彼得堡与位于东端的海参崴之间的差别，哪怕是最微小的差别都很难发现。

按类型划分，俄罗斯文化向来都是欧洲文化，一直带有与基督教密切相关的所有三个区别性特点：个性化原则、易受其他民族文化感染的特性（普遍意义）和追求自由的特性。

从文化特征来看，俄罗斯与西方国家之间的区别甚至小于西方国家之间的区别，小于英国与法国之间或荷兰与瑞士之间的区别。欧洲境内有多种文化，连接俄罗斯与西方国家的主要纽带和媒介是知识分子。当然，这种纽带不仅仅是知识分子。

对俄罗斯而言，"东西方之间"的问题不及"南北方之间"的问题重要。虽然很少有人特别关注这一点，但事实的确如此。

只要大家仔细看一下欧洲地图，其中包括东欧地图，你们就能立刻发现，长期以来，那里的交通路线主要是按照子午线方向自北向南或由南向北方流向的大小河流。它们之间由波罗的海流域和黑海流域相连，最终与地中海汇合。"从瓦兰到希腊"之路（俄文中之所以特意使用大写字母，是因为"瓦兰"与"希腊"所指的不是两大民族，而是两个国家）是当时的主要商路，同时又是一条军事之路和文化传播之路。

成书于 11 世纪的《编年纪事》的作者，正是这样描写了古罗斯的地理范围，从分水界、"奥卡河流域的森林"，到源于那里的条条大河的流向，共有哪些河流汇入大海等，应有尽有。没有什么边界，而只有条条大河的流向。

在这些道路上，古罗斯曾有权利平等、意义相同的两个中心，一个是诺夫哥罗德，一个是基辅。被雇用和被邀请的瓦兰人正是沿着"从瓦兰到希腊"这条商路，从北方进入古罗斯的。在北方建立王朝之后，留里克的后裔开始向位于南方的基辅挺进，于是从北起拉多加湖，南至第聂伯河畔的赫尔松，国家实力覆盖了沿途所有的部落。借助于保加利亚，拜占庭的宗教文化和欧洲基督教宗教从南方进入古罗斯，从而使古罗斯与西方国家建立起紧密的联系。如果将古罗斯文化看作连接 10—12 世纪欧洲主流文化的纽带，那么，古罗斯文化应该是斯堪的纳维亚文化，而不是欧亚文

金环城苏兹达利修道院圣像客厅内的圣像画

化。古罗斯时期，东方的游牧民族和南方的茫茫草原对古罗斯国家建立所做的贡献少之又少，甚至当他们作为古罗斯雇佣军并驻守在古罗斯公国境内时也是如此。

与罗斯人联姻的首先是芬兰乌戈尔部落。根据古老的传说，罗斯人邀请瓦兰三兄弟（留里克、西涅乌斯和特鲁沃尔）前来管理罗斯。[请见《编年纪事》中 862 年一节的记载："罗斯人、楚德人（后来的爱沙尼亚人）、斯洛文尼亚人、克里维奇人、维斯人（维普斯人、芬兰乌戈尔部落）共同请求说：'我们这里地大物博，但没有秩序，也无人管理（没有国家机关），请你们来担任我们的大公并管理我们吧。'"《编年纪事》继续写道："当瓦兰人来到罗斯之后，那些城市的人口分布情况大致如下：诺夫哥罗德最早的居民是斯洛文尼亚人，在波洛季斯奇居住的是克里维奇人（斯拉夫部落），在罗斯托夫居住的是默里亚族人（芬兰乌戈尔部落），在别列奥泽尔湖畔居住的是维斯人，在穆罗姆居住的是穆罗姆人（芬兰乌戈尔部落）；上述部落全部由留里克统治。"]

非常典型的是，在古罗斯文学历史文献中，已出现经希腊或西方以及从南方进入罗斯的各种东方元素，但是与东方国家的文化交往却非常有限。直到 16 世纪的俄罗斯装饰图案中，才开始出现东方文化的迹象。

未来的白俄罗斯中心波洛茨克市同样出现在航运商路的途中，三大首都（诺夫哥罗德、基辅和波洛茨克）分别具有自己的圣索菲亚（上帝赐予的睿智）教堂，根据神意，它们早已成为东斯拉夫三大民族文化统一的主要标志。

蒙古鞑靼残暴地入侵了古罗斯，而且还留下了许多致命的后患。后来古罗斯逐渐产生了被迫与东方建立联系的愿望，这也是唯一能削弱蒙古鞑靼后患的方式，但他们的入侵彻底毁灭了三座索菲亚教堂（象征着世界统一的崇高智慧）凝结起来的统一的古罗斯。所有这些绝不意味着，俄罗斯似乎在西方一贯拥有自己的盟友，而在东方却只有敌人。尽管这一点无法通过历史来证实，但是我们所说的并非军事联盟问题，而是关于俄罗斯民族文化的渊源问题。

俄罗斯与东方国家有着各不相同的文化渊源，事实的确如此，但这绝无否定今天国与国之间的相互理解和互助关系之意，而恰恰是要为这种关系的建立提供必要的条件。正是从这一点出发，而不是从其他某种观点出发，才应该使欧亚主义思想得到正确理解。每个国家均有各自的东西方概念和南北方概念，对邻国而言，某个国家心目中的东方就是他们的西方。友好睦邻的意义就在于，尽可能地避免民族界限成为“闭关锁国”的政治界限，不应使任何人因民族文化之间的差异而受辱，而是要力争通过这种差异来丰富本民族的文化。

争议、辩论、不同的人生观、对世界未来的看法不一致等，当然是知识分子固有的特性，但知识分子内部的相互残杀则是那些知识肤浅者和“鲁邦式学者”引起的。难道时至今日，依然只能通过无休止的纠纷、相互敌对之类的方法，完成知识分子所肩负的一切重任和所有的历史任务吗？难道依然像整个文化发展史那样，像我们不久前刚刚获得的实践经验那样，在将某些人开除知识分子界的同时，有人会给我们指出完全是另一条相反的道路吗？

难道我们还会像过去那样，低估知识分子在我国各民族生活中所发挥的作用吗？

被压制的科学[7]

若想罗列由“被压制的科学”带来的全部灾难是异常困难的，因为问题不仅在于，有的学者或某些科学流派都曾遭到压制和迫害，或遭到禁止，甚至被彻底消灭……还在于压制和惩罚所带来的更多灾难。

科学界有这样一种通行的观念，即从研究工作伊始，可能只有一条正确的道路，只有一个正确的方向，只有一种科学流派，当然，只有一位主要学者和科学界的“领袖”。换言之，科学曾在“只有一个方面是正确的，其他方面都是错误的”这一思想的钳制下“发展”（如果这种发展可以叫作发展）。当时没有，也根本不可能有任何推测和设想：科学真理诞生于某个十字路口、某些事物中间，或诞生于某种非常独特的另一个领域之中。对真理的预示是无可争议的，特别是在社会科学领域中，当然不仅出现在这一个领域之内。

因此在某些人的脑海中早已形成这样一种印象，即探求真理的过程其实就是在探索某种已有的事物，选择早已存在的某种观点。而这种选择又是在政治目的的驱使下完成的，而且还经常带有极为明显的经院式色彩，特别是当科学与社会学科早已达到极端政治化和公式化之时，尤其是这样。从本质上来看，所有这些现象都已彻底否定了真正的科学发现的可能性。尽管部分研究工作未遭到全部禁止，但始终也没有得到任何人的肯定。通过实验、手稿文献、某些不被重视的资料得出的意外发现、“出人意料的”结论在科研中的作用被彻底忽视。当时曾有这样的要求，即为了某种事先按政治目的制定好的观点，科学应当经过“证实”（确切地说，应该收集证明材料）。有人认为，科学界有两种完全对立的意志：一种是可以接受的阶级意志，与此相反的是另一种阶级意志，即与符合无产阶级意识形态的阶级意志或敌对意志，这种观点曾一度被看作不可违背，他们宁愿把意见分歧看作是敌人的暗中攻讦，宁可“批判”其他任何一种观点，也不想证实自己的任何观点。科学界由此还出现了许多现行体制和国家政权的“敌人”、危险分子和罪犯等，他们都是逮捕和惩罚的对象，有的甚至还是枪毙的对象。

尽管如此，当我们回忆“生活方式”给我们带来的痛苦时，我们一定要关注问题的另一面，令人惊叹的一面，即许多知名的和不知名的学者都具有坚韧不拔的精神。难道能把在狭窄领域工作的学者看作“小学者”吗？虽然他们所在的领域比较小，可他们并不因此而放弃自己的信念，他们冒着失去人身自由的危险保护书籍和手稿，拒绝提供违背良知的证词，决不否定自己的老师和领导，从不在仇视人类的公告和声明上签字，最终他们生活变得拮据，而且被彻底疏远。

大多数恶行都喜欢喧闹和招摇过市，所以人们觉得，恶人总是占多数。他们无所不在，习惯于大声宣称自己的存在，目的是让更多的人相信他们的正确性和“原则性”。他们很容易在嘈杂的喧闹声中掩盖自己的声音，他们所关心的是让他人发表意见和印刷自己的发言稿，有时还跟他们一起讨论。而真正的学者则善于默默地捍卫科学，并通过自身的行为、独自完成继承科学传统的使命。

我认识一大批真正的彼得堡知识分子，其中包括我的文学老师列昂尼德·弗拉基米罗维奇·格奥尔格、俄罗斯方志学奠基人伊万·米哈伊洛维奇·格列夫斯、他的学生（我的“难友”）尼古拉·帕夫洛维奇·安齐费罗夫、哲学家亚历山大·亚历山德罗维奇·梅耶尔、历史学家安纳托里·瓦西里耶维奇·普列捷琴斯基、鲍里斯·亚历山德洛维奇·罗曼诺夫、西吉兹蒙德·纳塔诺维奇·瓦尔克、生物学家尼古拉·伊万诺维奇·瓦维罗夫、他的弟弟和物理学家谢尔盖·伊万诺维奇·瓦维罗夫、东方学家尼古拉·约瑟福维奇·孔拉德、文艺学家鲍里斯·米哈伊洛维奇·艾兴包姆、米哈伊尔·米哈伊洛维奇·巴赫金、尤里·米哈伊洛维奇·洛特曼等，还有很多位，在此不一一列举了。

关于文化修养的议论

不能将知识水平与文化修养混为一谈。

知识水平的生命力在于已有的知识，而文化修养的生命力则在于创新，在于在原有的知识水平上产生新的认识。

那么，什么是一个人的文化修养呢？难道是广泛而渊博的知识吗？不，不是，绝对不是！你们可使一个人没有任何知识，可使他失去记忆，在这种情况下，如果他还能保持理解另一种民族及其文化的能力、理解内容广泛和风格各异的艺术作品的能力、理解他人的思想和创意的能力，如果他还能保持“高深的社会性”的素养和技能，他就是一个文化修养很高的人。

获得各种知识的能力同样属于文化修养的范畴。

除此之外，知识分子是具有“特殊气质”的人，他们具有很大的包容性，在与知识分子的交往中使人感到轻松愉快，而且不带任何偏见，没有丝毫的沙文主义特点。

很多人认为，一个人一旦具有文化修养，他就能保持终生。其实，这是一种错误的认识！保持文化修养的方法是不断读书，而且要有选择地读书，因为阅读是文化修养的主要教师，虽然它不是唯一的教师，可它毕竟是文化修养所必需的“燃料”，以确保“心灵的火焰不被扑灭”！

学习第十门外语比学习第三门外语更容易，而学习第三门外语要比学习第一门外语更容易。

每个具体的人获得知识的才能以及对知识的兴趣，都在以几何级数的比例增长，但遗憾的是，从整体上来看，全社会普遍的知识水平却在持续下降，真正的文化修养被知识肤浅取而代之。

社会的道德气氛取决于全社会的文化水平。

最使我感到不安的是在我们的社会中，文化存在着严重的缺陷。如果不提高我们全社会的文

古罗斯《编年纪事》作者涅斯托尔的雕像

化水平和“文化张力”，任何历史规律和国家颁布的法律、对未来的任何一种希望，都将难以实现。

目前认识这一点十分重要，因为文化水平不仅很低，而且还在不断下降。几十年对知识分子的摧残，中学教育质量持续下滑了几十年，文化财政中的“剩余价值原则”、最重要的文化保护场所（包括科技图书馆和“大众”图书馆）接连遭灾、错误的出版政策（在这种政策下，出版的报刊书籍不都是读者最需要的，而是带有各种目的和各种色彩的读物）等等，分别发挥了各自的负面作用。所有这些都是在我国文化普遍萧条背景下发生的，而所谓“萧条时期”却发生在文化普遍下降之后。令人恐惧的并不是独立思想，而是最终导致独立思想产生的不良后果，即人们的行为本身急剧恶化，甚至变成带有挑衅性的邋遢行为。

大家也不必为上述现象感到惊恐，本人想尽力解释清楚的是，不仅在科学界、经济领域、政治思维方面，而且还在人们普遍的行为规范方面，甚至在人们的精神面貌方面，怎样的表现才算是具有文化修养的人。

在此不必深究诸如什么是文化，什么是文化修养等异常复杂的问题，只想说明我认为简单明了的几个问题。

虽然文化并不只是大量的知识，但它毕竟建立在知识的基础之上。一个积累许多知识的人未必是一个有文化修养的人。文化修养首先是许多知识的结果，是足以调整和认识自身缺点的那些知识的结果。

事实的确如此，一个人的知识越丰富，他就越能清楚地理解自己在知识方面的欠缺。科学本身的发展并非通过解决问题这一途径，而是通过提出越来越多的新课题而发展的，它们主要是从科学给出的答案中产生的，而那些答案不是为了向我们解释世界，而是为了发现世界上的未知。人们常说的一句格言——“我知道自己一无所知”，这绝对不含卖弄性的自我贬低之意，而是说明了知识调整的规律之重要性。

在18世纪的科学发展中，学者们曾深信，世界很快就会被彻底揭示，一切都将变得易于理解。人类好像已经位于彻底认识世界（从各个方面充分认识世界）的边缘。而今天的物理理论家已经懂得，我们与真正解释世界还相差甚远。这就意味着，他们已经认识到，从理论层面上来看，我们对宇宙、对物质的结构、对经济、对艺术等知之甚少。这是目前所有的科学领域（非常落后的领域除外）和所有学者固有的特性。

因此真正的饱学之士、对人所掌握知识的不牢固性有充分认识的学者，他们平时都特别谨慎，因为经常与他们共事的还有一些非常自信的知识肤浅者。后者对小心谨慎而具有文化修养的学者总是持有自以为是、侵犯性、挑衅性和异常仇恨的态度，他们往往把那些真正的学者看作意志不坚定者，甚至把他们看作故意抵抗者。

知识肤浅的人常常认为自己无所不知，他十分精通获取人生富贵的秘诀和迅速摆脱困境的方法。他总是觉得，学者和具有文化修养者不利于他自负政治的传播，而且还会狠狠地指责他的无知，这通常会让他感到羞愧。

具有挑衅心理的知识肤浅者有时通过突出强制特点的集体化，寻找躲避各种社会灾难的灵丹妙药，有时还会通过诸如“多孽小麦”、养猪业、养兔业、大面积种植玉米、各类大坝等工程以及特别简单的事物去寻找，在他们的自负中寻找，因为他们深信，自然界的一切随时都可能发生变化（萨尔德科夫–谢德林也曾发现这一点）。行政命令式管理手段自然强化的原因就源于此，由此产生的还有上级粗暴地对待下属、不愿改变缺乏文化修养者（知识肤浅者）通过的决议（“大脑神经错乱”）等现象。由此产生的还有知识肤浅者酷爱身穿“指挥官”军服或半军半民服装、语言中夹杂着军事用语和警察用语等现象。在“知识肤浅者”的整个面貌上和所有的行为中，都明显地透露出文化修养的严重缺失。原则性的侵犯行为无处不在：世界观里，对和谐的看法中，对大自然、历史、各类艺术流派的态度中（特别是在对那些未能使人难以理解并要求知识肤浅者不具备的那种易受性的流派的态度中）！具有挑衅性的人们团结一致地向前挺进，他们坚信，凡是持不同观点者都是他们的敌人，如果不是敌人，那至少也属于接近人民的拥护者，而这些拥护者与生俱来就带有某些固有特性或非常恶劣的特性。因此具有挑衅心理的人坚信，所有的灾难都是由那些人民的拥护者的恶劣特性所致，或者都是由数百年的密谋和秘密协会所致。

总之，知识肤浅者的表现，就好像是他在傍晚时分置身于完全陌生的森林中那样，觉得每棵树干都是随时会袭击他的匪徒，他根本看不清道路，于是便慌不择路胡乱摸索，觉得脚下的一切都是大道或小路。对他来说，最重要的就是证明自己的手段是正确的，因为他相信，只有通过这些手段，他才能构建自己的未来。对他而言，既不存在过去，也没有任何历史教训。他只能摸索着前行，甚至匍匐前进，他试图摧毁和消灭一切障碍，即“彻底肃清”“使之毁灭”。他相信“最严厉的惩罚”，更确切地说，是处决——这是目前与犯罪分子做斗争所采取的最严厉的措施。

由此可见，知识肤浅、缺乏文化修养可培养固定和非常危险的性格、行为、对周围世界的态度，即对人、对大自然、对历史、对文化艺术遗产和文物的态度。在严峻的环境下，文化修养的缺乏可造就像希特勒、墨索里尼及其“同伙”那种人，还可造就由带有盲从心理和“领袖至上”主义的知识肤浅者组成的社团，其中最具侵犯心理的知识肤浅者轻易就能成为“领袖”，更确切地说，是成为兽群之首。因此知识肤浅乃是最危险的一种社会病。

如果知识肤浅是一种社会病，是一种由部分缺乏睿智的活动所导致的自我中毒之类的社会病，那么，这种病是否有望彻底根治呢？根治是异常困难的，首先，任何一个缺乏文化修养的人或知识肤浅者，都不可能意识到自己的无知。围绕在他们身边的也都是一些文化素养不高的人，他们当中的某些人还为自己的无知行为沾沾自喜呢。其次，他们通常坚持为知识的实际利用而斗争，他们保护技术科学和技术职业、维护“速效性”、因为在技术中，某些结果常常推导出明显而易于理解的东西。

然而，最重要的是，带有“路路通”的这种知识肤浅者的世界观和社会行为，早在青少年时期就已形成。在此方面，家庭和学校（包括中学和高等院校）的责任和意义是重大的，大学教育只能赋予他们一定的光泽，而技术教育所能给予的光泽最少。重要的是通过人文科学，依靠整体上的人道主义文化和艺术，才能培养和塑造一个人，才能培养人的道德观以及对周围事务的态度。

尽管如此，事情并非毫无希望。本领域高级职业化能力可助一臂之力，这种职业化既可在成年时期达到，甚至可在老年时期达到。有意识培养的某一领域（技术、医学、教育等领域）的职业化，能迫使一个人不去干预自己不十分精通的领域。职业化既能学得会，也能逐渐培养起来。根据本人熟练掌握的专业，专家深知整体知识的重要性。我认识多位文化修养很高的细木工、打字员和农民等，他们都真正掌握了本领域的专业知识，精通并掌握了本行业的工艺，分别具有高尚的“智慧”。充满智慧的老人主要是指过去的能工巧匠。我有时认为，完全有必要编写一份职业清单，即编写一份长年累月地培养对人、对自然和历史明智态度的职业清单。

我们谈到了由于缺乏文化修养而导致的灾难，谈到了不幸并不在于知识肤浅和知识肤浅者本身，还谈到了知识肤浅者给周围的人及周围环境带来的各种不幸。现在我们来谈谈什么是文化修养，文化修养究竟有哪些特点，它究竟是怎样对知识分子和人类社会产生作用等问题。

一个有知识的人首先尊重周围世界和周围的人，深知自己并未掌握全部知识，而是刚刚步入知识殿堂。因此他就能经常不断地充实自己的知识，特别是不断丰富文科方面的知识。由此产生了谨慎对待他人及其信念、反对强行寻求幸福之路、不相信“目的与手段是相等的”这一原则等做法；由此开始反思自己的行为方式和培养自控力；由此还产生了对历史经验和各民族文化的尊重。与此同时，一个有知识的人从来不会失去自信，这就是他为什么从不惧怕他人的意见、他人的推测，随时准备听取并接受专家和相关人士的意见。

实际上，一个表面上不自信的知识分子比任何一个自信的和具有挑衅心理的知识肤浅者都更有自信。如果知识肤浅者做事绝对化，如果他不能改变自己原来的意见，如果他十分病态地看重威望并粗鲁地对待自己的下属，这还不是软弱的所有特征，但它们却是知识肤浅者本人难以意识到的特征。

为什么我总是重申人文科学和艺术在青少年的整体文化修养中的作用呢？其原因非常简单。文学、绘画和各门类艺术都能使人掌握一定的生活经验，它们不仅可使人置身于多重生活之中，可使人体验各种不同的生活情景、可使感情升华，而这种感情还可成为一种不足为奇的寻常现象。比如，友人病故、爱情终结等，但却能在平凡中见非凡，可使人发现常常显得枯燥、乏味和沮丧的一般现象中的美感。它们可通过“他人的”意识，使人认识另一个人、另一个民族和另一个国家，认知大自然之美。艺术可培养人们的审美意识，提高人们的伦理道德。除此之外，艺术还可培养在所有科学领域内都非常重要的直觉。因此一代又一代的伟大学者都对音乐、形式和内容极其复杂的绘画和诗歌有着浓厚的兴趣。

“美足以拯救世界！”许多问题均可通过艺术找到答案。其中的原因特别简单：因为恶行往往会带来混乱，所以历代各民族都将恶行描绘得十分丑陋；而善良通常能带来和谐和统一，所以善良才显得十分美丽。

真理、善良和美丽（真善美）是统一的，人类永远赋予这三者一致的属性。除此之外，文学和绘画艺术还可直接向人们宣传道德规范。

艺术能够使人看到世上的善良和美丽，看到具有战斗力的善良和具有战斗力的美丽。

我本人赞同各种不同类型的中学。只有多样化的中学，才能使学生因母校而感到自豪，为自己的老师们感到自豪。应当增强学生对自己掌握的知识、某领域的技能的自豪感，不能使劳动与学习脱节。学习、对课程的准备和准时上课等，都是一种劳动，是足以培养秩序化、细心以及对准备上课的责任感的劳动。

有人会觉得，我过多地谈论中学教育问题……

这并非偶然，因为就像家庭一样，学校首先传授给学生的是文化知识。能否尽快使这些文化知识转变成文化修养呢？我们都不想自欺，答案是不可能。虽然这是不可能的，但又是非常必要的。文化修养应该是整个民族和整个国家的固有特性。从某种程度上讲，如果文化修养具有较大的威力，那它就会产生较大的“感染力”。长期以来（从19世纪60年代起），在我国文化修养几乎被看作一种耻辱，反知识分子的情绪甚至还渗透于文学作品之中（我们还记得，伊里夫与彼得罗夫在小说《金牛犊》中的主人公之一——知识分子瓦西苏阿里·洛汉金，就被描写成一个十足的反面人物）。

我们还可回忆一下，在苏联文学作品中，经常出现有知识的工人形象，虽然他们并不是立刻出现的，但是最终成为知识分子的既有工人和农民，也有最低级的职员和最高级的职员、企业经理，还有学科领域和部级单位的领导者等。为此需要每个人都必须意识到自己全面参与文化建设的必要性，体会到人的道德和尊严的重要性，不去为了达到“晋升的目的”（包括为使自己的方案、预算、计划书等被批准）而撒谎。随时保持真诚是一种社会立场，职员在此基础上，全社会的真诚、真正的和谐才可能得以巩固，而这种真诚不仅被看作获得信息的权利，而且还是领导者的义务，即及时通报可能对他人有利的一切信息。

“精神匮乏”的挑衅性与文化的社会性

现在很多人都在说，我国社会存在着“精神匮乏”的现象。在此我想纠正一下这个说法：“精神匮乏”不仅控制了我国社会，而且是当今整个时代和全人类非常典型而普遍的现象。在某种程度上，的确是这样。虽然我不能准确定义，什么是“精神匮乏”，但这一概念显然表明了精神文明的作用逐渐降低，人们对精英文化的兴趣已经丧失，缺乏对文化这一概念的理解，缺乏对基础知识的理解和掌握。

1832年9月，普希金造访莫斯科大学纪念碑

技术活动占据了全部时间，没有给人类留下任何空间和献身于真正文化的可能。尽管如此，自然界绝不容许出现任何空白。技术以及与其密切相关的各种舒适，随时可能在人类活动中压制他们的精神生活，但不能将其彻底取缔，取代精神生活的是表面的文明以及与其密切相关的很多事物。此类诸多的事物有一个共同特征，这就是令人恐怖的挑衅性，此种挑衅性包括对人类活动毫无精神的需求。人类本身不仅有对脑力工作的需求，而且还有从事各项活动的需求。当今时代，具有挑衅性的文化形式（如果能称其为文化！）像流行病一样迅速蔓延。当一个身材魁梧但嗓音不佳的小伙子通过话筒多次重复唱着同一个毫无特殊意义的短句（他说话从来都不连贯）时，由于紧张而全身大汗淋漓，同时用失去理智的眼睛看着听众，此时使我感到惊讶的并不是他本人，而是那些激动万分地听他唱歌的人们。这就是一

种纯粹的挑衅性，难怪在这样的音乐会之后，那些随时狂暴起来的听众急于满足个人对挑衅性的需求：他们开始动手打人、砸碎音乐厅内的设备和器具；当他们走出音乐厅时，随便踢翻痰盂、木凳、摊铺和货架等。

虽然男女之间的爱情永远是艺术（首先是诗歌）的创作动机和内容，但是如果爱情被赤裸或毫无掩饰的性欲所代替，那就不可能涉及任何崇高意义上的爱神——“厄洛斯”。在这种情况下，挑衅性当然就是最神圣的。难道那些前来观看性表演的男人们，还有必要接受怎样呵护心爱的姑娘的教育吗？难道他们在走出性表演场时，还急着为心爱的姑娘买一束鲜花并给她留下风度翩翩的印象吗？还能悉心照顾她、尊重她吗？他们还能有文明的举止吗？还会展示自己的知识和能力吗？他们还能倾心于心爱的姑娘和“永恒的娴雅”吗？“永恒的娴雅”是一种混合型陈旧观点，犹如曾祖母那代人用过的卫生球。实际上，像许多昆虫那样，一切都达到了极限，纯粹的爱情挑衅也是如此。

意识形态的挑衅性产生于精神空虚及其派生物，那些打算使我们适应议会制的政治家们应该懂得这一点。非常简化的生活观念（根本谈不上世界观！）为人们（主要是青年人）的行为规范增添了挑衅特点，所以从“记忆”、右派的君主主义到无政府主义的极端性政治理论的传播才显得更加危险。“黑色旗帜”看上去多么美丽！“当周围的人都对你惧怕三分时，你的心情该有多么愉快！”这就是勇敢精神的代用品，是深信的代用品。由此还产生了以绚丽的奇装异服、魔鬼般的发型使周围人为之惊讶的愿望，以及以衣着不整表示对他人的轻蔑之愿望。“这关我们什么事呢？让他们看吧，让他们去忍受吧！”挑衅性的话是一种脏话，是以不同形式表现的秽语和暗语，其典型特征就是拥有组建匪帮和强盗团伙的欲望。

精神空虚本身也具有一定的挑衅性，它具有使他人当众出丑、身败名裂和威风扫地的威胁，有时甚至还能危及他人的性命，至少具有否定他人观点的危险。有时精神空虚的人特想自虐，或甘愿品尝痛苦，于是便故意滋事、打架斗殴，目的是塑造自身“为信念而忍受痛苦”的形象。精神空虚还能引起混乱，并以此掩盖自己的空虚。

因此在与日益增长的挑衅性做斗争时，寄希望于禁止、警察驱赶发狂的人群等措施都是毫无意义的。具有挑衅心理的人需要证人、观众、丑闻和吵闹，他们从中得到的只有满足感。如果可能，最好尽量少观看此类声势浩大的空洞行为。像其他各种歇斯底里那样，挑衅性往往因平静和无动于衷而平息。英国警察早已熟练地掌握了这一诀窍，他们善于“保护”被这种人激怒的抗议者们举行的游行示威活动。

《圣经》中记载了上帝说过的一句话：“人不应为自己的冤屈而报复。”人们啊，请不要报复，因为恶行（如果它果真是一种恶行，而不是无辜者的绝望）迟早都会自我暴露的。

当然，在与日益增长的挑衅性的斗争中，单凭平静是远远不够的，如果挑衅性的根源仅仅隐藏在空洞之中，那我们应当表示理解。基于精神空虚和没有固定而重要目标的挑衅性，可随时找到这一目标和挑衅性特别需要的对抗力（读者可能会发现，我经常谈到的这种挑衅性并非独立存在的，而是一个人精神匮乏的缘故）。

与精神匮乏导致的挑衅性的最佳斗争方式，就是通过精神和文化，平静地与之对抗。话已至此，基本上接近了我所涉及的中心思想。我已说过，挑衅性产生于对人类活动的需求，而这是一种纯粹的形式活动，没有任何实质内容。对从事各项活动的需求是人类的自然属性，这种活动应以充实而宝贵的内容武装起来，足以为此种强烈愿望提供翔实而崇高内容的正是文化。由于文化本身的重要意义，对积极活动的追求便获得行之有效的形式，即对整个社会和个人都十分有利的各种形式。必须使挑衅性与不具挑衅特性的文化相对立，真正的文化为了自身的发展，根本不需要外力的强压，它本身就有巨大的引力，它不仅不排斥任何人，而且还会吸引所有的人。因此文化是永恒的，并能为渴望从事各项活动的人提供多种机会。

精神永恒是一种美德。大量的俄罗斯壮士歌，特别是基尔沙・丹尼洛夫（К. Данилов）在18世纪收集整理的壮士歌集中的歌曲、阿丽娜・费多索娃的哀歌、民间抒情歌曲等，都没有失去自身的美感。早已成为俄罗斯经典作品的既有《伊戈尔远征记》，也有普希金、莱蒙托夫、巴拉丁斯基、涅克拉索夫、费特、布洛克等人的诗歌，还有普希金、莱蒙托夫、列夫・托尔斯泰、契诃夫、布宁等人的散文。许多古希腊作品（包括建筑、雕塑、哲学、文学等作品）同样没有失去自身的光泽。数百部西方文学作品、绘画和雕塑杰作等，很早就被纳入了经典系列。古典音乐作品具有非常特殊的意义，因为音乐具有联合人类的巨大威力。

古典作品是世界文化传统得以固化的要素，它们依然积极地参与人类的文化生活，而最重要的一点是，古典作品可使每个从事古典创作和研究、因创作而变得纯洁和思想更丰富的人从中受益。这个“思想更丰富”的含义是什么呢？此处是指越来越丰富的文化经验和阅历。古典文学作品可使人具有多次生命，因为古典诗歌具有一定的疗伤作用，所以抒情诗可使人的思想变得更加丰富。善于阅读、聆听、思考和高声朗诵诗歌者，他们的个人生活会变得无限丰富。

有文化修养的人并不是指那种读过大量文学作品和经常聆听音乐的人，而是指通过文学作品和音乐思想变得丰富的人，他们可洞察过去几个世纪的深刻思想，可了解他人的精神生活，他们对世间万物具有广泛的理解，同时对“他人”更加包容并能随时理解他人的一切，他们尊重“他人”（即尊重其他民族，尊重其他民族的文化和信仰）。具有文化修养的人善于意识到，如果他不能理解他人所承认的事物，那并非因为那些理解者全部都是想以文化来招摇撞骗的伪君子。尽管从整体上讲，精通先锋派风格的很多人（包括先锋派本身），甚至还有从事先锋派绘画创作并在先锋派中创造出“流派”的画家之多，简直不计其数。

由此可见，由于不朽的艺术和哲学知识而变得更加包容他人的人，善于根据本人掌握的知识和文化经验的人，善于在历史和当代创造新的精神财富的人，才算是具有文化修养的人和知识分子。知识分子不仅是从事脑力劳动的那些人，不仅是那些具有知识，甚至是受过高等教育的人，而且是在经典文化基础上接受培养、具有对其他民族文化持有包容态度并尊重其他民族文化的人。他们通常是性格温和并敢于对本人行为举止负责的人。若想判断一个人算不算知识分子，就要看他身上是否具有挑衅性，还要看他的行为举止是否温和，是否具有令人怀疑之处和一系列缺陷。具有挑衅心理的只有那些知识肤浅者、迷恋“萨满巫术”和热衷于萨满教式的“大众文化”的人。

根据我本人对精神匮乏产生的挑衅以及与此相反的文化社会性的全面认识，可以得出一个无可争辩的结论。如果我们想建立一种正常的社会，如果我们想使本国的经济、科学技术得到均衡发展，我们就应当采取有利于提高国民文化修养的广泛而深刻的措施。在此重申，尽管我曾经说过，人道主义文化正在逐渐衰落，但是我本人依然有权评判，很多国家都有这种衰落趋势，而并不是俄罗斯独有的现象。

处于社会和文化发展较低水平的人，也具有牛津大学或剑桥大学毕业生那样的头脑，只是他们的大脑尚未被全面开发。任务就是要使每个人都具有促使文化全面发展的机会，而不能使人的大脑处于“空闲状态”，因为恶习和罪恶恰恰隐藏在这个“空闲”区域内。另外，人生意义就在于全人类的文化创作之中。

古罗斯建筑艺术杰作——弗拉基米尔城德米特里大教堂，建于12世纪末

省城与伟大的“小城”

在我国，既有经济发展的计划，也有摆脱经济危机的计划，但却无人制订摆脱文化危机的计划，甚至无人提出制订这个计划的建议。最近 82 年来，确切地说，最近 85 年我国文化一直处于落后状态，文化的停滞并非始于 1917 年，而是始于 1914 年，即从第一次世界大战爆发初期，我国文化就已开始停滞不前。那时的国家顿时成为教条主义恐怖势力的俘虏。如今在这场战争中，出现了暂时休战或暂时停火的局面，似乎已感觉不到反文化的硝烟，但是也没有走出文化困境的迹象。而在文化生活中不可能出现停顿，文化生活中的停顿就是逐渐下滑，而这种下滑必将越来越严重，如果无法中止这种下滑，我国最终会被纳入无足轻重的文明国家之列。到那时，文化将成为人们对过去的回忆，而且只能在未来允许的范围内回忆过去，因为要理解过去的文化，需要具有很高水平的现代人。对我们构成威胁的是文化孤僻，在一个曾是世界上最伟大的文化之一的国度里产生的孤独感。

首先应该拯救的是省城的文化。在古罗斯时期、18 世纪、19 世纪和 20 世纪初，正是省城不仅保持了人口的增长水平，而且还保持了经济顺利发展水平和文化水平。我们可以回忆一下，我国大多数天才的出生和接受基础教育的地方既不是彼得堡，也不是莫斯科，这两个城市只是汇集了全国的精华和最有天赋的人，使他们联合起来并为祖国文化的繁荣发展做贡献，而这些天才人物却是出生在俄罗斯的各个省城。

我们应该牢记被遗忘的一条真理：那些被称为“居民”的人主要生活在首都，而人民则主要生活在国内，生活在拥有数百座城市和农村的国内。

需要做到的一点和最重要的一点，就是使文化得以复兴，将文化归还给国内的那些小城市。我深信，只要能使我国省城（这一词语毫不逊色）的文化得以复兴，我们就能解决我国大城市的住房问题，也能解决一系列与经济发展相关的问题，但首先应该支持那些规模不大的城市：为那些城市的居民提供经济方面的优惠政策，降低他们的生活消费水准，同时使他们的生活变得更具魅力。为了庆祝当地的某个很有纪念意义的节日，应当专门为他们创办业余合唱团、业余剧院、医务人员俱乐部、教师俱乐部、环境优雅的小型文化中心、可容纳许多固定读者的图书馆等设施，哪怕这些设施都是业余的，同样能为当地的收藏家、古董爱好者提供适合他们聚会的活动场所。最重要的是，必须使每一座小城市或大型村镇都具有自己的方志学协会。世界上不存在没有自己历史的城市，任何一个城市和村镇均有本地引人注目的历史事件或杰出人物。如果这些城市能在此基础上创办自然爱好者小组，那么，与“小生态环境”相关的问题将会迎刃而解。

总体来说，要知道恢复“小城结构”这一问题何等重要。由于崇尚和迷恋“规模最大的”“威力最大的”“生产力最强的”等观念，我们已经变得非常迟钝。我们曾经认为，我们是在建设最有利和最先进的事物，可实际上只是试图在现代世界上创建一个个庞大的、类似于大恐龙的技术怪兽和文化怪兽，而这些庞然大物的结构显得非常拙劣而蠢笨，且毫无生命力，它们很快就会彻底老化。今天，即使有人想使它们现代化，但是谁都束手无策。

与此相反的是，那些小城市、小村镇、小剧场、小型教育机构却能非常轻松地顺应日益更新的生活潮流，顺理成章地得以改造，而且还不太保守，居民们从来不会受到某种重大灾难的威胁，从各个方面来看，这些文化设施和教育机构等，都更容易“加入到”人的行列并随时满足人们的各种需求。

由此可见，促进小城市的文化发展，乃是我们当今亟须解决的大问题。让我们将所有的小型结构纳入生活之中，只是在极少数情况下，才能向“最大的”结构妥协。

需要引起重视的第二个问题是，思考我国文化发展计划的目的，就是从“人文学科”入手提高文化水平[①]，因为任何科技方面的知识和技术，都不可能造就具有文化素养的人。与此相反，技术能减轻人们因舟车劳顿而造成的疲劳，技术可减轻人们的劳动强度，可减轻广播电视上播放的“强制信息”带来的负担，但是技术同时又能使人变得越来越消极，而具有普遍意义的人文主义文化却像艺术那样，可发展人在创作、发明和各学科领域中必需的直觉和首创精神，使人比较轻松地掌握某种新职业。具有较高文化修养的人在延续固定文化传统（包括民族传统、家庭传统、职业传统等）的同时，还能勇敢地对所有新生事物做出回应，他能更广泛地理解他人的思想和意图，而且还更有可能掌握新生事物，他会觉得更加自由，这才是最重要的一点。人的文化修养可使他感到周围世界更有意义，最终使他成为幸福之人。这就是提高任何一种新型文化的基础——人文主义文化显得十分重要的缘故。

技术、经济、专门意义上的文明都不可能是目的本身，而文化本身却是个体、某个民族、某个国家和全人类得以发展的目的。这就是为什么文化的发展不应该被各种苛捐杂税所困扰。这样做究竟对谁有利呢？是有利于经济进步吗？事实上，经济本身永远是为文化发展服务的！

当我国军队收回诺夫哥罗德之后，我便来到这座城市。当时为数不多的居民住在诺夫哥罗德土城墙下德国人修建的坑道里，随时可听到很多人（不，不是大多数人，而几乎是所有的人）在议论：首先应当做好的是民居的安置工作，然后再开始城市重建和修复工作。幸运的是（千载难逢的一次），当地领导层比“大多数人”更有先见之明，诺夫哥罗德的城市重建与新民居建设同时进行。由于这项英明而正确的决定，诺夫哥罗德迅速跻身于苏联最佳城市之列，因为文化吸引了一大批很有才华的专家。因为他们精通城市的历史，原来的城市平面布局才得以保持，甚至对当今新城市生活而言，过去的城市平面布局和规模依然属于最佳设计，所以才使古城再次重现了昔日的美景。

每一座俄罗斯历史名城均有各自独特的风貌，依我看，它们都具有美丽动人的面容。但是美妙需要去猜想，美妙通常不会直接送到你手上。

① 此处所指的是广义上的文化水平，不仅包括精密科学、自然科学、工艺等技术科学，还包括文学、艺术、音乐等人文科学。苏联时期，国家特别重视技术、工艺和工程学科。利哈乔夫则认为，提高国民的文化水平，还应提高国民的人文科学知识，即包括文学、艺术等学科的知识，人文科学应该成为国家支持的主要领域。

我们的前辈很少有人从事技术行业，大多数人都特别重视美，只要有人“提一句”，他们就能立刻明白美的含义，而且还能在连续数百年当中保持这种美。

基辅和诺夫哥罗德这两座城市曾是古罗斯时期的两大文化中心，19 世纪处于铁路线之外（铁路以东）的诺夫哥罗德大半部得以保存，其美丽的痕迹清晰可见。在这座城市里，土城墙至今依然发挥着自身的作用，这是欧洲的唯一。当时都是木质城墙，连接城墙的是一座座砖石结构的瞭望塔。从土城墙开始，展现出多么优美的景色。围绕诺夫哥罗德城，曾有一个教堂链环，其中部分教堂至今保存完好。美丽的田野上可见一座座白色建筑，错落有致，它们分别是留里克时期（公元 9 世纪）的古城堡遗址、涅列季察山丘上的主易圣容教堂、基里尔修道院、西捷茨修道院内的疯修士安德烈教堂、科瓦列沃的主易圣容教堂、沃洛托沃的圣母安息教堂以及胡屯村的主易圣容修道院等。我们之所以说“庄严行进”，是因为那些教堂都设有坐东朝西的祭坛，它们仿佛是正在朝着太阳庄严地行进。城市中心矗立着一座气势恢宏的金顶教堂——索菲亚大教堂，市区内的其他任何一座教堂都没有超过它的高度，比它更高的是位于郊外的尤里修道院的圣格奥尔吉大教堂、安东尼耶夫修道院和胡屯村的主易圣容修道院。索菲亚大教堂的建筑设计和布局也曾经过深思熟虑，根据当时的“城建法”，其他任何建筑物都不能遮住湖面风光和沃尔霍夫河上的美丽景色。基尔沙·丹尼洛夫关于萨德阔最古老的记载，当年萨德阔走出诺夫哥罗德的古城堡，虔诚地面向伊尔门湖鞠躬祈祷，并向伊尔门湖转达了来自伏尔加河流域的问候。

我们可以长时间地讲述古罗斯城建思想和缜密的艺术理念，在诺夫哥罗德—塞维尔斯基、普季夫利亚、雅罗斯拉夫尔和弗拉基米尔等古城，至今可见这种经过反复推敲和周密思考之后创建的建筑艺术遗迹。与诺夫哥罗德不同的是，这些城市都建立在高高的河岸上，只要站在市中心的广场上，整个河湾上的景色就会尽收眼底，直接体现了城市景观与大自然之间有机的内在联系。一座座修道院或像伏尔加河畔的普廖斯那样的一座座小城市显得多么神奇艳丽！

雅罗斯拉夫尔先知伊利亚教堂北门台阶上方的壁画《大洪水》（取自《圣经》中的《创世记》，作于 1715—1716 年）

这就是我想在此说明的问题。如今的城市建筑设计师，每当他们在开始草拟历史名城发展规划总图之前，他们必须在那些城市里住上很长一段时间，目的是仔细研究城市的历史和审美标准。历史名城应该组建由画家、教育家、博物馆工作人员和当地的社会代表参加的艺委会，这种艺委会的任务就是要研究本市的艺术特点，出版相关著作或在当地的报纸杂志上刊登相关论文。即便是这些出版物带有一定程度的主观性，但我依然深信，与“城市规划总图”的设计师们相比，他们在评估本市景观视觉美方面，很少出现错误和偏差。

这些艺委会的首要任务并不仅仅是保护几座楼房，而是要保护城市的整体面貌，因为不同时代建造的房屋往往会达到有机的相互融合，其中有“符合社会利益的风格”，也有“反社会利益的风格”。比如，折中主义风格的楼房可能与 17 或 18 世纪的教堂达到和谐及有机的融合。从建筑风格特点来看，折中主义（一种可选择利用的建筑格式，因此而得名）比较符合“社会利益”，也就是说，该风格能与其他时代的建筑格式达到有机的结合。19 和 18 世纪比较简朴的房屋同样有类似特点，它们在 16—17 世纪富丽堂皇的教堂建筑与 20 世纪下半叶出现的现代国际主义建筑、非国有化建筑之间形成一种屏障。尽管如此，艺委会应该对这种现象进行评估，其目的不仅是保存几座楼房的建筑之美，而且还是使整个街区或整座城市成为一个独立而统一的艺术整体。

伟大的卫国战争结束之后，即在 20 世纪 50—60 年代，我立即开始发表保护历史古城诺夫哥罗德之美的论文。可以自豪地说，虽然在那个年代论证保护城市之美十分困难（突出最多的反对意见是“居民住房紧张”，此种意见还曾发挥重要作用），但是在我那些论文的影响下，土城墙才得以保存，为此还专门设计修建了绕行道路；得以保存的还有美丽原野一带的建筑（耶稣诞生教堂）、诺夫哥罗德与阿尔卡扎圣母安息修道院之间的古代建筑。由于我的论文，从诺夫哥罗德通往彼得堡的公路得以修建，那里被损坏的城市建筑不太多见。沃尔霍夫河下游的桥梁得以移位，同时使具有异常珍贵的博物馆的诺夫哥罗德古城堡没有变成车马通行的院落，得以保存的建筑和文物还有许多，在此不必一一列举。

然而，诺夫哥罗德城再次面临被毁的威胁。诺夫哥罗德居民联名写信，强烈要求保护故乡城，努力避免本市由于非权威的彼得堡设计师的干预而受害。假如诺夫哥罗德领导者能收到居民的信件，假如艺委会已经在其他俄罗斯古城组建，假如艺委会和保护历史文物的职能不再属于建筑师的管辖，并能成为真正的和独立的社会机构，诺夫哥罗德的城市面貌就会得救。

捍卫古城诺夫哥罗德

在我国社会处于和谐和民主化进程的条件下，大众媒体（包括报纸杂志、电视台和广播电台）几乎每天都在发表或播放重要消息：本民族的历史文物和遗迹正处于异常糟糕的状态。人们主要谈论的不是关于个别古建筑和文物的保护问题，而是整座城市和整个地区的文化保护问题，诺夫哥罗德的情况最令人担忧。不久前，诺夫哥罗德度过了自己的 1125 岁生日[①]，但是隆重的节日气氛无论如何也未能与城市本身的面貌、诺夫哥罗德建筑丰碑、绘画艺术和自然环境相符。除此之外，我们完全有理由认为，我们正处于城市市区保存下来的艺术作品和郊区那迷人的自然风光继续被毁的边缘。

根据刚刚制定并等待批准的《2005 年之前诺夫哥罗德城市发展总体规划》，工业园区并未减少，目前的工业园区与居民区、休闲区和旅游区的比例相等。毫无远见和缺乏思考的诺夫哥罗德经营活动及其整体规划，实际上是对俄罗斯古城的历史文化财富产生了毁灭性的作用，而这些文化财富本应被纳入祖国和世界文化宝库之中。

围绕俄罗斯联邦文化部颁布的城市发展规划

① 诺夫哥罗德城建于公元 8—9 世纪（有史料记载，该城建于 862 年），每年 6 月的第二个星期天，诺夫格罗德人都会举办本城“建城日”的庆祝活动。本文写于 1987 年，那年是建城 1125 周年。

《救世主》肖像，作于 16 世纪

诺夫哥罗德先知伊利亚大街上的主易圣容教堂穹顶壁画《至高无上的天主》，费奥凡·格列科，作于 1378 年

而展开的讨论，充分展示了市政府对本市历史面貌漠不关心的态度，甚至连设计者本人也力图使诺夫哥罗德历史核心顺应新型城市发展的要求，而不是为了建造有利于恢复历史原貌的新城市，也不是像莫斯科金环城之一——苏兹达利那样努力而自然地恢复古城风貌。由科学院院士阿列克谢·休谢夫（А.В. Щусев）制定的战后第一版城市发展规划总图中的基本状况早已被彻底遗忘。科学界及科学界的代表人物曾应邀参加俄罗斯联邦文化部召开的讨论会，不少院士纷纷表示，坚决反对在市中心修建横跨沃尔霍夫河的混凝土人行桥，因为未来的这座人行桥犹如一座庞大的工事，它必将破坏诺夫哥罗德建筑群的整体之美。

诺夫哥罗德的历史中心由沃尔霍夫河分为东西两部分：左岸有建于 11 世纪的古城堡和索菲亚大教堂；右岸是古老的商业区，那里有维切广场和多座建于 12—16 世纪的美丽教堂。不过这种划分具有一定的相对性，因为自古以来连接两岸的就有一座大桥。关于这座大桥，最早的编年史记载：横跨沃尔霍夫河的这座大桥始建于 1138 年，当时这座桥取代了那座年久失修的桥，所以沃尔霍夫河上的带形桥早在 11 世纪就已修建。那是一座多么壮美的大桥啊！它基本上就是诺夫哥罗德市内最繁华的一条街道。原来的木桥不止一次地发生火灾，有时还被涨满的河水和流冰冲毁；有时由于两岸（右岸的商业区与索菲亚大教堂所在的左

油画《弗兹沃兹村》，H. 梅德韦杰夫，作于 20 世纪末

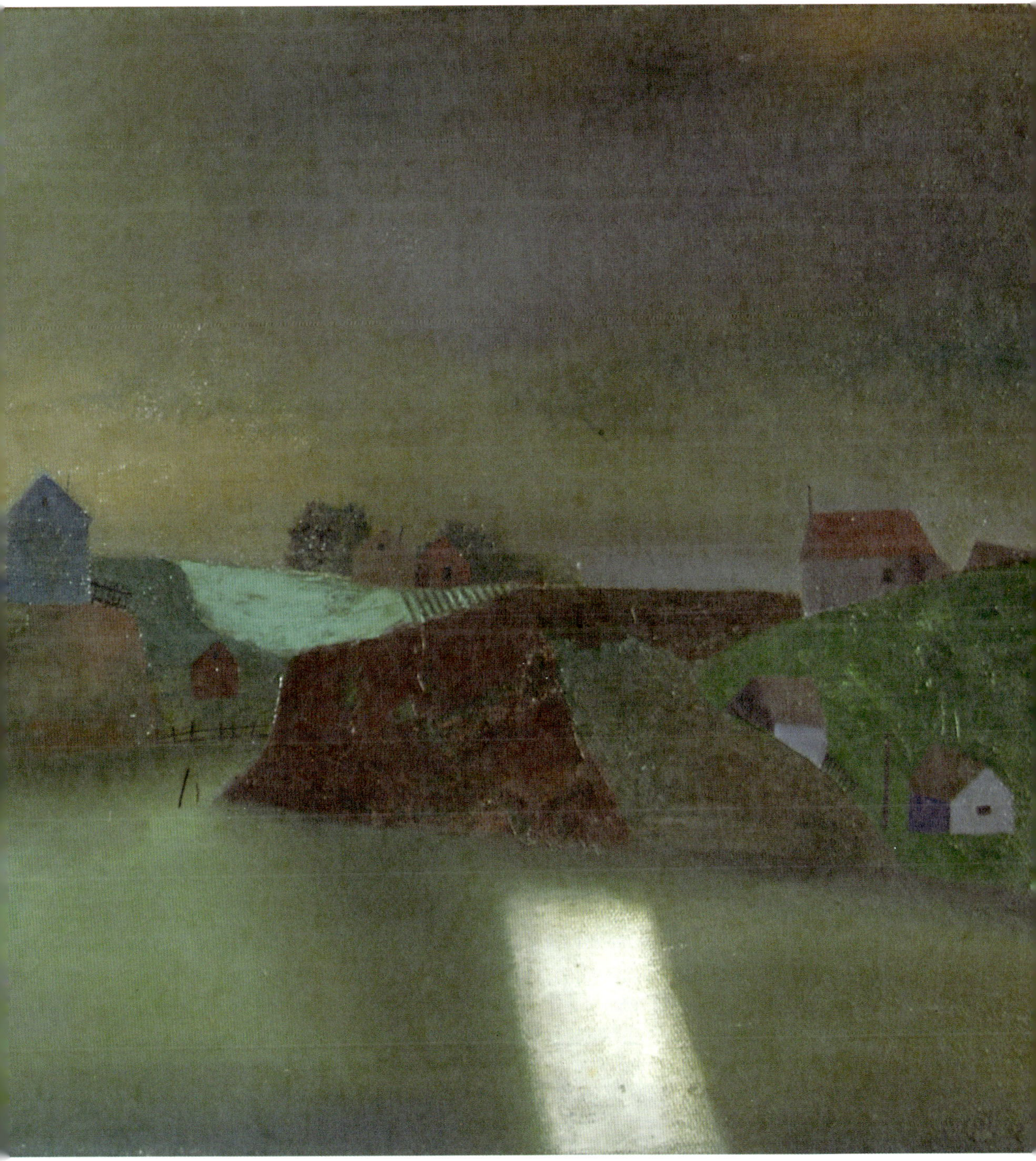

古城科洛姆纳城堡内的圣三一新戈鲁特温女子修道院（始建于 18 世纪）与相邻的圣母升天大教堂（始建于 14 世纪末）

岸）经常发生社会纠纷，所以大桥曾多次被拆毁。这里曾召开维切会议，曾是处决罪犯的刑场，还曾多次举行外交会晤。可以毫不夸张地说，这座大桥的历史就是大诺夫哥罗德本身的历史。这就是为什么在设计建造横跨沃尔霍夫河的新桥时如此谨慎小心，应该尊重历史并尽可能全面地与古桥的形状相符。实际上，我们所说的是重新修复诺夫哥罗德最古老的历史文物之一！

19 世纪初之前，沃尔霍夫河上一直有一座木桥。当时诺夫哥罗德急需非常便利的交通干线，其功能不再受河床涨水或来自伊尔门湖的冰排侵扰。于是在 19 世纪 20 年代，这里出现了第一座半砖石和半木结构的大桥，大桥延续了原先已有的所有大桥的建筑格式。在 1902 年以前，即在彼得堡建筑师们尚未在此修建一座规模最大的桥梁工程之前，新桥的横梁甚至超过了索非亚大教堂顶部的圆包，原来那座不太坚固的木桥一直巍然屹立在沃尔霍夫河上。城市历史专家和热心的古风捍卫者阿尼西莫夫（А.И. Анисимов）将这座奇怪的建筑看作“半亚洲和半欧洲式的怪物”，它直接玷污了古城诺夫哥罗德的心灵。在第二次世界大战期间，这座桥被炸毁，而在 1954 年，一座美丽而和谐的新运输桥梁在古城堡河段拔地而起。这座新桥没有任何簇新的建筑艺术特色，但它至今依然肩负着重任。然而，诺夫哥罗德还需要一座人行桥，每天都有很多游客也都要经过这座人行桥。在这种情况下，出现了恢复旧桥的想法，恢复之后的人行桥可直接连接位于两岸的古城堡与位于商业区的雅罗斯拉夫宫殿遗址。假如在 19 世纪和 20 世纪沃尔霍夫河两岸保存下来的石桥墩上平行修建，那么，这一建筑方案也是可以得到赞许的。然而，由于沃尔霍夫河水域充盈，河面宽广，便于大型船只通过。另外，还有许多本地小船也经常往返，只有一种简朴的小轮船完成市中心与附近的尤里修道院之间的摆渡任务，所以桥梁建筑设计师们建议兴建一座铁质拱桥。中央城建科学研究所和莫斯科建筑学院共同完成的经纬测量数据表明，新桥中心的拱顶与古城堡的城墙等高。当时根本没有举办新桥建设的任何竞标活动。一批旨在保护城市历史面貌的专家们提出的建造水平开合桥的建议被否决，理由是那种开合桥只有圣彼得堡才有资格拥有，其他任何城市都不曾建造类似的大桥。如果一定要在诺夫哥罗德修建开合桥，造价一定会很高。诺夫哥罗德城本身似乎特别廉价！甚至无人想到，在荷兰，开合大桥是一种非常常见的景观，而且在船只通过时只借助于街上的普通路灯照明即可。关于建造新桥的争论虽然持续了多年，但从来都不是广泛讨论的话题。

对诺夫哥罗德真正的灾难是历史景观迅速从城市和近郊版图上消失。早在 20 世纪 50 年代，从古代土城墙往东的莫斯科大道已经切断了那片低地，修建了又宽又厚的堤坝，而就在前不久，堤坝上出现了一座加油站。为了修路，填平了具有历史纪念意义的费奥多罗夫小河，只剩下了费奥多罗夫・斯特拉季拉特“小溪岸边”的教堂给人留下的一丝记忆。莫斯科大道两侧正在建造丑陋不堪的经济适用房。在我们的记忆中，迷人的城市美景正是从这里徐徐展开的：美丽原野上的耶稣诞生教堂、沃洛托沃修道院、科瓦廖夫修道院，到处可见一望无际的浸水草地上星罗棋布的干草垛。位于市郊的沃洛托沃村是诺夫哥罗德郊区最富有诗意的地方之一，战前这里曾有建于 14 世纪的教堂，毫无疑问，它将得以修复，那里的城市公墓不断增多，附近就是科瓦廖沃主易圣容教堂。[①] 为了游客参观的便利，特意修建了一座高高的堤坝，从而教堂与莫斯科大道（即联邦公路“俄罗斯”国道 10 号）连接起来。

更使人感到不快的是当地政府轻视对城市南部历史景观的保护，那里有尤里修道院、佩龙神祭坛、涅列季察河畔的主易圣容教堂、山丘上的圣母领报教堂和利普诺岛上的圣尼古拉教堂。1916 年之前，伊尔门湖畔一直保留着数百年前的自然风光。在未征求当地文化活动家同意的情况下，就擅自开始在涅列季察河畔的主易圣容教堂附近动工的铁路工程，曾在 1916 和 1917 两年内引起报纸杂志连续数月的论争。当时所有的进步媒体均表示坚决捍卫诺夫哥罗德，他们力争使古城免受建筑设计师的破坏，并表示坚决拥护取缔城市南部的建设方案，赞同拆除城市北部新铺设的铁路路基。然而，沙俄部长会议却批准了已经开始实施的建设方案，这一方案还有一条补充意见：第一次世界大战结束之后，纳尔瓦至瓦尔代之间的诺夫哥罗德路段将改为北部建设方案。由于俄罗斯在第一次世界大战中失利，加上随之爆发的革命，那条铁路最终未能竣工，但是为铁路桥而修建的混凝土桥墩、涅列季察附近囤积的沙子却成为不可容忍的铁路建设方案的纪念碑。堤坝阻断了涅列季察河和沃尔霍夫河对岸的低地，从而使那一地带迅速变成了一片沼泽地，使 12 世纪的涅列季察壁画持续受损。历史经验本来应该暗示人们：应该珍惜城市周围的自然景观和城市南部的自然风光，那里的一切都显得那么自然和谐，它们不会受到人类粗暴的干涉。然而，事实并非如此！在一座桥墩旁建造了一座水塔，同时铺设了通向水塔的铁路支线。在沃尔霍夫河西岸，在建于 12 世纪的彼得保罗教堂对面，建造了几座厂房；在沃尔霍夫河东岸，建起一座最枯燥的旅游宾馆。前不久，媒体上曾闪电式地发布了一则消息：有可能在原来的路基上恢复兴建铁路，并且在涅列季察教堂附近原有的桥墩上架桥。如果是这样，诺夫哥罗德将永远失去仅存的城市纪念

① 沃洛托沃村（Дреревня Волотово）位于“俄罗斯”国道南侧，而科瓦廖沃主易圣容教堂位于“俄罗斯”国道北侧。

莫斯科科洛缅斯科耶皇家园林内的阿列克谢宫，始建于17世纪中叶，重建于21世纪初

碑那往日的荣耀：城市的历史中心将被四周的建筑物彻底隔离，或将被围困于混凝土大桥和堤坝环之内。必须仔细研究市区和郊区的水文状况，需要建造的不是堤坝，而是高架桥，这样就不会破坏原有的水域平衡。现在还为时不晚，应该拆除 1916 年建造的桥墩，移走涅列季察河附近剩下一半的沙堆，恢复涅列季察河的航运功能，拆除水塔，清除沃尔霍夫河西岸的垃圾山和厂房，禁止在位于古代商业区内的雅罗斯拉夫宫殿遗址南侧建造任何房屋，禁止在索菲亚大教堂所在的古城堡南侧和西南侧建造任何房屋（已有开发计划：这里将兴建一个由 5 层和 9 层预制板楼房构成的新小区）。换言之，应该竭尽全力地保护城市南部的历史和艺术景观。我们必须这样做，或者像诺夫哥罗德古迹爱好者协会早在 1916 年发布的声明那样：“俄罗斯国家正在失去最美丽的景观之一，只有位于涅瓦河畔的冬宫、彼得保罗要塞和交易所大厦、莫斯科河克里姆林宫段的风光、红场上的圣瓦西里教堂、基辅的弗拉基米尔雕像面前的第聂伯河岸的风光等，才能与诺夫哥罗德的那些景观相媲美。这些使自然与文化达到绝对完美结合的景观，足以代表一个民族完整的历史时代，它们是最珍贵的民族纪念碑，所以是非常值得珍惜的文化财富。”

保护历史景观乃是整个民族和全人类的任务之一，是最现实可行的任务之一，为此仅需要做一件事：使这些景观与失去理智的、毫无远见的建筑隔离开来……费拉蓬托夫修道院迷人的原始面貌正在慢慢地消失，该修道院本来早该辟为广泛的建筑艺术和自然保护区。绝不容许彻底破坏诺夫哥罗德的自然景观。保护类似的自然景观（这不是希望阻断历史进程的古怪者的任性，而是一种迫切的急需）是我们整个民族应该完成的任务。杰出教育家康斯坦丁・乌申斯基（К.Д. Ушинский）曾表达过一种非常简单且非常正确的思想：“我从自己对生活的印象中总结出这样一条深刻的信念，即优美景观对青年人心灵发展所产生的影响和培养作用，远远大于一个教育家对他们产生的影响和作用。”另一位俄罗斯伟人彼得・伊里奇・柴可夫斯基曾这样说道：“对我而言，观察自然界比欣赏艺术产生的兴奋更强烈。”大自然本身毫无自卫能力，所以对大自然的肆意践踏或破坏是一种缺德行为，像殴打婴儿或老人一样缺德，同样是一种犯罪行为。如果我们还有一点良知和民族尊严，如果我们不是停留在口头上，而是以实际行动热爱我们的祖国，就应该采取果断措施，反对那些毁灭世界上最佳事物（大自然、祖国文化和世界文化最雄伟的丰碑之一——大诺夫哥罗德）的人及其行为。

诺夫哥罗德人的一封长信到此结束，这封信虽然很长，而且也不是今天才写的，但是我们不应忘记它，因为上述的许多问题依然存在，或许随着领导层的更替，还将出现越来越多的新问题。忘记错误和一次又一次地重复错误一直都具有很大的诱惑力，诱惑的形式至今几乎没有丝毫改变，因为错误同样具有自身的“传统”，而每个普通的无知者也都有各自的“传统”。

有一次，我与雅罗斯拉夫尔州文化界的多位领导谈起该州古村落的文化发展和遗产保护问题，但遗憾的是，我没有遇到任何一位真正关心这棘手而光荣的遗产保护及其命运的人，无人对历史留给雅罗斯拉夫州的宝贵财富真正感兴趣。

雅罗斯拉夫尔州文化局的一位同志抱怨说：“令人遗憾的是，由于时代的原因，作为文化遗产，雅罗斯拉夫尔一带迄今只保留了少量的民用建筑。”

这位同志要表达的意思还很多，甚至可以编写一本非常畅销的古代雅罗斯拉夫尔城艺术史，书中肯定会挤出几滴浅显的真理之水。在此引用已故波兰幽默大师的一段精辟之言再恰当不过了，他说，不关心艺术的人最好不必与艺术有关。可是这位同志不仅与艺术有关，而且还有着最直接

金环城雅罗斯拉夫尔城的先知伊利亚教堂，建于 17 世纪

的关系，与他类似的同事们也同样与艺术相关。他们当中的一位有一种经过深思熟虑的想法：尽可能多地拆除雅罗斯拉夫尔州的历史文物，然后集中所有财力去搞其他建筑项目。另一位同志轻轻松松地告诉我说，幸好那年由于雷宾斯克水库决口，许多教堂被彻底淹没，“因为我们州的教堂数量多于其他州，这在同志们面前真有点羞愧啊”。当我们乘车经过克雷斯特村的一座教堂时，第三位同志慢条斯理地说：“我们很快就会拆毁这座教堂，这里将会出现一座摩天楼和几座八层楼房。”

在此我想补充的一点是，那座教堂距雅罗斯拉夫尔市只有 10 公里，周围还有多座修道院，不是有人想看到雅罗斯拉夫尔的第一座摩天楼吗？而且是想看到在老教堂的原址上建造的摩天楼，这种念头无论如何都是令人费解的。

19 世纪初，贝汤库尔（А.А. Бетанкур）曾建议拆除罗斯托夫的克里姆林宫，并用克里姆林宫的砖石在罗斯托夫城内建造一座外商批发零售市场。与原来的出版物一样，作者在关于罗斯托夫的最后一本书中，严厉抨击了这位非俄罗斯人，同时指出：“他没有重视建筑群的民族之美。”这个问题很可能没有引起他的重视，但后来很多生于斯长于斯的俄罗斯人，亲手捣毁了乌戈利奇和佩列斯拉夫斯基等地的多座老教堂……因为他们既不懂艺术，也毫无保护传统的观念，所以他们先后拆毁了罗斯托夫、大乌斯丘戈、雅罗斯拉夫尔等若干古城的大批古建筑。他们永远都在完成迫切任务和现实任务，满足现实需求，有时甚至为了满足未来的需要去行事。针对此类人，普希金曾这样说道：“野蛮、无耻和无知不会尊重过去，只是在单一的现实面前趋炎附势而已。”

在一系列俄罗斯历史古城中，新一代城建设计师都急于建造现代化摩天楼，但是这些现代摩天楼必然会“淹没”那些古老的教堂。例如，在普斯科夫古城，就出现了此类伪善的城市建设者。由于他们的“善良之举”，扎鲁日耶（沼泽地边上的）圣谢尔吉教堂已被“埋没”；在位于伏尔加河中游的下诺夫哥罗德，随山而建的新建筑瞬间遮盖了许多教堂；在位于伏尔加河末端的古城阿斯特拉罕，由于新建的“荷花”宾馆和其他“木盒子”楼房，顿时全部掩盖了伏尔加河畔的风光、古城堡和至美的圣母升天大教堂。

尽管如此，这种新旧交叉和现代与传统的碰撞竟然产生了完全相反的效果：古建筑之美与极其丑陋的现代建筑（不成体统的建筑）相对抗，后者不仅未能强迫本市居民和造访者忘记古建筑之美，反而对其产生了深深的怀念。就连那些已被毁坏的古建筑也依然像美之幽灵那样，巍然屹立在我们这些对历史具有浓厚兴趣的现代人面前。它们的形象每时每刻都在艺术发展史中、古代绘画作品中或通过艺术品的局部注视着我们。

19 世纪俄罗斯史学家米哈伊尔·波戈金（М.П. Погодин）曾这样说道：“每座城市都是一本书，城中的每条街道都是书中的一页。我们随时可以为该书增添新的一页，但是永远不能撕下原来的任何一页。”

俄罗斯文化的发展，特别是俄罗斯省城文化的发展，应该在特殊的经济体制下进行。文化不可能依靠个人捐助而得以发展，世界上任何一个国家的文化都不可能靠私人捐款得以生存。虽然文化产生的效益并非直接意义上的金钱，但这种效益非常之大，它甚至会影响到人民生活的各个领域：文化可以使生活秩序化，可以减缓走向混乱的进程，可以提升人们的精神，还可提高物质生活的质量。文化可以促使人民生活具有一定的自律性。

很多人常说：“首先要保证人民的温饱，然后再考虑文化的发展。”由此产生了文化发展关系中的“剩余价值原则”。在需要财政资助的项目中，我国对文化事业的投资总额倒数第一。然而，经济发展、技术和科学的发展都取决于我国文化的发展，文化与经济之间是一种相互依赖的关系，二者当中不可忽视任何一方，国民最起码的诚实是经济发展的先决条件，被庸俗化理解的“存在决定意识”这一公式对我们的危害极大。在多种具体情况下，正是这种必须变革的意识引发了人民生活的变化。如果人们不开展行之有效的文化活动，如果不进行相互之间的文化交流，任何经济规律都不可能在社会中发挥应有的效用。技术需要直觉，而直觉是通过发明者和设计者的文化素养产生的。

我们希望教育部应该重视人文学科教学质量的提高，其中包括提高历史、文学、语言、音乐（哪怕只是歌唱）、绘画、逻辑学等学科的教学质量。

我们还希望文化部关心目前异常重要的一项事业，即关心我国正在消亡的图书馆、档案馆、博物馆、历史文物和文化遗产的命运。

应当重视具有社会意义的事业，即应当创办收藏家协会、各种艺术爱好者协会、手工艺爱好者协会、博物馆友人协会、古代园林和庄园爱好者协会（顺便说一句，美国甚至还有帕甫洛夫园林友人协会，而在帕甫洛夫斯克城和彼得堡城却没有类似的协会！），还需为培养人们的“精神家园”和热爱故乡而创办的方志学联合会。

从事提高我国社会文化水平的那些社会组织主要有两项基本活动，一项是具有社会意义的地方活动，另一项是具有地方特色的社会活动。

按照第一项活动的要求，应当培养和发展人们的精神家园意识，培养人们热爱故乡和热爱祖国的意识。在这一方面，俄罗斯各地和各级方志学组织的活动尤其重要。从这一观点出发，不应束缚和统一这种具有社会意义的活动，因为许多问题都取决于人们赖以生存之地的区域特色。有些团体和组织可以从事为他们的城市或村镇增光的木结构建筑艺术活动；另一些团体和组织可以从事恢复本地传统手工业方面的工作；还有的团

苏兹达利圣母帡幪修道院的圣像《动人的圣母》，作于 14 世纪

《祈祷圣母像》，作于 15 世纪

体和组织应该从事本地方志学的编写及历史研究活动。重要的是使方志学成为当地居民喜爱的事业，以便使方志学研究单位能够组织本地的知识分子撰写学术报告，并组织进行参观、旅游、举办音乐会等活动。应该在各地博物馆的基础上，成立“博物馆之友小组”。我觉得，位于大河两岸的城市创办“河流之友联合会”也非常重要，因为河流是许多俄罗斯城市和非俄罗斯人所在城市的圣地，所以保护净化后的河水和两岸的绮丽风景，应该是那些河畔城市最关心的问题。

社会文化组织的第二项活动是恢复并提高人们对古典作品的兴趣，必须在全国范围内创建分会和分支机构，甚至直接成立“古典作品”协会，其主要活动是多方面的：从研究古典语言（拉丁

奥卡河与伏尔加河在下诺夫哥罗德的交汇处

语、希腊语、教会斯拉夫语和阿拉伯语）到纯正的民歌合唱团，强调说明一下，是纯正的民歌合唱团，也就是说，是那些经过历代先辈检验的俄罗斯民歌。

作为教育机构，博物馆应该对青年人免费开放（世界各国都是如此）。学生聆听古典音乐会要么一律免费，要么对他们出售优惠门票。文化事业不能实行无条件的经济核算制，因为文化的“回报”不可能是立竿见影的。

为了使我国文化提高运动取得显著成效，应该在诸多媒体上展开关于这种运动的大讨论，国家有义务制定我国文化的发展理念，将这一理念推向社会并展开广泛的讨论。

由于人文知识优越于技术知识及自然科学知识，由于人文知识处于技术知识和自然科学知识之上，人文知识随之出现了另一个问题，即中学教育的侧重面问题，是侧重素质的培养，还是侧重知识的传授。最近一个时期之前，我国中学不曾侧重素质的培养，而是侧重传授知识。因此关于早期专业化的问题才显得如此重要。然而，在今天的现实生活中，专业的变化非常之快，新专业不断出现，某些旧专业随之消退。中学应该重视人的培养，以便使他们具有随时胜任新职业的本领，培养善于掌握各种不同职业专长的本领，但首先应使他们成为具有道德观念的人，因为道德基础是决定社会生命力（经济、国务和创作）的重要因素。缺乏道德基础，经济规律和国家颁布的法律都不会产生作用，政府下达的命令也将难以执行，也不可能杜绝贪污受贿和各种诈骗等恶劣行为。缺乏道德，任何科学都不可能得以发展，因为证实任何实验结果、计算结果、引文出处的可靠性等都异常困难。而通过宗教或通过较为复杂的途径——音乐（可以说，特别是合唱）、文学、艺术、学习逻辑学、心理学、语言研究（甚至在将来也不会直接使用的语言研究）等，都能直接培养人的优良品质。

17 世纪的彩绘木雕《莫扎伊斯克的圣尼古拉》

当然，在人文知识的团体中，也能培养出掌握技术和自然科学知识的人才。数学可发展人的思维能力和直觉；自然科学可培养人对大自然的道义感和珍爱态度（生态学可以发挥一定的作用，但前提是它必须与人类道德的发展相适宜）；手工劳动（同样具有自己的道德基础）可使人养成热爱劳动的良好习惯。其实，只要教学法正确，中学的任何一个科目均可培养热爱劳动的习惯。总之，中学教育应该建立在教学过程中权衡和周密思考人文知识与技术和自然科学知识之间关系的基础之上，当然，主要是建立在上述人文学科的基础之上。

那么，作为培养基础并通过此基础向我们传授人文知识的那种道德究竟应该是什么呢？很难用三言两语扼要地回答这一问题。尽管如此，可以强调一点：对整个人类而言，道德是统一的，道德不可能因阶级、阶层和民族而异。被某个民族称为道德的东西，对另一个民族同样是道德的。当有人说“这是集体住宅内的共用厨房式道德”“资本主义者的道德”“洞穴人的道德”时，那就是对道德的嘲讽。这种嘲讽有时是公开宣称的，有时则以“超人道德”等词语做掩护。

文化资金的来源大致有下列两种：第一个是大企业和商业机构对中学、高等院校、博物馆、图书馆、档案馆甚至还有园林和公园的资助和庇护，因为无论是从事哪个行业的工作者，无论是哪一种产品，个人工作的成绩和产品质量最终都取决于他们的文化水平。

真不明白，为什么下诺夫哥罗德汽车厂不为马卡里耶夫女子修道院[1]提供资助呢？该修道院曾一度是东西方之间规模最大的贸易中心，而且位于伏尔加河畔的风景最秀丽的地段。企业为修道院提供的部分资金完全可以顶替部分税款，这也是目前全世界通行的一种办法。

第二个资金来源是军队，军队不仅可以帮助文化单位，军队可将部分场所让给图书馆和档案馆，因为某些图书馆和档案馆常常由于场所有限，为了接受新书补充馆藏，他们不得不秘密地销毁原来的某些藏书和文献。军队还可承担向军人传授国家急需职业的专业知识这项工作，其中包括传授从木工、砌炉工、房盖工、拖拉机手到计算机工作者和科学工作者等职业的知识。在这种情况下，就不会出现民用职业与军用职业之间的脱节现象，许多军人也不会在许多情况下造成个人的灾难。为什么军人不能利用自己的休息时间（少量的业余时间），通过自己诚实的劳动增加个人收入呢？我们知道，在彼得堡，宫廷掷弹兵在业余时间充当鞋匠，而舰队近卫军水兵在业余时间修理藤椅，在军队服役与从事可增加收入的手工业（编织、首饰加工、细木加工和电工技术等）相结合，可使军队的气氛大大改观，可加强和巩固军民之间的友好关系，可使军人事先做好将来从事某项民用职业的准备，可使许多军人掌握多种非常实用的职业技能。

与经济和技术发展方针不同，文化发展方针当然应该是长期稳定的，它不能受到“500天”或“500周”的限制。与此同时，我国的戏剧、音乐、绘画和文学等理念越丰富多彩，文化发展运动将会更具活力，将会符合更高的要求。文化中必须有竞争机制，任何一个创作协会（作家协会、戏剧家协会、电影家协会和画家协会等）都不应拥有创作原则的垄断权，也不应有艺术评估领域的垄断权。从这一观点出发，最有利的措施是限制荣誉称号和奖项的权威性。

最后一点，也是必须说明的最重要的一点，我们应该尽早采取最坚定和最迅速的措施。

必须制定历史文物、文化遗产、博物馆馆藏、图书馆馆藏、档案馆馆藏及暂时还埋在地下的文物保护法。对违反这些法规的人，必须采取体系化的和行之有效的惩罚措施。

惩罚是必需的，但是在更大程度上，多种奖励和表彰办法也是必要的。建立新型博物馆和图书馆，而且要对所有的居民开放，特别是对青少年开放，发展具有重要文化景点的旅游事业，所有这些措施均需有文化部的重视、国家机构的参与、社会组织的关心，但遗憾的是，目前我国的剧院、电影院和说唱剧院等，都还存在着许多问题。

很多问题都应该引起我们的重视，我们应该理解这些问题的复杂性，无论如何也不能对它们视而不见。国家制定的文化发展方针不可能在短期内付诸实现，同时这种方针应该具有一定的灵活性，应根据不断出现的新问题随时进行调整。

修士佩列斯韦特与鞑靼勇士捷米尔－穆尔扎交战（摘自16世纪《插图本编年史料》“库利科沃会战”，第174页）

方志学既是一门科学，又是一种活动

方志学（或地方志研究）是一门综合性学科，它综合了自然学（主要是综合性知识）、历史学、艺术学、文学史、科学等方面的知识和信息。这种综合原则的特点是所有此类信息和资料都涉及同一地区，而实际上类似的地方有很多。从学科类型来看，方志学最接近地理学，这两种学科都由于地理特征而相互结合。不过地理学不会像方志学那样可赋予某些人物以及科学发展史、文学史、艺术史（其中包括建筑艺术史）重大意义。从整体上讲，方志学比地理学更接近历史学，同时也更接近对某一地区的某些人物的研究。这也正是方志学极好的特性和威力所在。

事实上，地理学研究可在无须评估的情况下进行。地理学是一门比较“平静”、比较“冷静”和比较严谨的科学，但这又是它自身的某种“社会性缺憾”。而方志学却能对研究区域内所发生的事件、对与该区域相关的某些具体人物、珍奇的建筑艺术财富和出土文物、怡人的自然风光、丰富而宝贵的自然资源（动物、鱼类、昆虫、植物、气候等）的意义做出评价。从这一观点出发，作为一门科学，方志学的确具有很大的“道德回报”和教育意义。虽然地理学也是非常必需的科学之一，但方志学却是更具“教育意义的科学”，是要求人们不能冷漠对待自己所研究的事物及其结论的一门科学。

作为一门科学，方志学还有一个极为重要和绝对罕见的特点：方志学中不存在那“两种水准”（一种是专家学者应有的水准；另一种是广大民众应有的水准）。方志学本身是很通俗的，它只有在广大民众参与研究、理解、编写并接受（或对方志学有所需求）的前提下才能存在。从这一观点出发，在科学体系当中，方志学占有绝对重要的位置，它不仅教人们学会热爱自己的故乡，而且还教他们爱上关于故乡（不仅是“本人”的故乡）的知识。

从事方志学研究不仅需要掌握历史学、艺术学、文艺学、自然学等学科的知识，而且还要引导人们对这些知识产生兴趣，并提高个人的文化水平，创办新型博物馆和档案馆，充实老博物馆和档案馆的馆藏，与专家们建立起广泛的联系，随时大量阅读科技文献。

可参与方志学资料收集工作的，既有专业化水平很高的各学科的专家学者（我刚才列举的可参与方志学资料收集整理的多种学科的专家），也有根据经验较丰富的研究专家的指令收集各种资料的一般学者，此类专家首先包括那些经常进行民意调研的骨干学者，他们既可鉴定某些藏在阁楼或祖母“百宝箱”里的古物之真伪，还可鉴赏

石印画《博罗金诺沙场全景图》，朱泽帕·达奇亚罗

旧报纸、古树登记等工作，在此不必一一列举。

各个年龄段的人参与收集整理方志学资料这一行动本身，已经具有很大的教育意义。这是一种具有爱国主义情怀的活动，是一种可使本地精神文明进一步提高的活动。

某一地区的方志学研究可成为一门范围广泛的科学，这是某种文化遗产、历史文物和某个课题志愿者协会得以发展的基础，也是使青年一代集结在固定课题上的基础，是从事某种活动、手工业生产、本地稀有植物的栽培、稀有动物的繁殖、创建自然资源保护区的基础。总之，方志学研究是人类与历史、文化或自然界“和睦相处”的基础。

方志学是唯一通过对某种事物的研究并使其变得高尚的一种科研学科。研究各类生命现象的生物学家不可能赋予被研究的对象任何新东西，为了使生命的某些形式发生变化，我们可利用生物学家的研究成果和某些新发现，但是研究这一行为本身并不能使被研究的对象发生变化。对各类对象的文艺学和艺术学研究，都能使读者、观众和听众有所新发现，但是这种“新发现”（如果真是一种新发现），不可能使被研究对象超出原创者和原作者的构思范围。艺术品往往是独立生效的。

另一个问题，方志学可使一个“作者身份”不明的区域具有自己的历史，并且在它的历史上能有所发现，尽管有时是不太久远的，也并不是全新的，但都是非常有价值的新发现。当我们得知某人曾在某一座房子里居住时，当我们了解到那座房子曾发生过的故事或曾有哪些发明创造之后，对我们来说，那座房子本身就是一种特殊现象了，因为它充满了精神内涵并开始发生变化和升华。当我们了解一个城市的历史之后，我们对那个城市的印象也开始发生改变。如果我们对某个自然景区已经有所了解，当我们知道这里曾发生过哪些事件、曾有过哪些大型战役或决定了某些人的命运之后，我们对这个景区的看法也会随之发生变化。当人们知道，大画家列维坦描绘过位于伏尔加河畔的小城普廖斯的自然风光，于是大家都觉得，此地的风景显得格外优美。与果戈理或舍甫琴科、普希金或巴拉丁斯基创作有关的那些地方，同样能引起我们的特别关注和极其浓厚的兴趣。

当我们对某地的植物、动物、地理和气候等有所了解之后，我们对那些地方的印象也会随之发生改变。

方志学可使人的周围世界充满高水平的精神特质，而缺乏这种特质，人的存在将会变得不可思议。

所谓生物生态学，就是人类基本生活不可或缺的生态学，还有文化生态学。对人类而言，如果没有文化生态学，文化生活和有利于培养道德、对周围世界、对历史的尊重以及对未来精神生活的关怀都是不可能的。

我曾乘客轮前往阿斯特拉罕，然后再沿水路返回彼得堡。那艘客轮比较现代、庞大而舒适，可同时容纳 300 多名乘客，但是船上无一人对两岸被淹没的森林和墙皮脱落的历史建筑表示无动于衷。还没有完全驶过曾一度美轮美奂、如今房顶早已倒塌的建筑艺术丰碑，又一座破旧不堪的历史建筑映入眼帘，这种印象在往返 22 天的水上行程中一直没有中断。灾难，灾难处处可见！更使人感到痛心的是，我们根本没有见到那座前不久还矗立在河岸上的一座精美建筑，后来才得知，它已被野蛮地拆除，理由是由于无人照管和长时间闲置而变得不堪入目。这简直是一种不可思议的和不负责任的态度，这就是典型的管理不善。难道真的无法使那些濒临消亡的教堂和老庄园有利于附近的居民吗？难道真的无法使这些历史建筑丰碑和时代象征得以保存吗？只要给它们换上优质房盖，它们就能继续发挥自身的作用！因为几乎所有这些历史建筑都令人叹为观止，都矗立于最明显的地界。如今破旧不堪的它们只能面对岸上那一座座现代而美丽的休闲宫，透过空洞的门窗默默地哭泣，此情此景使每一位目击者为之心痛。再次重申，船上的任何人都没有对“逝去的文化景观”表示无动于衷。

伏尔加河两岸被毁的教堂“逐渐变成了自然景观”，还有人说，这景象与雅典的古城废墟和被毁的建筑遗迹相似……

我们不善于保护古代文物，并不是因为它们的数量太多，也不是因为我们中间真正懂得历史之美的鉴赏家太少，而是由于我们过于急躁，过于期盼快速“回报”，由于我们不相信慢速医治心灵创伤的专家等。古代历史丰碑犹如被人精心照料的森林那样，可以培养人们呵护和善待周围自然环境的心态。

有纪念意义的地方：昔日的沙场，作家、画家、学者住过的庄园，他们的故居和他们心爱的风景（应该是被专门保护的景区、被保护的城市景区）等，都具有特殊的教育意义。类似的地方并不像人们想象的那么多，现有的景区和很有纪念意义的故地，分别受到当地博物馆的热情、自愿、充满爱心和“坚持社会原则”的工作者耐心的呵护。然而，这些景区却常常得不到应该对他们负责者的照管。

为了保护历史文化景区，必须建立统一的管理制度。我国有很多本应妥善保护的自然景区、具有纪念意义的历史环境，比如，索洛韦茨基群岛、普廖斯城、古战场博罗金诺沙场、库利科沃沙场等，这些地方绝对是由于人们常说的“无人管理”而遭受损害。土地、历史文物、纪念碑和森林分别属于几十个机构和单位，每个单位都在各行其是，有时甚至还撒谎，为了使人相信，他们正在恢复古风和修复古物，正在以“民族风格”、适合本地民情的风格从事建设事业。他们还试图让人们相信，他们不是在“破坏”，而是为了“强调”某些事物而努力。

1967 年，我曾去苏格兰考察。那里的历史故地、美丽如画的自然景区都享有特殊待遇，它们均由“国家托拉斯”管理。不经该组织的批准，任何人都不得在那些自然景区内兴建任何新建筑。该托拉斯负责全部的古建筑修复工作，在不损坏外观的前提下，他们将建于 18 世纪的农舍变成了室内设施齐全和非常便利的住房；他们拆除了原来的电线杆，原来暴露在外的电线和电缆统统转移到地下；他们非常关心和重视保护动物和植被等，一切都变成了系统配套工程。

我国很多领域最好也能借鉴这种充满智慧的建制。

应该极其谨慎地对待各种“舞美装饰”性的修复方案。我们应该牢记：最后一块石料、一块真正的原石重于任何一种装饰性的表面之华美。

真正的民间艺术不应按计划经济体制生产，也不应被旅游纪念品取而代之，不能使民间大师失去创作自由，而应为他们提供充分自由的创作空间，以便使他们能够按照自己的心愿、本人的品位去创作，他们可以在晚间工作，也可以在所有的业余时间创作。就拿我来说，我总是喜欢在国外的市场购买一些民间艺术品，而从不喜欢逛那些纪念品商亭。如果我们的民间创作被职业艺术家制定的单一模式所取代，如果我们永远只生产同一类型的旅游纪念品，我们就会彻底扼杀真正的民间艺术创作。

在当今一系列广泛的改革大潮中，省城地方政府对博物馆的态度依然显得守旧而顽固。1987 年夏天，我乘坐内燃机船从彼得堡出发，前往位于伏尔加河末端的阿斯特拉罕。在整个行驶期间，只要船一靠岸，我便去参观当地的博物馆和历史文物（有些地方已经看过一次）。一切都还是老样子，确切地说，人们对博物馆和当地历史文物的态度依然如故，正是这种一成不变的态度导致产生了越来越多的负面后果。我在此不想列举具体实例，因为在本人著作印刷出版期间，某些地方很可能会有所转变。

尽管如此，我还是想大致谈谈伏尔加河流域大部分领导的观点吧。他们认为，博物馆只是陈列绘画作品和历史文献的场所。对他们而言，最重要的是这些场所可以引来更多的游客，而科研工作的必要性和此类教育中心及其功能，却未能得到应有的重视。博物馆至今既不是科研中心，也不是发挥教育功能的机构。

与此同时，审美意识和艺术品位的培养与道德意识的培养之间有着割不断的联系。缺乏研究，真正的文物保护是不可能实现的；而不召开学术研讨会和广泛的主题论坛，研究工作就不可能实现,因为根本不存在“只有局部意义”的历史文物。所有的博物中心都属于整个国家，所以地方政府绝不是绘画作品、雕塑作品和实用艺术品的私人收藏者。

中学生的培养工作在中学进行，大学生的培养工作在大学展开；而博物馆、艺术画廊、名人故居、庄园和讲座场所等，既能培养中学生，也能培养大学生和“成年人”。

伏尔加河不仅由于水电站的梯级而闻名于世，更宝贵（更重要）的是在伏尔加河两岸城市兴建的“博物馆链”。其中包括雷宾斯克、雅罗斯拉夫尔、下诺夫哥罗德、萨拉托夫、普廖斯、萨马拉、阿斯特拉罕等市的艺术博物馆,它们自然形成了一所“人民艺术大学”，可直接培养成千上万名乘船旅行者的艺术品位。每座博物馆本来都能创办足以实施教育功能、具有各种特殊目的的学习班，“本来都能”做到这一点，但是没必要这样做，因为其中每一座博物馆的历史本身已经是当地的文化遗产和历史文物。创办博物馆和充实每一座博物馆馆藏的过程显得非常重要，不应随意搬运博物馆的展品，而只需从中心城市的博物馆、通过购买和捐赠等方式，不断充实博物馆的馆藏和展品。

目前“一幅画的博物馆”非常时髦，各地领导通过报纸杂志对“一幅画博物馆”这一形式早已知晓，但是为什么不能举办一幅画的纪念日呢？为什么不能举行这一主题的高级学术报告会呢？况且，这些活动并不需要将展品从展厅里取出，也不必将某幅画摆放在原博物馆展厅内的单独画架上。尽管参观人数不多，但是这一小部分人乐意参观博物馆，他们愿意将自己有趣的所见所闻传达给他人。博物馆的解说员、工作人员、保管员都是一种高级称号，应该将博物馆工作（目录编制、博物馆史研究和藏品修复）纳入学术工作的范畴，作为我国文化生活中最不可缺少的内容，博物馆工作人员也可撰写论文并进行答辩。顺便说一句，那些带精美插图的目录意义重大，它们是多么珍贵的资料啊。

我国的名人故居博物馆数量较少。我记得，当年为了在亚历山大·布洛克彼得堡故居的外墙上钉一块纪念牌，不知费了多少周折。为了在萨拉托夫开办画家鲍里索夫–穆萨托夫（В.Э. Борисов-Мусатов）和库兹涅佐夫（П.В. Кузнецов）故居博物馆，同样经过了无数周折。在阿斯特拉罕，开办诗人韦利米尔·赫列布尼科夫（В. Хлебников）故居博物馆也不是轻而易举之事，他在俄罗斯诗歌发展史上的重要意义，正在得到越来越多的文

东正教祭坛供桌上的《福音书》，铜皮封面（1883 年）

学专家和普通读者的承认。与莫斯科近在咫尺的穆拉诺沃庄园的修复工作持续了多少个春秋？要知道，该庄园与丘特切夫、阿克萨科夫父子、果戈理等作家的生平创作密切相关。还可列举数百处俄罗斯文化圣地，它们都亟待修复，因为它们对我国社会的道德复兴都是非常必需的。

乌里扬诺夫斯克艺术博物馆的建筑格式美妙绝伦，那是在 1912 年专门兴建的漂亮非凡的一座艺术大厦。从那时起，大厦几经扩展，但无人能使方志学博物馆搬出此楼。当时为了拓展广场，拆除了保存完好的州长大楼，本来那座大楼完全可以辟为博物馆的。然而，我们所看到的却是对具有教育意义的名人故居和具有纪念意义的文化圣地的低估和粗暴的干涉。

在俄罗斯全国范围内，难道艺术学家的培养工作已经做得非常好了吗？要知道，同理解音乐内涵一样，若想理解艺术，必须事先经过专门的学习和培养，而我们却只能抱怨低俗音乐的流行，城市居民从哪儿可以得到严肃古典音乐的基本信息呢？比如，因为长期以来，位于莫斯科市的斯克里亚宾故居博物馆一直难以满足广大观众的需求。

现在我想结束自己刚刚涉及的话题：必须，也非常有必要提高地方领导对博物馆的认识，必须使新闻媒体更广泛、更深入地宣传博物馆日益强化的学术生命力及其迫切的需求。

一个没有艺术博物馆的城市是一个缺陷很大的城市，从更大程度上讲，缺乏艺术博物馆比缺少剧院或电影院产生的问题更严重。一个没有艺术博物馆的城市，就是一个忽略审美价值的城市，就是一个被遗忘的城市。

博物馆肩负着责任最重大的一项任务——培养人们的道德观念、提升人们的审美意识和艺术品位，提高公众的整体素质和水平。

还有一个问题：我国的墓地管理问题及其现状。难道墓地就不会由于人们忽视本国历史而使我们感到气愤吗？为什么我们惧怕死者呢？为什么我们不能妥善保护祖坟呢？难道这是我们的迷信观念所致吗？难道是我们相信鬼神、僵尸和吸血鬼所致吗？要知道，小城市和乡村的墓地永远都是百姓最喜爱的流连圣地之一。瞻仰亲人的墓地、读一读墓碑上的姓名、生卒日期等，为什么所有这些也开始让我们感到恐惧呢？难道我们会认为，我们永远都不会死亡吗？自古以来，世界各国人民对自己死亡的意识足以培养并教会人们去思考这样一个问题：我们死后将给世人留下哪些记忆。

然而，如果我们相信，我们不会给世人留下关于自己的任何记忆，那就可以随心所欲，可以像各类庸俗之辈常说的那样：活在现世，“抓住时机”等。而我们必须在历史背景下感到自身的存在，懂得自己在现代生活中的意义，虽然是你“个人的”短暂人生，但也必须是对周围人和世界有益的人生……每个人均可在自己的一生中做一些善事，都能在死后为世人留下某些善良的记忆。保留你对他人的怀念，也就等于使他人留下对你的美好记忆。

斯摩棱斯克墓地位于彼得堡瓦西里岛的中心地带，那里有许多令人惊叹的墓志铭和纪念碑，许多名人志士长眠于此。可现在有人正在对这片墓地发起直接意义上的进攻，周围的工厂一直在一块块地侵占墓地面积，目的是满足本厂所需，即在那块墓地上建造新车间和新楼房。

实际上，这片墓地是一个非常美丽的公园，而且还是一个很有教益的公园：当你漫步于这碑林之中，你会穿越不同的时代，你将看到 18、19 世纪和 20 世纪初的墓碑，追忆长眠于此的人们，他们都是俄罗斯人非常熟悉的名人，其中有作家、工程师、出版家和学者等，他们都值得后人的怀念和追忆，他们的墓地都值得保留并不容侵犯，这片墓地应该是一笔宝贵的财富。

现在使我感到忧心忡忡的还有罗蒙诺索夫市（原奥拉宁堡市）的宫殿建筑和园林的现状，堤坝竣工之后，附近又有一条新建的公路穿过。我们的很多东西都多亏了这座城市（罗蒙诺索夫市）而得以保留，那里曾是法西斯军队未能占领的狭窄之地，位于列宁格勒郊外。如今的罗蒙诺索夫市是唯一的园林景区，那里有保存完好的宫殿建筑和保持原貌的花园。

这些宫殿和皇家园林全部是标准的建筑典范。比如，在普希金诺、彼得戈夫（彼得宫）、帕甫洛夫斯克等地的宫殿正在进行地板修复，但工匠师们只能凭记忆或按图片来修复。而原来的地板究竟是什么样的，只要去位于奥拉宁堡的中国宫一看便知，殿内的地板的确无比惊人，但是这些独一无二的地板正在慢慢地腐朽，是的，正在逐渐腐烂。地板腐烂的原因非常简单，因为它们长期受到泥水的侵蚀，花园内的排水系统很早就无人检修，所以泥水几乎上升到了最稀有的地板的高度。又一次去这座宫殿参观，我完全可以做证，为了使参观者围绕在解说员四周，宫殿的地板上铺了几块巨大的胶合板，以此避免大家摔倒，同时避免宫殿内的地板突然塌陷。

简单的逻辑暗示我们，应当竭尽全力使中国宫摆脱地下的潮湿，避免地板的彻底塌陷。必须想方设法努力保护奥拉宁堡的园林景区，其实，保存花园完好，并不需砍伐古木，也无须栽培新树，只需使园林秩序化。

当年《文学报》曾发表文章，特意讲述了莫斯科丹尼洛夫男子修道院的修复工作有多么重要，这固然很好。可依然是在莫斯科的丹尼洛夫修道院附近，还有另一座修道院——西蒙诺夫修道院，还有一座教堂只剩下了残垣断壁，库利科沃会战的英雄佩列斯韦特和奥斯利亚贝就葬在那里。对每一个俄罗斯人而言，这座教堂都是非常神圣的，可是多少年过去了，这里依然未能得以恢复！近年来，关于该教堂的修复问题，不知出台过多少项决定、命令和决议，社会的呼声一直都很强烈！然而，至今仍无法去观赏这座极具纪念意义的教堂。更不必说最古老的西蒙诺夫修道院的状况了，它是俄罗斯历史和建筑艺术史上极好的丰碑，是一座“骁勇善战”的修道院，但是它至今尚未受到应有的重视[1]。

既然我们谈到了莫斯科，那就不能不提位于市中心的老阿尔巴特街变成步行街的前后经过。虽然这个创意很重要，的确也很有意义，但令我痛心的是，阿尔巴特街改革方案的制定者们，试图将这条老街变成大型纪念品商店、咖啡厅和饭店一条街，我经常在报上看到类似的文章，经常有此耳闻。也就是说，整条街将会变成一座独特的商店和饭店长廊。然而，为什么一定要重复与这条老街相邻的新阿尔巴特街的模式呢？为什么一定要把具有纪念意义的老街变成商业和大众餐厅一条街呢？

我认为，老阿尔巴特街应该成为一条文化街，因为这条街上有不久前刚刚修复好的普希金故居（他在此住过几个月），还有久负盛名的瓦赫坦戈夫话剧院。大可不必用多家纪念品商店、咖啡厅、酒吧和饭店去填充那些空闲场所，而应多开辟几家博物馆、展厅和小型影剧院。如果一定要在这条街上开辟商店，那么，首先开辟的应该是旧书书店、古董店和老阿尔巴特街原有的传统商店。不错，市政府通过了一项令人满意的决议：在阿尔巴特街上创办几家私人收藏馆。问题是，为什么不把阿尔巴特街上的若干栋独楼、高层楼的一、二层直接辟为私人收藏馆或博物馆呢？文艺学家伊利亚·济尔伯施泰因（И.С. Зильберштейн）发起的可弘扬崇高爱国主义精神的一项事业，将得到应有的和合乎逻辑的发展。至于其他场所，分别可以辟为展厅和阅览室等文化场所。

总之，历史文物保护事业和文物利用方面的问题很多，必须尽快找到建设性的和专业化的解决方案。我坚信，如果从事历史文物和文化遗产保护工作的各类组织和机构之间只是相互模仿，如果这些它们不在国家层面上真正开展工作，而只是纸上谈兵，那么，问题并不会得到彻底解决的。遗憾的是，这种情况正如那条古老的谚语所说："三个和尚没水喝。"必须毫不迟疑地解决问题，因为此类问题与人们的精神培养密切相关，与苏联社会的道德环境密切相关。使精神培养工作符合我们时代和现代社会需求的时刻到来了。应该珍惜和爱护历史文物和文化遗产，因为在很大程度上，这些财富和遗产是我们前进道路上的灯塔。

其实，现实中也有一些先进实例。重申我曾说过的情况：如果您去奔萨市[①]和奔萨州，您就能确信，那里的博物馆事业开展得有多好，那里的居民多么珍视和怀念本地伟人。假如我有对俄罗斯（不仅是俄罗斯）各城市、各地区、各州的文化领导举办如何对待本地历史文物和文化遗产公开课的机会，我的首选一定是奔萨市和奔萨州。

从事周围自然环境保护及其恢复工作的科学称为生态学，目前大学里已开设生态学这门课程。

然而，生态学不应该仅局限于完成我们周围生物环境的保护工作，因为一个人不仅生活在自然环境之中，而且还生活在前辈创造的文化环境和他们亲手营造的文化环境之中。因此保护文化环境是一项比保护周围自然环境更重要的事业。如果人为了维持自己的生命而需要大自然，那么，他的精神生活、道德生活、精神家园、对故乡的热爱、对前辈遗训的尊重、对自身和全社会的道德自律的关注等，都不能脱离文化环境。然而，目前不仅对道德的生态学问题缺乏研究，而且也不对其进行修正。各种文化和历史文化遗产、历史文物的保护和修复问题得到了研究，但却无人研究整个文化环境的道德意义及其对人的影响，也无人研究文化环境可产生的作用力。

要知道，周围文化环境对人发挥的培养作用是毋庸置疑的。

街道、广场、水渠、每一座楼房和每一个公园随时都在提醒着我们，提醒我们……对过去的印象非强迫性地进入人的精神世界，人也能敞开心扉并自如地走进历史。人可学会尊重前辈并会牢记，他的子孙后代同样需要尊重前辈，过去和未来逐渐成为人自身的事情，于是人便开始学习和培养自己的责任心，即培养自己在过去的人们面前和未来人的面前应承担的道德责任。

如果一个人不喜欢欣赏自己父母的老照片，不重视或忘记父母亲手培育的花园，对他们用过的物品没有任何记忆，那么，这个人就不是真心爱自己的父母。如果一个人不喜欢老房屋、老街道（尽管它们都已多年失修），那就意味着，他并不真心热爱自己的城市。如果一个人对本国的历史文物和纪念碑不感兴趣，那就意味着，他对自己的祖国同样冷漠无情。

我记得，当年曾与最优秀的、最热情的文物修复专家尼古拉·伊万诺维奇·伊万诺夫（Н.И. Иванов）一起考察博罗金诺古战场。一些非凡人物正是出现在修复专家和博物馆工作者当中，正是这样一位精神丰富的非凡人物，陪我一起考察了博罗金诺古战场。多年来，他一直在潜心研究博罗金诺会战的特殊岁月以及战前的那一特殊时期。

我本人憎恨战争，我经历了列宁格勒大封锁，目睹了德国法西斯疯狂地向平民扫射，同时我也是英雄气概的目击者，苏联人民正是带着这种气概捍卫自己的祖国，以难以置信的顽强精神反击敌人。或许正因为如此，博罗金诺会战充分体现了一种巨大的道德力量，这种令我震惊的力量使我产生了新的灵感。在后来的莫斯科保卫战期间，俄罗斯人的道德力量又增长了十倍。让我们在具有感恩之情的后代竖立的纪念碑前脱帽致敬吧。

然而，1932 年，正是在这里，在祖国捍卫者

① 奔萨市（Пенза），位于俄罗斯境内欧洲部分中心地带的伏尔加高地的一个城市，建城于 1663 年。奔萨这一名称源于附近的奔萨河，奔萨二字是莫尔多瓦语，意思是边区、边界、路途的终点。该市从 1939 年起开始作为奔萨州的行政、经济和文化中心。

伏尔加河上游特维尔州斯塔里察大桥

契诃夫梅利霍沃文学故居纪念馆内带阁楼的小屋，《海鸥》剧本完成于此

抛头颅、洒热血的国家圣地上，彼得·巴格拉迪翁[1]的铸铁纪念碑被炸毁。这一事件的参与者对俄罗斯民族自由的捍卫者犯下了滔天之罪，他们对英雄巴格拉迪翁毫无感激之情，否认俄罗斯人对这位格鲁吉亚兄弟的感激之情，他曾在1812年反法战线中最危险的位置，以超人的勇敢和卓越的兵法指挥俄罗斯军队。对那些年用大字肆意涂抹修道院围墙的人（“不要再保存奴隶时代的遗物！”），又该如何评价呢？！该修道院是图奇科夫将军的遗孀在丈夫的牺牲地建造的。1938年，《真理报》发表了专题文章并呼吁，彻底清除修道院围墙上的字迹。

还有在时间上离我们更近的实例。众所周知，与彼得堡建筑面貌密切相关的，首先是拉斯特列利、罗西、克瓦连吉、扎哈罗夫和沃罗尼欣等建筑师。在通向彼得堡一号机场的路上，曾有意大利建筑师拉斯特列利设计建造的一座行宫，它不仅是彼得堡的第一座大型建筑，而且还是由拉斯特列利亲自设计的！可是该建筑的现状很糟糕，它曾是战争期间的前沿，不过苏联士兵曾竭尽全力地保护这座历史建筑。假如能将其修复，它将是彼得堡何等美妙悦耳的一段序曲啊。然而，这座建筑最终还是被拆毁了！每当我经过此地时，心中总觉得空空荡荡。

不久前，俄罗斯文学批评家别林斯基住过的一座房子，一座位于莫斯科市拉赫玛诺夫斯基胡同的建筑，先是摘掉了房子外墙上的纪念牌，然后房子本身就从人们的视线中彻底消失。令人难以置信的是，这一事件发生在这位伟大的批评家和革命民族主义者175周年诞辰的前夕，不仅没有修复在此开辟的别林斯基故居博物馆，而且还将他住过的部分房屋彻底拆除了。

由于文化不会灭亡，所以某些人便开始肆意扼杀活生生的历史，扼杀映照我们现实生活的历史，他们究竟是些什么人呢？他们都是从事文化活动和解决文化问题的官员，但他们本身与文化却毫无关系，他们不仅是外行，而且还非常无知。在此类扼杀文化者当中，有时竟然是建筑师本人，是那些特想将“他本人的杰作”安放在优势地段的建筑师，有时是那些只想得到最“有利”的项目的修复专家，有时是只想通过艺术品修复赢得荣誉的专家，有时是按照个人意愿修复古董的专家。无论怎样，他们对真正的美和历史的本来面貌都只有非常肤浅的认识。

我们应该更经常地提起注意，以便为历史文物和文化遗产营造正常的道德氛围，以便每个人（从中学生到城市、州、共和国和协会组织的工作者）都懂得，哪些历史文物要求他们必须具有大量的知识、共同的文化修养、文物保护意识以及对未来的责任心。

由此可见，生态学可分为两种：一种是生物生态学；另一种是文化或道德生态学。不尊重第一种生态学规律，可从生物学上杀死一个人；而不尊重第二种生态学规律，可从道德上杀死一个人。既可以说，二者之间有一条鸿沟；也可以说，二者之间没有任何隔阂。那么，大自然与文化之间的准确界限究竟在哪儿呢？难道俄罗斯中部不曾有人类劳动吗？

然而，自然生态学与文化生态学之间确实存在着明显的区别。这不仅是一种很大的区别，而且还是原则性区别和实质性区别。

大自然中的损失在达到极限之前可得以恢复，比如，可以定时清理被污染的河道和海洋，可以恢复森林和增加动物的数量，当然，前提必须是事态尚未发展到最糟的极限。

而历史文物和文化遗产完全是另一回事，这些文物和遗产的损失是无法挽回的，因为文化遗产永远是唯一的，它们永远保持自身的个性化特点，永远与某个历史时期密切相关，与某些大师

① 彼得·伊万诺维奇·巴格拉迪翁公爵（П.И. Багратион，1765—1812），出身格鲁吉亚贵族家庭的俄罗斯帝国步兵上将、步兵团团长，1812年反法卫国战争期间，担任西部第二战线总司令。

的创作密切相关。每一种文化遗产一旦遭到破坏，必将是永远都不可弥补的损失，它们将永远被扭曲、被损害，因为它们根本没有任何自卫能力，也没有自我修复的可能。

像在华沙那样，某些复原被毁建筑的模型，但绝对无法重新恢复该建筑建造时代的“证明文件”和“见证者”。任何一座重建的古代文物都将缺乏应有的文献性,而只是一种“表象”上的雷同。人死之后只能留下自己的肖像，但它们既不会说话，也不再有任何生命力。在某些情况下，“纪念币”却很有意义，随着时间的推移，它们将会逐渐变成发行纪念币那一时代的“证明文件”。华沙老城区（斯塔罗·米业斯托）或新斯维特大街等，永远是波兰人民战后年代的爱国主义精神之明证。

世界上的历史文物“储备”和文化环境“储备”都十分有限，而且还正在以日益加剧的速度继续消亡。在很大程度上，一种文化产品的技术本身有时也会扼杀文化，而不能延续文化的生命力。由缺乏理智者、无知者和冷漠无情者操纵的推土机、挖掘机和建筑塔吊，可对有利于人们生活的、埋藏地下的和地上建筑造成危害。在很大程度上，甚至就连有时按照个人意愿、未经足够的理论和现代审美意识的检验从事修复工作的多数专家，也会成为历史文物的破坏者，而不是历史文物的保护者。发生在莫斯科州普希金区穆拉诺沃村丘特切夫故居博物馆的事件，便是一个典型而令人痛心的实例。毁灭历史文物的还有城建设计师，特别是当他们对历史没有确切而足够的认识时，情况尤其糟糕。文化遗产在地球上没有立足之地并非由于地球变小了，而是由于建设者不断将许多适于居住、城建设计师觉得环境特别优美、极具魅力和有纪念意义的地方归为己有，于是他们便开始不假思索并毫无痛感地拆除原来的老建筑。

需要懂得文化生态学知识的不是别人，正是这些城建设计师。因此方志学应该得到发展，应该得到推广，学校应该开设这门课程，以便在文化生态学基础上解决当地的生态保护问题。十月革命之后的前几年，方志学曾一度得以繁荣发展，但后来却开始逐渐降温，许多地方的方志学博物馆被关闭。然而，目前社会上再次显现出人们对方志学的青睐。方志学可培养人们对故乡的热爱，可使人们懂得，如果没有方志学知识，就不可能有效地保护本地的历史文物和文化遗产。在这方面，学校和新开办的学校应该发挥较大的作用。

每个人都应该懂得，自己究竟生活在哪一种文化财富和道德财富之中，不经分析和“评判”，他就不可能在历史面前表现出真正的自信，也不可能粗野地否定文化。每个人都应该努力参与文化保护活动。

正是我和您，而不是别人，才应该对一切负责，应该尽最大可能，努力避免出现对历史漠不关心的态度。历史属于我们，历史在我们的掌控之中。

作为本文的结束语，我想说明一点：如果人们不掌握历史知识，如果没有人们对历史文物的关心，如果人们对它们毫无“作为”，那么，文化遗产和历史文物就难以得到保护。博物馆不是库房，历史文物、文化财富或某个具有纪念意义的圣地也不应是长期库存的“物品”。许多传统、礼仪和民间创作都需要在现实生活中得以再现、修复、表演和重复。仅仅被记录在纸上的信息、被收集的器物，只是被登记注册和无人问津的东西，都将不复存在，它们或遭到破坏，或丧失与生活之间的联系（哪怕是不太密切的联系）。由于方志学能以最紧密的联系形式，将文化与博物馆建设、藏品和档案资料的充实结合在一起，能使教育活动、青年人在小组和协会中的聚会、旅游业的发展、合唱团和手工业组合的建立相结合，它因此才是一种良好的文化现象。

应该尽力使白白存放在“仓库内”的文化变成发挥效用的文化和“开始运转”的文化。

方志学不仅是一门科学，而且还是一种活动！

PETRO
CATHARINA
MDCCLXXXII

彼得大帝的建城遗训 *

我从未想过，我在彼得堡出生之后，还能重新回到她的怀抱。

虽然城市恢复了原有的名称，也恢复了自诞生起的原本意义，但是距完全恢复城市的欧洲风貌还相去甚远。

彼得一世是一位何等天才的城市建设者啊！众所周知，他在很多领域中都表现出了超人的天赋。不过好像任何人都没有发现这一点：他在城市建设方面同样是一位天才。

为什么我们的城市坐落在非常不利的地理位置呢？为什么偏偏位于涅瓦河河口呢？为了通过涅瓦河畔，必须穿过若干条河和水渠（大涅瓦河、小涅瓦河、涅瓦河三角洲右侧的大涅夫卡分支、小涅夫卡分支、丰坦卡河和莫伊卡河）。为什么彼得一世没有在靠近芬兰火车站或斯莫尔尼火车站附近建城呢？为什么他没在更适合建城的传统地段（比如，纽因河畔的纽因斯堪斯[①]）破土动工呢？在那里，两岸之间的路程会大大缩短。历史上，几乎所有的城市都是在这种地段上兴建的。1000多年来，都是在同一条大河两岸建城，而无人在汇入芬兰湾的十几条河流沿岸建城。

为什么彼得一世偏偏要这样做呢？因为彼得一世的理想是建造一座首都，一座可保证贸易繁荣发展的都市，所以才需要建设更多的沿岸街区。如果您将彼得堡与欧洲其他国家的首都相比，不仅与欧洲国家的首都相比，那些都市几乎全部坐落在大河两岸，但是那里的河流都没有在城中占据主导位置。比如，伦敦的泰晤士河、巴黎的塞纳河……至于为什么城市一定要坐落在大河两岸，这并不难理解，因为当时的河流是主要的贸易通道。

尽管如此，与其他国家的首都不同的是，彼得堡城坐落在原来就有的和后来被填平的数十条河上。

如果您仔细观察欧洲国家首都是如何兴建的，就不难发现，早期和中世纪，那些城市几乎都没有沿岸街区，所有的房屋直接建在水上，就像今天的威尼斯那样。在伦敦，城市的一部分在水上，最富有的街区和车水马龙的胡同主要分布在泰晤士河沿岸街区内。

与那些欧洲城市不同的是，在彼得堡，各条河两岸的街区内均有可通行的道路，其长度足有几十俄里[②]。因此所有的码头（军用码头和商用码头等）都占有巨大的空间。彼得一世改变了这些

① 纽因斯堪斯（Ниеншанц），源于瑞典语的“Nyenskans”一词，意思是“涅瓦河畔的城堡”。城堡原由瑞典王国卡尔十一世建于1611年，当时由于俄罗斯无力偿还瑞典王国的军事债务，后者强行占有那片土地。位于彼得堡市内的奥赫塔河畔一带，现归红色近卫军区管辖。

② 俄里（верста），17世纪之前古代俄罗斯常用的长度单位，主要用于衡量路程的距离。1俄里约等于1.06公里。

圣彼得堡涅瓦河畔参政院广场上的《青铜骑士像》（《彼得大帝骑士像》），法尔孔涅，1782年

地段的传统，他没有在纽因河畔兴建彼得堡城，而是在看上去十分不利但实际上非常有利于未来发展的地带为新城奠基。这是彼得一世在考虑到俄罗斯今后百年发展大计而做出的决定。

彼得堡城的另一大特点是：城市坐落在绝对平坦的地界上。青少年时期，当我第一次来到莫斯科时，令我惊讶的是，在市内忽而上坡，忽而下坡，根本没有“脚踏实地”之感。对我来说，彼得堡的桥上和人行道都是平如地板，走起路来既不需要上坡，也不需要下坡，总是如履平地。

涅瓦河本身也不是一条大河，而是从拉多加湖注入芬兰湾和波罗的海的一个支流。早在古罗斯《编年纪事》中，关于这个支流，就有如下记载：拉多加湖注入波罗的海。这就意味着，涅瓦河不能算作一条独立的河流。事实的确如此，涅瓦河本身并不具备河流的条件。我曾询问院士阿克谢尔·贝尔格（А.И. Берг），为什么《编年纪事》会出现这种错误？［院士鲍里斯·格列科夫（Б.Д. Греков）认为，编年史作者对北方一无所知，他们根本不知道涅瓦河的存在］阿克谢尔·贝尔格回答说，古代编年史作家们比格列科夫院士懂得更多。涅瓦河确实不能算作一条河，而只是源自湖泊并注入大海的一个支流；涅瓦河本身不具备河流的条件，不会发生春秋两季的河水泛滥，涅瓦河的水位永远保持同一水平，但九、十两月除外，那时由于海浪的原因，涅瓦河的水位才有所变化，但这绝不是普遍意义上的河水上涨。

由于平整的地面和涅瓦河的固定水位，彼得堡市所有的街区和街道呈现出地平线式的平直状态。第一条十分精确的地平线就是连接沿岸街区平面与河面的地平线；第二条地平线是沿岸街区，所有街区都处于同一水平，既没有上坡，也没有下坡，而且都不是很高；第三条地平线是房屋顶盖形成的平面，房盖之间的高矮差距都很小。

总之，彼得堡全城各个街区都沿地平线而建。如果市内突然出现某种垂直线，那也只是垂直于地平线的垂直线，这就是彼得堡市内三座大楼的旗杆：海军部大楼顶部的旗杆、彼得保罗要塞教堂的尖顶和工程部大楼顶部的旗杆，它们的主要功能是强调城市的平面特点。

对彼得堡市内一条条笔直的街道，也可做出同样的解释，因为在山地和崎岖不平的地方，难以修建像彼得堡城里那样平坦笔直的街道，城市平面图的笔直特点同样与此相关。这就是彼得堡城的统一规制，其他任何一座城市都没有类似的规制。

伴随的另一个问题便是：在连续 200 年间，一直执行早在彼得一世时期制定的法律，这就是市区所有建筑物一律不准超过冬宫的高度。这条法律强调了第三条地平线，房顶可有高有低，也可出现波浪，但任何一座建筑物本身的高度不准超过冬宫顶盖的高度，至少在市中心地带如此。因此开始出现屋顶上的圆包（比如，圣伊萨基大教堂顶部的圆包），这也是一个有力的实证，但这毕竟是首都的典型特征之一。像罗马的圣彼得大教堂顶部的圆包、伦敦圣保罗教堂顶部的圆包一样，都是那座城市的典型特征。对于其他建有带双塔的哥特式建筑的城市而言，这同样是一种典型特征，比如，巴黎圣母院。

在欧洲科学界，第一个关注这种地平线式建城规则的是英国的查尔斯王子（Charles, Prince of Wales），他还曾发表关于布拉格城市之美的演讲。他在战后只去过一次布拉格，其目的是接受卡尔洛夫大学颁发的荣誉博士称号，他在那儿特意发表了关于这座城市、城市之美以及城建审美方面的演讲。

查尔斯王子还出版了一本名为《英国美景》的专著，我期待着该书能在我国翻译出版，可如今出版此类书籍的难度较大，因为整本书都需要彩色印刷。查尔斯王子还是一位水彩画家，他曾用水彩画描绘他想象中的现有城市的平面图，他收集了大量照片，还一一加上特别重要的注解，

圣彼得堡的发源地——彼得保罗要塞，1703年5月16日由彼得一世亲自奠基

他还亲自翻印老伦敦城市图、带有被毁的高层建筑的伦敦城市图，这些照片都被他收录在该书中。我在书中看到老伦敦，在那里，圣保罗教堂顶部的圆包已消失，四周高楼大厦林立，整座城市看上去仿佛是一片杂乱无章的建筑群。

在此之后，一向不喜欢制定新法律或限制房主自由的英国人，不再在伦敦市内建造高楼。如果必须在市区内某地段建造高层楼房，下面几层必须藏在地下。不过伦敦市貌已经被毁，巴黎市貌也已被毁，特别是位于巴黎南部和塞纳河左岸的蒙帕纳斯区，外观不雅的建筑物对市貌的破坏程度远远超过了埃菲尔铁塔。

问题在于，幸好由于埃菲尔铁塔本身并非建筑艺术，因此才未能使巴黎市貌遭到严重损害。要知道，即使是在彼得堡，我们平时也不会在意那些凌驾于建筑物之上的各种管道，因为它们不属于建筑艺术。每当我们欣赏自己的城市及其美景时，我们仿佛是有意识地将那些暴露在外的管道、电视塔等排除在视线之外，所以埃菲尔铁塔才不像某些高层建筑那样，直接破坏我们对城市之美的感受，这是因为我们并没有将埃菲尔铁塔看作一座建筑物。

在刚才提到的那本书中，查尔斯王子阐释了城建方面的十条原则，十条相当重要的原则，特

圣彼得堡彼得夏宫（彼得一世建于 1714 年）中央喷泉“参孙战雄狮”

米哈伊尔宫（今俄罗斯国家建筑艺术与美术馆），建筑师：卡尔·罗西，建于 1819—1825 年

圣彼得皇宫（冬宫），建筑师：F. 拉斯特列利，建于 1754—1762 年

圣彼得堡交易所大厦和古战船船头纪念柱，建于 1805—1810 年

别是对我国的城市建设而言，它们显得尤其重要。

其实，那十条原则至今还有一定的现实意义，这又是为什么呢？这是由于它们都属于“民主主义建筑艺术”原则。其中的几条原则说明，作为一名建筑设计师，当他开始为一座新城进行平面设计时，他首先应该想到的是，将要居住在这幢楼内的人们是否喜欢这幢楼房，他应该尊重普通市民的意见，因为他不是在为建筑设计师建造楼房，而是为市民和居民设计建造住宅。在我国，这条原则似乎是绝对行不通的，因为我国的城建原则一般都带有专制性，也就是说，建筑设计师之所以建造楼房，是因为他是一名专家，他清楚地知道，什么是最佳建筑方案。他懂得，怎样才能使一座楼房达到建筑艺术的审美标准。查尔斯王子认为，这是一种不可容忍的错误原则。除此之外，查尔斯王子还有其他一系列构想。比如，在建筑艺术领域中，业余爱好者可发挥非常有益的作用。作为一名业余建筑艺术爱好者，他善于自我引导，因为他与那些曾接受建筑专业教育的英国国王毫无区别。问题在于，在国王乔治三世（George III）和另几位英国国王的学习计划中，都有建筑学这门课，而查尔斯王子的学生时代实行的是新型教学大纲，培养他艺术品位的不是他的母亲伊丽莎白二世，而是他的祖母，他的这本书也正是为纪念祖母而撰写的。

昨天我在《列宁格勒晚报》上看到一篇文章，其中心思想是为了美化城市，将要在斯摩连卡河畔再建一座高层“奇楼”。这一计划只能表明，产

圣彼得堡涅瓦大街上的喀山圣母大教堂，建筑师：A. 沃罗尼辛，建于 1810—1811 年

生这种想法的人既不了解自己所居住的城市，也不了解这座城市使人产生的情感。那么，彼得堡本身究竟需要什么呢？彼得堡根本不需要专门建造的任何新型建筑，而是需要某些“辅助性建筑”。也就是说，从某种程度上讲，彼得堡需要一批能与市中心的传统建筑和历史建筑产生和谐的建筑。彼得堡城根本无须改建，彼得堡的城建思想也无须改变，因为它们的奠基人是彼得一世，而且这些建筑都非常独特。那么，究竟怎样才能满足城市人口增长的需求呢？

关于这个问题，我早在报刊上发表过数篇文章。当时我认为，现在依然认为，需要停止莫斯科和彼得堡的城市扩建工程，因为郊区将对市中心形成压力，整个建设应集中于从莫斯科到彼得堡、从彼得堡到莫斯科之间的高速干线的修建上，这条干线也早已奠基。彼得堡市政府邀请我参加了干线奠基仪式，这条干线完全可以减轻城市的交通压力，因为所有城市的居民、位于干线沿途车站附近的居民，都会到这两座都市参观博物馆、观影看戏，他们不会再有自己是乡下人之感。我在 10 年前建议的交通干线计划逐渐得以通过，现已开始动工。这样一来，环城修建辅助干线的计划自然失去了意义。

作为本文的结束语，我还想谈谈彼得一世。在为彼得堡城奠基和创立城建原则时，彼得一世还实施了另一个值得我们牢记的计划：那就是在他为彼得堡城奠基的同时，他在离彼得堡城大约 15 ~ 20 俄里处，亲自为彼得宫、奥拉宁鲍姆宫和斯特列利纳村奠基，从而创建了郊区城市链。如果其他大都市的郊区小城通常都是以工厂为主，每次进大都市时总会目睹秩序紊乱和杂乱无章的情形，那么，彼得堡城从起初就带有环城宫殿和花园链。当然，彼得一世并非在各方面都是一位创新者，许多被公认是具有革新意识的城建原则早在古罗斯时期已经有过。比如，如果仔细分析彼得一世开始建造彼得堡时的城建原则，不难看出，他只是再现了大诺夫哥罗德的城建原则。所有的古罗斯城市几乎全部坐落于某条大河的一侧，通常建在较高的一侧，其中包括基辅、莫斯科、普季夫尔、科斯特罗马、雅罗斯拉夫尔等城市，都是遵循这一城建原则建造的，而在大河两岸建城的只有古罗斯时期的大诺夫哥罗德。因此从某种意义上讲，大诺夫哥罗德是彼得堡城的先辈，因为像彼得堡城这样，大诺夫哥罗德同样位于“从瓦兰到希腊”这条主要商路上。在诺夫哥罗德四周，有一条由多座修道院和教堂构成的环城链，这也是古罗斯时期的城建原则之一。另一座古城普斯科夫或其他任何一座古罗斯城市四周，在距中心城市大约 15 ~ 20 公里处，都有类似的修道院和教堂环城链。部分诺夫哥罗德郊区的环城修道院和教堂链得以保存，而在彼得堡，古罗斯时期的修道院和教堂环城链被环城宫殿和花园链代替了。因此重要的是，必须保护那些建筑，哪怕是仅保护留存至今的那些建筑。无论如何也不能继续在彼得堡与彼得宫之间、彼得堡与普希金村之间增建其他建筑，因为这些空间的任何新建筑都将打破彼得一世创建的城建原则。

如果我们热爱自己的城市，我们就应该保护早在彼得大帝时期形成的城市面貌。首先，我们不能在市区内建造高楼大厦，欧洲国家很早以前就终止了在市区建造高层建筑的计划。

我们将遵循彼得大帝的城建遗训。

在结束本文之前，我想再谈谈自己刚开始时的话题。

我们的城市恢复了自己的历史名称——“彼得堡”，我们希望随着历史名称的恢复，与欧洲的精神珍品一起，全面恢复具有欧洲特点的彼得堡文化，其中包括彼得堡文化的个性化特点和普遍意义，善于汲取其他民族文化的精髓，尊重其他民族的信仰和自由，为俄罗斯人敞开前往欧洲的大门，我们也对欧洲人敞开进入俄罗斯的大门。

彩绘铜版画《涅瓦河上的五旬中节》，作于 1815 年

《彼得一世时期的彼得堡街道》，A.H. 伯努瓦，作于 1910 年

建筑学随笔

在现代建筑当中，最令人厌倦的就是建筑物本身缺乏应有的意义。可赋予建筑某种特定意义的是与此建筑相关的时代、重大事件、文学作品主题以及主题带给主人公的命运等，但是建筑者本人也能使建筑物具有某种重要意义。因此我们应该通过建筑形式来“认识”建筑物的作用。我们应该做到的是，只要看见一座建筑物，立刻就能辨认出，呈现我们面前的建筑物是火车站，而不是医院，不是酒店，不是学校，也不是普通居民楼。房屋的功能和作用应十分醒目，但是除了房屋的功能和作用之外，我们还应该立刻看到这座楼房的入口、正门和电梯。与此同时，楼房正面不应是使人感到单调乏味的设计，形状单一的门窗（特别是又窄又高的“带形”门窗）比形式单调的街道（行驶在宽阔平直的公路干线上，司机很容易睡着）更容易使人感到厌倦。各街区房屋的格调应当有所区别，应当丰富多彩，每座建筑物的楼层也不应完全相同。

在设计楼房正面时，首先应该考虑的并非远距离和中距离的视觉效果，而应从走在人行道上的行人或横穿马路者的视角出发。也不应只按照房屋模型来设计，因为此类模型只能使人“从空中鸟瞰”未来的一座座建筑物。特别重要的是我们随时经过、随时可从侧面“凝视”的 1、2 层楼和勒脚。从室内的观点出发，面朝街道的 1、2 层楼的橱窗应该是洁净、陈设整齐并富有魅力的……（橱窗的玻璃明亮剔透、展品美观诱人；每个单元都应该配置表面光彩平滑的大门，门上应安装昂贵的把手，从而便于人们与那座楼房“握手”和“打招呼”等）。

目前无人关心楼房下面几层的建筑格式，甚至连建筑设计师都不能理解它们的重要性。除此之外，他们对建筑细节的意义和作用也毫无了解。在楼房建筑总平面图上，缺少绘图员从中间层的高度看到的一切细节，对某些现代建筑师而言，似乎那些细节都无关紧要。与此同时，观赏楼房正面的首先是路上的行人，他正常的视角高度也就是他本人视线的水平，当他经过某座楼房时，他通常不会抬头去看第 2、3 层楼或更高的楼层，但他却能清楚地看到商店一层的橱窗、入口和大门等。从侧面或人行道上观看楼房时，凸窗的装饰效果显得格外引人注目。

20 世纪 20 年代初，彼得堡市曾发布一条收集废铜的公告，铜质餐具也都属于必须上交的物品。于是贫委会主席或事务长、房管会主席（不记得当时担任该职务的是哪一位）带头从楼房单元入口的大门上拆下既美观又特具艺术性的铜质把手，然后用白铁皮包着的木棍取而代之，彼得

莫斯科克里姆林宫内的圣母升天大教堂，建于1475—1479年

堡大多数老建筑的单元入口的大门上，至今还能见到当时换上的这种“木质”把手。原本应该打磨抛光的大门和楼梯栏杆也被涂上了油漆，有时还被刷上了劣质地板漆，楼房下面几层的面目顿时发生了改观。在列宁格勒处于大围困期间，由于敌人的扫射，许多商店橱窗的玻璃都遭到了多次扫射和严重损坏。在战争爆发之前，彼得堡涅瓦大街上的“叶利谢耶夫”商店、“亚历山大”商店和其他许多知名商店等，都曾是极为富丽堂皇并享有盛誉的驰名建筑。

现代楼房通常被统称“船形”建筑，这种说法有误，应该叫作“旅行箱式”建筑，因为这些楼房的格式千篇一律、奇怪而单调。有时楼房前后还停放着塔吊，根据需要可将这些此类房屋提升或移至其他地方，随时可对它们进行移动、封堵、拆散或搬出，有时甚至干脆将其“搬走”，这些都不难理解。主要的搬运工就是建筑师，他们随时准备将这种房屋“搬”到其他任何一座城市，就好比那些“神奇的搬运工”常说的一句话：只需将这些楼房固定在“适合的地段即可”。

举例说明，电车到站了，你从车厢的窗口探出头来并喊道：“嘿，搬运工，请把我的旅行箱搬到你们城市的旅行箱中吧。”搬运工问道：“搬到哪个旅行箱中呢？”你回答说：“任何一个都可以，反正它们都一样。”于是一个旅行箱被搬进这座城市的某个大旅行箱中，如同一个个木偶被塞进套娃里那样，只是不能节省任何空间而已。

另一个实例：有人在莫斯科市中心制作了一个特大的书橱。书橱站在街道边上，好像是个无家可归的孩子一样。时间久了，书橱每况愈下，最后彻底损坏了，因为家具本来就不是应该放在街上的东西。

有人问道："这是一个什么所在？是封闭市场吗？"

另一个人回答说："不是，这是库尔斯克火车站。"

第一个人接着问道："这就是列夫·托尔斯泰、屠格涅夫、布宁当年来莫斯科时经过的那个车站吗？这里可是曾容纳整个俄罗斯文学的地方啊！"

另一个人回答说："不是，文学家们经过的那个车站早已被拆毁。"

"为什么建造了如此枯燥的车站呢？"

"是啊，您知道吗，如今任何一位作家都不会经过这个车站了，他们都是坐飞机来莫斯科，而且他们中的多数人还经常从国外飞来。"

建筑学已经彻底沉默，再也听不到它的声音了。车站可以建造成封闭市场的样子，封闭市场酷似马戏场；文化宫修建得像福特汽车厂的某个厂房，如此等等。早在18世纪，米哈伊尔·叶夫谢耶维奇·戈洛温①曾这样写道："石柱格式的选择取决于未来的建筑物将要发挥哪些功能这一构思。托斯卡纳柱式适于城市大门或军工厂的大门等；而多立克柱式特别适于教堂建筑；爱奥尼克柱式具有爱好和平和公正裁判的寓意，所以它最适于法庭和大型娱乐场所等建筑，室内外均可使用此类柱式；科林斯柱式适于宫廷建筑装饰，适于华美壮观比坚实和宽敞更重要的那些建筑；罗马柱式常常用于建筑物的装饰，从而使建筑物显得更加精美和富丽堂皇。"[1] 还有关于花草、树木、雕塑、陈列亭和花园布局的"符号体系"，这些都是多么精辟的论述，而我们对此却一无所知。我想暗示的是，虽然在我的《园林之诗》一书中对此内容有所论述，但该书并未引起园林修复专家的重视。

那么，建筑设计方面的情况又如何呢？人们常说，精致美观的设计方案，需要有质量上乘的机器设备和工具，利用高质量的设计机器，工作起来就会得心应手。因此设计是一项有益的事业。然而，不幸的是，现在的设计具有很大的挑衅性并开始排斥其他艺术形式。一旦设计绘画艺术有所干预，绘画作品将会逐渐变得呆板和空洞乏味，将缺乏应有的情绪和动力。今天的设计已开始明显地挑衅园林艺术领域，古代园林修复专家所追求的也只是所谓"有看点"的设计方案。正因为如此，现代修复专家才如此喜爱布局规整的园林。

过去那些旧楼房都具有极其生动而饱满的表现力，而今现代化的高级住宅却只有尚好的设计方案，仅此而已。

最使我感到恐怖的是城建现状：到处可见单调、枯燥和"板障林立"的房屋、摩天楼或各种火柴盒。这一切似乎彻底否定了建筑物的个性化特点："所有的房屋都是一种模式，建筑师们也因此感到满足。"令人痛心的是"莫斯科大众化房屋"的出现，实际上，这是对"板障式"建筑的高度赞扬。那些用某种类似带刺的铁丝横梁将一座座单调的塔楼连接起来，难道这还不是缺乏思考的设计方案吗？那瘦弱的尖顶上还架设了密密麻麻的电线，单调乏味的灰色楼房之间没有丝毫区别。这种景象简直太恐怖了，简直是梦中难见的恐怖景象，但几乎在所有的"发展中"城市中，都能见到此类建筑。

哪个术语可表达这种现代建筑实践"体系"的含义呢？"开凿街道""树立板障""锯出"一座城市？这种现象被称为"用塔楼(龙门板)'包围'街道"，而如今在所有的城市中，随处可见此类"龙

① 米哈伊尔·叶夫谢耶维奇·戈洛温（М.Е. Головин，1756—1790），俄罗斯物理学家、数学家。他是一系列算数、几何、三角学和力学教科书的作者，为俄罗斯的数学教学做出了杰出的贡献。

圣彼得堡冬宫广场上的亚历山大一世纪念柱，建于1834年

莫斯科郊外的阿尔罕格尔斯克庄园宫殿，建于1784—1809年

门板”。

语言的力量是无穷的，所以最好能给这种现象起一个最贴切的绰号。莫斯科人将新阿尔巴特街上的板楼叫作“莫斯科大众化房屋”，看来这种概括再确切不过了。从此莫斯科建筑师和那种楼房的建造者们都被打上了“假肢专家”和“假牙专家”的烙印。

矗立在彼得堡宫廷广场中心的亚历山大纪念柱，是世界上最高大的整石纪念柱。不仅如此，这根立柱之美——比例匀称之美，雕像、基座、圆柱本身与广场比例的和谐之美，都使我惊叹不已……蒙费兰(Auguste de Montferrand)的确是一位伟大的建筑师。

亚历山大纪念柱的设计理念非常独到而重要，我觉得（不知道关于这一问题，在我之前是否已经有所论述），这根纪念柱与位于巴黎的拿破仑纪念柱（旺多姆纪念柱）是对立的，拿破仑雕像的脚下完全是另一种圆柱，雕像本身与圆柱的比例和尺寸显得有些失调：由于雕像显得过小，凡是看到这一纪念柱的人们都会发出不约而同的感慨：有何必要将拿破仑的自然主义形象安放于如此之高的立柱顶部，人们根本“无法看清”他的面容。而在彼得堡，蒙费兰非常睿智地在整石圆柱顶部只安放了亚历山大一世的象征物[1]，这是顺乎时代气息和国民易于理解的象征物。

① 亚历山大纪念柱顶部的天使雕像，作者是俄罗斯帝国风格的雕塑家鲍里斯·奥尔洛夫斯基。天使左手撑着十字架，右手指向天空，头部低垂，凝视着地面上发生的一切；十字架压着一条巨蛇，以此象征着俄罗斯帝国在战胜法国入侵者之后给欧洲带来的和平。值得一提的是，位于纪念柱顶部的这尊天使雕像没有任何支撑，完全靠自身的重量巍然屹立。

俄罗斯古城弗拉基米尔城市博物馆

令人惊叹的是，设计建造如此壮美而恢宏的亚历山大纪念柱的蒙费兰，少年时代曾是拿破仑军队的一名士兵（尽管服役时间甚短，但他毕竟曾是个军人……而且既不是在意大利服役，也不是在西班牙服役）。

既然我们提到了拿破仑旺多姆纪念柱，作为换位思考，我们不妨回顾一下，拿破仑被推翻之后，这根纪念柱的基座上刻写了英国人的一首短诗：

Turan, juche sur cette echasse,
Si le sang que tu fis verser
Puovait tenir en cette place,
Tu le boirais sans te baisser.

（诗词大意："站在高跷上的是一个暴君！假如这里有因你奔流的鲜血，你定会眼睛都不眨并将其一饮而尽。"）

大多数人可能会这样说："你定会被那里的鲜血呛死。"不过那个不知名的英国人写得更好："你定会眼睛都不眨并将其一饮而尽。"再也没有比这更鲜明的形象了。拿破仑确实喜欢看到人们流血，喜欢沙场（莫扎伊斯克郊外尸横遍野的博罗金诺沙场），拿破仑确实至死都没有投降（"你定会眼睛都不眨并将其一饮而尽"）。

对建筑设计师而言，难度最大的是城市广场的设计，所以世界上漂亮广场的数量并不多。如果有人问我，我本人知道哪几个设计完美的广场呢？当然，首先是彼得堡的宫廷广场；还有马克·奥勒留骑马像所在的卡比托利欧广场（位于罗马）；当然，还有罗马带有喷泉的纳沃纳广场、威尼斯的圣马可广场等，但据我所知，最令人震撼的还是莫斯科克里姆林宫内的教堂广场，该广场真可谓精彩无限。广场上的每座建筑都仿佛是独立的和完全自由的，每个进入广场的人都能产生置身于独特的封闭式空间之感。尽管空间是封闭的，但同时又是全部敞开的，主要向莫斯科河方向展开。圣母升天大教堂并不是规模最大的教堂，也不是最高的教堂，但她俨然是克里姆林宫教堂广场上最神圣的大教堂，她挺立于广场上，以平静而庄重的目光凝望着莫斯科河。

虽然克里姆林宫内教堂广场上的建筑物分别兴建于不同时代，但是可以明显地看出，历代设计师都有一种非凡的本能和最宝贵的知觉，即注重建筑群的和谐感。那些建筑师还有一种特质，这就是他们都曾预见到未来人们在观赏这些建筑时的感受。这种特质在莫斯科克里姆林宫教堂广场上体现得淋漓尽致。每个来到这个广场上的人，非但不会产生丝毫的屈辱感，而且还会变得崇高，会感到自己置身于历史长河之中，似乎每座建筑都在与他进行直接的沟通。其中任何一座建筑都不可能不理会每个人，不会让每个人白白地从自

莫斯科郊外的阿尔汉格尔斯克庄园内的柱廊教堂，建于 1909—1916 年

己身边走过。整个广场看上去十分庄重，但没有丝毫的傲慢。与该广场密切相关的俄罗斯历史非但没有让来到广场的人感到压抑，反而能使他回顾历史并成为历史的参与者。与此同时，他还会觉得，就连自己的身高也高大了起来。

建筑设计师的错误是不可饶恕的。莫斯科艺术剧院的新楼是由库巴索夫设计建造的[①]。

对修复专业术语的理解应该与 integrity（意思是“保持原貌”、“原封不动”和“完整性”）一词的含义相结合。保持被修复对象（有可能被修复的对象）的历史“原貌”及其全部生命力，应该是修复工作必须遵循的规则。如果生活(正是生活，而不是某种偶然性）曾使这一对象受到损害，那也应该使它保持原状。

修复专家经常遇到这样的问题：某座建筑“应按照哪个时代的风貌进行修复”？比如，20 世纪 70 年代，位于彼得堡的缅希科夫宫[②]就遇到了这一问题。当然，那是他们人为制造的问题：应该使那座建筑保持缅希科夫宫的原样，还是将其修复成后来进驻的士官武备学校的原貌呢？从各个层面来讲，二者都很重要，但是二者所处的时代却无法统一，因为缅希科夫生前多次对宫殿进行重建和翻修，可他最终也未能使自己的宫殿彻底竣工；而作为士官武备学校，该建筑一直存在到十月革命爆发之前，曾发生与学校相关的有许多重大事件，其中包括戏剧事件和音乐事件等；作家列斯科夫也曾对这所学校进行描述，大批杰出的统帅都曾在此学习。应找到不失人们对该建筑生命中的每一时期记忆的修复办法，找到本建筑与彼得堡市之间的内在联系（缅希科夫时代与今

① 这里指位于莫斯科市中心特维尔街心花园街上的剧院新楼，该楼于 1973 年竣工并投入使用。

② 缅希科夫宫（Дворец Меншикова），圣彼得堡第一座砖石结构的宫殿建筑，是专门为当时的俄罗斯伯爵、皇帝彼得一世的近臣和圣彼得堡总督亚历山大·丹尼洛维奇·缅希科夫（А.Д. Меншиков，1673—1729）建造的，属于彼得巴洛克风格。由当时最著名的俄籍意大利裔建筑师冯塔纳（G.M. Fontana，1670—1712）和俄籍德裔建筑师绍德尔（J.G. Sch·del，1680—1752）设计建造。现为圣彼得堡埃尔米塔日博物馆分馆。

天的现状不同，当时宫殿周围并没有其他任何建筑）的修复办法。

或许有人会问，为什么不能拆除某座用硅砖或预制板建造的“火柴盒”式房屋呢？此处用“预制板”一词非常准确，只是它的含义有时是“人行道”，有时是“建房用墙板”；无论在什么情况下，该词都含有“践踏”或“踏破”之意。为什么可以不费吹灰之力，就能从文化遗产和历史文物保护协会获得拆除历史建筑的许可证呢？要知道，历史建筑要比那些预制板建筑重要百万倍。

从整体上来看，我本人有这样一种感觉：文化遗产和历史文物保护协会存在的主要目的，就是“搞某些例外”或“闭着眼睛”发放许可证。假如让我描述这个协会的形象，我会说“该协会就像一个蒙着眼睛的行人”。

然而，文化遗产和历史文物保护协会还常常炫耀用于文物修复花费的巨额资金。其实，这笔本该用于修复古建筑的巨额资金的一部分，却被用于领导办公室的装修、为领导兴建住房，或在破旧的历史建筑四周搭建脚手架（这是一种最轻松和最有利的项目；社会也将会更加安定，因为政府毕竟采取了某些措施）。

可见文物修复职业多么艰难。若想得到某种“有利的”文物修复项目，必须经过一番鏖战和阴谋，这种现象比戏剧里的情节更紧张。而能否顺利通过验收，又全靠委员会中的“自己人”，他们根本不去真正检查文物的修复质量。

如今将一些文化纳入修复范围之内特别容易，因为那些文物是一定要修复的，必须修复，但实际上，完全没必要急于修复它们，应该等待真正的科研数据，必须以拯救文物为主，要视文物的损坏程度而定，这样才能节省大量资金，而正因为如此，在某些人眼里，有些文物的修复自然显得很不合算。

有时文物修复会带来相反的结果，这一问题同样令人震惊。有时虚假的结果取代了建筑物的真实原貌，或者修复结果完全如同一枚“假币”。

只有在修复者严格自我控制和不许自己“创造”漂亮外观的情况下，只有当他本人渴望在被修复的对象中创建“美”并勇于与真正的创造者展开竞争时，他才可能成为一名真正的创造者。如果他制作的是一枚“假币”，尽管这枚假币能欺骗大众一时，但实际上，它是为文物竖立了一块“墓碑”。

英国作家约翰·罗斯金（J. Ruskin）曾经写道：“修复实际上是文物所受到的最彻底的毁灭。”最好能核实约翰·罗斯金这句话出自他的哪本著作。他的这种思想实在是太重要了，无论他的评价出自哪本书，或者是他在什么场合所说的话，他的话都反映了他本人的真实思想，因为杰出的修复专家和最佳修复原则永远都是比较罕见的。修复专家在被修复的对象中注入本人的思想越少，对文物本身的恢复就越有利。

《国际历史文物和胜地损坏与修复宪章》有时被简称为《威尼斯宪章》，其中有这样的内容：“修复工作往往在开始假设的地方结束。”[2] 令人遗憾的是，在很多情况下，科学界也有类似的说法：“科学往往在开始假设的地方结束。”

建筑幻想

在普希金之家[①]的塔楼上（普希金在《青铜骑士》中所写的“宫廷与塔楼”，指的正是我所在的这座塔楼和旁边的那座塔楼。当时的塔楼只有两座，一座是珍宝馆塔楼，另一座是俄罗斯海关大厦的塔楼，后来这座塔楼被辟为俄罗斯文学研究所——“普希金之家”），我坐在一把夏季藤椅上苦思冥想：彼得堡城本应呈现出自身的美貌，于是我就不由自主地在自己的想象中描绘彼得堡的“城建”方案。我的思路突然被“梅塞施密特”的

① “普希金之家”是俄罗斯科学院文学研究所的别称，在一大批俄罗斯文化活动家的倡议下，于 1905 年 12 月 15 日宣告成立，位于圣彼得堡马卡罗夫沿岸街 4 号。1995 年列入俄罗斯国家重点文物保护单位名录。

声音（飞机飞过的声音）打断，可我清楚地记得：当时一架飞机正在超低空飞行，我甚至看清了飞行员的身影。如果此时有人想对你表示亲近，“谁又能亲吻您的手啊……”[3]

我恢宏的城建方案终于草拟完毕：拆除棉花岛上所有外观欠雅的仓房建筑。当然，图奇科夫码头货栈除外，因为那座建筑完全可以改建成体育馆，最好能改建成水上运动馆；“修整”彼得岛上那些闲置的房屋，其中包括“修整”那些设备缺乏的运动场，创建一条十分优美的公园链，从而为彼得堡人周末在此散步提供方便。全部绿化芬兰车站附近的军事医学院一带，然后是位于大桥那边中国狮子旁的绿色公园、尼古拉·尼古拉耶维奇宫、带左右两侧翼的克龙维尔斯基公园：左侧是彼得保罗要塞后面的火炮博物馆一带（我的这一方案已经部分地得以实施，甚至比我想象的更好）；右侧是克龙维尔斯基大街。然后随着 3、4 栋专供出租的集体住宅楼，绿化交易所大桥（“建设者大桥”）对面的甬道。然后重新回到棉花岛公园、彼得岛公园、圣架岛公园、新石器公园和带有通往瓦西里岛出口的耶拉金公园，从而便于人们每天傍晚观赏日落，欣赏白夜之美景。与此同时，圣架运动场的建设项目已开始动工，这真是好极了！一切都在我那庞大的散步公园计划之中，该公园非常适于彼得堡人散步，那里听不到使人厌烦的车辆噪声。除此之外，那里还开辟了自行车道，修建了各种类型的小动物园、各种展厅、养禽场，还修建了运动场馆等！一切都如此美好，城市显得愈发神奇美妙。

在我想象的设计方案中，争议最大和费用最高的是涅瓦河南岸的改造工程，还有如何展现涅瓦河南岸之美的问题。在我的想象中，某些细节是难以实现的。本应拆除 20 世纪 20 年代末—30 年代初在老建筑和宫殿顶部增建的楼层，因为我早有沿着涅瓦大街开辟一个散步休闲区的梦想，但是需要适当减少街面上的各类交通工具（可现状尚未能使我感到十分满意）。

在 20 世纪 70 年代，我曾与彼得堡市总建筑师巴兰诺夫会面。原来他也有一个涅瓦大街改造方案，他的方案与我的基本相似。这就意味着，对彼得堡城而言，我们的改造方案都是比较和谐的！

假如能实施我草拟的大片公园休闲区这一计划，不仅工程小，而且造价低廉，每个彼得堡人都能沿着宽阔的通道自由散步（散步是最有利于健康的行为），他们可从城市的任何一个角落来到海边（瓦西里岛）徜徉休闲、观赏日落时分迷人的景色。冬天人们可在这里滑雪游玩，不必花费任何多余的气力，也不必乘坐任何交通工具。那里还可同时开辟 3、4 条自行车道和人行道（在 3、4 座桥的附近开辟，可根据具体的改造方案和细节而定）。

至今我依然在想：为什么不兴建环形新城呢？在这种环形新城的中心地段修建一座长长的散步公园，市民们可穿过公园来到涅瓦河边、海边和湖畔，最好还能通向森林和草地。那里不应出现任何交通工具，目的就是让市民乘车抵达散步区之后，可徒步行走并延长散步的时间。

在我的一生中，彼得堡 – 列宁格勒市扩大了 3 倍，可非但没有发生好的变化，反而使生活变得越来越复杂。莫斯科和基辅等大都市的情况不也是如此吗？

应该在生活便利并具有文化中心的地带兴建新居住区，其中包括条件最好的图书馆、设备最先进的剧院、最优雅的音乐厅等文化场馆。我早就幻想着在工作之余，前往这种新居住区之一住上一段时间。

莫斯科列宁格勒。

一条最理想的交通干线将莫斯科与彼得堡—列宁格勒连成一体，这条干线就是目前正在运行的莫斯科—彼得堡之间的铁路，完全可将这条铁路改造成高速干线。沿途经过森林、原野、沼泽地、

莫斯科大剧院

5 个湖泊等空地，还有若干个小型居民点。在这条干线上，只有特维尔一座古城，该城附近还有一座建于 18 世纪的城市——上沃洛乔克。

我觉得，应该在这条干线两侧兴线形城市，即直接通向森林和原野的长条形城市，那里妥善保存着许多历史文物和文化遗产（特别是在谢利戈尔地区、上沃洛乔克和克林等市）。在乘火车前往莫斯科的路上，或在莫斯科—彼得堡的路上，抽 天时间可去这几座小城参观（参观某个城市的博物馆、看戏等）。沿着这条“文化干线”，只能设立图书馆、博物馆、剧院之类的场馆和机构，而各类工厂、冶炼厂应建在另一条干线旁，应该建在工业原料产地附近的地带，或在几条工业干线之间建厂。

我的意思是，可以设想一下，如果所有的文化机构全部建在各类高速干线两侧，或建在可乘各种交通工具到达的地方（自驾车、单轨火车和郊区电车等），这究竟是有利，还是有害呢?

最无人性的建筑通常都是些规模庞大的房屋，还有那些打着人性化（抽象的人）旗号建造的房屋。对大自然而言，最致命的莫过于试图大规模地“改造自然环境”的设计方案。只有为某个具体的人或某个小团体专门建造的房屋，才会有利于人们的生活。大多数抽象化的设计方案都是令人恐怖的，特别是那些大规模的建设项目，即那些铺天盖地和“蔓延性”的大型建筑、扭曲本地特色的建筑、由于高层建筑而使河流改道的那些建筑，更使人感到恐惧。关于这一问题，查尔斯王子在自己的《城市美景》一书中已有精辟的阐述。

建筑艺术是一门强调重力的艺术，至少我本人这样认为。在一座建筑物当中，我首先考虑的是重力分配是否均匀的问题：支撑眉线和三角墙的墙壁、圆柱、壁柱的承重力度是否达标的问题；在一座新建筑中，墙体是否能“支撑”上面几层楼和房盖的重量等一系列问题。

魅力无穷的木结构房屋有时使我产生这样一种印象：它们并不是建筑物，而是一个个华美的大糖果盒！此类建筑有时也能使我为之赞叹，但赞叹的程度远不及我对俄罗斯北方农村的房屋和教堂赞叹的程度，因为那些建筑全部都是木结构，而且都充分体现了重力分配合理而均匀之美。

女伯爵索菲娅·舒阿焦尔–古菲娅（С. Шуазёль-Гуфье）在她的《忆皇帝亚历山大一世和拿破仑一世》一书中，非常生动地描写了她与亚历山大一世首次相识时的彼得堡：“当我的马车刚刚驶入彼得堡地界时，我仿佛觉得自己来到了巴黎郊区，可是在巴黎郊区，除了皇帝的行宫之外，并不像彼得堡郊区那样如此富丽堂皇，彼得堡皇帝行宫和附近的一切都是艺术。”事实的确如此，彼得堡的环城公路与彼得堡城同时修建，这是世界上唯一以此种方式兴建的大都市。当她对涅瓦河进行描述时这样写道：“涅瓦河的波浪‘犹如蓝宝石’……一年内的多数时间，岸边停满了许多插有万国旗的船只；涅瓦河成就着彼得堡之美，书写着城市的荣誉，积聚着无数财富，同时还呈现着诸多灾祸和恐怖……白夜期间，每天傍晚，这座美丽而僻静的城市就会沉浸在半明半暗之中，既不像白天那样明亮，也不像月夜那样昏暗，这种天色使所有物体都染上了一层神奇的光泽，我仿佛置身于真正的城市全景图之中。”

塑造彼得堡城市形象的不仅仅是建筑师和该城的市民，参与城市形象塑造的还有大批诗人和作家：普希金、阿赫玛托娃、陀思妥耶夫斯基；还有大画家马哈耶夫、马丁诺夫、奥斯特罗乌莫娃–列别捷娃、伯努瓦、多布任斯基；还有雕塑家安齐费罗夫、艺术史家弗拉基米尔·库尔巴托夫等。

知名的芬兰建筑师萨利宁自幼在彼得堡郊区的加特琴纳生活，他父亲曾是那里的芬兰教堂的一位牧师。加特琴纳的建筑瑰丽而独特，或许正是这里的绮丽建筑才吸引了他们一家！

1532年为庆祝伊万雷帝出生而建的基督升天教堂，位于科洛缅斯科耶皇家园林

文化财富

世界各民族的历史并非国家领土和边界变迁的历史，而是各民族的文化发展和变迁史。

文化财富永远都不会衰老。

艺术同样也不会衰老。真正的美将青春永驻。普希金不会取代杰尔查文；陀思妥耶夫斯基的长篇小说不会取代莱蒙托夫的散文；对我们而言，伦勃朗就像其他任何一位晚期的天才画家（在此不必一一列举）那样现代。

许多术语和概念在自己的生存和发展过程中，在语言和意识中不断得以扩展（“不断扩展的宇宙”）。起初，人们对“文物”一词只有狭窄的理解（仅限于某些“大型作品”），后来根据建筑师的功绩、名人的事迹及其“年龄”等情况，他们住过和工作过的具有纪念意义的房屋、宫殿和教堂，逐渐被纳入“文物”之列。今天可以被称为文化遗产的还有自然风光（比如，与列维坦相关的古城普廖斯以及整个伏尔加河流域的自然景区），或许还有其中某个城区、某些街道或整座城市，由于人类文化活动的存在而出现的许多物品（足以反映收藏家个性特点的一系列完整的收藏品等）。

起初，民间口述创作方面的遗产只包括狭义上的某些独立性作品，其中包括婚礼歌曲、各类仪式歌曲和童话故事等，它们至今依然属于民间口述创作遗产的范畴，但同时又增加了整个婚俗、某些仪式的全过程（包括舞蹈、盛装、与仪式相关的各种风俗习惯）。民间口述创作遗产还包括彼得·基列耶夫斯基（П. В. Киреевский）、帕维尔·雷布尼科夫（П.Н. Рыбников）、亚历山大·吉尔费丁格（А.Ф. Гильфердинг）等人的歌曲集，类似的集子都属于文化遗产。

诗集、文集、文学杂志合订本等，也开始在文学中发挥特殊的意义。

在此不必一一列举，因为各个领域都在努力扩大研究对象的范围。

我曾去马林娜·茨维塔耶娃莫斯科故居参观，1914—1922 年，她曾在那里居住。后来这座房子被辟为多家合住的公用房，当住在那里的居民搬走之后，房子显露出了最初的布局。为使这座房子不被拆毁，纳杰日塔·伊万诺芙娜（卡塔耶娃－雷特金娜）[①] 孤身一人坚守在房内。她向我们全面展示了这座独楼：那是一套令人惊叹的住房，属于典型的莫斯科式住宅，彼得堡根本找不到类似的住宅。住宅分上、中、下三层（但不是普通意义上的楼层），分别由独特的楼梯连接，每层楼的高度不等，窗户的形状也不尽相同。置身于这座

① 卡塔耶娃－雷特金娜（Н.И. Катаева-Лыткина，1918—2001），俄罗斯艺术史家。在她的努力下，茨维塔耶娃莫斯科故居博物馆于 1992 年正式对外开放，她兼任该馆馆长，直到 2001 年去世。

位于皇村的卡麦隆柱廊

肖像画《安娜·阿赫玛托娃在皇村》，О.Л. 杰拉－沃斯－卡尔多芙斯卡娅，作于 1915 年

独楼内，顿时使人产生身在一个房间内之感，因为楼内的空间似乎只有一个房间大小，不同的天棚高度、各种形状的窗户、上下楼梯、通过窗户可直接登上屋顶等，都使人难以适应，使人仿佛觉得置身于阁楼上一样。其实，那是一套非常独特的小楼，属于历史文物，很多人都曾来马林娜·茨维塔耶娃住过的这几个房间参观。

1918 年 4 月 13 日，革命者沃多达尔斯基（В. Володарский）在彼得格勒为宣传鼓动班的学员演讲时这样说道："我们已经非常出色地通过了破坏活动的考验，每个人都得了 5 分。我们已经破坏了一切，现在我们所面临的任务是另一个问题：我们是否能成为像破坏者那样的优秀的建设者呢？"

时隔不久，这位沃多达尔斯基就被杀害了。

未来几代人都将感到遗憾，我们为什么未能及时地绘制微地名学图册呢？这种图册收录的地名都异常重要（不仅包括树木或小村庄，而且还包括海湾、沼泽地、高地、林中草地、漂砾，甚至还包括公园等），它们将随着日益强化的居民流动，直接从我们的耳畔渐渐地消失（而不是在"眼前”消失）。

某些文物的出现有时是非常出人意料的。比如，一块脱落的砖石上的小孔洞，沃洛戈达的索菲亚大教堂墙上的孔眼就非常可贵。原来正如我们所知，当年伊万雷帝非常喜欢沃洛戈达城。据传，他曾想把国家的新首都迁至该城。有一天，当伊万雷帝又一次来到沃洛戈达时，教堂苍穹上的天使脚上掉下一个石块，石块砸碎了伊万雷帝的一根脚趾。伊万雷帝将此看作一种不祥之兆，于是决定从此再也不光顾沃洛戈达城了。数百年来，沃洛戈达市民怎能不为此感到高兴呢？怎能不珍惜那块曾拯救城市的小石块呢[1]？

保护文物的传统如同保护习俗的传统，而壁画上小孔洞（一小块）足以保护最后一版的壁画。

我们经常因自然界的千姿百态和丰富多彩而感慨万分，但却很少（确切地说，任何时候都不会）因我们周围千姿百态和丰富多彩的文化世界而感到惊叹。人们并不重视亲手创造的东西。在文化世界里，我们更多的是否定，而不是承认；不是为了更多地了解事物，而是与之相反，轻易放弃对它们的研究和认可。

大约在 20 年前，我的脑海中曾出现这样一种形象：地球犹如我们居住的小家园，正在飞向那浩瀚无际的空间。然后我发现，与我同时产生这一形象的还有另外几十名政论家。地球的轮廓异常鲜明，刚一出现就显得陈腐而呆板，不过它并没有因此而丧失自身的力量和可信度。

这就是我们的家园！在我们之前，地球上已经有过数十亿人！这就是在浩瀚无际的空间毫无自卫能力地飞翔着的博物馆、数十万家博物馆内的藏品、集中收藏数十万名天才人物（假如大致计算一下，仅仅被公认的天才人物不知有多少人！）作品的图书馆，这里收藏的不仅是天才人物的作品！还有诸多的风俗习惯和优良传统。多少东西已被收藏和保存下来。整个地球都撒满了各类宝石，宝石下面还有多少亟待加工打磨的金刚石，最好能将其打磨成珍贵而精美的钻石。所有这些都有无法想象的宝贵价值。

其中最重要的是，宇宙万物都不可能有第二次生命！轻轻松松地就能通过数学演算证实这一点。为了创建人类的文化，需要集中数百万个条件。

而在难以置信的无价之宝面前，全部都是世界各民族的傲慢、争斗、个人复仇以及国家的报复（“反击行动”）！

整个地球的确“充满了”文化瑰宝，它们比埃尔米塔日博物馆各类藏品总数还要多上几十亿倍（重复一遍：多上几十亿倍）。如此之多的珍宝正在以疯狂的高速飞向宇宙的黑色空间。埃尔米塔日博物馆也正在飞向太空！真替她感到惊恐。

“伟人”或“天才”之类词语的威望，有助于人们从审美角度去理解创作者的作品。在中学阶段，课时最少的文学课仅仅因此已显得较为重要，这种教学活动，可使学生懂得“威望”一词的真正含义，他们也因此对教师产生某种“期待”，而教师可在一定程度上通过阅读来满足他们的期待，同时减轻他们在阅读过程中的负担。

历史、文学、艺术和歌唱等科目的教学活动的使命及其目的，就是拓宽人们理解文化世界的能力和机会，从而使他们成为一生幸福之人。

万物都有一种机械性，但是思想除外，也不包括创作活动。

如果是这样，必然会使人觉得，各种超出传统（传统本身就是文化发展中的机械性）范围的现象均有定论，所以各种先锋派也可有定论了。不，事实并非如此，因为在思想和大脑运转时，都带有一定程度的机械性，这就如同文化活动中必须有一定数量的传统一样。至于这种“必需的传统”究竟由哪些要素组成，则是另一个问题。不管怎样，历代先锋派创作者都未能彻底摆脱这种“必需的传统”。有人认为，先锋派只是 20 世纪的一种现象，这种看法当然是错误的。

俄罗斯文化始终强调个性及个性化原则。难

莫斯科人民友谊喷泉

АРМЕНИЯ

道洞窟大修道院都主教伊拉利昂不是一位个性化的人物吗？难道弗拉基米尔·莫诺马赫、丹尼尔·扎托奇尼克、阿纳法西·尼基金①、马克西姆·格列科、伊万雷帝都不算是个性特点突出的人物吗？难道俄罗斯混乱时期及混乱后期无数活动家、大司祭阿瓦库姆、沙皇彼得、罗蒙诺索夫、杰尔查文、诺维科夫等人，也不算个性特点突出的人物吗？

然而，只是普希金意识到，只有摆脱宫廷的束缚，才能获得真正的自由。他还清楚地意识到，什么是一个普通人和诗人存在的真正意义。在他心目中，他的纪念碑高于彼得堡宫廷广场上的亚历山大一世纪念柱。普希金从未得到宫廷的赏赐和馈赠，也不曾像杰尔查文那样获得沙皇赐予的金质鼻烟壶。正因为如此，对普希金而言，获得“宫廷士官”（宫廷供职的级别）这一称号简直是奇耻大辱。

游历文化

古罗斯文化史早已被打上这样的烙印：11 世纪末—13 世纪初的古罗斯文化的发展，伴随着各领域文化的逐渐独立、分化和弱化，同时获得了一定的地方特色，所以根本谈不上古罗斯文化的统一。与此同时，在那一时期，离心力开始与向心力展开激烈的斗争，最终前者战胜了后者。

离心力建立在各部落之间差异的残留现象、经济发展特点、气候特征、地理条件（特别是直接影响土地耕作、狩猎和渔业的地理条件）、影响建筑格式的地方建材等因素的基础之上。在地方财富增长的条件下，这些地方特征和特点得到了迅猛的发展。

尽管如此，向心力同样十分活跃。这种向心力的前提条件，便是各部落共同使用的古俄语，即适于未来的乌克兰、白俄罗斯和大罗斯（即俄罗斯）各地民俗的统一、历史记忆的统一和自我意识统一的俄语。除此之外，社会上的创作阶层和主流阶层，分别以惊人的推动力巩固了这种统一。艺术创作组合（包括建筑团体、圣像画和壁画团体等）随时从一个公国到另一个公国工作。建筑者在某一公国结束系列建筑工程之后，迅速转移到另一公国并开始新的建筑工程。《古罗斯建筑艺术》[2] 一书对这种持续流动现象进行了生动而详尽的描述。如此频繁的人员流动也是 11 世纪末—13 世纪初图书编撰者们最关注的主题之一。《基辅洞窟大修道院修士逸事》一书的作者西蒙②和波利卡尔普③起初是该修道院的修士，但该书的基础——他们俩的往来信件却传遍了整个古罗斯（从基辅城到弗拉基米尔城，从弗拉基米尔城到基辅城）。弗拉基米尔的谢拉皮翁④曾在基辅和弗拉基米尔创作，图罗夫的基里尔⑤有时在基辅写作，有时在图罗夫公国写作。编年史作者们曾跟随王公及教会的主教们穿梭于各修道院之间。王公们也经常从一个公国“迁移”到另一个公国，目的是逐步提高自己的王位，最后通过所谓“兄终弟及”来攀登基辅罗斯大公的最高王位。王公们的每次迁移，都随身带领大批图书编撰者和建设者。像当时的欧洲各国那样，古罗斯艺术组合同样具有这种明显的游历特点。这也正是古罗斯以巴尔干半岛诸国、西斯拉夫部落和高加索等地区关系密切的缘故。毫无疑问，基辅、诺夫哥罗德、普斯科夫、苏兹达利公国的弗拉基米尔、沃伦尼亚公国的弗拉基米尔、加利奇、切尔尼戈夫、佩列斯拉夫尔、斯摩棱斯克、苏兹达利、罗斯托夫、梁赞、特姆塔拉甘、格罗德诺、维捷布斯克、波洛茨克、

① 阿纳法西·尼基金（А. Никитин，？—约 1475），俄罗斯旅行家、作家、特维尔商人，《三海旅行记》一书的作者。15 世纪第一个到达印度的欧洲人，他比葡萄牙航海家瓦斯科·达迦马航海还早 25 年。

② 西蒙（Симон，？—约 1226），起初是基辅洞窟大修道院的修士，后来成为弗拉基米尔圣母诞生修道院院长。1225 年起，开始担任弗拉基米尔主教。

③ 波利卡尔普（Поликарп，13 世纪），基辅洞窟大修道院的修士和作家，保存下来的作品有《基辅洞窟大修道院修士逸事》等。

④ 弗拉基米尔的谢拉皮翁（Серапион Владимирский，？—1275），古罗斯传教士、作家。

⑤ 图罗夫的基里尔（Кирилл Туровский，1130—1182），图罗夫主教、东正教神学家、教会活动家，12 世纪古罗斯著名的宗教活动家之一。

拉多加等古罗斯公国，都曾具有这种“游历文化”的气氛。

《编年纪事》《伊戈尔远征记》和11—13世纪的文学杰作和主要文献，均通过相应的艺术结构和创作手法，真实地反映了古罗斯文化的“游历”特点。

进步的保守主义

假如保加利亚人在土耳其压迫下未能表现出顽强的民族保守主义，那么，保加利亚人的文化统一恐怕难以保存至今。因此并非每个民族的保守主义都是一种负面现象，这方面的实例多得不胜枚举。

从自身的文化特征来看，文艺复兴是一种惊人的现象，可它同时又导致了僭主政治的形成。掌握一个领域的同时，却丧失了另一个领域。

人类文化史上的每一个时期，均有很多争议、意见分歧和斗争，每个时期均有各自的敌人。与此同时，无论是斗争代表的时代，还是斗争各方都有一个共同点（即文化意义上的共同点），都是如此；父辈与子孙之间似乎有着密切的继承关系，但是从文化层面上来看，他们之间存在着巨大的差别。

比如，格里戈里·帕拉马与瓦尔拉姆[3]，他们二人谁是13世纪拜占庭文艺复兴前期的拥护者呢？谁是文艺复兴前期的反对者呢？尽管他们二人分别有着不同的信念，但他们却属于同一个时代，有着同样的文化思维方式。每个时代信念不同者之间的共同点，要比所处时代不同但遵循统一传统者之间的共同点还要多。

对一个时代而言，无论是新生事物的捍卫者，还是新生事物的反对者，他们都具有相同的典型特征。比如，意大利修士萨佛纳罗拉就是文艺复兴时期的典型代表。

人不仅生活在各自的生物环境内（俄罗斯科学院院士弗拉基米尔·韦尔纳茨基发明的术语），而且还生活在他通过文化活动和“非文化”活动（这种活动非常罕见）亲自营造的氛围内。人类可以掌握大自然（有时会破坏大自然的平衡），可以改变土壤和植物，可以创造不完全取决于对自然的和属于他们自己的文明，但是对人类而言，最重要的莫过于几代人创造的语言、文字、文学、各种艺术、科学和生活习俗。传统可使一个人养成并遵循一定的行为规范，他可以继承某些生活常识和常用的物质财富。从自己来到人世的那一刻起，每个人都会置身于数千代人营造的氛围之内，我曾用弗拉基米尔·韦尔纳茨基发明的术语，特将此氛围命名为“均质层”（“人们所处的周围环境”）。在这种氛围内，发挥重大作用的是文学，而通过文学，人可以传递道德和美学意识。当他在阅读、在聆听或大声再现书面内容时（在“朗读”的同时仔细聆听自己的“朗读”），这一传递过程可直接完成。然而，当一个人通过他人接受文学财富时，当他通过在文学影响下形成的社会道德概念、行为规范和美学概念理解文学财富时，这一传递过程将会间接地完成。

文学的作用是巨大的，一个用本民族语言书写的伟大文学的民族，才是一个幸福的民族。文学足以丰富“均质层”。

除了社会“均质层”和人类“均质层”之外，每个民族还有自身固有的“均质层”、可变“均质层”、丰富“均质层”的源泉和本民族的特色。因此我们要谈的不仅是“均质层”，而且还要谈民族气氛。

为了全面理解和接受文化财富，必须懂得它们的起源、形成过程、历史变化过程及它们所蕴含的文化记忆。为了准确无误地理解艺术作品，必须懂得每一部艺术作品分别是由谁创造的、怎样创造的、在什么条件下创造的。从整体上讲，只有这样，我们才能真正理解文学作品，即当我们真正了解文学作品的创作过程、形成过程以及文学作品在人们生活中的作用之后，我们才能真正理解文学作品。

录像带上的时间通常以秒计算；电影上的时间却远远大于现实生活中的时间；录音机的时间则以长度来衡量，一般都这样说，“已经用了几米的录音带”。

在光学方面，有一个概念叫作“调整清晰度”，而诠释文物语言的目的，就是“调整人们对文物理解的精确度”。没有语言诠释过程，读者就不可能对文学作品有准确的理解。

未来文化将面临几项异常艰巨的任务。当技术足以满足人们的物质需求以及对舒适度的要求时，创造文化财富的时代便随即到来。这种创造分两种情况：一个是创新；另一个是恢复历史文物，使古代的精神财富进入现代文化生活之中。如果不掌握古代文化财富，前者（创新）将无法实现；如果创新不能向前推进，后者（恢复历史文物）将难以实现。在掌握和运用古代文化财富的过程中，对古代文物的语言诠释工作显得异常重要。

伟大的民族通常以各自的伟大创举，通过承受巨大痛苦创造的艺术作品，分别撰写本民族的历史，但遗憾的是，有时是在破坏他们亲自创造的艺术作品（本国和其他国家的艺术作品）的过程中撰写本民族的历史。

有人常常毫无根据地将原始人看作野蛮人、残酷而肮脏的人。如果不考虑原始人比我们更接近动物这一点，那么，动物就是纯洁的，它们具有绝对相互理解的能力、忠实于自己的本性和习性等优点。

我认为，原始人曾具有伟大的民间口述文学、优良的草药医学、外科手术的操作能力、丰富的习俗以及自己的节庆形式，他们彼此之间有诚信，会温存地呵护孩子，他们性情慷慨。法国人类学家列维－布留尔曾经说道：“原始人经常证实自身具有的极其惊人的灵活度，在狩猎和捕鱼组织方面，常常表现出惊人的灵活度和熟练的技巧。”这听起来似乎难以置信，但事实的确如此。

俄罗斯东正教圣杯

中世纪的超民族意识

我们可以想象文化影响是一种作用力，是可产生影响的强大动力。与此同时，社会又不能承受文化真空的寂寞，文化需求随时存在，人们常常受到文化的吸引，而不是排斥文化。对人类而言，文化是自然的，人们需要文化。

我们越是深入时代，对时代的研究越深刻，我们就会越觉得它并不遥远。真正的普希金作品研究专家和 20 世纪前 25 年的研究专家，都曾有这样的感受。

天赋是人所具有的唯一特质，它永远是在自身的水平上运转。一个人可以是勤奋的，或是懒惰的；可以是整洁的，或是邋遢的；他可以较多地工作，也可以较少地工作，但他的教学、研究及写作等活动，都不可能超出他自身的禀赋，也不可能低于他的禀赋。或许，他任何事都不做，这是另一个话题。因此科学院院士弗拉基米尔·韦尔纳茨基在《自传》一书中这样写道：“天才的确极为罕见，所以应该珍惜和保护他们。”他的这一观点何等重要。

文学研究专家、史学家和民族学家等，都主

张原始神话主义理论。从整体上来看，这显然是一种真实可靠的理论，但有趣的是，在古希腊神话中，有一些与此理论产生矛盾的因素（动机和情节等）：高度发达的思维方式、个性化的创作和个人主义的遗迹。难道这不正是指明，曾经有过我们未知的某种文化（源于“大西洲”），那些文化中曾有的不是神秘主义之前的思维方式，而是神秘主义之后的思维方式。虽然这些文化已经消亡，但是在它们的基础上，毕竟诞生了杂交的希腊神话。在这些神话中，个性化原则都非常鲜明！假如能创建此种理论，那一定是轰动世界的理论。然而，问题并不是为了引起轰动，而是为了解释希腊神话，尤其是解释那些“不完全具有神话情节”的神话。希腊神话中的人性化元素并非它们的新阶段，而是文化基因的遗迹。

难道在希腊文化中，就没有关于古老而崇高的回忆和大西洲的回忆吗？

如果我们在历史文献和某些证明材料中寻找大西洲的回忆，那将是徒劳无益的。我们应该在古希腊神话的特点本身寻找，即在古希腊神话的两个发展阶段及其特点中寻找有关大西洲的回忆。

任何一种年轻而强大的文化，都是在古代文化与新生文化融汇的基础之上诞生的。

任何文化的发展过程均具有各自的目的性，任何一个机体的发展过程同样具有一定的目的性。在少年时代过后，随即而来的便是成熟期，然后进入老年阶段。古罗斯文化的发展阶段也有这种目的性，最早认识古罗斯文化目的性的是大批“新基督徒”，此种意识和自我意识的代表人物是基辅洞窟大修道院的都主教伊拉里昂。

在创建本民族文化的过程中，对“其他文化”原则的需求是许多民族文化的典型特征，类似特征早在中世纪就存在。其中包括需要“其他”文学语言、需要由“他国”统治者组成的王朝，还需要“他国”宗教、“他国”文化和其他许多国家文化的中世纪文化特点。由于与本土分离的需求，迫使人们去寻找邻邦，以便得到邻邦的帮助并与他们保持团结。

伟大的文化在自身发展的初级阶段都会占有广阔的空间，许多不同民族还会对各种各样的历史文化传统进行加工和吸纳。

在文化萌芽和发展阶段，向心力随之增长并日趋成熟，然后开始逐渐衰退，同时形成多种不同语言的文化，即许多小范围的文化和存在于非常有限的领土范围内的文化。

在伟大文化的诞生时期，文化所涉及的范围相当宽泛，它比分化成非常有限的疆域和单一民族文化传播范围更加多样化，内容也更丰富，语言种类也更多。原有边界线的变化被早期大文化基础上出现的、完全独立的、局限性很大的派生文化取而代之。

我们东欧文化的发源地不仅是希腊和罗马，而且还有诞生于广漠空间的那种文化，根据语文学家谢尔盖·阿韦林采夫（C.C. Аверинцев）的定义，这一空间是指“博斯普鲁斯海峡（伊斯坦布尔海峡）到幼发拉底河岸”之间这一区域，南方包括埃及和阿比西尼亚（埃塞俄比亚的旧称），北方包括亚美尼亚和前高加索地区（从形成这种大文化的南方进入高加索的地带叫“前高加索”）。

欧亚大陆的相互交叉，便于使重新形成的文化将各种不同的文化传统、不同的语言传统、若干多民族国家（罗马帝国、萨珊王朝[①]，包括被纳入阿拉伯之前的叙利亚中部地区）纳入自己的“包围圈”。

对新宗教意识而言，这种氛围（包括可作为崇拜对象的宗教和可作为抽象哲学信仰体系的宗教）的流动性本身就是一种营养丰富的氛围。

如果将文学看作起初的大文化，那么，就会出现同样的情况，即文学具有丰富的传统，有时甚至是非常古老的、语言各异的、各种体裁和各

---

① 萨珊王朝（Сасаниды），最后一个前伊斯兰时期的波斯帝国（224—651）。

种不同形象的文学传统。对古罗斯时期的文学而言，这个拜占庭帝国文化与中东文化通用区，都具有十分重要的意义。

现代生活的基本任务是使技术与人道主义相结合。缺乏灵魂的文明简直令人恐惧！正如意大利哲学家詹巴蒂斯塔·维科（Giambattista Vico）所说，缺乏灵魂的文明属于继发性的野蛮行为。

毫无目的的积累。为了某种不太明确的目的而耗费巨资，从来都不会提出苏格拉底的问题——“为了什么？”不仅在战术上需要技术，而且在战略上也需要技术。全人类的温饱和高速往来这一目的很快就能实现，问题是此后怎么办？那就要发展文化！而现代文明却正在缩小文化建设的规模，中学人文科目的教学活动正在被压缩。

必须彻底拒绝接受那种难以摆脱的观念——强加于人的正常生活及良好习惯之观念。

拉斐尔前派曾编制《不朽者名册》，被纳入本册的有耶稣基督、约伯、莎士比亚、荷马、但丁、乔叟、雷纳多·达·芬奇、歌德、约翰·济慈、珀西·比希·雪莱、国王阿尔弗雷德、瓦特·萨维吉·兰德、威廉·梅克比斯·萨克雷、华盛顿、伊丽莎白·巴雷特·勃朗宁、拉斐尔、科文特里·帕特莫、亨利·沃兹沃斯·朗费罗、《大自然之后的故事》一书的作者查尔斯·韦尔斯、阿尔弗雷德·丁尼生、薄伽丘、安杰利科修士、以赛亚、菲迪亚斯、早期哥特风格的建筑师、沃伦佐·吉贝尔蒂、赫伯特·斯宾塞、霍加特、路德乌什·柯斯丘什科、拜伦、威廉·华兹华斯、塞万提斯、圣女贞德、哥伦布、乔尔乔内、提香、尼古拉·普桑、约翰·米尔顿、弗兰西斯·培根、牛顿、美国作家埃德加·阿兰·波……他们全部都是伟人！大家是否觉得有点好奇呢？假如经常有人编制这种“不朽者”名录（其中包括世界各国和历代的杰出人物），那该多好啊（多有意思啊）。假如由古罗斯人来编制这份名录，可能会出现与上述人物完全不同的其他人物，特别是如果由当今的俄罗斯人来编写这份名单，情况也会有所不同，在上述那份《不朽者名册》中，还能留下谁的英名呢？能留下的可能只有莎士比亚和但丁。俄罗斯人会在这份名册中增加哪些人物呢？可能会增加列夫·托尔斯泰和陀思妥耶夫斯基等，因为他们完全可与拉斐尔前画派编制的名册中的伟人相媲美。

一个人的认识可浸入他人的意识之中，但那个人却不会变成其他人。我们能理解并不属于我们秉性的东西，也能理解我们自身没有的东西或甚至与我们完全对立的东西。

在艺术作品中，人类认识的这种特性永远都是极为惊人的。创作者对自己所描述现象的理解能力可简单地解释为，被描述的现象构成创作者心灵的一部分，这是创作者固有的特性之一，是他自我认识的结果，于是便产生了这样的神话：经常渗透性地反映犯罪行为的艺术家本人也就是犯罪分子，客观再现某种思想的人也会被看作坚信这种思想的人。

然而，认识者潜力的基础是他对周围世界的认识，无论这个世界对他而言多么复杂，或多么无关紧要，情况都是如此。与此同时，认识者（包括创作者和艺术家）的个性发展越深刻、越宽泛，渗浸他人个性的能力也就越强。

我们对其他民族文化的理解，取决于我们对该民族文化知识的积累。文化向前发展，要通过认识和发现之路，通过思考现代和现代思考之路方能实现。不过这种发现和掌握并不需要某种特定的再现过程，某些艺术家的创作也不需要再现他们的发现。

深刻认识其他民族文化或历史文化的结果，并非对其文化给予表面化的理解（虽然某些表面化的理解同样有些益处），而是个人文化水平的提高，是认识能力以及“对灵活性的认识能力”的发展，是可能性和创作选择性的拓宽。

只有在文化发展处于最低水平的情况下，文化才能为了从表面接受其他文化（其他国家的文化或其他时代的文化）而拒绝本民族的文化和现代文化：穿上其他民族的服装，接受他们的生活习俗，盲目地模仿另一种艺术的表层特征。

歌德说："被记录下来的创造和发明成果实在是太少了，而被保存下来的创造成果记录也少之甚少。"在对过去时代的态度方面还有一个阶段，即不懂历史、歪曲历史、编造各种根本不符合历史事实的神话传说的时期，甚至是半个世纪以前的历史人物和历史事件，也统统被染上了浓重的"神话"和传奇色彩。有趣的是，围绕同一个人物或某一个事件，往往会产生各种截然不同的认识和观点，而且其中的每一种观点，都逐渐形成了某种完整的形象。比如，斯大林至少有两种以上的不同形象。

"无核化和裁军国际研讨会"的一个与会代表，向我讲述了一个令人痛心的故事。爱尔兰首都都柏林市的某一区政府决定为本区建造一座高楼大厦，当建筑工人在挖地基时，发现了保存完好的古斯勘的纳维亚的海盗城：街道、房屋布局、室内布局、餐具和壁炉等，应有尽有。于是决定将那些物品分别移交爱尔兰的几家博物馆，而那座古城被拆毁，并在古城原址上建造了该区所需的高楼大厦。当时斯勘的纳维亚的几个国家同时起来反对，他们纷纷表示，都柏林政府无权毁灭其他民族的文化财富。

可能有人会问，人类的文化财富究竟应该归谁所有呢？某家博物馆是否有权毁灭或不妥善保管其他民族的文化财富呢？当然，大家都很清楚，若想把曾经属于某个民族的文物归还他们，事实上是不可能的，因为存在着许多问题。比如，哪个国家又是哪个国家的继承者呢？人类的文化财富遍及世界各地，那么，博物馆也将分散于世界的各个地区。到那时，文化财富将不便于人们的研究和观赏（可以想象，从众所周知的大英博物馆里运出古希腊位于帕特农神庙三角墙顶部的雕像，人们将难以近距离地观赏它们）。所有的荷兰名画全部归还荷兰，所有的法国名画归还法国，许多被毁的民族文化博物馆……请求上帝饶恕吧。如果是这样，世界各民族之间将无法在高水平上相互交往，也难以进行相互沟通。

尽管如此，在保护本国艺术品、博物馆、城市和国家的同时，各国人民都应该清楚地意识到，文化和文化财富属于全人类。他们应该为全人类的历史文物和文化财富（无论是本民族的文物，还是其他民族的文物）负责，应该像保管本国文物那样，保护其他所有的文物和文化财富。基日城的木结构建筑不属于俄罗斯，也不属于卡累阿利共和国，它们属于全人类，所以应该吸引世界各国的修复专家参与它们的修复和保护活动，同时为此目的，应该在世界范围内进行广泛募捐。

文化遗产（绘画作品、建筑物、正在逐渐消亡的语言、民俗、民族文化财富等）应该接受世界统一的文物监管组织的监督。

文化犹如空气和海水一样重要，谢天谢地，文化无国界！

我曾在报上发表过一篇题为《历史属于谁》的署名文章。文中证实，城建设计者无权单凭个人意愿决定历史建筑和历史名城的命运，因为那些建筑和城市属于全体人民，同时属于我们的下一代。今天我可以得出范围更广的结论：一切文化财富都属于全人类。

文化是毫无自卫能力的，世界各国人民都应该精心呵护文化。从法律层面上讲，某件文物属于某个主人，但是从道义上讲，每件文物统统属于全人类，所以必须制定对待文物的法典和道德法规，律师、艺术史家、文化学家等领域的专家，均应从事这项工作。如今已有这方面的国际组织，这些组织应该也完全有可能在很大的范围内，为世界各国和所有文物的所有者制定道德法典，首先是联合国教科文组织，但是除了制定道德法典和法规之外，最好还能为属于全人类的所有的最珍贵文物和文化遗产统计造册。

手抄本《斯维亚托斯拉夫大公哲学汇编》的题名页局部（1073 年）

文学漫谈

从海涅的散文《佛罗伦萨之夜·第一夜》第一章来看，在意大利，“音乐变成了整个民族”。我却认为，在意大利，艺术变成了整个民族；而在俄罗斯，成为整个民族的则是文学（这是我个人的观点）。

东斯拉夫人的千年文字史与世界[1]

我们应该彻底清醒地意识到这一众所周知的事实，即我们三个兄弟民族（乌克兰人、白俄罗斯人和俄罗斯人）的文学已有1000年的历史。

我们为什么应该认清这一事实呢？我们又肩负着哪些义务呢？首先，我们在自己的英雄前辈面前是有义务的。英雄们不仅是在战争中造就的，所有那些勇于克服重重困难并进行创新的人、创造新文化及新文化形式的人，也都是英雄。

除此之外，我们应该认清这一事实的目的，完全是回忆过去，总结千年历程，并以新能量和自身的新观点看待我们的继续发展之路，因为这是一条值得因循的道路……我们应该随时检查自己的指南针和道德罗盘，因为我们正在现代问题的惊涛骇浪中行进。具有书面文化的我们在生活中遵守的时间已开始第二个千年，虽然罗盘的指针有所偏离，但是从整体上来看，它依然忠实于我们。

那么，我们的哪些传统值得保存下去呢？哪些事物使我们显得强大呢？我们不仅为自己，而且还为全世界、世界文化和全人类做出了哪些贡献呢？我们兄弟民族（俄罗斯人、乌克兰人和白俄罗斯人）不是曾步调一致地向前发展吗？不是曾与世界文学步调一致地协调前进吗？我们从其他民族那里学到了什么呢？我们又曾赋予其他民族什么呢？

在过去的1000年内，我们是否曾服务于世界（全部意义上的世界）各国的事业呢？我们是否曾为世界、整个“宇宙”、整个“地球”和“全人类”的“安静”、“稳定”和“和平”做出贡献呢？（“Мир”一词同时具有“宇宙”“地球”和“全人类”这三种含义并非偶然！）

我们的文学是否曾妨碍或分散人们探索真理的注意力呢？或者曾鼓励并吸引人们去探索真理呢？这里依然涉及本身含有“真理”和“公正”这一俄语词汇的意义和特色（事实—真理、事实—公正）。

现在所有这些问题都值得我们深思，正是现在，当俄罗斯书面文化的第一个千年刚刚过去时，值得我们进行一番认真的思考。

东斯拉夫书面文化，其核心是我们的东斯拉夫文化，还有古罗斯文学尚未分化出来的文化，它们几乎是同时产生的和逐渐形成的，又是突然出现的……

最初我们见到的只有某些曾经有过的文字“迹象”“象形符号”和一些商务文献等。

在成书于 11 世纪的《基里尔（康斯坦丁）行传》中有这样的记载，在古罗斯人居住的克里米亚一带，基里尔（世俗名：康斯坦丁）发现了用古俄语（古罗斯文字）撰写的《福音书》，也就是说，他发现了古罗斯语（东斯拉夫语）文本的《福音书》，他本人很快就能轻松地理解古罗斯语。然而，学者们至今还在争论不休，究竟是否有过古罗斯语或类似于“古俄语”的其他语言呢？比较可信的是与这种语言同时发现的两份文献——古罗斯人与希腊人分别签订于 911 年和 941 年的两份《和约》。《和约》中指明，古罗斯人与希腊人签订的《和约》分别以两种文字书写，一式两份，一份由希腊人保存，另一份由古罗斯人保存。科学院院士谢尔盖·彼得洛维奇·奥布诺尔斯（С.П. Обнорский）基已经证实，流传至今的《编年纪事》是摆在我们面前的公元 10 世纪上半叶的文字证明，但这尚不属于文学作品！

然而，当时的古罗斯已有古保加利亚语书籍，其中包括从希腊语翻译的各类作品和原著，这是东斯拉夫文学独有的现象之一，因为那些书籍都非常易于古罗斯人理解，书中的语言虽然较为复杂，但是它毕竟与古罗斯方言和商务语言非常接近。早在基辅罗斯将基督教正式定为国教之前，古罗斯大地上，就已开始传播基督教。在远征君士坦丁堡的古罗斯侍卫军队伍中，很多人已成为基督徒。在基辅，在先知伊利亚教堂所在的波迪尔区，也曾出现基督徒。随着基辅罗斯正式接受基督教，很快就开始兴建教堂并按照教义举行祈祷仪式，而那些祈祷词完全是为了达到一定的审美效果，那些宗教书籍已较接近文学作品。

由此证实了另一个事实，即阅读在更早的时候已渗浸于古罗斯了。从广义上讲，阅读习惯为文字奠定了基础，而翻译作品为古罗斯文学的诞生奠定了基础。像所有的婴幼儿那样，生活在 10 世纪的古罗斯先辈们最早学会的是阅读、倾听并理解他人的阅读，而不是用文字来书写，但这并不是一件易如反掌的事情！不错，语言艺术很早就已存在，甚至无法说明，语言艺术已经存在了几个世纪，因为与民间口述文学创作同时出现的还有口语，而口头商务用语具有各种不同的美学形式，其中包括王公们在征战之前使用的军事用语、战前动员时的演说词（我们可以回想一下，斯维亚托斯拉夫大公精练而有力的战前演说），还有王公代表大会和维切上使用的语言、极为浓缩、精练和富有表现力的法庭判决书、通过外交使节向友好王公们或敌对王公们传递信息时所使用的辞令等。

我认为，早在古罗斯正式接受基督教之前，已经出现了宣传新基督教观点的大量作品。在这些作品当中，阐释了基督教对世界史的新看法。比如，后来被载入《早期编年史》[①] 中的《哲学家的演说辞》。此类半编纂性质的作品足以使重新开始信奉基督教的人民（不仅是人民，而且还有他们的统治者）对世界史产生新的认识。

究竟是否有过古罗斯籍的《哲学家的演说辞》呢？此类演说词究竟算不算文学作品呢？的确是一个易于引起争论的问题，但是从完整意义上的文学出发，文学和文化的一个特殊领域的形成所必需的力量、知识、素养和技能等，均在 9—10 世纪开始逐渐积累，这的确是一个不争的事实。不过无论是对当时的同时代人和东斯拉夫人而言，还是对当代的研究专家来说，这个积累过程并非特别引人注目。

然而，从这个难以察觉的积累过程中突然诞生了（必须强调说明，突然诞生了）高水准的文学，即具有高水平的思想，高水平的文学技艺（优美、

① 《早期编年史》是指古罗斯最早的编年史——成书于 12 世纪初的《编年纪事》。

精辟）和高水平的文学语言的文学，似乎是很快就达到了惊人的完美程度。

文学突然勃发了，它犹如整个古罗斯国家上空巨大的防御苍穹（保护古罗斯国家统一的盾牌、保护道德的盾牌），覆盖了位于海域之间的整个罗斯大地，即覆盖了从波罗的海到黑海、从阿尔巴阡山脉到伏尔加河流域的整个罗斯大地。

我所指的是基辅洞窟大修道院院长和都主教伊拉里昂的《律法与神赐》、收录各类作品的《早期编年史》（《编年纪事》）、《基辅洞窟大修道院修士费奥多西训诫》《弗拉基米尔·莫诺马赫家训》《鲍里斯与格列布的故事》《基辅洞窟大修道院修士费奥多西的生平故事》等一系列作品的出现。

特别是在古罗斯人民的政治生活中，在各公国之间开始相互争夺、相互分割的时期，在王公之间争权夺势、内讧并率军相互残杀的时期，所有这些作品都显得尤为重要，因为它们都生动地描述并体现了崇高的历史、政治、民族自我意识和人民统一的意识。正是在政治分歧时期，文学开始意识到，王公们并非在一个“贫弱的”国家和无足轻重的国家执政，文学开始关心罗斯国家“源于何方”的问题；文学作品号召王公和人民团结一致，不仅在某一个中心地带出现了文学作品，而且还在整个古罗斯范围内开始了文学创作，各地的编年史、布道词和演讲稿、《基辅洞窟大修道院修士逸事》等作品，正是在这种背景下问世的；同时诞生的还有弗拉基米尔·莫诺马赫大公与奥列格·戈利斯拉维奇之间的信函往来；等等。古罗斯许多城市和修道院纷纷以惊人的速度，开始从事文学创作活动。比如，除基辅之外，大诺夫哥罗德、位于古罗斯境内不同区域的两个弗拉基米尔城（一个是西部的沃伦尼亚公国的弗拉基米尔城，另一个是东部的苏兹达利公国的弗拉基米尔城）、罗斯托夫、斯摩棱斯克和规模很小的图罗夫城等，也都开始了文学创作活动。全国各地的作家，特别是编年史作者，通过生活在东斯拉夫平原上最古老的兄弟们的辛勤劳动来创作，各地纷纷开始了信函往来，各地的作家们也经常从一个公国来到另一个公国写作。

在古罗斯政治统一发生动摇和军力虚弱时期，文学几乎代替了国家职能。正因为如此，从那时起和后来的数百年期间，我们三大民族（俄罗斯人、乌克兰人和白俄罗斯人）的文学便开始担负起最重要的社会责任。

这就是我使用了上述“犹如整个古罗斯国家上空巨大的防御苍穹（保护古罗斯国家统一的盾牌、保护道德的盾牌）”这一表达方式的缘故。

将俄罗斯历史看作世界史的组成部分，以及俄罗斯对全世界的责任感，同样是整个东斯拉夫民族文学共有的一大优点，其中的一部分是他们通过古罗斯统一的文学，从两位斯拉夫启蒙教育家——基里尔与梅福季那里继承而来的。在全人类的社会建设和启蒙活动中，全人类统一的思想、每个国家和每个民族，分别承担一定责任的思想、关于每个国家都应该服务于全人类的思想等，都是由基里尔与梅福季所创。在他们兄弟二人看来，保加利亚应该为全人类服务，而对古罗斯作家而言，古罗斯国家应该服务于全人类。

由于东斯拉夫民族文学特有的“文学世界观”这一大优点，他们对所有的文学都曾实行“国门开放”政策。他们那里的翻译作品像原创作品一样，也分别占有十分重要的地位。巴尔干半岛国家的手稿文献被纷纷运入古罗斯，在这里，他们的文学作品与古罗斯作品“相互融合”，并按照他们的形式和原则被反复传抄，同时还出现了保加利亚－古罗斯作品汇编、塞尔维亚－乌克兰作品汇编、摩尔达维亚－弗拉希斯科－保加利亚－古罗斯作品汇编等。与此同时，直到后来很晚的时期，三大兄弟民族的文学曾被看作统一的文学，而且还得到了协调一致的发展。当时的作者、书籍抄写者、印刷者和读者们，也将三大兄弟民族的文学看作统一发展的文学。从这一点出发，伊万·费奥多罗夫[①]的书籍印刷曾是一种具有典型意义的创作活动。尽管他后来将自己的印刷活动从莫斯科移至利沃夫，但他既不是一个投机分子，也不是一个叛国者，而是一直从事印刷事业的坚持者。

因此在14—16世纪，塞尔维亚和保加利亚的许多作家纷纷来到古罗斯，并顿时产生了宾至如归之感，他们捍卫了东斯拉夫民族的共同事业，东斯拉夫的书籍抄写者和书籍专家们还分别在阿索斯圣山、保加利亚、塞尔维亚、摩尔达维亚－弗拉希斯科等地的修道院里工作，来自古罗斯的书籍专家还在布达佩斯工作，有些人在波兰的克拉科沃学习。

要像思考全人类那样去思考每一个民族，时至今日，依然如此。早在19世纪，陀思妥耶夫斯基在莫斯科普希金雕像揭幕仪式上发表的精彩演讲，就鲜明地体现了这种思想，只是由于那个时代对古罗斯文学的认识具有一定的局限性，陀思妥耶夫斯基似乎还不知道，他赋予普希金的“知觉和思想”、普希金对欧洲文化现象非凡的领悟性，早在古罗斯时期已经存在，而且是真正意义上的“知觉和思想”。

我们东斯拉夫文学的另一大特点似乎也是突然出现的，至少是在短期内就进入了“成熟阶段”，这一阶段体现了文学的教益及其特点。

早在11世纪时，一个名叫尼康的编年史作者就对王公们的“谎言”提出了严正的批评，对此持有批评态度的还有编年史作家涅斯托尔和他的接班人，后来还有收集整理王公犯罪纪实的编者（此类故事包括瓦西里卡·捷列博夫尔斯基的失明经过、伊格尔·奥利戈维奇遇害、安德烈·博戈柳波夫斯基遇害、违背誓言的弗拉基米尔·加利茨基的故事等）。后来还有号召王公们团结一致的《王公故事集》的作者和《伊格尔远征记》的作者（在蒙古鞑靼入侵古罗斯时期，东北罗斯关于拔都入侵事件和相关故事的作者们），分别严厉地批评了王公们的谎言和错误行径。

非常典型和异常重要的是，作家在揭露王公们的谎言和错误行径的同时，进行了寻求正确决定的探索。这并非为了批评而进行的批评，也不是为了诋毁王公们和后来的沙皇政权的威信，而是为了探索解决问题的办法，即为了寻求解决与巩固政权、建立公正社会相关问题的途径。这对16世纪上半叶而言，对伊万·佩列斯韦托夫、叶尔莫莱－叶拉兹姆、瓦西安·帕特里凯耶夫、费奥多尔·卡尔波夫和其他许多作者的作品而言，都是非常典型的特点。文学已成为“第二王国”，“王国”同样有着许多国务要事，难怪当王公和沙皇（弗拉基米尔·莫诺马赫、伊万雷帝、阿列克谢·米哈伊洛维奇、彼得大帝等）提笔写作时，对此“王国”都有着深刻的理解。

从阿瓦库姆被判处火刑之日[2]算起，已经过去300多年。虽然他当时因“肆意诽谤皇室罪”被正式判处火刑，但事实上，他的用意并不是为了“诽谤皇室”，而只是直到自己生命的最后一刻，还一直在说服沙皇，并力争通过语言和说服教育的方式，通过建立良好的治国方略真正解决问题，因为阿瓦库姆本人在回忆自己目睹的一系列历史问题时，曾想象到这种良好的治国方略。

文学的国家意义、历史意义和社会意义的再次升温出现于18世纪末—19世纪初，拉季舍夫、诺维科夫、十二月党人等诗人和作家的文学作品，都充分体现了这一点。

在普希金和舍甫琴科的创作中，全面体现了文学的社会使命和民族使命。因此这两位作家才成为俄罗斯文学和乌克兰文学的象征。

世界上的任何一个国家在诞生初期，文学都未能发挥像东斯拉夫文学那样巨大的国务和社会作用。

① 伊万·费奥多罗夫（И. Фёдоров，约1520—1583），俄罗斯最早的书籍印刷者之一，传统上，俄罗斯称他是“俄罗斯印刷第一人”。他是沙俄时期第一本署名印刷本《使徒行传》的出版者，同时是波兰立陶宛王国俄罗斯辖区印刷厂的创办者。莫斯科红场旁边，矗立着伊万·费奥多罗夫的雕像。

与此相关的是我们东斯拉夫文学艺术形式的典型特征。社会责任引导人们对语言和东斯拉夫文学这种独特的简洁性产生了一种责任感，具有这种非凡简洁性的作品还有普希金的散文、莱蒙托夫的散文以及屠格涅夫的散文。他们的长篇小说和中篇小说的篇幅相对较小，其中的一切都仿佛是经过了精雕细琢，几乎达到了珠宝首饰的美感和精确度。即使是列夫·托尔斯泰和陀思妥耶夫斯基"琐细冗长"的作品，同样证明了他们各自对语言和文学的特殊责任感。通过查阅托尔斯泰的手稿，我们发现，第一稿的文字似乎更流畅，是更流畅，而不是更准确，这种感觉的确并非偶然。表面上看似粗枝大叶和不太流畅的叙述形式说明了另一个问题：可用对整个俄罗斯文学非常典型的术语——"谦逊式"[①]来表示。作家首先关心的是真理和真情，而不是故事外在的美，他们经常会打破体裁的局限，为作品增加商务公文的体裁和特点，从而创造出某种新体裁或借用"低级文学"的体裁（书评文章、小品文、书信以及各类文件等）。列斯科夫、涅克拉索夫等作家分别高水平地再现了这一特点。因为文件资料对读者提供的信息比文学作品提供的信息更多，所以读者便更多地相信那些文件资料，所以许多作家便以书信、大事记、致编辑部的公开信、日记等形式继续进行创作，否则就需打破人们习惯的文学体裁，将长篇小说称为"诗体小说"，将诗歌称为"诗篇"。如何写作并不重要，重要的是要说真话，以便对人们的行为产生作用力，并唤醒他们的社会意识。

与此相关的还有俄罗斯文学批评的结构性特点：所有批评意见的背后都具有宏大、社会性和具有责任感的世界观。因此相关的是文学与文学批评之间的统一、文学作品与政论文章之间的统一。在我国，文学史一直是一部社会思想史，它永远包括文学批评史。

再看当今俄罗斯文学的现状，难道我们再也找不到东斯拉夫文学千年发展史固有的那些特点了吗？难道瓦连京·拉斯普京、瓦西里·别洛、维克多·阿斯塔菲耶夫等俄罗斯当代作家的文学创作，不是为了解决一系列重大的社会问题吗？尤里·特里丰诺夫和费奥多尔·阿布拉莫夫等，曾分别进行了以此为目的的创作；瓦西里·贝科夫、成吉斯·艾赫玛托夫等大批作家也进行了这样的创作。所有这些作家不仅以自己的文学作品吸引读者，不仅以作品的简洁性令读者惊叹不已，而且还能使读者感到一丝不安；他们善于通过自己的作品，唤醒读者并迫使他们去思考，启发他们的社会责任感。所有这些作家（当代作家）全部出自阿瓦库姆、拉季舍夫、普希金、陀思妥耶夫斯基和列夫·托尔斯泰等人开创的文学流派。如果我们继续列举更多的俄罗斯作家，那么，他们老师的数量也将随之大大增多，那就是我们俄罗斯千年文学史的全部。如果当代最佳文学作品的素材是农村题材，甚至还出现了一个不正确的术语——"乡村散文"，那么，一切可以解决的问题绝非只能引起农村读者的兴趣和青睐。如果汇总所有的文学作品主题全部归功于它们的素材，人们必然会觉得，只有彼得堡居民才对陀思妥耶夫斯基的作品感兴趣，最多再加上诺夫哥罗德州老鲁萨一代的居民；而对阿瓦库姆作品感兴趣的也只有旧教派信徒……作家善于通过某个具体事件，向读者和社会提出一系列共性问题，这几乎已是艺术创作之规律。尽管如此，俄罗斯文学的典型特征、俄罗斯各民族持续千年的文学传统及特征，必须承认重大的社会问题和世界观问题，而每当他们在提出这些问题时，总是伴随着心中的悲伤、巨大的痛苦以及对美好未来的渴求。

或许有人要问：能否说出我们兄弟民族千年

① "谦逊式"（Стыдливость формы）是俄罗斯文学的一大特征，是俄罗斯人的区别性特征，也是俄罗斯所有的古典作家固有的特征，是俄罗斯人的艺术意识之基本特征，源于东正教教义。"谦逊式"的含义近似于"虚心使人进步，骄傲使人落后"。在文学和艺术领域中，"谦逊式"与"傲慢式"对立。比如，在普希金诗歌和谐的旋律中，没有丝毫的自我满足感；列夫·托尔斯泰、陀思妥耶夫斯基等作家的作品也是如此。

文学诞生的准确年代呢？大部分纪念日的日期都具有一定的相对性，俄罗斯历史名城的建城日、许多单位和机构的创建日等，也都是相对的。我个人认为，不能为我们东斯拉夫三大兄弟民族千年文学确定一个相对的诞生日期，因为文学是一个创作过程，而文学的产生也曾是一个过程，东斯拉夫文学的千年史同样是一个过程。因此不可能通过某次会议，或通过树立某人的纪念碑，或编写某部著作等形式来庆祝这种纪念日。整个20世纪末都是东斯拉夫文学的诞生纪念日。

古罗斯文学

西方派与斯拉夫派[1]之间有一个相似之处，即二者都不懂古罗斯文化（这在他们所处的那个时代是可以理解的），同时错误地将古罗斯与近代俄罗斯对立起来，而这种对立都是始于彼得大帝本人。当时他需要使自己的事业与古罗斯相对立，需要使自己制定的国家改革方案具有强烈的激情，需要掀起国家改革的热潮，从而证明他的坚定意志和残酷性。然而，任何决定性变革都没有发生。关于这个问题，我曾不止一次地发表自己的观点。彼得大帝的改革实际上是整个17世纪发展全过程的产物，他本人和他的战友们都曾在莫斯科接受教育和培养，他彻底改变了俄罗斯文化的符号体系，其中包括军服和民装的款式、国旗的式样、生活方式、习俗以及娱乐形式等，特意将首都从莫斯科迁至未来新建的城市——圣彼得堡，改变了人们对君主权力和彼得一世本人行为的认识，制定了新型职官表，创建了俄文的民用体，如此等等，所有这些都曾惹人注目。虽然他组建了俄罗斯海军舰队，但是在那种大桡战船划桨摇橹的、在帆船上工作的依然是沿海地带的俄罗斯居民。

西方派与斯拉夫派同时对“大变革”产生了同等程度的认识，这种认识至今依然保持着旺盛的生命力。

在近代俄罗斯文化中，斯拉夫派发挥了非常重要的作用，这不仅是由于老一辈斯拉夫派对农奴制表示的强烈反对，而是由于他们对古罗斯艺术做出了正确评价，促进了古罗斯手稿文献的挖掘、收集和整理等活动。任何具有进步意义的运动都需要回顾过去，在俄罗斯，需要回顾“本国的古希腊艺术”、古罗斯国家以及古罗斯曾具有的文化财富。应该回忆的首先是作家列斯科夫、列米佐夫、赫列布尼科夫，画家马列维奇、康定斯基、冈察罗娃和拉里昂诺夫、费洛诺夫和其他许多著名画家。至于他们的先锋派画作，一半以上都是古罗斯题材和古罗斯民俗题材。尽管其中的许多作品无法得以证实，但是在西方国家，对这些画家的青睐同时伴随着他们对圣像画的浓厚兴趣。

虽然很多古罗斯文学作品都已残缺不全，得以保存下来的只是一些残缺的碎片，但我们完全可以根据这些篇幅大小不同的碎片，判断出每一部文学作品和文献的全貌。

由于所处时代和整体上的生活条件不同，古罗斯文学与近代以后的俄罗斯文学有所区别。古罗斯文学主要是通过手稿和手抄本形式传播，手抄本作品中有时会出现某些误差，有时也能使作品得以完善；完善后的作品可能与最初的原作不完全相符，有时也会显得更完美，有时也会变得不及原作。作品与时代同呼吸、共命运，它们总是会受到环境变化、时代品位和社会观点的影响，它们还能从一种环境过渡到另一种环境之中。能够创造文学作品的人不仅有作家本人，而且还有

[1] 西方派（Западники）与斯拉夫派（Славянофилы），是形成于19世纪30—50年代的两种社会思潮和哲学思想。产生于19世纪40—50年代的社会思潮西方派的代表主张取缔农奴制，主张俄罗斯发展应走西欧国家的发展之路。大多数西方派出身于俄罗斯地主和贵族家庭，其中也有一批中等商人，而这些商人当中的多数人后来都成了学者和作家。斯拉夫派是形成于19世纪40年代的一种文学、宗教和哲学思想，主张俄罗斯走与西欧之路截然不同的本国发展之路。斯拉夫派认为，俄罗斯完全可将东正教真理传达给沦为异教徒和无神论者的欧洲人那里；他们还证实，源于东正教精神沃土的独特的俄罗斯文化是现实存在的。坚决反对西方派关于俄罗斯应走西欧发展之路的主张。

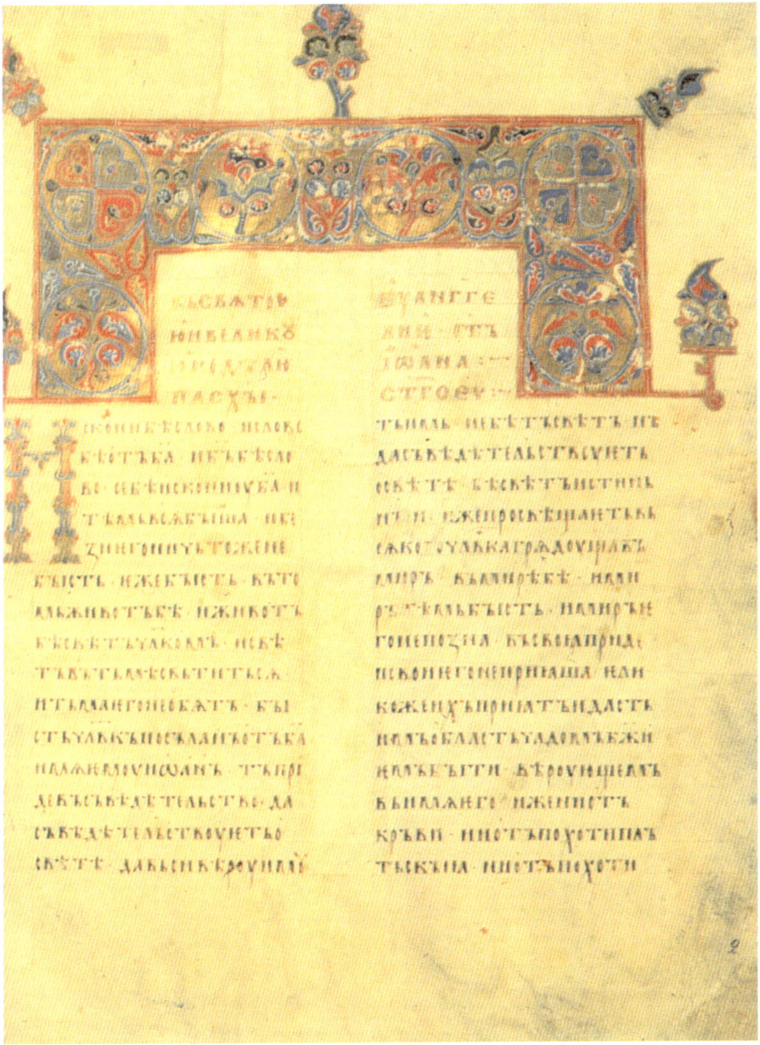

手抄本诺夫哥罗德姆斯季斯拉夫公《福音书》（1103—1117 年）题名页局部

书籍抄写者。在民间口述文学创作中，书籍抄写者还可发挥演奏者的作用。在古罗斯文学中，甚至还有即兴作品，它们同样可以创造出类似于民间口述文学之类的作品。

有一种看似庸俗的观点，即认为古罗斯文学具有一定程度上的“从属性”。其实，不仅是每一种文学，而且还包括每一种文化，都具有一定程度上的“从属性”。只有在与其他文化相互联系的条件下，真正的文化财富才能得到发展，才能在丰富的文化沃土中茁壮成长，才能充分吸纳相邻民族文化的经验。一粒种子能否在一杯蒸馏水中生根发芽呢？答案是完全可能！然而，在那粒种子自身的生命力被耗尽之前，这种植物便会迅速死亡。由此可见，任何一种文化，它的“从属

16 世纪初的小型彩画《神圣的天梯》，与圣叶夫列姆编写的《词典》

性”越强，它的独立性也就越强。从这一观点出发，俄罗斯文化（当然包括俄罗斯文学）非常幸运，因为它生长在与东西方和南北方相邻的辽阔平原上，它的根源不仅是俄罗斯本土，而且还有拜占庭帝国，而通过拜占庭帝国又吸纳了古希腊文化；俄罗斯文化的根源还在于东欧和北欧的斯拉夫文化（首先是保加利亚文化）、斯堪的纳维亚文化、古罗斯多民族国家的文化，而在与东斯拉夫民族完全平等基础上被纳入这个国家的有芬兰乌戈尔民族（楚德人、默里亚人、维西人还曾与古罗斯王公一起远征）和突厥族。11—12 世纪的古罗斯曾与匈牙利人和西斯拉夫人密切交往，后来所有这些联系和交往又得到了进一步拓宽。仅与我们保持往来关系的诸多民族这一现象，就足以证明俄罗斯文化强大的动力和独立性，证明古罗斯既善于从其他民族那里汲取大量的经验和营养，同时又善于保持自我。假如古罗斯与欧洲和东方之间曾被万里长城隔开，那会是一种什么情形呢？如果是那样，俄罗斯很可能早已成为世界文化中十足的乡巴佬。

古罗斯文学是否存在着自身的“落后性”呢？这种“落后性”的实质内容又是什么呢？难道我们一直在争先恐后地赛跑吗？如果真是这样，那就应该有固定的起跑线和竞赛规则等。如果欧洲各民族分别具有各种不同的年龄，那么，为什么我们俄罗斯的诞生年代却说不清楚，难道这也属于正常现象吗？拜占庭和意大利曾延续古希腊的文化艺术，而我们却在较晚的时候才走上发展之路，而且是在另一种条件下的发展之路。总而言之，一个只有 3 岁的邻居，不是已经落后于他人了吗？

另一个问题是，古罗斯文化中是否存在着某种“制动性”呢？可以说，某些方面的确存在着“制动”，但这也恰恰是文化发展的一大特点，而它的作用并没有得到应有的评价。比如，俄罗斯不曾有意大利那种闪电式的过渡阶段，即迅速地从中世纪过渡到近代，意大利迎来了“文艺复兴时代”，而俄罗斯也曾有文艺复兴现象，但是它们持续了好几个世纪，直到 19 世纪的普希金时期才宣告结束。我国的文艺复兴具有某种“制动性”，所以在 19 世纪俄罗斯文学史上，为争取个性化的斗争始终显得异常紧张、特别激烈，且异常艰苦。这种现象究竟是好，还是不好呢？

还有一个术语叫“文学艺术的薄弱性”。任何一种文化都会在某些方面显得较强，而在其他方面显得较弱。古罗斯文化在建筑学和造型艺术方面均显得非常强大，今天我们确信，当时的音乐同样显得十分强大，而文学又是怎样的呢？古罗斯文学曾经非常独特，作品的政论性、文学的道德需求和丰富的文学语言都是魅力无穷的。

然而，古罗斯文学的全貌还是相当繁杂的。

在中世纪，文学的主要任务是创建坚实稳固并具有对抗能力的体系，特别是在与其他国家和其他民族文化对抗的情况下，尤其是这样。

表面上的“保守主义”是中世纪文化的一个突出特征，尤其是中世纪斯拉夫文化的突出特征。

古斯拉夫思想家的哲学特征就是严格遵循这一原则，由此出现了足以确立某种思想的继承性和传统性的许多直接引语，因此在作品结构本身遵循纵向原则，即同一个故事情节凝结许多体裁各异的作品这一原则。

在中世纪文学作品中，新风格体系和新体裁体系的创建通常都建立在原有要素的基础之上，这些要素包括作品形象、隐喻、转喻、风格短语、“词语交叉”和语言标准方面的要素。到了近代，新风格体系和新体裁体系的建立主要基于新发明的各种要素。

对不断向前发展的文学而言，“谦逊式”是一种非常重要的现象，这不仅是担心文学体裁会出现“制动性”和单一性，而且还努力追求作品的真实性及其简洁性。从某种程度上讲，任何一种文学都有这种追求，可是对俄罗斯文学而言，这种追求却是一种固有和特别典型的特征。“谦逊式”可导致文学作品趋于简化（但不可能完全消除形式），使文学作品趋于文件、书信和次要体裁等形式，有利于避免音节“流畅”和“书写流畅”的现象（陀思妥耶夫斯基、列夫·托尔斯泰、列斯科夫等作家都曾这样做），可借助口语形式（陀思妥耶夫斯基、列斯科夫等许多作家都曾这样做）、速记笔录（陀思妥耶夫斯基在长篇小说《群魔》中采用了这种方式）、有时显得虚幻、过于华丽的外来语句式及讽刺模拟等，更新自己的文学语言。关于这个问题，我曾不止一次地发表文章。在摆脱具有相对意义的“谦逊式”的同时，文学本身总是不由自主地会产生另一种具有相对性的新形式，并能产生某种新体裁等。尽管现实主义比其他任何风格都远离这种具有相对意义的形式，但它自身毕竟也产生了某些具有相对意义的新形式（新体裁）。

对中世纪各种体裁的文学（封建时期的文学）而言，传统是一种非常典型的特点。大家提出的第一个问题：“这一特点究竟与什么相关？”

我认为，中世纪各种体裁文学的这种传统与封建社会的等级关系密切相关。按等级原则划分的社会，其内部因权利义务和权力大小而相互区别，而这种划分通常都是异常复杂的，它又由于生活习俗、礼仪、行为规范和服饰（服装可发挥符号体系的功能，并能指明，站在人们面前的是何许人也）而得以巩固。

等级社会各阶层之间的差别之细碎，关系之繁杂，若想全部记住它们是非常困难的，需要经常重温和巩固，所以产生了经常重温文化符号体系的倾向。传统性不仅是文学的典型特征，而且还是所有艺术门类（绘画、雕塑、建筑和实用艺术，甚至还有日常生活习俗和行为规范）的典型特征。

中世纪是特别重视仪式的时代，而各种仪式均体现了自身的传统，其中包括任何一种仪式。或许正因为如此，西欧各国皇家至今在举行隆重的仪式时，依然身着具有数百年历史的盛装，使用现今早已不用的古代礼仪用具（权杖、盾牌、宝剑、胸链佩饰和法衣等）。在举行某些具有普遍意义的日常生活仪式时，也是如此。

可能提出的第二个问题是由第一个问题产生的：传统究竟影响到文学的哪些方面呢？

文学的许多方面都受到了传统的影响。首先是风格体系的传统区别于已有的民间口述文学创作风格体系。整个文学体系有若干种仪式体系，曾有行传体、编年史、颂词和布道词等体裁，人们可按照各自的方式举行每一种作品的“阅读”仪式。比如，在教堂和修道院的餐厅里，或是在修士的单间居室里，或是在教堂的讲坛上，或用于某种咨询（提醒大家怎样举行某种仪式、怎样举行礼拜仪式等方面的咨询）。文学中有发达的“风格和体裁等级”：有些作家用“高水平”的文学语言写作，其他作家用较为简单的文学语言写作。文学中还有传统意义上的公式（每一种体裁均有各自的公式），伦理公式，在某些情况下可以使用、而在另一种情况下则不可使用的某些独特的语言，术语和表达方式等。

尽管如此，除了体裁和使用体裁方面的传统之外，还有人物刻画方面的某些传统。比如，虽然作者所描写的都是圣者，但他们又是身份各不相同的人物，他们中间不乏为信仰而殉道的苦难圣徒、军人、统治者、修士及职位很高的教会活动家。作家们分别按照各自的规则和审美标准来刻画每一位圣者，但是除了圣者之外，在作家描写的人物当中，还有许多普通人的形象，而在那些普通人当中，分别有穷人、乞丐、农民和官员形象等。他们都被纳入固定的人物描写传统之中，而且故事情节多次重复，故事情节的展开往往利用同一种表现手段，而无别样的手法。请看下面这个简单的实例：虽然几乎在所有的中世纪文学作品中，一个恶人或强盗很有可能成为圣者，他可能会走上自由之路，但是真正的圣者（只要他不是伪君子）永远都不会成为真理的背叛者。人物“形象具有固定的使命和目的性”，可令人惊讶的是，这种目的性还具有自身的发展逻辑。传统通常不会违背心理学规则。

总之，现实存在着数十种传统形式、数百种传统公式、数千种可达到形式化的途径。文学经常不断地对传统进行加工和研磨，而且很难摆脱传统。

在文学中起主导作用的是“传统公式之魅力”！

大家提出的第三个问题是：艺术与传统之间有哪些联系呢？如果说，中世纪文学（包括中世纪的各艺术门类）缺乏真正的创作，那么，这是否意味着传统未能发挥主导作用呢？

不，当然不是这样。在艺术领域，其中包括文学，不仅存在着可发挥主导作用的传统，而且还存在着艺术与传统之间的斗争，于是便出现了艺术创作的“电力线”。艺术永远在与各种“非艺术”做斗争，但如果这种“非艺术”表现得比较软弱，那么，使我们为之欣喜的与“非艺术”的斗争也将是软弱无力的。在每一种强大的艺术中，与其作对的“非艺术”也具有强大的对抗力。在中世纪文学中，这种“非艺术”便是传统。千万不要认为，我似乎因此承认传统是一种负面现象。与雕塑家相对抗的是大理石，每一位真正的雕塑家都非常重视这一点。只有那些借助于可减轻他们工作强度的机器设备的伪雕塑家、使用可随意塑造各种规模的材料的伪雕塑家，才不会重视这一道理。由于这些伪雕塑家的缘故，基辅才出现了知名的“女人王”那样的巨型怪物，莫斯科才出现了宇航员“加加林纪念碑”、奥斯坦金诺“曲棍式”电视塔等等。尽管对这些“雕塑家”而言，不费吹灰之力，便将一座大山夷为平地（当然是借助于机器设备），但他们欲想把一座大山列入自己的艺术创作项目之中，只有中世纪的建筑师才能真正为之！中世纪文学也是如此，传统素材的数量极大，内容丰富多彩，它们自身都具有某种程度上的对抗性，所以艺术家才能切身感受到它们的“重力”、人物描写所需的各种丰富语言和审美标准，并能创造出精美绝伦的艺术品和脍炙人口的文学作品。

在《鲍里斯与格列布的故事》[①]中，格列布的表现完全符合描写苦难圣徒行传的传统：他在面临凶手的屠刀时，不进行任何反抗，而是像少儿一样请求凶手不要将他杀害，他说：“我亲爱的兄弟，请不要杀死我！只要不杀死我，你们就不会

①《鲍里斯与格列布的故事》是古罗斯文学杰作之一，成书于11世纪基辅罗斯大公雅罗斯拉夫·穆德雷执政时期，作者是东正教修士雅科夫。主要描写基辅罗斯大公弗拉基米尔一世的两个儿子——鲍里斯和格列布的遇害经过。

有任何罪恶……”他对凶手所说的这段独白的篇幅很长，但这是他的年龄决定的。格列布请求凶手不要杀害他——不是别人，而是他自己——但是他的请求却毫无刻板之意：“请怜悯我这个少年吧，请放手吧，我的统治者！……请不要杀害我这个少年，请不要草菅尚未成熟的庄稼……”

这种艺术向模板渗透的实例还有很多，但正是这种渗透激活了传统艺术。传统足以使真正的创作锦上添花。

第四个问题是：在中世纪文学中（及文学史上），这种“材料的对抗力”究竟发挥了什么作用呢？中世纪文学属于起步文学的标准，其中不体现作家的人物个性和个性化特点。民间口述文学创作同样反映出人们对文学传统的态度。重要的是传统可减轻创作过程的难度，一个木工在建造木结构房屋时，他不需要任何发明创造，也无须任何创新，至少不需要大规模的创新。圆木和板材的尺寸、建造房屋所需的方法等，所有这些早已在数百年前就已固定，他只需在某些细节上稍加改动，增加一根圆木，或在某个局部雕出某种新花饰，而且他工作起来既不会出现失误，也不会觉得劳累。在民间口头文学中也是这样，在创作一首歌曲或壮士歌、葬礼上的哭泣歌等，情况都是如此，这一点在中世纪文学中体现得更为明显。传统、经典、伦理和现成的语言形式等，可使写作者（有时并不认为自己是作家的写作者）专注于某个主题，并为某项崭新的神圣事业或有利于保护古风的新仪式进行创作。新闻专栏的编辑已经懂得，怎样记录所发生的重大事件，如何突出某些事实，怎样将这些事件和事实传达给读者。在此过程中，他可能为“传统的历史观”做某些新的补充，以此反映他个人的内在感受和痛苦……传统可扩展文学的基因遗传能力，可降低创作新作品的难度。

第五个问题是：为什么需要这种“轻松的遗传能力”呢？有时作品量可能很小，但是它们必须具有对抗其他素材的力量。这是一个相当复杂的问题，我力争向大家解释清楚其中的奥妙。只有在“文学空间”具有大量作品的情况下，文学才能得以生存和持续发展。如果文学作品的数量很少，文学就难以作为一个鲜活的机体得以生存。许多文学作品都具有某种“责任感”、睦邻感等，每一部充满灵感的新作品均可提高写作者和广大读者对文学的需求。如果没有民间口述文学创作，就不可能出现壮士歌。在一种从未听到音乐的社会里，难以从事创作活动的不仅是贝多芬，而且还有格什温等。文学的存在如同自然环境，在有其他作品为邻的情况下，长篇小说《卡拉马佐夫兄弟》之类的杰作才能出现，才能得以生存和发展。

具有穿透力的文学“万有引力”和辐射来自“文学宇宙”的深处，它们来自其他天体（拜占庭文学、叙利亚文学、科普特文学等），某些文学甚至来自所有可能的天体之外，这就是传统形成的冲击波。我们可以像天文学家那样，通过天文知识来判断文学和文学生命力的起源。至今尚无人能准确地说出文学及其生命力是怎样产生的，也没有记录它们究竟源自何方。尽管如此，通过对传统进行研究，我们可以理解文学创作是如何产生的。在此方面，我本人认为，文学史学家维谢洛夫斯基（А.Н. Веселовский）的观点有利于这一问题的解决。

在俄罗斯文学、亚美尼亚文学、格鲁吉亚文学之外，还有口述文学艺术形式的存在，也有拜占庭文学的存在，而在拜占庭文学之前，曾有古希腊罗马文学的存在，那么，在古希腊罗马之前还曾有过什么呢？

为了渗浸于语言艺术形式存在的最深处，我们应该成为文学领域的天文学家，应该具有超乎寻常的和丰富的科研想象力，还应该掌握极为渊博的知识。

文学作品不仅需要邻居，而且在很大程度上需要诸多科学领域邻居的“陪伴”。文学研究已经落后于其他科学，所以我们还面临着大量的工作。

当代作家（包括他们之前的近代作家）常常因自己采用的准确比喻和外表上的相似而备感自豪，而中世纪作家所追求的是透过表面现象看本质，对他们而言，隐喻是某种象征；像冲破蛋壳钻出的雏鸡一样，内在实质往往会冲破外表上的相似而显露出来。

当古罗斯文学杰作《伊戈尔远征记》的作者将雅罗斯拉芙娜①比作布谷鸟时，他所看到的不仅是一只小鸟（其实他最好将女主人公比作一只海鸥），而是把她看作一位母亲，她的儿子已身陷他人巢穴（冈恰克②的阵营）。

在《伊戈尔远征记》中，天鹅永远是预示死亡的象征，当波洛伏齐人的四轮马车从古罗斯人身边飞驰而过时，车辙发出的声音酷似天鹅的嘶鸣。当悲伤鸟展开天鹅的翅膀翱翔于蓝色大海上空时，同样预示着灾难和死亡，波洛伏齐军队正是从这个蓝色大海的岸边向罗斯人发起猛攻。

雅罗斯拉夫娜通过自己的哭诉祈求太阳、风和第聂伯河，即祈求四大自然元素中的三大元素——风、空气和水，这些都不是偶然的。她为什么不祈求大地，因为她本身就代表了大地，即故乡，大地本身不可能具有任何敌意。而太阳从一开始便提醒伊戈尔公，然后又让他率领的军队在无水的原野上感到口渴。疾风将乌云从海边吹向古罗斯大地，并托举着波洛伏齐人射出的利箭，以便使它们直接射中伊戈尔公。第聂伯河水本可以帮助基辅罗斯大公斯维亚托斯拉夫·弗谢沃洛多维奇的战船抵达沙场增援，但它最终未能为他助力。

为了回应雅罗斯拉夫娜的祈求，正是曾提醒伊戈尔公的太阳，以乌云遮天（日全食）形成的夜色，掩盖了正在逃生的伊戈尔公。狂暴的旋风从海面吹向波洛伏齐军队。古罗斯的主要河流——第聂伯河连同其他河流一起帮助伊戈尔公逃回古罗斯大地。

在中世纪文学中，隐喻形成的依据是实际行动上的相似之处，而不是外表上的相似之处。请看12世纪古罗斯神学家和图罗夫主教基里尔笔下的神父和圣者，他们犹如“充满理智的天堂之河，以各自具有净化功能的一道道惩罚的清流，洗净了相信救赎论的世人的罪孽和恶行”。[3]玛拿西对拜占庭皇帝约翰一世的描写如下：“你好比第二天堂和真理、智慧、英勇和纯洁这4条大河。”（《古罗斯年代记》第177章，第383页）人如草木（《旧约全书·诗篇》第102篇，第14段），人如海枣和雪松（《赞美诗选》第34段）。15世纪塞尔维亚修士司祭帕霍米[4]将尼康·拉多涅日斯基比喻成“美丽的花园”（瓦西里·亚布隆斯基《塞尔维亚修士司祭帕霍米与使徒行传》，第69–70页）；阿瓦库姆对莫罗佐娃和乌鲁索娃姐妹[5]进行这样的描写：“她们姐妹俩犹如苦难的藤蔓和茎干，犹如神圣的花朵和天赐的果实。”

隐喻手法得到了进一步发展，象征主义手法已成为图画。在《特里丰·佩琴戈斯基的生平故事》中，记述了他在临终前对修士们留下的口头遗言，他说：“你们要远离尘世和世上万物！因为你们知道，由于人们亵渎神灵，由于人们做了太多的伤天害理之事，这个世界变得多么恶劣，多有欺骗性，多么令人不安，随时都有被毁灭的可能，随时被致命的狂风和痛苦的谎言所激怒；世界在魔鬼的诽谤中感到震撼，逐渐变得狂暴起来；世人吸收罪恶之后，才变得狂暴和恐怖，并急于消灭持有敌意的反对者；他随时随地都会让人们流泪，给人们带来灾难，最终毁灭世上的一切。”（《东正教对话者》杂志，1859年，第二部，第113页）

每一部文学作品的思想内容似乎均有两层含义：第一层含义是作者旨在说服读者并使他们深

---

① 雅罗斯拉芙娜（Ярославна），俄罗斯第一部世俗文学杰作《伊戈尔远征记》主人公伊戈尔公的妻子。

② 冈恰克（Кончак，1170—1203年），波洛伏齐汗（顿河沿岸和第聂伯河沿岸一带的波洛伏齐人的汗），阿特拉克汗的儿子、沙鲁干汗的孙子。冈恰克的主要政策是攻克基辅和佩列雅斯拉夫尔城，同时还积极参与波洛伏齐军人的古罗斯王公之间的内讧。

B.A. 穆辛－普希金伯爵[6]肖像，К.П. 布留洛夫，作于 1838 年

信的某些完全有意识的信念、思想和主张，这是能对读者产生积极作用的一层含义。第二层含义具有另一种积极意义，而这种积极意义带有一定的暗示意味。作者认为，对他和读者而言，第二层含义本身是不言而喻的，它具有一定的普遍性和被动性。因此它只能在文学作品过渡到另一个时代时，当作品面对另一些觉得这层含义新鲜而独特的读者时，才能发挥积极作用，才能对读者产生一定的积极作用。我们可将这第二层含义称为“世界观背景”。

在古罗斯文学杰作《伊戈尔远征记》中，第一层含义（可发挥积极作用的那层意思）蕴含于作者发出的古罗斯国家统一和捍卫古罗斯国家的号召中，蕴含在作者根据本人的历史观和政治信念对整个古罗斯历史、某些历史事实的诠释中。比如，以书面形式记载的多神教时期诸神的名称，即“公开的多神教”就属于这层含义。

《伊戈尔远征记》中的第二层含义是隐蔽性的，所以需要对其职能进行认真的分析和研究。比如，属于第二层含义的是对多神教的共性认识，即关于人之命运、人与自然之间的相互关系、对大地崇拜、水源崇拜、生殖神崇拜、太阳神和光明的崇拜的认识等。

弗拉基米尔·莫诺马赫大公的《家训》是对王公子弟的训导，他说：“当我坐下来与侍卫军协商战略时，或当我对某人进行判决时，或当我去打猎时，或当我去征收贡品时，或当我躺下睡觉时，我都要赞美上帝，午休是上帝的旨意。无论是走兽或飞禽，还是人类，都是遵照这一原则睡觉的。”

还是在文学杰作《伊戈尔远征记》中，苏联古典语文学家奥莉加·弗雷登贝格[7]指出了比较法对荷马史诗发挥的“积极性”。她说：“效用、运动和加速逐渐成为全面比较的现实主义手法的显著特征。这种比较法所传达的究竟是什么意思呢？原来它所传达的是各种运动产生的效果、噪声和叫喊声，其中包括鸟类的飞翔、猛兽的进攻、大雨倾盆、昆虫的盘旋、骏马的奔腾……甚至在磐石中，也能发现其飞行，在星空中，随时可见火花迸发的瞬间，有时会看见物体从塔楼上坠落的情形。大自然形成的噪声、海水的咆哮或人们的呻吟、苍蝇的嗡嗡声、绵羊的咩咩叫声、动物的鸣叫等，分别充满着各种比较。各种现象均可采用这种手法来加以描绘，甚至连各种事物均可采用比较法来描写。比如，车轮飞旋、皮肤伸展和开水沸腾等。呈现在我们面前的是各种不同的过程，而不是雕像在变换姿势，我们可以看到的有打场脱粒、威风吹动、收割庄稼、狩猎以及各种手工艺品制作等劳动过程。”

我们还发现，像在《伊利亚特》中那样，《伊戈尔远征记》作者笔下的一切，似乎都在运动中和具体行动中，激烈厮杀的场面可比作雷鸣闪电和狂风暴雨。作为比较法的实例，我们可列举某些宇宙空间的现象（在《伊戈尔远征记》中，作

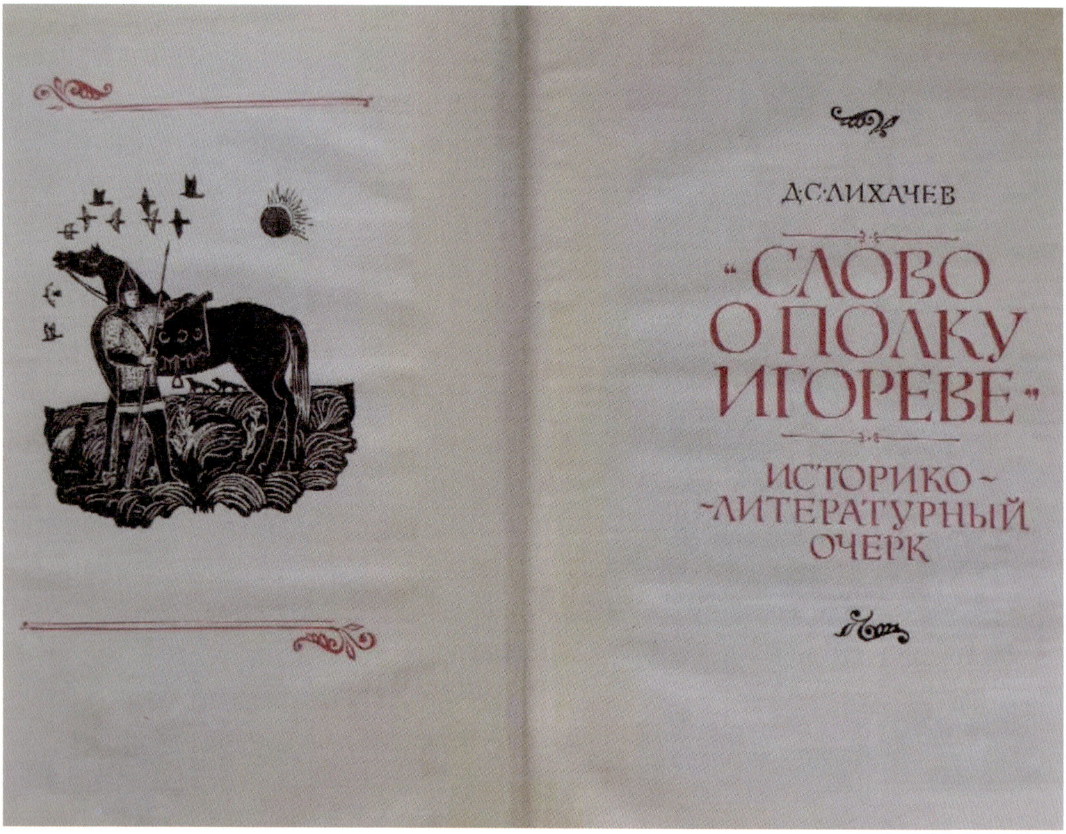

俄文版《伊戈尔远征记》，Д.С. 利哈乔夫注解，出版于 1975 年

者将王公们比作太阳，借用日全食预示了那次远征的失败）。可运用比较法的还有许多劳动过程：插秧种植、收割庄稼、打铁、狩猎及猎人需要的野兽形象（金钱豹、雄鹰等）。像在《伊利亚特》中那样，神界逐渐进入了人世。并且，《伊戈尔远征记》又不是《伊利亚特》。

《伊戈尔远征记》描写的世界是一个巨大而动作轻盈的世界，是一个许多时间迅速发生并在浩瀚的空间高速运转的世界。《伊戈尔远征记》的主人公们均已幻想式地快速移动，而且还毫不费力地采取军事行动。以鸟瞰的视角看待事态的发展（古罗斯小品画和圣像中"被提高的地平线"），作者仿佛是在高空中鸟瞰古罗斯大地，以审视的目光关注浩瀚的空间，他的思绪仿佛是在"云间飞翔""飞过阔野和群山峻岭"。

在这最轻盈的宇宙当中，当战马刚刚在苏拉河对岸开始嘶鸣时，基辅城内已爆发出胜利的欢呼声；当诺夫哥罗德－塞维尔斯基的军号刚刚吹响时，普季夫尔的旌旗已开始飘扬，古罗斯军队随时整装待发。姑娘们在多瑙河畔唱着歌，她们的歌声漂洋过海并传到了基辅城（当时从多瑙河到基辅只有水路）。从很远的地方，便能听见教堂的钟声。作者非常轻松地将自己的故事从一地移至另一处，教堂的钟声能从波洛茨克传到基辅城，还可从特姆塔拉甘传到切尔尼戈夫。登场人物、各种野兽和鸟类等，均以各自特有的神速从一地方移至另一个地方，他们（和它们）飞跑、奔腾、疾驰，刹那间穿越了广阔无际的空间。人们也以难以置信的高速奔跑游移，像狼群那样疾速穿越一片片原野，然后冲向云间并像雄鹰那样展翅翱翔。士兵们一跨上战马，便可立刻飞奔到顿河岸边，根本无须连续多日和异常艰难地往返于无水的荒原上。伊戈尔公可从“远方”飞驰而来，他还能在空中迎风翱翔。他对敌人形成的威胁迅速传遍大地。雅罗斯拉芙娜也想像一只小鸟那样立即腾飞，将士们个个像雄鹰和寒鸦一样轻盈，个个都是鲜活的赤梢鱼和飞箭。主人公们不仅能轻盈地飘移，而且还能毫不费力地杀敌，轻松地砍下敌人的头颅。他们形如野牛、金钱豹和野狼等猛兽。对库尔斯克人而言，从来没有任何困难，做起事来总是不费吹灰之力。他们身背满满的箭囊骑马飞驰（在疾驰中想拉满弓是异常困难的），他们的弓箭已张开，军刀磨得飞快，他们像一群群灰狼那样驰骋在原野上，他们对脚下的路况和大沟壑了如指掌。弗谢沃罗德公率领的军队似乎能用船桨洒尽伏尔加的河水，似乎能用头盔舀干顿河的水。

《伊戈尔远征记》中的古罗斯将士不仅像猛兽那样强壮，不仅像鸟类那样轻盈，他们采取的各种行动根本不耗费体力，无须付出较大的努力，一切似乎是手到擒来。疾风敏捷地吹出他们的利箭，他们的手指刚刚搭在弓上，利箭便迅速发出轰鸣并预示着光荣。在这种情况下，他们轻松完成的任何一次行动，都成为作者以夸张手法描写的“野牛”弗谢沃罗德公那样的功绩。

与这种“轻松”空间密切相关的还有《伊戈尔远征记》自身特有的动力。

《伊戈尔远征记》的作者喜欢用静态来描写强大的动力，但他描写的是具体的行动，而不是静止的状态。说到作者笔下的大自然，他不去直接描写大自然，而是描写自然界对发生在人世间的重大事件的反应。他所描写的是由远而近的雷鸣、大自然帮助伊戈尔逃回古罗斯的过程、鸟儿和野兽的表现、大自然的悲伤和欢乐等。《伊戈尔远征记》中的自然环境并非重大事件的背景，也不是事件发展的布景，因为大自然本身就是书中的登场人物之一，有点像古希腊艺术中的合唱团。大自然将重大事件看作一位独特的“说书人”，表达了作者的意见和作者的情绪。

然而，在《伊戈尔远征记》中，空旷原野上和周围自然环境中所展示的那种“轻松”，不同于童话故事中的那种“轻松”，而是更接近于圣像画反映的轻盈度。在《伊戈尔远征记》中，作者通过巧妙的艺术手法，特意将空旷的原野缩小、“浓缩”并加强了原野的象征性。人们随时对许多重大事件做出反应，各民族团结起来并统一行动：德国人、威尼斯人、希腊人和摩拉维亚人同时高歌并赞扬斯维亚托斯拉夫，同时指责伊戈尔公。在《伊戈尔远征记》中，作为一个统一整体，美丽的哥特姑娘、波洛伏齐人和侍卫军像圣像画中的“灌木丛”式方阵那样，共同采取行动，以此象征着古罗斯王公的行动。伊戈尔公登上佩戴金色马鞍的战马，然后他又跨上“恶老头”①的坐骑，作者以此象征被俘者的新状态。黑暗遮蔽了卡亚拉河②上的光明，以此象征着伊戈尔公注定战败。痛苦、耻辱和荣誉等抽象名词逐渐达到了人格化和具体化，并获得了人类的行为能力或有机和无机的自然力。悲伤鸟化成少女并踏上特罗扬③大地，她展开天鹅的

① “恶老头”（Кошей，Кащей）一词的原形是骨瘦如柴的老翁，他是东斯拉夫神话和民间文学（特别是神话传说）中的人物，是一个凶恶而不死的巫师，他是一个死神，往往潜藏于相互关联的许多动物身上和物品中：“苍茫的大海上有一座小岛，小岛上有一棵老橡树，橡树下有一个密封的木箱，木箱里有一只白兔，白兔的内脏中有一只鸭子，鸭子的内脏中有一个鸡蛋，鸡蛋里有一根银针……这就是恶老头的死神。”

② 卡亚拉河（Каяла）是古罗斯文学杰作《伊戈尔远征记》中记载的一条河。1185 年，由伊戈尔公率领的古罗斯军队在卡亚拉河畔，与波洛伏齐军队决一死战，伊戈尔公最终失利并成为俘虏，后逃回古罗斯。然而，在今天俄罗斯现有的河流中，没有卡亚拉这条河。

③ 特罗扬（Троян）是南斯拉夫民间口头文学中的人物之一。在古罗斯，特罗扬是一个出现在伪经文学作品《圣母的苦难历程》的人物。一般认为，特罗扬是从根据南斯拉夫民间文学中引进的人物之一（源于斯拉夫文学中的巴尔干文学），常用于古罗斯文学作品中。在16世纪神话和历史论作品当中，多神教神之一——特罗扬是直接意义上的罗马皇帝特罗扬。

翅膀拍打着水面，谎言开始流传，少女被催眠并失去魔力，欢乐变成了沮丧，智慧成为悲痛的俘虏，悲痛的气氛在古罗斯大地上开始蔓延，王公之间内讧的种子开始发芽和成长，痛苦在延续，伤痛在逐渐加深。

“轻松”空间与周围自然环境的人性化特点完全相符。这个空间里的万物之间不仅在形态上相互联系，而且还在情感上相互关联。

大自然非常同情古罗斯人，在他们的命运之中，同时具有各种野兽、鸟类、植物、河流和大气层等现象（比如，闪电雷鸣、暴风雨、风和蓝天白云等）的参与。阳光照耀着伊戈尔公，深夜为他独自呻吟，以此提醒他危险即将来临。恶魔的吼叫声似霹雳，伏尔加河、北方诸海岸、克里米亚半岛东南部的苏罗日城（苏达克城）、赫尔松和特姆塔拉甘等地，都能听到它的吼叫。花草垂下了头，树木因痛苦而倒在地上，甚至连古罗斯各城市的城墙也纷纷对这次事件做出了反应。

对《伊戈尔远征记》而言，对重大事件的这种描写手法以及作者对此事件的态度及其表达方式，都具有非常典型的意义，这种手法为作品增添了许多情感色彩，同时还使这些情感具有特殊而令人折服的力量。这种表达方式仿佛是对周围自然环境（对人们、古罗斯各民族和大自然本身）发出的呼吁。这种情感及其特点似乎并非作者本人的独创，而是周围环境身体反映出的客观现象，是一种在空间“自然流淌”的现象。

其实，这种情感的确不是源于作者本人，“情感发展的透视感”如同圣像画那样，具有多层次和多结构的特点。情感色彩仿佛是重大事件本身和大自然本身固有的特点，它本身就能填充所有的空间，作者只是一个客观表现者，而没有他的个人情感。

综上所述，都是神话故事所不具备的特点。尽管如此，在古罗斯编年史和许多古罗斯文学作品中，却有许多这种暗示。

关于“进攻性”远征的文学作品《伊戈尔远征记》，是 12 世纪唯一一部重要的文学杰作，但据我们所知，那次远征的最终目的无论如何都是为了捍卫“古罗斯国家领土的完整”，这层含义在《伊戈尔远征记》中得到了最大限度的强调。

其实，还有很多带有纯粹的“防御性”主题的文学作品，特别是与拔都入侵罗斯国家、瑞典人和立窝尼亚骑士团进攻罗斯的文学作品。比如：《卡尔卡河会战的故事》《亚历山大·涅夫斯基行传》《古罗斯国家灭亡记》《梁赞公国灭亡的故事》，关于捍卫弗拉基米尔、基辅、科泽尔斯克的故事，关于米哈伊尔·切尔尼戈夫斯基公之死的故事，关于瓦西里卡·罗夫托夫斯基公之死的故事（编年史中还有女贵族玛丽亚的故事）等等。14 世纪末和 15 世纪，再次出现了一大批城市保卫战题材的文学作品，其中包括库利科沃会战、帖木儿统帅、脱脱迷失汗、指挥万人的军官也迪古等故事，还有一系列记述抵御立陶宛王国入侵的文学作品。16 世纪还出现了描写英勇抗敌和捍卫祖国的小说，而不是描写勇敢远征的作品，其中的主要作品记述了古城普斯科夫保卫战（抵御波兰立陶宛联邦国王斯特凡·巴托里入侵）。

不能说，在描写历史现实的文学作品中，进攻性主题存在着某些不足之处。仅取得阶段性胜利的立窝尼亚战争，其中也取得了几次杰出胜利的那次战争，足以为进攻性主题的文学作品提供大量素材。

只有《喀山历史》这一部作品是例外，该书主要描写了俄军向喀山发起的多次进攻。该主题在 18 和 19 世纪同样得到了持续发展，但是在 18 世纪俄军与土耳其战争中取得的任何一次伟大胜利、俄军征服喀山和中亚多国的任何一次伟大胜利，都没有为大型文学作品的创作提供素材。不过像《喀山历史》一书那样，“高加索主题”曾使高加索人民达到了独特的理想化，得以理想化的还有高加索军队，将士们遵照总司令叶尔莫洛夫

（А.П. Ермолов）的命令，一律穿上了高加索山民的服装。

只有防御战争才赋予一批大作家足够的精神食粮和创作想象力，这些食粮包括 1812 年反法卫国战争和塞瓦斯托波尔会战。值得庆幸的是，长篇小说《战争与和平》没有涉及俄军在海外的远征，小说在俄罗斯境内收尾，这也是一个非常典型和令人折服的实例。

我本人并不认为，这就是俄罗斯文学的典型特征。我们可回忆一下法国文学巨著《罗兰之歌》和其他多部中世纪文学作品，还可回忆一下近代俄罗斯的某些作品。

防御性战争中的英雄主义对大批作家的引力，要比进攻性战争中英雄主义对他们的引力更大。思想内容最深刻的作品有描写大会战的作品——《滑铁卢战役》《拿破仑的一百天》《攻占莫斯科》（确切地说，《拿破仑撤退》）等。

第二次世界大战结束之后，法国斯拉夫学家安德烈·马宗（A. Mazon）在索邦神学院举办的俄罗斯文学史讲座中说道："俄罗斯人总是善于玩味自己的失败，善于将自己的失败描绘成胜利。"他所指的是库利科沃会战、博罗金诺会战和塞瓦斯托波尔会战。他的观点是不正确的，并带有情绪化特点，即他对防御战争主题中的俄罗斯人的一切做出了敌对的评价。不过有一点他是对的，即他认为，人民是爱好和平的，他最喜欢描写的是防御战争的主题，而不是进攻性主题；他认为，能够称为英雄主义和精神胜利的行为是勇敢捍卫自己的城市和国家的行为，而不是攻占其他国家和占领其他城市的行为。

捍卫者的心理是特别深刻的，而足以深刻表达爱国主义精神的正是捍卫祖国的行为。从实质上讲，人民和民族文化都是热爱和平的，而通过广泛的文学主题，可十分清晰地看到这一点。

尽管不可能再次出现《伊戈尔远征记》是否属于古代作品之类的争议，但是各种类型的知识肤浅者却比比皆是，任何时候都不能相信他们的观点……像其他所有享有盛誉的文学里程碑和人们喜爱的对象那样，《伊戈尔远征记》同样需要"展示自己"。文学爱好者完全是另一回事，凡是热爱《伊戈尔远征记》的人，都可能有许多新发现，均可对其进行科学研究。然而，文学爱好者与知识肤浅者是水平完全不同的两个群体。

公文一直是编年史收录的主要对象，我们还记得罗斯人与希腊人签订于 911 和 941 年的那两份《和约》。《和约》的正文很早就被收录于《编年纪事》中。在后来的数百年间，许多书面文献和公文经常与文学作品和相关资料同时被收录在当地的编年史料中，同时被收录其中的还有某些"口头"文献和作品。比如，王公们在王公代表会议上的演讲词、在军队远征出发之前或在战役开始之前发表的动员令、大公会议上的演说词等，这些演说词同样最大限度地表达了像公文那样的准确度。然而，只是到了 16 世纪，编年史才最终被承认是一种文献，即表明证明、赋予或剥夺某种权利的文件，从而为编年史打上了风格的烙印：责任感使编年史的记录变得更加丰富、更加崇高，编年史从此与第二次大型历史风格[①]建立并保持了内在联系。如此慷慨激昂的风格使演说术与国家公文达到了独特的融合。

16 世纪，演说词和国家公文这两类作品形式都得到了高水平的发展，同时在高水平上相互交织，即在文学作品中相互交织。

难道编年史是文学艺术的顶峰吗？这是俄罗斯文化中相当重要的一种现象，但是在我们看来，这似乎是一种文学价值最低的现象。尽管如此，当演说词和国家公文同时上升到博大精深的文学

① 利哈乔夫将 700 年的古罗斯文学划分为 5 个时期：第一个时期：11—13 世纪，基辅罗斯文学，即第一次大型历史风格时期的文学；第二个时期：13—14 世纪，即蒙古鞑靼入侵时期的文学；第三个时期：14—15 世纪，即文艺复兴前期的文学；第四个时期：16 世纪的文学，即第二次大型历史风格时期的文学；第五个时期：17 世纪文学，即从中世纪走向近代的文学。

纪念碑时，编年史随之达到了文学创作的最高顶峰，并成为人工创造的一种艺术。

可作为对历代国家统治者训导的作品不仅有训诫集——《秘籍之秘籍》、以印度叙事文学为基本内容的翻译本寓言故事集——《斯特凡尼特与伊赫尼拉特》《女王季纳尔的故事》、马克西姆·格列科的许多作品、长老费洛菲的演说词和《弗拉基米尔公国王公的故事》(在这部作品中，对古罗斯国家统治者继位权的理论、对统治者在世界史中发挥作用的诠释，存在着前后不够吻合的现象)等，而且还有年代大事记、编年史和编年史作者人物传记等作品。虽然人们对国家政权做出了各种不同的诠释，但它永远占有很高的地位，国君的威望无处不在，国君对国家、臣民和世界史的责任以及干预世人命运的权利等，可在所有的作品中得到证实。一方面，这种情况打破了人们原来对古罗斯大公的认识，即人们不再认为大公只是人民和土地的所有者，但是从另一方面来看，在其他所有信奉东正教的大公丧失自身的独立性之后，国君便成为本国利益的唯一代表和捍卫者，并拥有最高权力，这种现象顿时成为莫斯科大公们增强自信、毫无罪恶感、干预他人的私生活和最微小的生活细节的先决条件。

莫斯科大公们的家训、训诫、建议、出身和权力等理念，不仅使政权部门置身于社会监督之下，同时还使莫斯科大公们滋生了完全不受监督的念头，从而为后来伊万雷帝的专制创造了前提条件。

现在我们来谈谈“古罗斯文学声音微弱”的问题。我们提出这个问题，毫无责备之意。大嗓门有时会妨碍他人，会使他人的神经受到刺激。大嗓门往往带有纠缠不休的意味，同时也显得比较失礼。我总是喜欢“低吟抒情诗”。使我联想到古罗斯文学“低吟”风格的是下面一件事。在由普希金之家举办的一次古罗斯文学研讨会上，几位与会代表分别做了古罗斯音乐方面的报告，其中还有已故历史学家和收藏家伊万·扎沃洛科(И.Н. Заволоко)的报告。他本人是一个旧教派信徒，毕业于布拉格查尔斯大学，他不仅精通多种语言、欧洲古典音乐和声乐作品演唱法，而且还非常喜欢并演唱古罗斯歌曲，有时还亲自谱曲。研讨会上，他还演示了如何演唱古罗斯教堂圣咏。在合唱时不应突出个人的唱段，而应该低声歌唱。他站在讲台上，连续演唱了16—17世纪的几首作品。虽然他是独唱，可听上去酷似唱诗班的歌手之一。他的歌声平静、自然、深邃而动听，与现今合唱团演唱的古罗斯圣歌形成了鲜明的对比。

在文学作品中，作者同样能做到矜持和自控。这是一种很难被立刻感受到的美德。我们还记得，在《编年纪事》中，有关于奥列格之死的故事、拔都攻克梁赞公国的故事、穆罗姆的彼得与费芙罗尼娅的故事。足以使读者受到强烈震撼的这种“矜持的”“平静的”故事当然还有许多!

至于大司祭阿瓦库姆，他是古罗斯与近代世纪之交的人物之一。

阿瓦库姆的“感同身受”是异常惊人的。当他得知女贵族莫罗佐娃失去儿子一事时，便立刻给她写信说：“如今已无人再遭受你念珠的抽打，你再也看不到任何人骑马游玩，再也不能抚摸你儿子的小脑瓜……你还记得那时的情形吗？”这段话准确地从生理上表达了母亲失去儿子的痛苦：“再也不能抚摸你儿子的小脑瓜”！由此可见，阿瓦库姆的艺术手法多么精湛。

“俄罗斯近代文学”大量汲取了古罗斯文学的许多特征和特点，其中某些特征和特点都是在不经意中汲取的。首先汲取的是古罗斯文学对国家的责任感、爱国主义意识、训诫性、道德观念和国务特点、对其他民族文学的敏感性和易受性、对已进入古罗斯国家的其他民族及其命运的尊重、其他课题以及解决这些课题的道德方法等。

“俄罗斯古典文学”不是直接意义上的一流文学，也不仅是由于自身纯粹的文学成就而成为无可挑剔的“样板式”古典文学。

当然，俄罗斯古典文学的确具有这些优点，但它的优点还远不止这些。俄罗斯古典文学还具有一种特殊的“面貌”、个性化特点及其固有的某些典型特征。

我想首先应该指出的是，俄罗斯古典文学的缔造者们都曾是“敢于承担重大社会责任”的作者。

虽然在很大程度上，俄罗斯古典文学具有许多迷人之处，但它却不是消遣性文学。这种特有的迷人之处在于，作者经常向读者提出解决复杂的道德问题和社会问题的建议。也就是说，大家应该一起解决问题，即作者和读者均应解决此类问题。

俄罗斯古典文学的最佳杰作，从来不会为读者提供道德问题和社会问题的现成答案。作家从来不道德说教，而是善于向读者提出一系列重大问题:“认真思考吧！”“亲自解决问题吧！”“请看，生活中究竟发生了什么？！”“不能逃避面对许多事情和众人的责任！”实际上,作家通过这种提问，试图与读者共同找到问题的答案。

俄罗斯古典文学是与人民之间的重要对话，是与本民族知识分子之间的重要对话，是与读者良知之间进行的沟通。

俄罗斯古典文学从道德观和社会问题入手，随时与读者进行交流。作家所提出的既不是临时性问题，也不是稍纵即逝的问题，而是对自己所处时代具有重要意义的大问题。由于自身的“永久性”，此类道德问题和社会问题不仅对我们这一代人具有相当重要的意义，而且对千秋万代都具有特别重要的意义。

俄罗斯古典文学一直都充满活力，它永远都不会过时，而只能成为“文学史”。俄罗斯古典文学随时与我们进行对话，这种对话特具引力，它能使我们变得崇高，能使我们懂得审美和伦理，可使我们变得更聪明，更多地积累生活经验，能使我们与作品中的主人公同呼吸、共命运，能使我们共同度过“十次生命”，可验证几代人的经验并将这些经验融入我们的个人生活之中。俄罗斯古典文学还可使我们切身体验不仅“为自己”而活、还要为其他许多人而活（为那些被侮辱和被损害者而活、为许多“小人物”和无名英雄而活、为弘扬人类崇高道德品质而活）的幸福感。

俄罗斯古典文学的这种人道主义源泉是从过去的几个世纪发展而来的，特别是当文学成为良知的唯一喉舌时，当文学成为决定俄罗斯人民和民族自我意识的唯一力量时，尤其是这样。成为这种人道主义源泉的还有文学本身以及与它相邻的民间口述文学创作。这些阶段包括封建割据和外夷桎梏时期，即文学和俄语曾是团结人民的唯一力量的时期。

俄罗斯古典文学一直从生活现实和人民的社会生活经验中汲取巨大的能量，同时还从外国文学中汲取营养和能量。起初是拜占庭文学、保加利亚文学、捷克文学、塞尔维亚文学、波兰文学和古代文学（古希腊罗马文学），后来从彼得一世时期开始，俄罗斯开始借鉴西欧所有国家的文学。

俄罗斯当代文学是在俄罗斯古典文学基础上成长起来的。

掌握古典文学传统是当代文学发展十分典型且异常重要的任务。不掌握最佳古典传统，文学就不可能向前发展。我们必须努力避免遗漏或忘却这些传统及其最宝贵的财富。

我们丝毫都不应该丧失本国伟大的文学遗产。

“阅读图书”和“重视图书事业”这两者，应该为我们和我们的后代保持自身的崇高使命，努力保持二者在我们生活中和我们的人生观形成过程中的崇高地位，保持它们在选择伦理和美学财富时的崇高地位，从而保证我们的意识免受各类空洞无味、品位低下和纯属消遣性的“读物”玷污。

文学进步的实质在于提高文学作品的美学品位和思想高度。为达此目的，必须通过“美学意识的提高”、各种文学经验的积累和文学“记忆”的扩充。

所有伟大的艺术作品都允许人们做出某些解释和正确的诠释，这是一种令人惊叹的现象，而且它们不总是轻易被人理解的，现举例说明。

文学作品所反映的风格特点和世界观，可能连同作家本人的生平与创作过程，从文学发展（文学的“内在规律”）的观点出发，从诗歌发展（如果涉及诗歌）的观点出发，当然，还应从历史的现实情况（不仅包括整体上的现实情况，而且还包括“在现实中得以展现的情况”）的观点出发，已做出完全明了的解释。其实，这不仅与文学相关，我曾在关于建筑学和绘画艺术发展史的文章中指出了同类现象。遗憾的是，本人不太精通音乐和哲学史。

从思想意识方面来看，以社会思想史的观点对文学作品所做的解释，通常都具有一定的局限性（其中对作品风格的解释很少）。有人说，对任何一部艺术作品，都应该在相应的“文化背景”下做出解释，仅这样说是远远不够的。虽然这种做法是正确的，但并非所有的作品都适合于这种分析方法。问题在于，在同等条件下，人们可能从“自己的观点”出发，对同一部作品做出各种不同的解释。换言之（我不怕说出自己的观点），由于内在论的观点，人们有时将艺术作品看作一个封闭式体系，并以内在论观点来诠释作品。问题还在于，在一定程度上，以“外部观点”对一件艺术品所作的解释，很可能使作品显得“支离破碎”，这些“外部观点”包括历史状况、解释者所处时代的美学观和文学发展现状（作品创作时代的文学现状）。从某种程度上讲，对一部作品所作的说明、注解和诠释的确能肢解作品，能淡化作品的整体感。甚至如果说到作品的风格，如果对作品风格的理解带有很大的局限性（只限于对形式的理解），那么，就难以从全局和整体上对作品风格做出应有的解释，也无法将作品看作一种美学现象，最终不可能对其进行全面的解释。

因此永远要把每一件艺术品都看作一个完整的统一体，看作美学意识的表现形式。只有在此基础上，才能对艺术作品进行全面的分析和阐释。

文学中的每一个进步，仿佛都带着一个可容纳一系列现象的大括号，此类现象包括作品思想、风格特点和主题等。虽然某种新现象带着新的生活现实一起被纳入大括号之中，但它们却是一定数量现象的总和。新风格和时代风格经常是诸多旧元素重新组合的结果，而这些旧元素之间也能随时产生新的组合。与此同时，主导地位开始被原先处于次要地位的现象取而代之，原来那些被认为是头等重要的现象逐渐退居次要位置。

当一位著名诗人在写诗时，重要的不仅是他在写什么和怎样写，重要的还有写诗者正是他本人。至于诗歌出自何人之手，诗人处于哪个时代、哪个国家，诗歌将由谁来朗读，在哪个国家朗读等问题，并非无关紧要。或许正因为如此，美国文学研究中的“批评流派”所得出的结论总是带有很大的局限性。

曾为法兰西国王克洛维一世施洗的圣莱米吉的遗训中有这样的记载：“Incende quod adorasti. Adora quod incendisti.”（拉丁语，意思是“焚毁你曾经崇拜的神像，崇拜曾被烧毁的神像”）在屠格涅夫的长篇小说《贵族之家》中，作者借米哈列维奇（主要主人公费奥多尔的朋友）的口这样说道：

“我已将自己曾崇拜的偶像彻底焚毁，我也曾崇拜过被烧毁的神像。”

那么，这句名言究竟是怎样从圣莱米吉传到屠格涅夫这儿来的呢？如果我们不弄清其中的来龙去脉，就无法在文学研究做出正确的注解。

关于图书的主题：作为具有潜能文学的真实性与作为具有潜能真实性的文学（后者需要进行认真的科学研究）。

普希金

普希金在对舍维廖夫（С.П. Шевырёв）编著的《诗歌史》（1835 年）一书的简评中这样写道：“由于自身的地理环境和政治环境等等，俄罗斯

A.C. 普希金肖像，O.A. 库普林斯基，作于 1827 年

是欧洲的法庭，犹如宫廷里的某个部门。Nous sommes les grands jugeurs（法语：我们是大法官）。我们的评判如此公正，我们的思想如此健全，尽管它们只涉及并非发生在我国的事情，可令人惊讶的是，它们却是其他国家仿效的样板。”

令人遗憾的是，普希金并没有完全表达出自己的思想，因为他没有列举任何实例。那么，他所说的“法庭”是指什么呢？他所说的“法官”又是谁呢？如果我们仔细分析普希金的作品，就不难发现，外国诗歌的经验在他那里占有多么重要的地位，这些经验不仅是对外国作品的译介，而且还有通过“模仿”，从那些作品中汲取了最有价值的营养。而这里所说的外国作品，既有西方国家的作品，也有东方诸国的文学杰作；既有模仿古代作家——古罗马诗人奥维德，古希腊诗人莎孚、荷马，古罗马诗人卡图卢斯创作的作品，还有根据中世纪作家和文艺复兴时期的作家创作的作品，模仿莎士比亚、歌德、拜伦、伏尔泰等人的作品，也有人模仿塞尔维亚民间歌曲、俄罗斯民间口头创作、《古兰经》、哈非兹等人的作品。而普希金并没有在自己的“模仿创作”中效仿他人，而是对那些作家做出评判，展示他们的主要优点，同时力争从中汲取更多的经验。普希金的抒情叙事诗《浮士德场景》体现了歌德原作《浮士德》的实质。另外，普希金还曾模仿《荷马史诗》或哈非兹的诗歌。

当普希金竭力剖析俄罗斯历史上最大的悲剧和冲突时，当他剖析人民与国家之间产生的矛盾和对抗时，当他在刻画俄罗斯历史中最独特、最具个性化特点的人物（鲍里斯・戈杜诺夫、彼得一世、布加乔夫）时，他就是一位大法官。

他不仅善于追随他人，而且还善于塑造可供他人效仿的样板。他的长诗《叶甫盖尼・奥涅金》的主题早已成为俄罗斯古典主义小说中最重要的主题之一。他的历史长篇小说《上尉的女儿》、中篇小说《驿站长》和《黑桃皇后》等，共同创造了俄罗斯散文式语言。

在所有的俄罗斯作家和诗人当中，普希金与整个俄罗斯文化之间的关系最为密切。没有普希金，就没有俄罗斯长篇小说的基本主题，就没有俄罗斯最脍炙人口的歌剧，也不会有最典型的音乐形式之一——俄罗斯浪漫曲。普希金的确是俄罗斯的一切。

普希金研究专家鲍里斯・利沃维奇・莫扎列夫斯基（Б.Л. Модзалевский）的一张大卡片上，记录了所有作家的名字及代表作，甚至包括那些名不见经传的小作家，但他却没有为普希金制作卡片，因为普希金享有最崇高的荣誉！

帕甫洛夫斯克市民曾感到非常自豪，因为在隆重的阅兵式上，只有他们斜提着枪阔步行进。当年他们在普鲁士的某次战役中，就是这样勇敢地端着刺刀向前冲锋……战役结束后，拿破仑下令收集在战斗中阵亡的俄军将士们被打穿的钢盔（呈现在帕甫洛夫斯克市民面前的是一大堆被擦亮的铜质头盔，缨络在头盔顶部迎风飘扬），还兴奋地将这些钢盔献给了亚历山大一世，他似乎对亚历山大一世还有一丝善意和好感。从那时起，帕甫洛夫斯克市民每次参加阅兵式时，都会戴上这些钢盔，普希金对此还有专门的描写：“……这些铜质钢盔透过枪眼闪烁着金光。”要知道，这些钢盔都是从战死的俄军将士头上取下的。

普希金《致 Д. 的书信摘录》是这样收尾的：“现在请向我解释清楚，为什么中午的河岸和巴赫奇萨赖城会使我产生如此莫名其妙的美感？为什么我再次拜访曾使我无动于衷的圣地时，会产生如此强烈的愿望？或许因为回忆是我们心中最明显的天赋？为什么在回忆支配下的一切都充满了魅力？”

普希金本人此时所关注的主要问题是，回忆和记忆对他究竟有多么重要的意义。他的许多作品（特别是抒情作品）都是关于自己的回忆，写的是关于过去以及对原有认识的重新审视，他笔下的历史主要以散文和史诗的形式出现。

最早关注普希金抒情诗中记忆的作用这一问题的，是俄罗斯诗人和批评家因诺肯季・安年斯基（И.Ф. Анненский）。

为什么普希金能像乌克兰的舍甫琴科、德国的歌德、英国的莎士比亚、意大利的但丁和西班牙的塞万提斯那样，成为俄罗斯文化的一面旗帜呢？假如必须确定俄罗斯文化节的日期，最佳选择应该是普希金的生日。除此之外，再无其他更好的选择！

在俄罗斯文化史上，虽然能立刻说出数十名天赋极好的人物，但是在他们当中，任何人对俄罗斯文化的贡献都比不上普希金。尽管不谈普希金，就难以理解俄罗斯性格，但是假如没有列夫・托尔斯泰、陀思妥耶夫斯基、屠格涅夫，假如没有列斯科夫、叶赛宁和高尔基等杰出的作家，俄罗斯性格同样是无法理解的。

那么，为什么普希金能成为俄罗斯文化史上的崇高人物之最呢？

普希金是一个善于创建民族理想的天才。他不是简单地“反映”，也不是简单地“描绘”俄罗斯性格中的民族特点，而是创造了俄罗斯民族及俄罗斯文化的理想和典范。

普希金是一个可使人变得崇高的天才，是一个通过自己的诗歌探索各个方面（爱情、友谊、忧伤、军人的英勇精神及欢乐）的最高理想及表现形式的天才。他在各方面都营造了只有整个生命才能承载的创作力，他大大提升了诗歌和诗人的尊严和独立自主性。

普希金是一位最伟大的塑造者，他善于塑造人类的美好情感：在友情方面，他为贵族学校子弟创造了最崇高的友谊之典范；在爱情方面，他创造了最崇高的女性典范（“我还记得那美妙的瞬间……”）；他还为忧伤的表达方式创造了最高典范。“我的忧伤充满了光明”这一诗句，足以使成千上万的人感到一丝慰藉，他甚至还通过自己的诗歌，启发人们充满诗意和智慧地对待死亡（“我沿着喧嚣的街道徘徊……”）。他发现了回忆和记忆的崇高意义，他的诗歌充满了对青春年华崇高的记忆，对青春年华崇高的记忆与历史记忆融为一体。任何一位诗人都没有像他那样，创作了如此之多的俄罗斯历史主题的作品——史诗、戏剧、抒情诗、抒情散文等。正是在普希金的回忆中，才产生了具有引力的和痛苦的历史形象。只有通过他的回忆，人们才能对当今时代做出充满睿智的解释。他塑造了一大批活灵活现的俄罗斯历史人物形象，从而使我们能够通过对这些形象的认识，保持由他创造的文学传统。这些历史人物包括鲍里斯·戈杜诺夫、彼得一世和布加乔夫等，他创造的这些历史人物形象，仿佛使人们猜想到俄罗斯历史上的诸多矛盾和冲突，主要是俄罗斯人民与独断专横的沙皇之间的矛盾和冲突。

普希金为 19 世纪俄罗斯长篇小说的创作指明了主要方向，这就是“庄园长篇小说”，他还确定了此类小说中的人物形象：叶甫盖尼与塔季扬娜两个主人公是冲突的中心。在冈察洛夫、屠格涅夫等人的小说中，也有类似的冲突性人物。

普希金以最简明扼要和最具表现力的形式，表达了世界诗歌发展史上的主要成果，以此为读者提供了世界文学的最高成果及其象征：《致奥维德》《自卡图卢斯》《效仿古兰经之作》《严厉的但丁并没有鄙视十四行诗……》《自哈菲兹》《致翻译本伊利亚特》《自阿纳克里翁》《效仿阿拉伯之作》《独居神父与贞节之妻……》《西斯拉夫人之歌》，以及巧妙而深刻地揭示艺术实质的天才之作《浮士德场景》和《石客》等一系列作品。因此普希金认为，俄罗斯既是欧洲文化的“法庭”，又是该“法庭”的诠释者和鉴赏家。

普希金诗歌最典型的特征就是精神的提升。

有人或许要问，普希金本人有时也会成为微不足道者当中的“小人物”，这又该怎样理解呢？他在个人生活中表现得总是那么崇高吗？其实，不应该提出这样的问题，因为此类问题不该引起我们的兴趣。百花盛开，美不胜收，难道我们应该用菜地的泥土来玷污那些美丽的花朵吗？他创

A.C. 普希金纪念馆内的书房（位于普斯科夫州米哈伊洛夫斯科耶庄园）

造了属于自己的人类形象，他关心那些人物的朴实和生活习俗。这一点我们永远都不能忘却，他一直渴望成为“与大家一样”的人。

我深信，假如普希金曾被裹在布道者纽扣紧闭的长礼服中，他的诗歌一定会失去大部分引力。从某种程度上讲，诗人应该是生活中的“微不足道者”，目的是保证自己的诗歌具有真正崇高和诱人的魅力 。作为普通人，普希金并没有丝毫的矫揉造作，因为那样做会在他与我们之间造成无法拉近的距离。他曾按我们的游戏规则生活，目的是能够最大限度地掌控我们。诗人一定要在生活中充当普通人，目的是使他的诗歌具有真正崇高的魅力。艺术创作永远是一种变化，永远是精华诞生于糟粕之中的演变过程。鲜花永远都不会在清洁的大理石上绽放。作为一个置身于许多普通人中间的普通人，普希金表现出的“平凡”完全是另一种神秘的特质，是一种带有超时空烙印的特质。我们必须与普希金一起经历他在诗歌中为我们铺设的那条道路,哪怕是走过一小段路程也好。他能在爱情、痛苦、友谊，以及关于死亡的思考和回忆中为我们提供服务，他是第一位出现于我们童年的诗人，也是第一位能陪伴我们终生的诗人。

俄罗斯诗人和文学批评家阿波罗·格里戈里耶夫说 :“普希金就是我们的一切。”他这种说法千真万确，因为普希金的诗歌能使人耳目一新，能使人的精神得以升华，而这种威力还贯穿于我们生活中的每一个重要瞬间。

个人天赋曾使果戈理深受其害，个人天赋曾使陀思妥耶夫斯基深受折磨，但个人天赋却造就了普希金随时闪光的个性。

普希金在《致 Д. 的书信摘录》中这样写道 :“我曾以诗歌想象……”接着转引自己的诗歌《冷酷的疑云会带来什么？》中的诗句。这些都恰恰说明，诗人应该用诗歌来思考问题，而无须给自己的思想披上诗歌的外衣。

普希金自身还有一种惊人的特质，即他善于将人类的任何一种情感（爱情、悲伤、忧郁和失眠）提升到最崇高的诗意水平。他在充满活力的安娜·凯恩女士[①]身上，并没有得到他在诗歌中体味到的那种爱慕之情，他对其他女人的感受同样如此。对他而言，所有女人都是他诗歌创作所需的灵感。普希金未能提升到诗意化的事物，一定是它们失去了与固定创作者（但丁、哈菲兹和歌德等）相关的个性化诗意，或者是失去了与固定的宗教意味（比如祈祷）相关的个性化诗意，他高度浓缩了、近乎形而上学地浓缩和提升了异常强烈的情感，并将如此高度浓缩的情感传达给读者。特别令我震撼的是他的诗歌《浮士德场景》，因为他还有这部作品的散文版。难道还能从他的中篇小说《上尉的女儿》或《黑桃皇后》中删除点什么吗？当然不能，因为他在作品中反映的一切都是由崇高精神所致。

令人惊叹的是，友谊在普希金的生平与诗歌创作中发挥了重要作用。友谊是他大多数诗歌和最崇高感受的鼓舞者。认真研究友谊在普希金生平与创作中的作用（比如，以他的书信为基础进行研究）显得尤为重要，因为这正是普希金诗歌优胜于前人诗歌的特点之一。

在很大程度上，普希金与女人之间的关系同样带有友谊的性质（我并不是说,友谊超过了爱情，但也不能在他们的关系中只看到常人所追求的那种爱情）。

还有一点，即普希金诗歌的灵感和内容主要是他对往事的回忆。关于这个问题，普希金本人曾有所论述，因诺肯季·安年斯基在《文学评论集》中也有所涉及。普希金在给同时代诗人德尔维格的一封信中这样写道 :“我的心灵，当我们的青春年华逝去时，我们将依靠什么生活呢？难道不是依靠回忆吗？”[8]

① 安娜·彼得罗芙娜·凯恩（Анна Петровна Керн，1800—1879），俄罗斯女贵族、回忆录作者。曾在普希金的生活中发挥一定的作用，因此而闻名于世。普希金特意将抒情诗《致凯恩》献给她。

重要的是，“当我们的青春逝去时”一句有两层含义：第一层意思是“我们的”青春是指众人的青春，因为普希金是在跟年轻一代进行沟通；第二层意思是说，每个年龄段的人都将会走向老年，而老年中又有青春，这一点十分明显。

不少人认为，普希金在皇村中学时代所写诗歌的水平较低。然而，没有皇村中学时代的诗歌，没有他对皇村中学时代的回忆，就不会有他在后来的诗歌中对友谊的赞扬。要知道，诗人的诗作具有自身的记忆能力，晚期创作的诗歌记录着诗人对早期诗歌的“记忆”。

一个人不能总是被自己的意见所束缚，人的内心应该是自由的。如果有必要，就应毫不犹豫地放弃自己的旧观点。普希金曾说：“有人指责我经常修正自己的意见。或许，只有那些愚蠢的人才不会自我修正。”（这也是文学批评家帕维尔·安年科夫的看法）[9] 陀思妥耶夫斯基也曾表达过类似的观点。与此同时，读者从作家身上感受到的应该是他们的独立见解，而不是侍从般的“良好习惯和行为方式”。

实际上，伊万雷帝的创作风格是他本人行为规范的延续。当我道出这一想法时，我还很有成就感。我还曾发表本人对库尔布斯基公本人及他撰写的《莫斯科大公的故事》的看法，结果普希金很早就发表过类似的观点。他说：“皮缅① 的性格并非我的发明，我只是从他的性格中收集了古代编年史记载的某些特点，我曾因它们而心醉。那种令人动容的美感、赤子般的天真和智慧、对上帝赐予沙皇的权力的好感和笃信以及毫无虚幻的人生等，在早已久远的时代和珍贵的文献中依然充满活力，其中库尔布斯基公那充满愤恨的编年史与其他编年史之间的不同之处，如同伊万雷帝那不安的一生与温和而平静的修士生活之间的区别。”（摘自普希金于 1828 年致《莫斯科通报》出版商的一封信）。

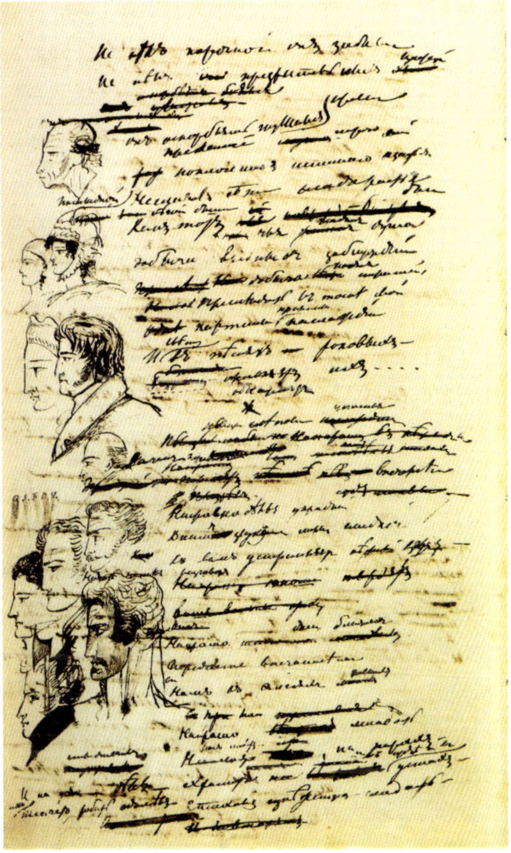

普希金《奥涅金游记》手稿（1829 年）

此种风格描述法是一种行为方式和规范风格描述法，这种手法在阿瓦库姆作品的风格中得以延续，难道马雅可夫斯基、叶赛宁等人对行为规范及风格的描写不是这种方法的变种吗？甚至在普希金给友人的信函中，同样采用这种风格和手法，生动地反映了他对友谊的崇尚。

普希金崇尚友谊的精神给我们留下了极为深刻的印象，而且在我们这个时代，我们对他更加敬仰，难道他的诗歌不正是因此而深受欢迎吗？！

① 皮缅（Пимен）是普希金创作于 1825 年的悲剧《鲍里斯·戈杜诺夫》的中心人物，他是奇迹修道院的修士和编年史作者，也是“虔诚的长老”。

我们这些现代人相互之间却显得不那么友好。友谊可使人的道德趋于净化，可使我们接触到他人的友谊，甚至可以接触到普希金的友谊。

我还记得“独角戏”演员弗拉基米尔·亚洪托夫（В.Н. Яхонтов）的朗读和表演，他每次的朗读都使我深感震惊，他的语音语调长时间地在我脑海中萦绕。其中印象最深的是在苏联卫国战争爆发之前，亚洪托夫朗读的《叶甫盖尼·奥涅金》，他在埃尔米塔日剧场用两场演出的时间读完了这部作品。

当然，他并非简单地在那儿朗读普希金的作品，而是在表演和诠释普希金的作品。特别精彩的是他表演的女主人公塔季扬娜，他使这个人物表现出了多么美好的女性特点和智慧，同时用较少的表情再现了塔季扬娜内在的情感！由于亚洪托夫的表演技艺和精湛的诠释，由于他极为生动的形象塑造，人们绝对能够立刻爱上塔季扬娜·拉林娜。我觉得，在此之前，任何人和任何时候都没有发现，一个男人会立刻钟情于由演员塑造的女主人公形象，而亚洪托夫的“独角戏”的确具有这种魅力。

我为什么说起这件事呢？我认为，只有通过语言剧和思想剧，才能真正破译普希金剧作之谜。我们看过情景剧、情节剧、情绪剧、思想剧、戏中戏，我们回忆一下剧作家尼古拉·尼古拉耶维奇·叶弗列伊诺夫（Н.Н. Евреинов）的思想剧，语言剧（在台上阅读剧本或文学作品）是难度最大的一种戏剧形式。阅读和诠释普希金的作品异常困难，因为需要以最大限度的质朴来朗读他的诗歌，而且片刻都不能忘记贯穿于他每一部作品、每一个诗句和蕴含于每一个词语中的音乐性和思想冲突。

弗拉基米尔·列采普捷尔（В.Э. Рецептер）也有一家“独角戏”剧院，他纯粹的语言塑造经验十分重要。他提出了创办普希金剧院的建议，在这个剧院里，只演普希金的剧作，或者主要上演普希金的剧作，该建议不仅是“重要的”和“及时的”（这两个形容词通常用于赞同某项建议），而且还充满了智慧，因为无论对话剧，还是对抒情诗或史诗等表演形式，普希金的作品都是学习诗朗诵的最佳教材。对其他所有剧院而言，普希金剧院的经验均有非常重要的意义。演员和导演均可通过朗读和上演普希金的作品达到自我检验的目的。普希金作品诠释过程中的成功与失败都足以说明问题，都具有很大的教益。弗拉基米尔·列采普捷尔所提建议的目的并非创办“独角戏”剧院，而是要创办另一种与此相似的剧院——“一个作者的剧院”，目的是让演员们通过难度最大的台词得到锻炼，使观众在深刻理解普希金的语言和演员演技的同时进行比较和学习，使他们学会聆听，而不仅是期待戏剧的结局。

创办普希金语言剧院是迫切的必需的。

文艺学家鲍里斯·托马舍夫斯基（Б.В. Томашевский）将人们试图通过普希金的爱情诗看到诗人狭隘的生平事实（哪首诗里谈的是哪个女人，是阿玛丽娅·利兹尼奇①，还是安娜·凯恩，或是沃伦佐娃②等）的态度称为“寄生虫的联想”。有时甚至还有一些文学评论家（善于散布流言蜚语者）同样带有这种“寄生虫的联想”，此类文学评论最喜欢的主题是普希金之死、普希金与娜塔丽娅·尼古拉耶芙娜和她妹妹亚历山德林娜的爱情生活等。遗憾的是，对此类主题感兴趣的甚至还有阿赫玛托娃，不过不是诗人阿赫玛托娃，而是另一位嫉妒普希金的阿赫玛托娃女士。这些喜欢传播流言蜚语的学者通常对二流作家没有兴趣，他们最感兴趣的就是将伟人贬低到与他们同等的水平段。

为了维护妻子纳塔丽娅·尼古拉耶芙娜的名

① 阿玛丽娅·利兹尼奇（Амалия Ризнич，1803—1825），塞尔维亚籍敖德萨大批发商伊万·利兹尼奇的第一任妻子，1823—1824 年居住在敖德萨。普希金在南方流放期间曾钟情于她，并将多首诗歌献给她。遗憾的是，阿玛丽娅·利兹尼奇英年早逝。

② 伊丽莎白·克萨维利耶芙娜·沃伦佐娃（Илизавета Ксаверьевна Воронцова，1792—1880），俄罗斯特级公爵夫人，新俄罗斯省长 М.С. 沃伦佐夫之妻。普希金曾将多首诗歌献给她。

誉，普希金完全可与翻腾他家庭生活的各类爱好者进行决斗。最糟糕的是，那些人根本不懂普希金的诗歌。在列宁格勒青年宫的一次“见面会”上，我冒险地对与会者（当时场内座无虚席）提了一个问题：“《上帝之小鸟既不懂关心，也不懂操劳……》是谁的作品？”这个问题是在我发言10分钟之后提出的，我当时说，很多人不懂普希金的诗歌，他们感兴趣的只是普希金的“私生活”，即诗人的生平故事。问题提出之后，场内可听到各种不同的答案：作者是普列谢耶夫、杰尔查文……

假如莎士比亚能够复活，他一定因人们对他的悲剧（比如《哈姆雷特》）所作的大量的深刻诠释而感到震惊。不过真正的文学杰作永远允许人们做出各种不同的诠释，有些诠释方案甚至与原作者的创作构思相去甚远。每个时代都会出现全新的普希金，每一位俄罗斯诗人的心中均有各自的普希金形象。

下面是发生在普希金三座丘陵故居博物馆[①]的一件事。

导游员在故居博物馆的一棵大橡树旁朗诵着普希金的诗句：“……我将牧笛挂起……”一个女孩问道：“如今的牧笛在哪儿？”一个男孩突然回答说：“你这个傻瓜，真的不知道？当年德国人曾到达这里，牧笛被他们运出境外了。”

后来俄罗斯联邦功勋文化工作者谢苗·盖琴科用电镀锁链（镀金锁链）将那棵大橡树围起来，他这样做的目的显然是不想再让人提问：“是谁偷走了缠在这棵大橡树上的镀金锁链？”小男孩再也不会回答说：“去问普希金吧。”

在格里鲍耶陀夫的诗体话剧《聪明误》中，作者非常巧妙地使静止（因循守旧）与流动（创新的主张）形成了鲜明的对比。主人公恰茨基代表着流动，一次旅行使他结识了当地贵族法姆索夫一家。列佩季洛夫是对恰茨基拙劣的模仿，他的“流动性较小”：喧闹而无所事事，有时纹丝不动，模仿他人的静止状态。恰茨基过去的一位老朋友名叫普拉东·米哈伊洛维奇，他才是静止状态的真实再现（万事都顺从妻子的旨意；索菲娅未来很可能成为普拉东·米哈伊洛维奇妻子那样的妻子，所以他与索菲娅之间也产生了矛盾）。

而因循守旧的真正代表是索菲娅的父亲——法姆索夫，他和他的行为生动地再现了那种静止状态，他正是因循守旧派的思想家，因循守旧的支柱则是那位斯卡洛祖博上校，他最大的理想只有当将军。对他而言，莫斯科不就是一炮的射程嘛。这显然是为了平定社会骚动，为了维持社会秩序。他甚至因停滞不前的功勋而获得军功章（“我们已埋伏在战壕中”）。

从这一观点出发，全面研究《聪明误》所有的层次结构是非常重要的。

在果戈理的长篇小说《死魂灵》中，主人公之一——吝啬的地主波留什金说：“无论你在哪儿，随时都能遇到体面的客人，他们总是会说：‘我已经吃过了’！”小说中登场人物的直接引语均需对人物形象的特点有所概括。除此之外，作品中的直接引语永远应该指向谈话对象，而绝不能指向读者。在某些艺术照片中也是这样，相片上的人物不能有摄影师在场之感，哪怕是一丁点这种感觉都是绝不允许的。正因为如此，作家才能在作品中创造登场人物的语言，似乎不是对读者所说的话，而只是在作品空间内所说的话。这样的作者才能称为真正的作家。这种在直接引语中“忘记”读者的大师首先是陀思妥耶夫斯基，虽然他在自己的大多数作品中，善于通过“讲述者”和“新闻编辑”等，直接与读者进行对话。

毫无疑问，俄罗斯哲学家和文化学家米哈伊尔·巴赫金（M.M. Бахтин）对现实主义小说做出了正确评价，但是他同时又将现实主义固有的特

① 普希金故居博物馆之一所在地名为“三座丘陵”（Тригорское），原先是地主奥西波夫－乌尔夫家的庄园，位于俄罗斯普斯科夫州普希金区，距普希金山城境内的沙罗贝卡村只有一公里之遥。

性扩展到长篇小说这种体裁上，这一点当然是错误的。我们可回忆一下僵化的骑士小说或希腊化时代[①]的小说。米哈伊尔·巴赫金非常牵强地认为，那种僵化属于现实主义小说的特点；他所说的现实主义小说僵化的特征来自现实主义，而并非来自现实主义小说。在米哈伊尔·巴赫金强调小说“可变性”的不变性理念中，存在着某种程度上的非历史主义。

只有从最简单的观点出发，文学作品当中才应该出现正面主人公形象。关于格里鲍耶陀夫的《聪明误》，普希金曾这样写道：“现在的问题是，在喜剧《聪明误》中，谁是那个聪明的登场人物呢？答案是：格里鲍耶陀夫。”[10]

作家的观点、作家本人以及读者对作家的了解等，均可直接培养读者的情感。这就是作家在个人生活、个人观点和日常行为规范中应该做到无可指责的缘故，他们不能有丝毫的隐瞒，因为一切隐瞒的东西终将显露无遗，必将摧毁他们亲手缔造的一切，如同山洪暴发那样，带着污浊的泥水一泻千里。

陀思妥耶夫斯基

彼得堡曾发生一件有趣的事，这就是关于在本市建造一座简单而具有象征性的陀思妥耶夫斯基纪念碑的建议。一位负责人说：“在陀思妥耶夫斯基的作品中，找不到正面主人公形象。”这种看法是正确的！我们能把陀思妥耶夫斯基作品中的哪些人物称为可效仿的正面主人公呢？尽管如此，陀思妥耶夫斯基作品却具有很大的教益和威力，这种威力是指陀思妥耶夫斯基本人的道德观、善于深究由来已久的道德问题及实质的特点，因为“资产阶级道德”不是真正的道德，而是一种被扭曲的道德。在资产阶级社会中（即在资本主义社会里），也能解决某些道德问题，但是他们解决道德问题的方法是错误的。有一种道德是永恒的，如今这一点已十分清晰。当我国对世界各国提出和平的要求时，难道我们不是在呼吁永恒的全人类的道德吗？文学应该解决永恒的道德问题，此类问题不仅数量巨大，而且还异常复杂。即便是“正面主人公”，即便是像阿特拉斯[②]那样的正面形象，也无法解决所有的道德问题。因此文学作品不仅需要塑造许多正面主人公，而且还要树立更坚韧不拔的、对读者而言更需要的道德观。这就是为什么说作家，特别是诗人的道德和行为规范具有如此重大的意义。那些恬不知耻地向上爬的作家，必将坠落深渊，这是不可抗拒的自然规律。

英国基督教思想家和作家切斯特顿（G.K. Chesterton）曾对善于进行道德说教的作家有所评论，他认为，道德说教并非作家的发展之路。作家只应引导读者去解决道德问题，在道德问题上，读者应该成为作家的合作者。如果进行直接的道德说教，那就不必撰写文艺作品，只要继续布道便万事大吉！

下面是我想指出的第一个“尖锐”的问题。

在陀思妥耶夫斯基所有的作品中，发挥实质作用的是人物的心理活动（矛盾的艺术心理，而不是类似于现实世界中的一种艺术心理）。

事实上，如果说，陀思妥耶夫斯基小说主人公的心理活动如实地反映了现实世界的复杂心理，如果他如实地描写了神经和心理方面的病痛，那就不必对陀思妥耶夫斯基亲手缔造的世界大厦内庞大的阶层加以任何评述。

虽然陀思妥耶夫斯基只是不想让自己的心理与人类的心理运转规律产生矛盾，但是他善于从人类心理规律中汲取一定的特点。他只是从社会现实中获得某些建材，但是他用这些建材所建造的却是另一个世界，一个与我们赖以生存的世界不总是那么相像的世界。在他建造的这个新世界里，集中了有利于完成他所面临的一系列哲学任

① 希腊化时代（эллинизм）是指公元前334年马其顿王亚历山大东侵，至公元前30年罗马吞并埃及之间的那一历史时期。

② 阿特拉斯（Ἄτλας），古希腊神话中的托天之神，力大无比。

陀思妥耶夫斯基的家用圣像

陀思妥耶夫斯基的书房

务的固定特征。

那么，陀思妥耶夫斯基的心理世界究竟有哪些特点呢？若想简短地回答这一问题并非易事，但是童话中的艺术世界（出人意料的行为、作者本人、读者和书中人物本身意料之外的行为）可对我们有所帮助，对我们有所帮助的还有人物行为中的不可预见性。

对陀思妥耶夫斯基而言，主要的是由于本人打破心理运转规律而引起的心理疾病。

在他的长篇小说《少年》中，主人公阿尔卡季·马卡罗维奇说："为什么一个聪明人所表述的一切比他的实际行动更愚蠢呢？"（第一卷第一章）

陀思妥耶夫斯基文学作品场景中的许多问题至今依然尚未弄清。比如，我们不知道，在长篇小说《卡拉马佐夫兄弟》的开头部分，阿辽沙为什么来找他父亲（作家本人也强调了这一问题）。

俄罗斯历史语文学家尼古拉·奇尔科夫（М.Н. Чирков）在《论陀思妥耶夫斯基的文学风格》[11]一书中写道："作家并没有准确而清晰地谈论梅什金行为的主导动机，没有全面阐释其中的某一动机，因此有意不在'句子末尾'加句号。"

在文学作品中，有一些固定的"被加数"，通过它们可以轻松地判断出，一个作家是否真有文学创作经验，是否有真正的文学天赋，很有才华或才具平平。只有真正的作家，才会善于巧妙地进行对话。读者不应该"参与书中主人公的对话之中"，也就是说，读者不能感到作家所关心的是什么（作家所关心的是，读者是否能听懂主人公之间的对话，是否应该有对话，或者几个人物之间的谈话是否应该海阔天空，所表达的意思是否应该十分清楚）。陀思妥耶夫斯基早被誉为极好的对话大师，只要读一下他的长篇小说《卡拉马佐夫兄弟》的"喝白兰地"（第一部第三卷第八章）的开头部分，你就能一清二楚。其中的每一个词语都是必不可少的，都能反映书中人物的特点，都能推动小说的故事情节向前发展。

然后，陀思妥耶夫斯基还善于巧妙地预报未来将要发生的事件。关于这个问题，可参阅《卡拉马佐夫兄弟》第一部第三卷第十章——“两个女人”，特别是女主人公格鲁申卡的出现。她来到自己的情敌（卡捷琳娜·伊万诺芙娜）家这一举动，首先说明了出人意料的故事情节及其特点：“窗帘掀起……格鲁申卡突然出现，她笑着并开心地走到桌旁。”

陀思妥耶夫斯基在描写格鲁申卡这一人物时，经常使用同几个词语，可它们的含义却随时发生变化。比如，他曾多次使用“开心地”一词，但当他第二次使用时，特意给它加了引号，以此表示此时的“开心地”词义值得怀疑。另外，格鲁申卡的整个人物形象、她所有的行为都使人产生了疑虑，从而使读者开始警觉起来，提醒读者准备迎接诸多出人意料的冲突。修士阿辽沙眼望着格鲁申卡说：“……但是站在他面前的仿佛是一个最普通、最简单的人”；“她身体偏胖，体态轻盈，走起路来仿佛毫无声息，像她的嗓音那样，她的动作看上去显得特别文雅。”接着是多次重复：“似乎是过于宽广，下巴微微前伸”；“小有名气的”；“仿佛有点微肿”。接着对格鲁申卡行为的描写开始使读者产生越来越多的疑虑：“她看上去像个孩子，高兴的时候也有些像个孩子，她‘开心地’走到桌旁，像孩子们那样焦急、好奇和满怀希望地期待着什么。她的眼神使人心情舒畅，阿辽沙深深地感受到这一点。她身上似乎还有一种让他无法形容或不能描述的东西，那或许是让他觉得毫无意识的东西，还是文雅和温柔的肢体动作，她走起路来依然像猫步那样无声无息……”我不必在此继续列举作者对格鲁申卡外表的描写、越来越多地深入人物实质的描写实例，这种描写如同摄影机镜头中徐徐展开的画面一样。格鲁申卡外表特征的矛盾性逐渐加深，从而使在这段描写中充当读者的修士阿辽沙（这是陀思妥耶夫斯基常用的手法之一：在作品的台词中，读者总是有自己的“代表”）看得也越来越清晰。然后便是由于格鲁申卡这副形象引起的那场激烈的吵闹。

陀思妥耶夫斯基肖像，В.Г. 彼得罗夫，作于 1872 年

在陀思妥耶夫斯基的多部作品中，往往是未来决定现实（而我们知道，在生活中则完全相反，即过去的事件决定着未来将要发生的事件）。

通过反复阅读长篇小说《卡拉马佐夫兄弟》，我从中发现了几个类似的瞬间。比如，作者在第三部第七卷“阿辽沙”第一章“腐烂的气味”里这样写道：“帕伊西神父一边围绕旧教派教堂踱步，一边提醒修士阿辽沙，从昨夜到现在，一直没有看见他。刚才想起他，恰好在教堂最远的那个角落，也就是在围墙边上的那个角落发现了他，当时他正坐在一块墓碑旁……”还是在这一章里：“帕伊西神父停住脚步并突然自问：‘我为何如此忧伤？甚至达到了精神颓废的地步呢？’使他感到惊讶的是，他此刻（后来）已经明白，他突然出现的忧伤显然是由于一个最小的特殊原因所致：在积聚在修士居室门旁的那些心情激动的人群中，他发现了修士阿辽沙，他这才想起来，他曾经见过他……”等等。换言之，使神父帕伊西感到忧伤的原因出现在结果之后（马车在前，马随其后）。我们还可在较大范围内做一对比：当梅什金公爵在叶潘钦将军家看见纳斯塔西娅·菲利波娃的肖像时，他内心究竟是一种怎样的感受呢？而当他在此之前日睹纳斯塔西娅·菲利波娃本人时，他曾有什么样的感受呢？在一系列事件发生之后，他又有怎样的心情呢？在所有这些“未来进入”现实的过程中，发挥重要作用的是这种“进入”的突然性和不可预见性，而这种突然性和不可预见性则是由陀思妥耶夫斯基的常用词之一“突然”决定的。陀思妥耶夫斯基在自己的文学作品中，这个“突然”不知出现了多少次，但是任何人都未能彻底解释作家每次使用该词的真正含义。在陀思妥耶夫斯基的笔下，尽管“突然”一词具有多种不同含义，但对他而言，最重要的只有一点，即不是简单意义上的“冲动”和“突然性”，而是一种“无法解释的突然性”，因为每当事态发展的自然进程被打破时，每当未来进入现实时，便会出现“突然”一词,并能使事态沿着“相反的方向”发展下去。

在《卡拉马佐夫兄弟》第三部第二卷“米佳”第五章“突然决定”的末尾，神学院的学生米哈伊尔·拉基京违背个人出走的意愿，他“突然”开始敲门，他的这一举动决定了即将发生的事件。米哈伊尔·拉基京走近格鲁申卡家的大门并开始拼命地敲门，这打破深夜寂静的敲门声仿佛再次使他如梦初醒，再次激怒了他。与此同时，任何人对此却毫无反应，大家都沉浸在睡梦之中。“我会大闹一场的！”他带着内心的痛苦这样想，但他并没有决定出走，而是再次开始拼命地敲门。在“我”的这个经过句中，第二次出现了“突然”一词，也就是我对陀思妥耶夫斯基常用词之一——“突然”一词的含义做出解释的缘故。

谢尔盖·索洛维约夫在题为《解读彼得大帝》的讲座中，非常巧妙地从一个主题转入另一个主题。他的第三次讲座是这样结尾的：“必须走上已铺陈好的新发展之路（在 17 世纪），各方的义务已经确定，人民已做好启程的准备，他们积聚在那里，似乎在等待某人，原来他们等待的是领袖，而领袖果然届时出现了。”第四次讲座（公开解读）的开场白承上启下，也就是第三次讲座末尾的继续：“人民积聚在那里，随时准备启程并等待着领袖的出现。”我在上次讲座结束时同样采用了此种方式，陀思妥耶夫斯基也经常在自己的长篇小说中采用此法：上一章的结尾是下一章的开始。

在陀思妥耶夫斯基的《拙劣的笑话》中，“将军”（四等文官）伊万·伊里奇·普拉林斯基说道：“不，要严厉，严厉，再严厉。”果戈理小说《外套》中的一位“要人”说道：“严厉，严厉，再严厉。”萨尔德科夫 – 谢德林的特写《我国的社会生活》中的瓦西亚·丘比科夫说道：“纪律，纪律，只需纪律！”大声吼出“严厉”和“纪律”这两个词恰恰说明，小说的主人公缺乏坚强的意志。

最好的散文是那种让你爱不释手的作品，即能让你通篇读完的散文，不想漏掉任何细节，其中的一切都显得那么重要和极其有趣。尽管陀思妥耶夫斯基的小说有时使读者觉得有过于冗长（其实，他的小说中根本没有任何废话连篇的现象！），但是他的小说都具有优秀散文的特点。

有人认为，陀思妥耶夫斯基善于创作侦探小说。其实，这是一种错误的认识。侦探小说所写的是关于详细的破案经过，而陀思妥耶夫斯基所写的却是犯罪现象本身，其中包括系统犯罪、心理犯罪和社会犯罪等，毫无隐瞒地将作者知道的一切全盘托出，有时甚至还稍有提前，即提醒读者可能出现的罪恶。在陀思妥耶夫斯基的笔下，犯罪者总是众所周知的人物，他不必去特意寻找罪人。请见他的长篇小说《群魔》和《罪与罚》等。

在陀思妥耶夫斯基长篇小说《白痴》的手稿和写作提纲中，女主人公纳斯塔西娅·菲利波娃的原型有一个象征性的名字——“Геро”（希罗）。好像从未有人对此做出解释，为什么作家特意使用这个名字。很多人认为，“希罗”是俄语“героиня”（女主人公）一词的简写形式，但是陀思妥耶夫斯基却没有使用此类简写形式，取而代之的是，他在打草稿的过程中，经常使自己笔下的人物与他们（她们）原型的姓名保持某种象征性的内在联系。“希罗”原本是莎士比亚喜剧《无事生非》中的人物之一（墨西拿总督里奥纳托之女），其中的象征性内在联系如下：莎士比亚笔下的希罗是一个无辜的新娘，在人们的流言蜚语中，她成了淫逸放荡的女人。那场闹剧发生在她与新郎在教堂举行婚礼之际（可与陀思妥耶夫斯基《白痴》中的女主人公纳斯塔西娅·菲利波娃的逃跑进行对比）。希罗的假死使那些罪人渐渐地忘却了她的放荡行为。实际上，纳斯塔西娅·菲利波娃是无辜的，她的死缓解了公爵梅什金与罗戈任之间的对立关系。

梅什金公爵这一形象具有耶稣基督的特征，这就意味着，在陀思妥耶夫斯基看来，耶稣基督具有梅什金的特征。（如果 N 长得酷似 NN，那也就意味着，NN 酷似 N）。那么，耶稣基督与梅什金之间究竟有哪些相似之处呢？他们之间的相似之处就是两人都具有明显的无助性。

奥西普·曼德尔施塔姆曾对克柳切夫斯基做出这样的评价，他说：“克柳切夫斯基是一位充满善心的天才，他是俄罗斯文化的家庭保护神和精神庇护者。在他的庇护下，人们将不惧怕任何灾难，也不怕任何考验。”他在对布洛克诗歌《獾洞》所作的简评中，也反映出类似的观点。奥西普·曼德尔施塔姆的意见千真万确，这又是为什么呢？我认为，无论发生多么恐怖的事件，这些事件都会被纳入历史发展过程中。在发人深省的历史中，在对史实的描述中，在忠实的历史描写过程中得以阐明。从整体上讲，任何一种人道主义思想，无论它是否涉及历史、艺术、文学、某部作品或某位创作者（作家、雕塑家、画家、建筑师和作曲家），都能使生活“具有安全感”，都能证实各种不幸的存在，还能削平给人们带来不幸灾难的各种“毛刺”。

假如没有陀思妥耶夫斯基作品研究专家，不知陀思妥耶夫斯基这位作家多么难以被人接受，他可能会以令人恐怖的残酷性深深刺痛读者。然而，“已被诠释的”陀思妥耶夫斯基不再是原来的陀思妥耶夫斯基，他这个俄罗斯人也已成为“家庭保护神”之一；另一方面，假如没有普希金作品研究专家，我们如此热爱的普希金也就不可能成为普希金……

由此可见，历史知识具有一定的疗效。

列夫·托尔斯泰

列夫·托尔斯泰生前一直非常重视古罗斯文学。1874 年，他曾给古罗斯文学专家、出版他多部作品的出版商和修士大司祭列昂尼德写信，信中说：“我得到一条令人愉快的消息：您不仅同意为人民阅读出版发行古罗斯文学（圣者行传）作品精选，而且还许诺大力协助这项事业。我猜想（下面一段文字是我从信中摘录的。利哈乔夫语），在我国的古罗斯文学中，有如此之多的瑰宝（而其他任何一个民族都没有此类瑰宝）。我国人民具有多么敏锐地回顾古代俄罗斯文化的嗅觉……”[12]

或许，列夫·托尔斯泰与自己的“哲学思考”单独相处时会感到非常寂寞。是啊，作为中篇小说《两个骠骑兵》等一系列作品的作者，他不可能不感到寂寞。

哲学体系不仅存在着正确与否的问题，而且还存在着是否有趣、是否重要、是否苍白和枯燥的问题。宗教体系也是如此，与此相似的还有美学体系和美学观。

当青年军官沃伦斯基在剧场内寻找安娜·卡

列夫·托尔斯泰肖像

列尼娜时，她就坐在第五个包厢内。事端的焦点人物是公爵小姐瓦尔瓦拉，安娜用扇子敲了几下包厢的红丝绒边框，以此提醒她，这不是在彼得堡的马林斯基剧院，而是在莫斯科大剧院，莫斯科大剧院的包厢是用红色丝绒装饰的，而马林斯基剧院永远是用蓝色丝绒装饰的。难道列夫·托尔斯泰对彼得堡毫无了解吗？

关于但丁，列夫·托尔斯泰曾这样写道："应该与各种谎言做斗争，或者，不必与任何谎言做斗争。这就如同洪水暴发一般……比如，彼得堡洪水暴发。如果大坝能阻挡洪水，一旦大坝上出现哪怕是一个小小的缝隙时，河水将穿过这个极其微小的缝隙并淹没整个城市……这个问题非同小可。"[13]

契诃夫将自己的话剧之一命名为《樱桃园》，但这是一个不太准确的名称。果酱可以是用"樱桃"制作的，而将果园称为"樱桃园"却显得不够确切。除此之外，任何一座俄罗斯贵族庄园内，都不曾有过樱桃园。即使偶尔有过，那也只是一个规模很小的园林。俄罗斯庄园内最多的是椴树林、橡树林（而且有很多与庄园十分匹配的高大和高龄树木），因为那些庄园都是世代相传的，都有好几代的历史。有何办法呢？契诃夫出身于塔甘罗格①。

与此同理，无论是范围的无限大和无限小，一个范围位于另一个范围之内（一种无限性位于另一种无限性之内），还是艺术家创作可能中具有个性化的多种形象性特点与他无限丰富的个性中的"单一形象性"，单一形象性位于多种形象性特点之中，在这种个性当中，人同样是无限性之一）；真正艺术作品丰富的美学思想中也有风格方面的"局限性"。艺术风格可组织艺术创作无限的艺术创作可能性，但是它同时又能限制艺术创作的可能性。"艺术作品美学"中还有一个非常重要的特点，即由于对艺术手段（比如，在芭蕾舞剧中，或是在民间口述文学创作中）的全面限制，这些手段在多种风格相互结合的情况下，自然发挥各不相同的美学功能。这同样是有限范围内的无限性！

尽管新发展前景所发现的并非各种不同的书籍，而是它们的作者和研究对象，但是永久的新发展前景发现了 A.H. 维谢洛夫斯基、M.M. 巴赫金、A.Ф. 洛谢夫等人的著作，还发现了 Ю.M. 洛特曼、Б.A. 乌斯宾斯基、C.C. 阿韦林采夫等人的著作。

成为具有促进作用的"研究对象"的有陀思妥耶夫斯基、列斯科夫、列夫·托尔斯泰，当然还有普希金、杰尔查文等。我认为，由于必须找到文

① 塔甘罗格（Таганрог），俄罗斯南方顿河上的罗斯托夫州的城市，亚速海港口，位于塔甘罗格海湾岸边，距顿河罗斯托夫城 70 公里。

化史结构的研究方法，最迫切和最具现实意义的课题是研究各种不同艺术形式及它们之间的相似之处和不同之处（不同之处比相似之处更重要）。

文学研究的欠缺严重影响着通过转述（比较具体的转述）对文学作品进行的“分析工作”，因为文艺作品只能以自身的形式来说话，而转述永远带有曲解、简化和“淡化”作品等弊病。

在科研工作中，某些细节往往可以发挥绝对重要的作用。比如，重复原文排版的错误可导致固定拷贝依据的版本，未来小说中主人公的姓名有利于发现作者的创作构思，姓氏和名字足以说明登场人物的形象。某些风格上的共性可证明文学的影响力以及作品所属的文学流派等等。在这些方面，经常不断的文学研究工作可发挥巨大的作用，因为此种研究工作有理有据，而且往往是无可争议的，并能为得出结论开辟路径。无论那些宽泛的题目多么引人注目，它们通常也只能局限于新闻稿件的范围之内，它们犹如烟雾那样会渐渐地消失，会慢慢地融化于空气之中。因此无论“狭窄的题目”多么“狭窄”，反对它们将使科学研究蒙受重大的损失。

列斯科夫

致威廉·艾吉顿教授[①]的一封信

亲爱的同行：

您好！

非常感谢您翻译的列斯科夫佳作，您对作品的选择和翻译都体现出了您不凡的品位。

关于列斯科夫及其作品，本人乐意与您共同分享下列几种想法。作为一个俄罗斯读者最直接的印象，这些想法可能会对您有所帮助。

1. 列斯科夫是19世纪末—20世纪前25年内俄罗斯中级知识分子最喜爱的作家，在俄罗斯中级知识分子当中，在俄罗斯省城，阅读列斯科夫作品的读者多于阅读列夫·托尔斯泰、屠格涅夫和陀思妥耶夫斯基作品的读者。我本人就出身于中级知识分子家庭，我父亲生前是一位普通工程师，我们全家人都非常喜欢列斯科夫，阅读他的作品是我们全家人的一件快事。茶余饭后，全家人一起讨论读过的作品，有时还大声朗读大家都特别喜欢的经典段落或几个经典句。列斯科夫笔下的虔诚教徒都是我们家的好朋友，我们平时也经常提及这些人物。我记得，我家特别喜欢的是长篇小说《神职人员》(又译《大堂神父》)中的助祭阿希拉·杰斯尼岑。我家最喜欢的另一位作家是弗谢沃洛德·索洛维约夫（В.С. Соловьёв），我们读过他的很多作品，只是不常议论它们而已。

2. 列斯科夫塑造的古怪者形象和虔诚教徒形象给他带来了很高的知名度，俄罗斯向来都喜欢古怪的人，而且在我们的日常生活中不乏行为古怪者——奇人。虽然外国读者恐怕很难理解这一点，但是俄罗斯疯修士的知名度恰恰建立在这些奇人的基础之上。在我们的生活中，到处可见行为古怪者和虔诚的教徒，为了使您对此有所了解，还是以我们家为例吧。我姑妈生来相貌丑陋，但她性情直爽，甘愿忍受自己的各种不幸。她生前总是乐于助人，所以人们称她为“圣女”。后来她死于列宁格勒大封锁[②]期间，那时她总是将自己得到的那份口粮让给他人，还将自己的房间让给一家贫穷的犹太人居住，她自己却住在一个临时增建的、简陋、冰冷而潮湿的房间里。她的这些所作所为绝不是出自通过某种冲动来证明自己是虔诚教徒的意识，而是与此相反，她眼中的善人并

---

① 威廉·艾吉顿（William Egerton，1914—2004），美国斯拉夫语言和文学教授，主要研究18和19世纪的俄罗斯文学。

② 列宁格勒大封锁（Блокада Ленинграда）是指苏联卫国战争期间德国、芬兰、西班牙军队、北欧志愿军和意大利海军共同对列宁格勒施行的军事大封锁。那次大封锁从1941年9月8日一直持续到1944年1月27日，共计872天（1943年1月18日，封锁圈出现了突破口），历史称“列宁格勒围困900天”。军事大封锁给列宁格勒带来了极其严重的损失，据不完全统计：市民死亡人数60多万，其中被炸死的人数占3%，其他97%的人全部被饿死。许多重要的文化设施和历史文物被毁。

不是她本人，而是她周围的人。有一位类似于列斯科夫短篇小说《怪物》的主人公阿列克萨什卡·雷若夫那样的朋友，他至少每月来找我一次，他来我这儿的目的，就是解决某个永恒的问题。他已是80岁高龄，收入丰厚，但是他整天却衣衫褴褛，看上去异常贫穷，因为他总是将自己拥有的一切全部分给他人，毫无保留。同时他还认为，应该将自己的消费压缩到最低水平。虽然他毕业于莫斯科大学，但看他的外表，您一定会说，他是一个干粗活的普通人。他的古怪行为之一是永不承认有轨电车和公共汽车，他总是徒步行走，平时只吃生菜和黑面包。他有时为了解决某个问题，为了问我对某个事件的看法，不惜行走数十公里来找我。他有时还自我嘲讽。周围的人都很喜欢他、尊敬他，甚至当他由于某种行为谴责他们时，他们也毫无怨气。这就是奇人的魅力所在！普斯科夫城也有这样一位奇人——考古学家和古罗斯文化研究专家列昂尼德·阿列克谢耶维奇·特沃罗戈夫（Л.А. Творогов）。每当他走在街上时，围在他身边或跟随其后的总是有许多条狗和一群儿童，虽然他是个跛子，尽管他年事已高，但看上去却风流倜傥，有时人们为了一睹他的尊容，甚至导致街上的交通出现暂时中断。

3. 在很大程度上，19世纪俄罗斯文学，应归功于古罗斯口头流传的故事和古罗斯文化。在古罗斯时期，促进口述文学发展的是缓慢的生活方式、乘坐轮船或火车连续数日的长途旅行。推心置腹的谈话在旅途中得以繁荣发展，有趣而动听的故事深受欢迎并得到了很高的评价。有助于民间口述文学发展的还有一种“黄昏时熄灯闲聊”的习俗。问题在于，在俄罗斯北方，明亮的白昼与漆黑的夜晚的交替过程比较缓慢，持续时间也较长。在我的孩提时代还没有电灯，人们习惯于节约煤油和蜡烛。每天一到傍晚时分，劳作已无法继续进行，但是天色尚未完全变黑，女人们便坐下来并开始讲故事，最终逐渐培养出一代又一代天赋极好的故事大王。我在住院期间，结识了一名故事大王，他是一位老水兵，他曾多次进行航海环球旅行，他从船舰上的军官休息室听了许多故事，还经常讲给大家听，其中的某些故事我早在童年时就听外婆讲过。通过那位老水兵所讲的故事，我了解到列斯科夫、斯坦纽科维奇等作家小说技艺的源泉。列斯科夫的全部作品都来自此类故事，列斯科夫本人对此也毫不隐瞒。

列斯科夫是一位非常独特的俄罗斯作家，因为他善于将自己的小说创作技艺与俄罗斯日常生活密切联系起来。他曾经写道，俄罗斯人的确喜欢，而不是感到备受折磨，喜欢在列车的包厢里、在邮局、葬礼上、轮船上、船上的军官休息室内、旅店里、小酒馆、黄昏时分在自己家或在邻居家长时间地谈天论地，相互倾诉衷肠。谈话期间，主人还特意点燃连续数小时不会变凉的茶炊招待客人。冬季的严寒、漫长而寒冷的黄昏、朋友们

肖像画《H.C. 列斯科夫》，B.A. 谢罗夫，作于1894年

欢聚一堂等活动，共同创造了古老而质朴的好客精神。

由于您如此精到地宣传我们俄罗斯最著名作家之一的作品，每一个俄罗斯人都将对您感激不尽。

请原谅我的长篇累牍，但这并非我的过错，而是由于您寄给我的翻译本，才唤起我向您讲述这一切的愿望。

您是否打算造访列宁格勒呢？

此致

敬礼！

忠于您的 Д. 利哈乔夫

列斯科夫是一位令人惊叹的作家，但……列斯科夫所探索的是故事情节，而列夫·托尔斯泰探索的则是生命的意义。

列斯科夫本人最后变成了偏见和错误的俘虏。虽然他非常喜欢《圣者列传》，但他同时又认为，这是一种离经叛道的宗教书籍。他甚至在一封信中，将《圣者列传》称为“过时的书籍”。

尼古拉·列斯科夫在自己撰写的《西班牙与西班牙人》一文中，充分体现了他本人的文学观。他说，真正的作家应该是一个“现实的记录者”，而不应该是一个“杜撰者”。

关于经典散文

我从未读过比列斯科夫中篇小说《被迷惑的朝圣者》更有趣、叙述更生动的散文，但是创作技艺精湛、文字流畅的散文与经典散文迥然不同。

事实上，是否可以模仿列斯科夫在《被迷惑的朝圣者》中对故事情节的描写手法呢？完全可以，不过可以模仿的并非讲述者所讲的故事，而是台词的特点及诠释台词的方法，这就是听者（对身穿黑衣的勇士和修士）提出的问题和其他许多问题。屠格涅夫的小说也可以模仿，但是冈察洛夫的小说却难以模仿。不过，您完全可以尝试模仿普希金散文《上尉的女儿》！但最终将毫无结果，而且在此之后，您很有可能在散文创作中成为普希金之二，仅此而已。您还可以模仿克柳切夫斯基的历史散文，到那时，您必须具有刻画历史人物肖像所需的精湛的技艺，还必须像他那样机智。

安德烈·别雷（А. Белый）的散文、高尔基的散文，甚至还有契诃夫话剧的创作手法等，均可轻松地模仿，但是布宁的散文却实在难以模仿。原则上也可以去模仿，但是模仿起来却会异常困难。通过一种简单的方法，就能轻易辨认出哪部作品属于创作技艺精湛、文字流畅的散文，哪部作品属于经典散文。比如，《上尉的女儿》等作品是属于技艺创作精湛的散文，还是属于经典散文呢？

列斯科夫是一位语言大师，他本人也非常清楚这一点。作为一名作家，他喜欢与读者一起做游戏[14]，并且在他的最佳大型作品之一——中篇小说《被迷惑的云游者》中，与读者玩起了独特的文字游戏。整部作品是这样撰写的：听者提问，身穿修士服的勇士（半个修士）作答。这也是古罗斯文学中常见的一种写作形式。

《被迷惑的云游者》第一章是这样开始的：半个修士在船上向乘客们解释“конэсер”（艺术专家）这一主要词语；在第二章里，他主要讲解了“父母的承诺”和“笃信上帝的儿子”这两个词语；在第四章里，他讲述了“为了解闷，此时与这个轻骑兵斗一斗也不错嘛……”这一场景的含义；第五章说的是“背反”；第六章说的是“主人公开始动怒”；第七章讲的是“娜塔莎”与“科尔卡”；第九章说的是“塔拉法神”；第十章讲的是“真正的信念”；第十一章讲的是“充满精神”“教区”（“教民”）和“尽心协力”；第十二章说的是“磁力的作用”；第十三章说的是“女演员”“美貌”和“完美的天性”；第十四章讲的是“男演员”；第十五章讲的是“蓝宝石”等。

而听众却在身材魁伟的勇士所讲的每一个故事中，都在焦急等待着大结局，并急于想弄清勇士出家并进入修道院的真实原因。

结果是船上听故事的人自然成为该书的读者。我们可以回忆一下这种手法在古罗斯文学中的运用，甚至在大司祭阿瓦库姆的作品中，也使用过类似的文学创作手法，而整个故事以船只抵达圣母诞生修道院所在的拉多加湖中小岛（即科涅夫斯基岛）结束，同时意味着身材魁伟的勇士和半个修士整个一生的结束（这也是古罗斯文学的创作手法之一）。

实际上，这种杜撰的结尾还应该继续展开，即身为强盗和半个修士的勇士应该继续前行，直到索洛韦茨基修道院。像俄罗斯民歌（合唱曲）《12个强盗》的结尾那样①，这种结尾预示了下面的故事情节。

古代文学经验的积累形式不仅是潜在的，而且还是全面公开的。萨尔德科夫－谢德林和陀思妥耶夫斯基二人采用了相同的文学创作手法（我不知道，在他们二人当中，是谁率先采用了这种手法）：他们都直接将果戈理和格里鲍耶陀夫笔下的人物，分别作为自己作品中的次要人物（比如，《聪明误》中的莫尔恰林后代、《死魂灵》中的女地主科罗博奇卡的子孙等人物），而无须解释和描绘人物"形象"，因为作家已将这些人物巧妙地置于新的情境之中。当然，要做到这一点，事先必须经过认真细致的研究工作。纯粹的俄罗斯文学艺术手法还可证明，俄罗斯读者的确具有颇高的文学文化素养。克柳切夫斯基曾对普希金笔下的叶甫盖尼·奥涅金的前辈进行过系统的研究。

我们的行动是自由的，我们可前进，可后退，可向左，可向右，可向东，可向西，随意去哪儿都毫无问题，但是地球却以无法计算的速度不停地转动。文学史同样如此，我们完全可以根据我们自己的想象去任意写作，但与此同时，我们又无法逆行，而只能沿着同一个方向前进，只能沿着同一个方向前进！

在文学史研究过程中，俄罗斯形式主义者发现了一种极好的文学现象——"意外情节"，即"特别奇怪"的情节、非凡而出人意料的情节。然而，这是一个不太贴切的术语，因为你根本不知道，这种特别奇怪的故事情节源于何处；听起来容易与"остранение"（意外情节）一词混淆，有时甚至你听得很清楚，即使不能立刻明白，"意外情节"这一名词源自俄语的"странность"（奇特性），而不是源于"страна"（国家）一词（或许，正确的书写方法应该写两个字母"Н",即"остраннение"？）。不过无所谓，反正这是一种引起诸多艺术发现的现象。事实上，当我们以非凡而"奇特的"观点来看待某个事物时，艺术的确能使我们发现某种独特的现象。

然而，在此应当指出，形式主义者是在充分研究俄罗斯近代文学基础上发现"意外情节"这一现象的。而对中世纪的读者而言，主要的审美享受是在陌生事物中发现熟悉的因素，是为了反映新内容而运用原来熟悉的形式。比如，古罗斯艺术就是一种对生活现实进行"艺术点缀"的艺术，当时的作家是创造传统仪式的典礼官。因此中世纪艺术都曾以宗教经典作为主要的艺术元素。

除此之外，中世纪文学艺术和绘画艺术都是源自宗教经典吗？近代艺术所反映的全部是平凡中的"意外情节"吗？如果真是"意外情节"，我们应该如何看待它呢？任何一种"意外情节"都是艺术手法吗？虽然我不能立刻全部回答这些问题，但是我想提醒大家的是，我们应该着重研究问题的哪些方面。除了"意外情节"这一现象之外，俄罗斯文学（包括中世纪罗斯文学和俄罗斯近代文学）在部分地与"意外情节"交叉的同时，还有另一种现象，我在一篇论文中将它称为"谦逊式"，这一术语几乎全部概括了俄罗斯文学的民族

① 至今非常流行和传唱的俄罗斯民歌（合唱曲）《12个强盗》最后两句歌词大意：
我们祈求上帝，我们一定要恢复古代的生活习俗！
在索洛韦茨基修道院，首领库杰亚尔－比季利姆亲口对我们讲述这一切！

特征。不过我深信，在其他民族的文学中，同样存在着某种类似的形式，但它们缺乏俄罗斯文学中的那种连续性。

其实，作家采用“谦逊式”的目的，就是更好地表达自己对摆脱过于完整和纯文学形式的追求，他们的追求是不用文学语言写作，而是用口语形式或商务语言来写作，努力打破传统体裁以及文学作品的礼仪性的束缚。曾运用“意外情节”（但必须是特殊形式的“意外情节”）的不仅有大司祭阿瓦库姆，而且还有列夫·托尔斯泰，他同样感到，在带有补充说明和“意见分歧”的大长句中，“更准确地”表达自己的思想是何等重要。在列斯科夫的作品中，也有某些“意外情节”，他不仅善于使用口语，而且还善于使用非文学体裁或次要体裁（致编辑部的书信、结合事件讲述的故事等）。关于这个问题，我在《文学—现实—文学》一书（第二版）中有所论述。曾出现“意外情节”的还有整个古罗斯文学，那时的文学经常在商务文献体裁、民间艺术体裁和文件专用语中有所更新。

我认为，从 14 世纪开始发展的俄罗斯文学中的“词语堆积”现象，以及作家有时有意识创造的某些模糊的文字组合和文字游戏，虽然这种游戏缺乏准确的思想，但它却能使读者产生某些复杂的联想，所以那是一种难以严谨而准确描述的游戏。尽管如此，要证实这一点，谈何容易！从整体上来看，在对某种风格进行分析时，很难证实作家采用这种风格的真实意图。如果不对作家的手稿进行校勘学方面的分析，几乎永远无法证明他们的真实意图。在这一方面，发挥巨大作用的是校勘学（对原文创作和演进过程的研究）。

在俄罗斯文学史研究工作当中，最迫切和最“新颖”的依然是始于欧洲文艺复兴时代的一种流派——校勘学。对作品原文的研究可为文学发展史的形成奠定基础。那么，当作品原文不清楚或出现某些不确定因素时，对任何一部作品和任何一部文献进行的各种历史研究和文学史研究的意义究竟何在呢？在不同时代，对原作文本的研究状况也各不相同，确切地说，这种研究从未“结束”，而是在不断达到完善，从而使原作变得更可信、更细腻、更具渗透性，同时也能为各类历史文献的（其中包括体裁和题材丰富多彩的文学作品）文本研究打下更广泛的基础。在俄罗斯，由于对科研任务持有的渗透性的历史观，被称为“文本鉴别”的研究获得了真正的科学依据，并获得了一个特殊的名称，目前被世界上多数国家公认和接受的名称——“校勘学”，该术语是由著名的普希金作品研究专家鲍里斯·托马舍夫斯基创造的。

校勘学的主要任务并不是为了通过某种来自不同时代和不同国家推荐的大量方法，分别为“确定”各类不同文献和作品的“版本”，而是为了对版本的历史进行研究，并以此获得承认某种特殊科学的权利，其研究对象并非以出版为目的的简单的“版本鉴别”，而是运用各种不同方法和手段进行文本研究的科学，这种科学具有专门的研究对象，其中包括作家的创作过程、某一个历史学科、某个文件的法律依据、历史意义、历史文献的出版和“版本的选择”等。使文学史研究成为一门科学的正是校勘学，它有助于文学研究的任何领域取得坚实可靠的成果，其中包括诗歌研究、文本语言学研究、风格研究和分析等。

目前这一领域都取得了哪些成果呢？以普希金文学创作研究领域为例。不少人认为，这一领域已经没什么可研究的了，因为该研究的对象早已研究完毕；或者一切均有定论；关于普希金作品的研究，由于人们对普希金文学作品及他本人分别持有不同的情感，因此才出现了各种不同的论文；所有这些都是完全错误的观点，可这些观点曾一度得到了广泛的传播。对普希金的情感当然是需要的，但最重要的是在普希金文学研究基础上发生的某些变化。何人不知普希金手稿遗产（被称为“创作笔记”的手稿）具有重大意义？这些手稿和笔记曾在普希金作品作为最后一版大型科学出版物之前得到应有的研究，但那时的研究只是为了满足某种“需求”，也就是说，普希金作品的出版者每次分别从普希金的创作笔记中抽取固定的篇章，它们都是可以满足普希金作品爱好者需求的篇章。如今又为普希金创作笔记的研究制定了新目标，当然包括原先已有的目标，它们分别体现于前不久问世的两部著作中，而且还有极为重要的新发现：谢尔盖·福米乔夫（C.A. Фомичёв）主编的论文集《普希金创作笔记（“普希金之家”第832号）》和亚宁娜·列夫科维奇（Я.А. Левкович）主编的论文集《普希金创作笔记·研究与素材（“普希金之家”第841号）》[15]，两部著作所反映的是同一主题——创作笔记的积累过程，它们是发生在普希金文学遗产研究领域中的大变革。不过这一变革不可能立刻被认识，也不可能立刻受到应有的重视。对普希金手稿研究所持的态度不应是为了满足某种“需求”，而是为了对普希金手稿进行全面研究。只有在彻底弄清普希金手稿和创作笔记积累过程的真面目之后，才能对普希金的文学作品创作和文本鉴别的历史做出令人可信的评价。我们所面临的是普希金文学研究无限美好的前景，但这美好的前景必然要求一代又一代的青年科学家做出不懈的努力。

然而，校勘学中的历史主义观点可直接影响到文学史研究的各个领域，它早在古罗斯文学研究中即占有领先地位。语文学家鲁菲娜·德米特里耶娃（Р.П. Дмитриева）编辑和翻译的古罗斯最佳杰作之一，充分体现了历史主义观点所取得的辉煌成就，这部杰作便是《穆罗姆的彼得与费芙罗尼娅》[16]。由于她事先研究了与这个古罗斯故事相关的所有手稿（其中包括不同年代的手抄本），她才非常全面而无可争议地确定了这部古罗斯文学杰作的创作年代和作者姓名。令人好奇的是，在过去采用的“版本鉴定”方法和手段中，参考大量的手稿文献总是一个难以解决的大问题。虽然如今想收集到大量的手抄本古罗斯文学作品会延长研究工作的期限，但是这项工作毕竟能带来无可非议的和令人折服的成果。

我所说的内容是否意味着校勘学应该吸引的主要是文学研究专家呢？当然不是。校勘学可以提供坚实的基础，它是文学研究这一科学及研究的准确度的基础之一，但是可在版本发展史和版本自身（比如，根据一部作品，但必须结合该作品创作过程中的各个阶段）的基础上，通过各种不同的学科领域（语言学、诗歌学、史科学、历史学、社会思想史和哲学史等领域），并以各种不同的观点对版本进行研究。

现实可行的研究方法之一就是结构分析法，但典型的是，在俄苏研究结构体系中，最可靠的方法应该是历史学研究方法，该方法最终能使结构主义变成非结构主义，因为历史主义足以打破结构主义，同时还能从中汲取精华。在研究形式与内容相结合的过程中，结构主义获得了很多新发现。我认为（这是我本人的意见，我不想把本人的观点强加给其他任何人），尤里·洛特曼、鲍里斯·乌斯宾斯基、鲍里斯·叶戈洛夫等人的论文论著，对拓宽文学研究领域都很有帮助。我不惧怕已被复杂化的结构主义术语（但很多人都觉得害怕）。尽管这些术语丧失了很多东西，但毕竟还有所保留，这也是非常重要的一点。词汇和术语不仅能表达思想，而且还能有所发现……通过语言表达现象，也正是对现象的发现。这一点如此之重要，甚至值得为此做出努力。有时人们不喜欢结构主义，那是因为在阅读结构论著作和论文时遇到的困难，而这些困难往往会造成一定程度的心理对抗、对结构论著作产生反感心理，有时还会对此类著作和论文的作者产生间接的反感。我们不应该向这种感觉低头。

对布洛克长诗《12个》末尾两句——“用白

玫瑰制作的光晕中，走在前面的便是耶稣基督”的解释。在东正教和天主教象征中，本来没有白玫瑰，但是民间（乡村教堂和小礼拜堂内）可有纸质的玫瑰，它们用来装点“被囚禁的耶稣基督”的头部（玫瑰花环和帐幔上方的花饰）。长诗《12 个》中所说的士兵，实际上是指过去的农奴。请见《东正教事务管理局索洛韦茨基最佳修道院发展史》[17]插图第 49 页——“位于菲利普修道院（即索洛韦茨基修道院）内的木刻救世主圣容”。

为了全面评述俄罗斯作家和修辞学家阿列克谢·列米佐夫（A.M. Ремизов）对民间文学和古罗斯文学的借鉴，为了对他的整个创作过程做出应有的评价，重要的是参照他发表在《金羊毛》杂志上的《致编辑部的一封信》[18]，当时有人指责他剽窃了民间创作等作品。阿列克谢·列米佐夫在信中写道：“只有通过集体创作或进行继承性的创作，才能出现一部真正的作品，才能筑造世界上伟大的教堂、伟大的绘画作品等。不朽的《人间喜剧》和《浮士德》就是通过这种方式缔造的。”阿列克谢·列米佐夫还写道，他为自己树立的目标是“恢复俄罗斯民间神话”。他将与他同时代的创作被称为“狂野的、令人痛苦的和孤独的创作，属于不懂历史、随意根据个人的手法进行的创作，属于无中生有的创作，其结果都是徒劳无益的创作”。“我为自己树立的目标是恢复俄罗斯民间神话，从保存下来的仪式、游戏、圣诞节祝歌、迷信、征兆、谚语、谜语、咒语以及在伪经中了解到的某些碎片。”阿列克谢·列米佐夫将自己的创作手法称为“艺术转述”“将简单句扩充为复合句”，也就是说，使某些作品中的细节得以发展或加以补充的手法，最终目的是使童话故事达到最理想的效果。怎样才能在保持原义的基础上补充和发展，应该补充和发展什么，艺术家的机智和创作技艺就体现于此。

事实上，阿列克谢·列米佐夫是以古罗斯书籍专家的手法进行创作的，所以我们不能将他称为风格体裁的模仿者。他不是一个模仿者，而是近代条件下的一个继承者。

不能用丝毫没有节奏韵律的语言进行文学创作，这种语言包括俏皮话（请见伊里夫与彼得罗夫的作品）、浓重的乡土方言（有时为了加重意味，特意采用各地的方言土语）、精致和考究的语言（安德烈·别雷、列昂尼德·列昂诺夫的早期作品）、古老的俗语或被称为“古风”的表达方式（俄罗斯所有的历史小说几乎都应该写得简单一些，不是给它们“增加”许多古代用语，而是要像普希金历史题材的作品那样，尽可能地“排除”过于现代的语言）。

请看白俄罗斯作家瓦西里·贝科夫（B.B. Быков）笔下的农奴，他们说起话来都像是正常人，可他们所谈及的却很少涉及农村生活的问题，而是全人类的问题。我曾对瓦西里·贝科夫谈起此事，他回答说，这是因为他亲自将自己的作品从白俄罗斯语译成俄语。怎么会如此简单呢！从外语翻译的散文竟有如此之威力：通过翻译，许多具有地方特色的作品变成了全人类之杰作。不过，我的说法是否正确呢？

“巴黎圣母院”一词是否需要变格呢？关于这个问题，作家尤里·邦达列夫（Ю.В. Бондарев）曾写过一篇论文——《批评是检验真理的标准》。文中有这一段话：“耶稣基督、圣母、贞女马利亚主题、老莫斯科主题、无与伦比的城市环境的主题、晚霞中的圣彼得堡滨河街主题、巴黎圣母院、塞纳河和巴黎的街心公园（马可公园、皮萨罗公园和科洛温公园）等主题，不知在艺术作品中重复了多少遍，不知有多少种诠释方案。”在散文中，最重要的是叙事要准确，特点要鲜明。不过这段话中有几点不太清楚，比如，作者是否认为“圣母”与“贞女马利亚”是同一个人物，还是两个不同的人物？什么是“晚霞中的圣彼得堡滨河街”呢？是晚霞映照下的滨河街吗？或是指位于涅瓦河西部小岛上（太阳每天从那里落下）的滨河街呢？

假如作者的情绪表达更清晰一点，散文所表达的情绪就不会受到丝毫的损伤。然而，最重要的一点是语法的准确性。需要引起重视的是，哪些外国名称、人名和地名需要变格，哪些国名、人名和地名不能变格。难道可以说“я был в соборе Нотр-Даме”（“我到过巴黎圣母院”，“圣母”一词发生了词尾变化）吗？难道可以说“я видел Нотр-даму”（“我见到了巴黎圣母院”，“圣母”一词发生了词尾变化）吗？难道可以说“я интересовался Нотр-Дамой”（“我对巴黎圣母院很感兴趣”，“圣母”一词发生了词尾变化）吗？对俄罗斯作家而言，这些都是绝不允许出现的错误。

关于伊利亚·爱伦堡（И.Г. Эренбург）的文学创作，可以这样说，他“曾在七任国王的统治下为七个汗国效劳”。这在当今时代完全可以称为“功臣”，因为他在为他人效劳的同时，努力修正自我、软化自我，甚至还损害了自我。

使我难以理解的是，怎么还能要求大文学（严肃文学）按照“列宁格勒主题”创作呢？怎么还能要求大文学必须展示工人中的英雄人物或英雄警察等形象呢？不能使文学肤浅化和贫瘠化。我国工人所关心的不仅是自己的生产劳动和自己所在城市的生活。假如批评家们经常向现代作家们提出这种要求，假如他们曾向陀思妥耶夫斯基、普希金等作家提出这种要求，那么，人类就不可能出现世界文学。瓦连京·拉斯普京的中篇小说《别了，马焦拉》所写的，并非一个为了国家的重要建设项目而被淹没的西伯利亚小村庄的命运，而是一部描写世界主题的文学作品，因为世界各国人民都对关心故乡命运这一主题备感兴趣，而在拉斯普京的《别了，马焦拉》中，还涉及其他许多“长期悬而未决的问题”、值得我们深思的问题和短期内不可能得到彻底解决的问题。

作家维克多·什克洛夫斯基（В.Б. Шкловский）曾经说过：“会写作的行政长官好比剧院里会唱歌的消防队员。”

苏联科学院通讯院士、文艺学家列昂尼德·季马费耶夫（Л.И. Тимофеев）在青年时代，曾写过一首关于社会人渣的歌曲，它在流浪汉中曾广为流传。歌词大意如下：

买点小面包圈吧，
热乎的面包圈啊，
快让更多的卢布
进入我的衣兜吧。
在阴雨连绵之夜，
可怜我，可怜我
和这倒霉的小生意。
我的父亲是酒鬼呀，
他还因此妄自尊大，
眼看他就行将就木，
可他依旧酒醉如麻！
我母亲是浪荡女子，
我姐姐也毫无希望，
而我本人嗜烟如命，
看吧，这就是我的一家。

20 世纪 20 年代，人们曾随着“小面包圈”的音乐跳起了狐步舞，而在索洛韦茨基剧院，一个名叫萨夫琴科的人和一个叫恩格尔费尔德的人还跳起了卡乔特卡舞。小偷们疯狂地号叫着，他们兴奋地咆哮着（因为萨夫琴科和恩格尔费尔德都属于他们的“自己人”）。不过列昂尼德·季马费耶夫还以通俗歌谣的形式翻译了《伊戈尔远征记》，甚至达到了与上述歌曲（“看吧，这就是我的一家！”）那样的特效。

在历史学家和作家弗拉季斯拉夫·米哈伊洛维奇·格林卡（В.М. Глинка）的作品中，我最重视的是作品所体现的创作天赋和作品的可信度。无论是在细节上，还是在主要情节方面，历史题材的作品均应达到颇高的可信度，其中包括作家对生活习俗的描写、对室内装潢和周围环境的描写、对重大事件和历史人物的描写等方面的真实性和可信度。除此之外，历史题材的文学作品还应具有人物及其所处时代背景描写的真实性和可信度。人物的精神变化要多于他们的服装和外表的变化。针对描写某个时代令人可信的人物性格而言，作家单凭自己的知识是远远不够的，他们还必须具有理解另一个时代的人物的天赋，必须具有了解各种不同社会状况的天赋。

我们相信弗拉季斯拉夫·格林卡（В.М. Глинка）是一个见证者和“回忆录作者”，是他在书中所描写的那个时代的人物。他做事比较老派（褒义），正是他的整体面貌和行为举止，才博得了读者对他本人及其作品的信任，甚至不可能去想象，他在哪些方面还比较欠缺，或未曾对自己所描写的事物进行彻底研究（请原谅我使用这个畸形词语）。他的确很有天赋，也很有良知，绝不会为了讨好某人而牺牲另一些人的利益。

当今时代，找到真正的历史小说家和值得你信赖的作家，实属一种罕见的现象，他们是一笔宝贵的财富。因为多年来，我们曾诬蔑本国的历史，同时试图使我国历史人物的性格具有现代意义。

马克·阿尔丹诺夫（М. Алданов）是最罕见的历史小说家之一，他对自己描写的时代了如指掌，因为他曾经生活在那个时代，他的小说为读者营造了共同参与和并存之感。他在历史长篇小说《根源》中，生动而真实地刻画了俄罗斯帝国皇帝亚历山大二世·尼古拉耶维奇或德国总理奥拓·冯·俾斯麦等人物，后来这些人物形象在读者的意识中留下了永久的印象。马克·阿尔丹诺夫笔下的拿破仑时代也是如此，后来法国人因此而请他担任几部反映拿破仑生平的电影顾问。

历史小说究竟应该怎样写呢？首先不允许出现任何误差，因为历史小说家的责任重大。皮库尔（В.С. Пикуль）在一次电视采访中，非常精辟地回答了记者的提问，他说，他之所以能获得成功，是由于当时国内缺乏历史题材的文学作品。即使如此，也不能原谅他的重大失误。应当经常请教史学专家，而不能利用人人皆知的虚假资料，更不能将其看作历史文献（比如，伪造的俄罗斯皇后的女友维鲁博娃日记）。不仅要利用某个单一问题的文献和作品，而且还要参考档案资料。不能为了增加轰动效益而允许庸俗不堪，不能放纵低级趣味，不能为了“兴趣”而诋毁真理。弗拉季斯拉夫·格林卡就是这样做的，他深知自己描写的那个时代，他写作时犹如时代的见证者，可是我们对他的作品却不够重视。

我不想点出一位老诗人的姓名，可以这样说，所有不喜欢诗歌的人都喜欢他本人和他的作品。

本人也不想评判文学批评，但是在关于文学的这一科学领域中，似乎所有问题都“很重要”，至少是问题很多。科学发展的阵地是广泛的，将精力集中于某个狭窄的领域而忽略其他领域的做法是非常危险的。

如果我们只顾推动某一个领域，起初，我们或许能取得一定的成绩，但在这些成绩之后，随之而来的便是令人失望：最终枯萎的不仅是我们已经开始研究的那些领域，而且还有我们已公开宣布的某些“重要领域”。

我本人是研究古罗斯文学的专家。古罗斯文学并非某个狭窄的领域，无论怎么说，它贯穿于俄罗斯历史的前700年，那曾是怎样的700年啊！在那700年期间，充满了多少重大的历史事件和冲突，出现了多少题材不同的文学作品啊。尽管如此，我并不认为，我感兴趣的古罗斯文学才是头等重要的问题。与此相反，最使我感到欣慰的是，对古罗斯文学的研究有利于读者理解俄罗斯文学的其他方面。对俄罗斯千年文学史的全面研究能产生实质性效果，特别是在俄罗斯文学的民族特性这一问题（这也是最使我感到不安的最后一个问题）上，尤其是这样。

我认为，研究前700年古罗斯文学的另一种方法同样十分重要。古罗斯文学属于另一种特殊的美学体系，是毫无准备的读者难以理解的一种美学体系，所以提高自身的美学感受力显得极为重要。美学感受力并非唯美观点，而是一种极其重大的社会责任感，是现代人的社会性之一，它与民族排他性和沙文主义相对立，它能培养一个人对其他民族文化（其他民族的语言或另一个时代的文化）的包容性。重视培养对古罗斯文学的理解力，就是重视对欧洲中世纪文学、亚洲中世纪文学及其他文学的理解力。

在造型艺术中也是这样，一个真正理解古罗斯圣像画艺术价值的人，不可能不理解拜占庭、埃及、欧洲中世纪前期和其他民族的艺术。

研究文学史的专家肩负着一项责任重大的任务，即专心致志地培养具有智力广泛和“敏锐感受力”的人。这就是研究文学史的专家只关注少数研究对象、只关注某个时代或某个民族文化与我国文学研究基本思想产生矛盾的原因。

文学研究之所以需要有各种不同的主题和“距离感”，是因为文学研究在与距离感做斗争的同时，力争克服不同群体、不同民族和不同时代之间的障碍，缩短他们（它们）之间的距离。

这也是我国文学研究领域不需要只能研究某一个作家的那些“专家”的原因。我知道，研究普希金的专家为什么还能存在，这是因为普希金绝对是一个十分广泛的研究对象。然而，我国的某些无知者认为，所谓“涅克拉索夫学”，似乎就是研究谁都不熟悉的一个作家——“Некрас”（“涅克拉斯”）的科学；或“肖洛霍夫学”，甚至还有“列昂诺夫学”等，这些都是荒谬的。正是由于这种荒谬，仅研究某一个作家的专家们才渐渐地失去了应有的视野。

如果说到获取新事实的方法，从方法论的观点出发，我想强调指出的是语文学家米哈伊尔·阿列克谢耶夫（М.П. Алексеев）、文学史学家鲍里斯·布赫什塔布（特别是他的《19 世纪俄罗斯文学传记辞典》）（Б.Л. Бухштаб）、谢尔盖·马卡申（С.А. Макашин）、所罗门·赖泽尔（С.А. Рейсер）、伊萨克·扬波利斯基（И.Г. Ямпольский）等学者的论著的重要意义。

如果从文学考古学的观点出发，我要强调指出的是弗拉基米尔·马雷舍夫（В.И. Малышев）、伊利亚·济尔伯施泰因、伊拉克利·安德罗尼科夫（И.А. Андроников）等其他很多人的论著的重要意义。

方法与方法论非常相似，研究方法是方法论研究的一部分，详细分析研究方法的具体问题是我国方法论研究的迫切任务之一。

在我国，文学创作经常受到新闻业的冲击；在文学界，作家的地位往往被新闻工作者所占有，这是一种直接对立的现象。

对我来说，文学史家亚历山大·维谢洛夫斯基教授的“历史诗学”研究方法及传统，都具有最“现代的意义”。不过现代文学研究无论如何也不应受到科学传统的任何限制。对现代文学研究而言，艺术和艺术史、语言学和哲学史的传统产生的兴趣并不亚于科学本身产生的兴趣。研究文学的专家应该成为知识宽泛和有教养的人，应该成为善于从相邻科学领域中捕捉和利用最有意义、最具方法论意义的人。

文学作品通常被某些“横向联系”所环绕，并处于一定的环境之中。文学作品能与这种环境共存，这种环境决定着它的艺术特点和思想内容。文学作品的后面则带有历史的横向联系、传统、遗产和典范式规则，在文学作品这一名称之下，深层联系（社会联系、经济联系、阶级之间的关系、阶层之间的关系和坚实的文学特性）继续纵深发展，可用三维方法（长度、高度和宽度）来测定。如果用示意图描述这些联系，其图形大致像一架飞机。

如果只是使类型学研究与共性研究相结合，上述横向联系的研究主要是类型学方面的研究。不过需要说明的是，这种共性研究不仅包括其他

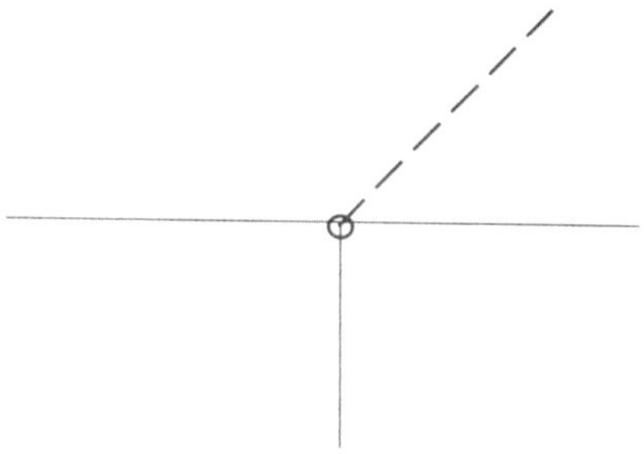

图中的虚线实际上是垂直于平面的线

文学作品，而且还包括其他艺术品（使所有艺术相结合的共性风格，而在文学史发展的固定阶段，则是指使本时代的科学、哲学、神学等相结合的共性风格）。深层联系的研究主要采用的是社会学方法，而位于“飞机示意图”末尾的横向联系的“机尾”，则是对传统和影响等因素的研究。

那么，足以在“空中”支撑上述飞机示意图的究竟是什么呢？有人说，飞机是在机翼借助空气的“支撑”飞行的。与此种观点相反，飞机只有通过“吸附”机翼上方的空气，才能“升空”和飞行。文学也是如此，它是在“吸附”自身对周围世界产生影响、校正周围环境、展望未来、为生活增加善良（“天意”）因素的愿望而“升腾”。

“文学宣言时代。”19 世纪末和 20 世纪整个上半叶，文学、绘画、雕塑，甚至还有电影领域，纷纷出现了太多的和各种不同的庄严声明、宣言、微型联合体（有的是大型联合体）。这种现象的产生绝非偶然，而且也不仅对俄罗斯一个国家具有典型意义。

如果纵观千年艺术发展的历程，不难发现其中的某些规律（这种观点显得越来越必不可少）。对俄罗斯文学而言，我确定了文学发展过程中的 8 个流派（请见我的论文《文学的未来是一个研究对象》）[19]。

现在让我们来谈谈几个文学流派，有的名称可能不完全贴切，但是它们对我们关心的主题都颇为重要。

可以认为，有史以来，文学的前身是民间口述文学创作。这一点对我们尤其重要。在民间口述文学创作中，占主导地位的是传统，而且一部作品的作者通常都是不明确的。传统可减轻新作品的创作过程（它们的创作过程似乎走过了一条“平坦之路”），而个性化原则含有的谦逊态度，可使创作者在艺术中避免出现错误。有的民间口述文学创作的艺术作品（不仅包括语言类作品，而且还有音乐类、绘画类、手工艺品等其他多种形式的作品）比较丰富，有的可能不太丰富，但是它们都不可能是毫无品位的作品，也不可能是庸俗低级的作品，所以任何一种民间艺术品都是很有价值的。

我可以这样说，俄罗斯文学的前两百年（11 和 12 世纪的古罗斯文学）是以伟大风格开始的文学时代。俄罗斯文学的第一种伟大风格是大型历史体裁，这种风格所囊括的不仅有文学，而且还有建筑、手工业、音乐、造型艺术，甚至还有某些世界观、人们的行为规范（人之典范）、仪礼和政治等方面的现象。这种风格近似于欧洲的罗马风格（在英国，这种风格被称为诺尔曼风格）。

到了 13 世纪，这种风格被一种近似于西欧文艺复兴前期的风格取而代之（但是在俄罗斯，文艺复兴前期并没有带来真正的文艺复兴，而只有某些迟来的文艺复兴现象，这些现象一直持续了数百年）。欧洲在文艺复兴前期到来之后，直接进入了巴洛克时代，而俄罗斯的巴洛克时代却带有一系列文艺复兴的功能。

通过彻底研究上述几种伟大风格的发展轨迹，我们发现，那些风格的个性化原则逐渐增长，对某个艺术门类非常典型的风格特点，开始对那些风格产生越来越大的影响，我们还能以此谈论文

茨维塔耶娃雕像（莫斯科茨维塔耶娃故居博物馆门前）

学、音乐、建筑、科学、哲学中的巴洛克风格以及作为伟大风格的整个人类。

然而，对作者本人而言，在巴洛克风格发展的最后几个阶段，越来越自由的可能是向其他风格的过渡。除了巴洛克风格之外，还出现了古典主义，可以大胆地说，古典主义是艺术流派之一，而不算是一种伟大的风格。艺术家可以在 18 世纪的巴洛克与 18 世纪的古典主义之间做出选择，然后便出现了文学中的感伤主义、浪漫主义和现实主义等流派。

非常典型的是，虽然现实主义可以出现在绘画和文学中，但它不可能出现在建筑、音乐和芭蕾艺术之中。作为点缀越来越广泛的文化现象的伟大风格之一，现实主义的不同特征对这种狭窄的应用范围产生了明显的影响。除此之外，个性化风格对现实主义产生的影响比它对其他各种流派和伟大风格产生的影响更深刻、更强烈。正是由于现实主义，文学批评和文学史才开始得到发展，现实主义艺术也在寻求自己的批评、对历史和文学史的诠释方案。

在现实主义之后，其他几个比较清晰的艺术流派未能得到发展。既有个性化风格，也有对艺术的个性化的艺术观，这些风格和方法有时与原先的风格流派较为相近，有时却相距较远。对艺术的进一步发展而言，现实主义具有多种可能性，不过在艺术的进一步发展过程中发挥作用的，却是个性化风格和个性化的艺术观。因此现实主义无须其他流派来取代，而只需通过个性化风格达到自我丰富。

尽管如此，我们还应该关注艺术发展过程中的另一个特点。任何一种艺术活动都会遇到一定的阻力，任何一种前进都会遇到通常被视为制动的逆行现象，但实际上，这种逆行并非制动。比如，艺术中出现的脱离传统形式、脱离某种审美标准的现象，有时会产生相反的趋势，即开创新审美标准的追求和趋势，有时可能会回到原位。拒绝方向（流派）的规律大约有 8 个，我在《文学的未来是一个研究对象》一文中有所论述，这篇论文首次发表在《新世界》杂志上[20]。自由的意志体现在可决定作家创作特征的生平特点之中，创作发展的规律则体现在作家对文学发展的依赖性上，体现在他对文学史发展过程的特点的依赖性上，而这一发展过程同时迫使他将自己的创作归属于某个流派。作家的创作是取决于他本人的生活经历和整个文学生活，而且在个人生活与文学生活之间并无任何冲突。这简直是太绝妙了，这个谜底至今还无人揭晓。

在我的论文《文学的未来是一个研究对象》中，最好能在“个性化原则发展”一节之后再增加一节，那样将更有说服力。重要的是，在文学中的个性特点和个性化原则发展的同时，个性的自决特点也随之在历史过程中得以发展。因此作家对历史的兴趣也越来越浓。一个人不仅要善于理解自我，不仅要理解自己所处的时代，而且还要善于捕捉他起初定义的“时代精神”、时代特征、审美形式的更替、世界观的变化等。历史主义越来越深地渗透于文学之中：从不太符合历史主义精神的屠格涅夫和契诃夫到主张“历史主义”的布宁，还有历史主义味道更浓的米哈伊尔·布尔加科夫等，这种变化清晰可见。现代风格开始被历史所接受！如今我们可以这样说，人们对历史的兴趣迅猛增长，对现代风格的理解也逐渐加深。对历史的这种兴趣与人们对历史文物和整个历史的兴趣正在紧密地结合起来，在对文学史的兴趣中，可以找到摆脱“文学封闭”的途径。文学不再是单一的文学和单一的事物，而是与人们对真实性的浓厚兴趣融为一体。生活与文学之间的界限逐渐淡化，这种突破在文学与历史之间开始注入“次要”体裁之中，人们开始对传记小说和科幻小说产生不同程度的兴趣，而且幻想小说也越来越逼真，原来的幻想特点逐渐被科普化特点所取代。文艺小说与科普小说之间的界限同样在逐渐淡化，文学与生活、文学与包括科学、技术、历史、语文和文学研究（比如，В.Б. 什克洛夫斯基已将文学史学纳入文学研究对象之列）在内的生活，也正在以同样的形式相互融合。“生活”与“现实”这两个概念不仅像 19 世纪小说那样只描写“个人生活”，而且还开始描写科技界人物的生活。这种奇妙的现象开始变得越来越明显，同时变得更加明显的还有人们对文学提供知识的功能的兴趣，而且文学提供的知识范围也越来越广泛，几乎涵盖了各种不同领域的知识。

传记体裁向来是知识普及和传统的文学体裁之一。到 20 世纪，这种体裁变得越来越重要，越来越显得必不可少，在社会上的影响力也越来越大。如果过去读者首先感兴趣的只是作家们的生平故事，那么，后来读者又开始对画家（包括风景画家和雕塑家）的生平感兴趣，然后又开始对统帅们的生平故事（最接近国家发展史的体裁）感兴趣，而现如今读者开始对学者、演员、芭蕾舞演员、舞蹈家、导演、杰出的工程师、设计师和生产劳动组织者的生平故事产生了浓厚的兴趣，而且还对任何一种职业中的某个“典范式”代表人物的生平故事感兴趣。

越来越受读者重视和读者越来越感兴趣的作品还有科普文献，而不是简单意义上的“科普小说”。学者与读者之间的“媒介”（新闻记者、职业普及者）作用开始逐渐降温，学者本人直接与读者见面，因为他们需要与学者之间准时而直接的沟通，而不必通过任何可能歪曲、简化学者思想和科学真理的“媒介”。与此同时，不仅是广大读者寻求与学者见面的机会，而且学者们也在更多地与读者们见面，因为科学正在逐渐成为一种越来越固定的社会活动。

希波的奥古斯丁（圣奥古斯丁）说过这样一句话：“精通文学即将成为高尚品德的唯一标志！”就当今而言，精通诗歌乃是高尚品德的标志。

通过观察文学研究所许多研究员的行为，人们立刻对文学的教育功能彻底丧失信心……然而，事实并非如此！对文学施行社会豁免权，可能会导致产生某些“行话”，只是许多文学研究人员对本职工作持有匠气态度而已，他们的生活完全像一个彻底脱离文学的人。正是由于他们的精神视野缺乏文学，才导致产生了某些不道德的行为，他们早已失去审美感受力。要知道，影响读者正确理解书中内容的，还有一个与研究员相近的职业——编辑工作。为了在本职工作中抵制因循守旧这一现象的攻击，我们每个人都必须变得非常坚强。

只有在某些重大现象中，而不是通过某些微不足道的现象，才能发现规律的产生。任何规律的产生都有一个门槛，而文学规律的门槛还很高。然而，我们可以发现，中世纪文学的门槛却比近代文学的门槛低，所以在古罗斯文学基础上观察文学规律，要比在近代文学基础上观察文学规律更便利。

我认同夏加尔对于大师定义的说法：“所谓的大画家，就是那些敢于打破流派框框、高于框框、摆脱流派规则和标准约束的大师。凡是被局限于流派框框之内的，全部都是才具平平的画家。”[21] 接着，夏加尔只通过与他相近的数位风景画家（同时代画家或与他“对立的”画家）来阐释自己的思想，但是他的思想还涉及建筑师（尼古拉·利沃夫、安东尼奥·利纳尔蒂）、作家（普希金、果戈理、陀思妥耶夫斯基）和古代圣像画家。圣像画家的技艺越高，脱离“学派”和时代的可能性就越大。这也正是卢布廖夫的《圣三一》圣像画或费奥凡·格列科的绘画风格，经常会引起截然不同的评价的原因。

回头再说作家，大司祭阿瓦库姆的文学风格又怎样呢？他的作品风格正如四位福音书作者的作品不能被纳入文学史中是一个道理，四部福音书无论如何也不符合任何规则和时代特征，甚至无法将它们纳入 1 世纪的风格体系之中。

油画《湖泊》局部，B. 康定斯基，作于1910年

艺术漫谈

随笔：艺术起源

关于岩洞壁画。岩壁上刻画野牛的技艺如此非凡，以至于我们感到艺术完臻至此，甚至无法逾越。

是的，岩画的技艺的确是令人惊叹，但是画面上只有悍猛的野牛和洞熊……难道当时的人们只是为了描绘狩猎场景吗？如果是这样，为什么他们没有刻画野鸭、野鹅和鹌鹑呢？当时这些飞禽同样是主要的狩猎对象。为什么他们不画人们每年都要耕种的黍田呢？

我认为，当时的人们在岩洞内所描绘的主要是他们最害怕的、可致人死亡的对象，他们所刻画的正是那些令他们感到恐惧的猛兽，以此减轻他们对险恶的周围世界的恐惧感。

艺术就是由此而产生的。

当广袤的俄罗斯平原使人产生畏惧之感时，人们便开始在最高处、陡峭的河岸上和沼泽地之间建起一座座教堂。由于遍地教堂林立，从而消除了孤独给人们带来的恐慌。悠扬的圣歌征服了整个空间，教堂的钟声响彻云霄，高高翘起的船头上雕刻着骇人的怪兽。令人惊恐的大海、使人为之恐惧的惊涛骇浪，都是必须降服的对象。

人们因害怕死亡，因担心默默无闻和悄然消失而遍地堆积土丘，此类土丘陵墓是最难以被毁的工程。因为它们是用泥土堆积起来的，所以它们像大地一样永恒。若想拆毁一座丘冈，需要一点一点地将其铲平，不是用铁锹，而是用筐抬或用肩挑，用铁锹是无法将土丘陵墓彻底铲平的，因为那些土丘陵墓都是巨大的，如果用铁锹去铲，那么，铲平一座陵墓，旁边随即出现另一座陵墓。因此土丘陵墓是一种永恒的象征，古埃及的金字塔正是以一座座陵墓而著称的。

随之出现的艺术不是与死神做斗争，而是与世界缺乏必需的形式和内容这一现象做斗争。艺术可使世界变得有序化，而这种有序化的过程每次都各不相同。从不署名的民间口述文学创作往往显得千篇一律，而个性化创作中的有序化，的确具有一定的个性化特点，某人创作过程的有序化会显得丰富多彩：艺术家可通过各种不同作品，表达各种不同的思想和各种不同风格的发展趋势。

所谓艺术丰碑是指各种类型的“模型”，使无序的世界变得有序的各种尝试。人们对死的恐惧通常都以复杂的形式（“各种形式”的混乱）表现出来，而艺术斗争的对象甚至不是混乱，而是无序化，因为从某种程度上讲，混乱本身也是世界存在的一种形式。

人们可以攻克世界，也可以使世界重新崛起，或建造新城（建造太阳城或类似的大都市）。历史

木刻十字架

上，曾任莫斯科及全罗斯宗主教的尼康为博罗达耶夫斯科耶湖[1]上的小岛树立了一个十字架。然而，从总体上讲，艺术斗争的对象是个人对世界的认识。艺术力争将人对世界的认识纳入“风格体系”之轨道，而这种“风格体系”是被公认的形式与内容的统一体。

陀思妥耶夫斯基惧怕城市，害怕人类，他非常清楚看到了城市和人类所有的悲惨事件，深切地体味到他在人的幽灵面前所产生的恐惧，而他又难以自欺。因此他只能在自己的作品中“稍稍”改变这个世界（这个“稍稍”只是他个人的感觉）。他需要使自己深信世界本来如此，而他对世界的看法却异常尖锐，甚至近乎科研式（难怪他的文学创作能与人类科学发展相符，近似于精神病学和心理学；还能与改革之后的法庭调查的发展相符，与辩护律师业和总检察院的发展相符，与历史科学中的史科学的发展相符）。他就像古人那样，不过他在自己的“岩洞壁”上只刻画野牛是不够的，只刻画人也是不够的。对他而言，重要的是描绘他深信的真实世界，于是他开始默数主人公的脚步，测量他们走过的路程，指明事发地点，极力追求事发地点的准确性，追求原型（不是原型促使他去描写，而是描写本身在寻求原型，目的是确信自己的真实性：无论如何这都像是镜中的影像在寻找自己的原型）。

尽管如此，人们觉得这个世界并不那么安全，于是便出现了反现实主义倾向，它以印象派的形式出现，同时伴随着 1/2 的干草垛、1/4 的鲁昂天主教堂[2]，同时努力使观众相信，只有事物的外表，而不存在事物本身。五彩缤纷的涂料使观众相信，颜色之下什么都没有，只有不时闪烁的平面，甚至还不是平面，而只有映入眼帘的各种颜色和斑点。既没有世界，也没有人类。这也是与世界做斗争的一种形式，同样是一种安全的“世界模式”。立体派、抽象派和其他形形色色的流派最终将这个世界彻底摧毁，随之出现的便是反报刊、反诗歌、反戏剧和荒诞剧。艺术本身像社会现实那样正在恫吓世人。在哪里停顿？在何处喘息？哪里可以消灭死神？于是乎，消灭死神这一行动本身也开始像现实一样令人惊恐。

如果在数千年的古代世界，土丘陵墓曾是古代艺术的象征，或是艺术与时代做斗争的象征，那么，十字架就是整个新时代和新艺术的象征，墓地上的十字架或教堂顶部的十字架都是新艺术

① 博罗达耶夫斯科耶湖（Бородаевское озеро），位于俄罗斯北方沃洛格达州基利洛夫地区费拉篷托沃村和基里洛夫市附近，境内有知名的费拉篷特修道院、基里尔－别洛泽尔斯基修道院。

② 鲁昂天主教堂（Cathédrale Notre-Dame de Rouen），法国鲁昂市的哥特式教堂（高 151 米）。

的象征。十字架可使人融入这个世界，可使人敞开心扉，十字架的各个末端分别指向四面八方，指向苍穹和大地。

艺术力争成为随时敞开、传播和推动整个世界的十字架。十字架是人类与死神做斗争的象征（在基督教中，十字架是复活的象征）。

中世纪雕塑中所反映的某些情节通常都具有“护身符”的作用。比如，双狮（或狮群）护佑马其顿国王亚历山大大帝升天的情节［关于这一情节的特点，中世纪艺术史学家安德烈·格拉巴尔（А.Н. Грабар）曾给我讲过；西西里岛上也有类似雕塑］、火炉中的三少年、七个熟睡的以弗所人、被扔进狮群的预言家但以理、三折圣像画（圣母、施洗者约翰在最后的审判时为拯救世人而祈祷）。具有护身符功能的还有狮子形象（中世纪动物生理学认为，狮子可以睁着眼睛睡觉），所有此类形象一般都是拯救或保护世人的意义。

有一次，我去朝拜匈牙利杰尔－莫雄－肖普朗州潘农霍尔莫天主教修道院，一位本笃会修士向我展示了一些罗马雕塑的遗迹，他给我讲述了罗马教堂正门上的各种头像（或面具）及其不同含义：怪诞式魔鬼面具代表的是坚决阻止人们走进教堂的魔鬼。罗马教堂上的怪诞式魔鬼面具通常处于正门拱顶上方偏左一点的位置，仿佛以此表明，由于魔鬼的天性，它们的面具不能处于中央位置。正门左侧柱头上的天使头像注视着每一个进入教堂的人。正门右侧柱头上的天使头像注视着每一个提前（祈祷仪式尚未结束）走出教堂的人。正门两侧的天使头像没有丝毫的怪诞或滑稽之意，而是一个在微笑，另一个在哭泣。

接下来是魔鬼极力沿着教堂外墙或圆柱向上攀登，试图玷污教堂顶部的十字架。罗马圆柱中部的饰带（有些饰带的形式非常复杂）有一个特殊的作用，即当魔鬼向上攀登时，结构复杂的饰带会使它们蒙头转向，然后它们就会摔下来。教堂装饰图案上的微型饰带同样可发挥这种作用。自11世纪以来，这家修道院的大门从未关闭。这种讲解就属于民间口述文学创作的传统。

现在来看弗拉基米尔州尤利耶夫－波尔斯基市一座教堂内的装饰图案。小鬼儿顺着带有斜槽（仿佛是专门为那些愚蠢的小鬼儿设置的纹路）的柱子从下往上爬，斜槽似乎在捕捉它，先让它往上爬，饰带就会拦住他，一旦饰带未能把它拦住，带斜槽的柱子就开始向下，此时使小鬼儿感到头疼的三叶装饰（圣三一的象征）或双叶装饰（象征着耶稣基督的双重天性——神与人的天性）突然出现。瞬间小鬼儿就从柱子上摔下来。即使它抓住了狮子的尾巴，迎接它的却是一口陷阱。就这样，小鬼儿无论如何都不能潜入教堂，也无法攀登到十字架的高处。

肖像画《20世纪初俄罗斯芭蕾演出季的创始人、俄罗斯戏剧活动家谢尔盖·佳吉列夫与保姆》，列昂·巴克斯特，作于1906年

柴可夫斯基雕像与莫斯科音乐学院

匈牙利最伟大的圣物——苦难圣徒斯特凡皇冠①，又名“匈牙利圣冠”，这是罗马教皇送给匈牙利第一任皇帝伊什特万一世（斯特凡一世）的礼物。皇冠由拜占庭帝国制作，皇冠顶部的十字架并不是绝对垂直，而是稍微向右倾斜。非常清楚的是，这绝不是一种错误行为，这个十字架具有一定的历史意义。

我不仅在绘画中看到了这顶皇冠，1985 年秋，我在布达佩斯国家博物馆内也见到了正在公开展出的这顶皇冠。

观众对英国画家和雕塑家亨利·摩尔（H.S. Moore）雕塑作品上的“孔洞”可产生各种不同的想法，就连雕塑家本人也曾在不同时期，对自己作品上的“孔洞”做出了各种颇有高见的不同解释。

亨利·摩尔认为，那些孔洞有助于连接雕塑品的正面与背面，可强化二者之间的统一，从而使作品呈现出三维效果。那些孔洞还可理解为他本人在第一次世界大战期间目睹的士兵身上的伤口，也可将其看作透过女性躯体（主要是女性躯体）窥视世界的窗口。孔洞还可解释为他对父亲矿工职业的回忆，象征矿工用丁字镐钻入大地母亲的体内。带孔洞的妇女身旁通常都有小孩的形象，这正是婴儿在母亲腹中的象征。有时一个身旁没有小孩的妇女的腹部，也会有一个孔洞，雕塑家以此提醒女人们勿忘自身的天职——生儿育女。

各种伟大风格之间的界限永远都是不甚清晰的，而伟大的作品也常常产生于风格的“边缘地带”。比如，普希金、莱蒙托夫、果戈理、陀思妥耶夫斯基等人的巨著都是如此。在建筑艺术领域（比如，意大利建筑师安东尼奥·利纳尔蒂的设计方案）也是如此，绘画界（卡尔普·勃留洛夫的作品）和某些戏剧作品等，无一例外。

① 斯特凡皇冠（伊什特万一世皇冠，Корона Святого Стефана），该皇冠由上下两部分组成：上半部分呈战盔形，有拉丁文题词；下半部分则是希腊铭文。1000 年，罗马教皇的代言人亲自将此皇冠戴在匈牙利第一任国王斯特凡的头上。

用手画的圆圈要比用圆规画的圆圈更圆，这或许是因为某些微小的偏差恰恰迫使观者更积极地去看待圆圈，有意识地对其进行修改，更主动地理解那个圆圈。

1853 年，匈牙利画家米哈伊尔·济奇（M.A. Зичи）曾为《伊戈尔远征记》做插图（石印画）。插图中的古罗斯人身穿匈牙利民族服装，而波洛伏齐人身穿土耳其服装（在此之前，米哈伊尔·济奇已在俄罗斯工作多年）。19 世纪 70 年代后期，米哈伊尔·济奇创作了一幅非常缺乏审美品位的画稿《火刑》：一位充满诱惑力的年轻貌美的女子被大火焚烧（赤身裸体，袒胸露背）。

关于 20 世纪的听众，作曲家伊戈尔·斯特拉文斯基（И.Ф. Стравинский）在《访谈录》[1] 中甚至这样说道，如今的听众认为，“了解比认知更重要”。这层意思与他的另一句话吻合：“艺术家的真正事业是修复古船，他（艺术家）完全可以采用他自己的方式，以便重复前人已经说过的话。”[2] 由此可见，过去的艺术观至今依然充满活力。

虽然艺术品完全可以脱离时代而生存，但是为了感受到它们的超时代性，必须通过历史观去理解它们。历史观可使艺术品成为永恒之作，可使它们超越自己的时代，变得更易于理解并发挥更积极的作用。这听起来似乎是一种悖论。

1923 年，毕加索在与墨西哥画家扎伊阿斯·德·马吕斯（З. Мариус）谈话时这样说道：“我在之前所做的一切，我所做的一切都是为了求实，衷心希望，我的作品能永远保持真实。”[3]

所有门类的艺术都是一种艺术，各门科学都是一种科学。因此一个人在某个领域具有天赋，他在另一个领域内也同样具有天赋。比如，米开朗琪罗、达·芬奇、罗蒙诺索夫等。令人惊讶的还有天赋极佳的女芭蕾舞演员和画家，同时又是很好的作家。比如，康斯坦丁·科罗温（К.А. Коровин）、塔季扬娜·卡尔萨温娜（Т.П. Карсавина）、库济马·彼得罗夫－沃德金（К.С. Петров-Водкин）、亚历山大·

伯努瓦（А.Н. Бенуа）等。

俄苏文学史家鲍里斯·艾兴包姆（Б.М. Эйхенбаум）在《果戈理的〈外套〉是如何创作的》一文中写道："怪诞形式要求作品具有一定的封闭性，必须使作品与外部世界相对隔离 [4]。'米尔格罗德'是一个完全与世隔绝的和充满幻想的诡异城市。"

圣像画也是如此，圣像画所反映的是一个不同于尘世的世界，所以圣像画是一种物品（画在布面上的油画则不是物品，而是一种映象），圣像画有四周严密的边框和边框内的方形或长方形"匣子"①，它的构图封闭而充实，没有连接外部世界的空气和自由空间。

圣像画所遵循的是"画面完整的原则"，这也是古罗斯文学中非常典型的一条原则。

我在青年时代读过一些佚名作品和名称古怪的书籍，但是它们却深深地触及了我的心灵。其中一本名为《事物的心灵》的书（确切地说，那是一本小册子），我对该书的内容至今还记忆犹新，作者的名字好像是谢利瓦诺夫，那是 20 世纪初在梁赞州某地或另一个古老的省城出版的。该书的作者执意认为，许多东西均有各自的心灵、意志和眷恋之情，商店里的商品不知经过多少次的出售和变卖之后，最终又返回原来的主人手中。作者还列举了其他一系列关于物品返回家园的实例……物品究竟是否有心灵，这始终是个难以证实的问题，但有一点是清楚的，即主人对祖传的桌椅板凳和餐具等，一直都很有感情。许多物品与数以千计的回忆密切相关，与物品的拥有者和物品的使用者密切相关。从这一观点出发，机关单位的器物甚至比自家祖传的器具更有意义。

然而，由于有些物品的确美观大方，由于它们是由真正的能工巧匠充满爱心和细心制作的，因此才会博得人们的喜爱，它们自身蕴含着工匠们的智慧、想象力以及他们的微笑。在那些"会微笑的家用器具"当中，有时还能体验到狄更斯小说的意味，有时还能使人联想起他的长篇小说《匹克威克外传》所描写的一把旧安乐椅的故事。

我在一本英文图书中，看到了作者对红木进行的极其生动的描述。原来早在 17 世纪，红木因自身能散发奇妙的芬芳而被世人青睐。关于这种说法，1672 年，英国地图学家理查德·勃鲁姆在《牙买加概述》一书中有所记述。他在描写各类细木时指出，在那些木质产品中，可以发现"many other excellent sweet smellings"（"多种极好的甜蜜和芳香"）多种树木都属于"红木"之列，应当说，200—300 年以前，人们比现在更重视气味的作用。比如，当时的人们十分重视各种花草散发出的芬芳，他们似乎能直接捕捉到木料加工时发出的气味等。彼得一世也曾下令，首先要大量种植香花；道路两旁不许铺沙砾，而是要种植随时散发香气的薄荷，每逢人们经过此地时，都能闻到薄荷的香味。率先重视红木的技术指标［包括硬度、抗温差性能、制作"cabriole legs"（螺旋腿）和弯曲把手等部件的可能性］的是西班牙人，那时他们主要将红木用于造船业，后来逐渐开始用来建造他们在美洲的殖民地的房屋和教堂。在欧洲，最先使用红木的是英国人，他们主要将其用于木块镶嵌制品。他们一般从英属牙买加和洪都拉斯进口这种木料，具有所需硬度和自然装饰图案的最佳树木在当地是漫山遍野。最早认知红木质量的是牙买加，从起初到 18 世纪中叶（确切地说，到 1780 年），在红木资源尚未减少之前，大部分红木都是从牙买加运往英国的。到 18 世纪，英国人开始重视红木适于细木加工的美学特征。他们认为，红木首先是一种进口木料；其次，红木容易抛光，自身具有华丽的表面、光泽和花纹（这一点在制作面板时相当重要），其硬度还非常适于锯割和雕刻。

在俄罗斯海军舰队，木工们曾常用整块木料

① 在东正教的圣像画中，画面人物形象或景象位于木板的中心位置，这个空间通常被称为"木匣子"。

制作家具。红木更适合于舰队，首先考虑的是它的坚实性。我家有幸保存了塞瓦斯托波尔保卫战的英雄和海军元帅伊斯托明用过的一张写字台，它曾摆在他的船舱内。那张写字台下面有三个内衣专用抽屉；中间部分是可抽拉的写字专用台面，台面上摆着各种书写用具；上面分别是餐具柜和书柜。写字台的顶部原来还装有不高的小栅栏，以防止放在那里的物品由于船体晃动而坠落。那张写字台具有 20 世纪 50 年代特别“时髦”的款式（桌角全部是圆形的），而且有难以想象的自重，因为那是工匠们凭良心用整块木料制作的家具。当然，当写字台在用红木镶面时，没有留下任何“火焰”般的痕迹。

说到家具上的“火焰纹”，胡桃木家具上的“火焰纹”最美丽。尽管这种木料质地柔而易碎（所以它才属于罕见品种），但是用它制作的“蚌壳二次弯曲装饰”十分精美。胡桃木是我特别喜欢的家具原材料，当然，这并不意味着我准备收藏此类家具或我家已有这种家具。我在科学院“乌斯科耶”疗养院休息期间，每天都能观赏那里的胡桃木家具。那里有彼得堡亨利·汉普斯家具厂生产的各类精美的化妆台和穿衣镜，其木框美观华丽，还可随意折叠和转动，还有该厂生产的各类桌子和安乐椅。它们的使用寿命都在百年以上。

关于红木，还想补充说明一点。尽管当年西班牙海军舰队的技术装备十分精良，但是他们最终还是在特拉法加角败北。他们的第一个优势是，战船一律采用最坚硬的红木制作，而英国战船则是用橡木制作的，桅杆和横桁采用的是松木。西班牙人充分利用了生长在古巴和今天的洪都拉斯沿岸的粗大红木资源，在 18 世纪，西班牙造船厂制造了 300 多艘战船，每艘战船大约需要 3000 棵红木，制造每条船上的桅杆和横桁就需要产于墨西哥的 40 棵松树。

在特拉法加角海战期间，最坚实和火力最猛烈的战船是西班牙具有三层甲板的“圣三一”号，战船上装有 144 门火炮，在参与那次海战的其他战船上，是火炮最多的一艘战船。英国人用两倍和三倍的火力都无法击沉西班牙战船，无法穿透用红木制造的船舷，而西班牙战船“圣三一”号的火炮却能穿透英国战船 1 米厚的橡木船舷。以“圣三一”号战船为首的西班牙海军共有 1200 名水兵和海军陆战队士兵，而以尼尔松指挥的“维多利亚”号旗舰为首的英国海军只有 900 名职业水兵。

那么，为什么英国人最后战胜了西班牙人呢？主要是由于英国战船上的 900 名水兵具有严明的纪律，而且训练有素。

1967 年在爱丁堡，朋友送给我一份贵重的礼物——一幅精美的意大利画家马蒂尔亚尼的复制画，我问道（因为本人是老印刷工作人员）：“这幅画是用什么机器印制的？”我得到的回答是：是使用 19 世纪最简单的一台机器印制的，但是问题在于，使用那台机器的是几位真正的大师，在油画印制期间，他们每个人都仔仔细细地、一丝不苟地按原本校正画面的颜色。

威廉·布莱克曾将《圣经》称为“伟大的艺术法典”。他认为，离开《圣经》，大多数艺术作品中的情节都将无法理解。

大家都喜欢艾蒂安·法尔科内（Э.М. Фальконе）的雕像《青铜骑士》，它的确价值连城，但如果将法尔科内在彼得堡的所有作品都算上，哪怕是情节不同的雕塑品，总共也没有多少（最多 5 ~ 6 件）。雕塑家彼得·克洛德（П.К. Клодт）的铜马一组四匹，分别位于彼得堡市中心横跨丰丹卡河上的阿尼奇科夫大桥两端的四个角上。假如建筑师蒙费兰不是在彼得堡仅仅建造了亚历山大纪念柱，而是为纪念各种重大事件创作了 5 ~ 6 尊雕像，那么我们的城市将会出现什么景象呢？不，虽然他们完全可能为本市创作出一批极其美妙的雕塑品，但必须是各不相同的雕塑。出自同一位雕塑家之手的三尊普希金雕像，就如同再次实施的杀人罪一样。

涅尔里河畔的圣母教堂外墙局部装饰

我一向认为，画家艾瓦佐夫斯基（И.К. Айвазовский）所想象的美丽海景，或者他画出来的那种海景，都不可能是现实存在的。有一天早晨，我特意来到保加利亚的瓦尔纳海边观潮。当太阳缓缓升起时，巨浪一层一层地涌向岸边，同时形成了一座座浪峰，随后在悬崖峭壁上摔得粉碎。当浪峰被冲毁之后，随即化成一股股细流，透过它们一切都清晰可见，如同绿色镜子中的景象。此时的海水呈现出乌拉尔山脉的矿石——缟玛瑙的颜色，微风中的海水像无数颗钻石那样争相闪烁。于是我深信，我此时所见到的海上美景，艾瓦佐夫斯基并没有想象到。唯一的骗局在于，如此壮观的海景只有在早晨和日落时分方能看到。他在美化大海的同时，融合了许多不可融合的元素（他制作了不符合时辰的海上特效）。这就是他的一大失误，不过他早期创作的浪漫主义油画还是很好的，那些画作的情绪也很饱满。

如果我有精力，我将撰写《古罗斯标志学》；如果我力不从心，希望能有其他人继续。

只要通读《拉季维尔编年纪事》[1]，不难从袖珍插图中看到毒蛇和太阳等标志；在《伊戈尔远征记》的插图中，可以看到古罗斯时期的裹尸布、药酒、跃身上马等标志。

中世纪西欧国家的浮雕，曾备受专家学者和咨询手册编撰者们的关注和喜爱，这些浮雕与古罗斯浮雕也比较接近，但二者又不完全相同。

画家在创作一幅风景画、小品或肖像时，善于努力挖掘其中之美。这就意味着，模特本身（包括大自然、人、植物、动物等）均有各自的美。有时这种美甚至不需要任何挖掘。比如，鲜花、蝴蝶、树木、晶石和飞禽，因为它们的美就呈现于表面，使人一目了然。

在19世纪上半叶，人们“破译”自身情感的

① 《拉季维尔编年纪事》（Радзиловская летопись）大约出现于13世纪初，俄罗斯现存15世纪的两种版本：一个是书中有大量彩色插图的《拉季维尔编年纪事》；另一个是莫斯科科学院版本。《拉季维尔编年纪事》属于古罗斯《编年纪事》，年代大事记载至1206年。

油画《圣灵降临节》，Б.М. 库斯托季耶夫，创作于 1920 年

能力已达到了很高的程度。比如，法国珠宝匠在1820年左右制作的手镯。他们在手镯上刻下的前几个字母，分别代表着被镶嵌在手镯上每一颗宝石的名称，从而形成了一系列新词语“Amitié”（友谊）、“Amethyst”（紫晶）、“Malachite”（孔雀石）、“Iacinth”（锆石）、“Turquoise”（绿松石）、“Emerald”（绿宝石）等等。难道这是一种隐秘之爱吗？当时只有手镯的拥有者和女主人才知道其中的真实含义吗？那么，女人一般是从谁那儿得到的手镯呢？我完全可以想象到，她以怎样的深爱去佩戴那只手镯啊。

有人曾提出这样一种想法：教育是艺术视觉的敌人，不知这是谁的发明。乍看上去，事实的确如此，每当我们思考隐藏在我们视线之外的东西（骨骼、大脑、关节、筋和跟腱）时，很多东西都会自动丧失。大自然中的万物和各种研究对象也是这样，但是画家为了更好地创作，他必须懂得解剖学。如果他对马的骨骼结构一无所知，他笔下的“骏马纪念碑”很可能如同为庆祝诺夫哥罗德解放而制作的雕塑。这就意味着，画家不仅应该善于观察，善于发现，而且还应该懂得事物的结构和本质。苛求的观众也应如此，但是他们需要在洞察事物的瞬间忘却自己的知识。

与此同时，知识特别有助于审美意识的培养，其中包括神话方面的知识、历史知识、对风格体系的了解、对创作者生平的了解、对某部作品的创作经过、作品问世之后的社会反响的了解等诸多方面的知识。在不同时代，知识的作用和知识门类本身也随之发生变化。在中世纪、中世纪之后直到今天，“圣经故事”（包括《圣经》和教会发展史）在职业艺术史家的实践活动中，始终发挥着重大的作用。从文艺复兴时代到19世纪上半叶，首先要求创作者必须了解古希腊神话。对佛教徒而言，他们必须懂得佛教知识。甚至为了理解和接受原始部落的艺术品，必须掌握与该部落神话、传说和宗教相关的知识。在通行现实主义的今天，为了理解艺术作品，大多数观众、听众和读者只需掌握基本的心理学知识即可；而在理解抽象艺术作品时，根本不需要这种知识，它们似乎是毫无用途的……

马克·罗斯科坚信：“只有艺术才能容忍灾祸和荒谬的存在。”然而，这种悲观的信念却有一定的意义，首先，它可引导我们发现艺术的本源；其次，艺术能理顺我们对混乱现实的认识并使它们达到秩序化。事实的确如此，人对世界的认识应该秩序化，应该建立起某种体系。人可将艺术置于现实之中，并能将现实组织起来。

民间艺术

民间艺术是人们最喜闻乐见的艺术形式，因为它具有合唱艺术、劳作艺术（人可以触摸到的艺术）、服饰艺术以及环境艺术（比如农舍），是人与艺术共同发挥作用的艺术……民间艺术是一种地道的实用艺术。

令人惊叹的是民间艺术的两大特点（其他特点除外）：包罗万象的特点和统一的特点。所谓“包罗万象”，就是指所有手工制品和口述作品的渗透性，而这些产品和作品都是人们通过艺术原则创作出来的。所谓“统一”，首先是指风格与民间品位的统一。小木屋、农舍以及室内的一切都保持高度统一，人们围绕自己的家园所创造的一切、代代口传的一切等，都具有各自的生命力。民间艺术的这两大特点均可解释为，各种形式的艺术都必须服从于稳定的生活方式这一最高原则。所有的节日、风俗习惯和所有的行为规范共同缔造了统一的艺术。不过从仪式和日常生活中“抽出”的每一件物品、每一首民歌，都将会失去一半的意义和美感。

尽管如此，艺术作用下的统一而充满活力的日常生活，只能存在于具有统一生活方式的社会中，即农民的生活环境中。在他们的生活中，最终起决定作用的是大自然，自然界决定着每年的农事节日和各种欢庆习俗。

萨瓦－斯托罗日河畔男子修道院（莫斯科州兹韦尼哥罗德）门厅的古代壁画《基辅洞窟大修道院院长圣费奥多西与圣谢尔吉·拉多涅日斯基》

在节日期间，生活习俗和各种仪式均可得到最大限度的、最鲜明的和最强烈的体现。民间艺术与人们的日常生活和礼仪紧密相连，这就是艺术能营造如此浓厚的节日气氛之缘故。具体化的民间口述创作、谚语和俗语、音乐（歌谣和民歌）等，都为生活披上了五彩缤纷的节日盛装。

萨拉托夫拉季舍夫艺术博物馆内，有一幅库斯托季耶夫（Б.М. Кустодиев）的画作——《圣灵降临节》[①]。画面上的节日气氛一目了然，画家为什么偏偏要选择“圣灵降临节”这一主题呢？近景的商人之家款款地走在街上，走在前面（画面的右下角）的是商人之妻和他们 18 岁的千金小姐。两个年轻人一边极力地向她母女俩兜售鲜花，一边不时地欣赏少女的容貌。大树下的长椅上坐着一位女士，她或许是一个商人之妻，坐在她左侧的好像是出身于普通家庭的一位老妇人，她手里拿着一块手帕。站在她俩面前手持文明棍的应该是那位女士的丈夫，他正在仔细聆听她们的谈话。

母亲曾对给我讲过，按传统习俗，圣灵降临节当天，通常都要展示未来的新娘。商人之家带着自己的女儿（彼得堡通常在夏花园庆祝这个节日），并漫步于公园的中央林荫道上。未来的新郎们分别站在林荫道两侧，他们仔细端详着每一位未来的新娘。许多媒婆分别站在他们左右，还不停地向他们解说，花多少钱可将哪位新娘娶到手，姑娘们的陪嫁分别价值几何等。在一般情况下，大都市的商人之家都是以此种方式展示自己的女儿，而画家库斯托季耶夫却展示了俄罗斯地方省城的相亲仪式，画面上充满了浓烈的节日气氛。

在很大程度上，民间艺术的特点可解释为印象的整体化、体系化和艺术化，这一特点总是通过同一种风格、采用同一种习惯的方法实现的。或许正因为如此，农民们才使房屋内外的一切都服从同一种风格和同一种艺术形式。他们对民间艺术深信不疑，正是由于他们勇敢地坚持传统，他们才能统一地在艺术水准上制作纺车、餐具（木碗和勺子等）、屋顶上的马头装饰、雪橇和服装等各种日常用品，还能在艺术水准上堆积草垛、建立村社等。所有这些物品的样式和材料几乎完全相同，它们仿佛出自同一位匠师之手，很少体现出个性化特点，但即使在这种情况下，也不会出现鉴赏力低下和反艺术的产品。然而，事实上，有些民间艺术品的确具有很高的艺术性，而有些产品的制作水平相对较低，但是没有拙劣的产品。

民间艺术的风格永远都带有某一地区的特色，属于那一地区的居民所特有，所以他们通常都会采用同一种主要风格，去理解和描绘那些艺术品。

艺术的进步在于，出现了多种通过艺术理解现实生活的方法，那些方法各有不同。人们逐渐掌握了“看”和“听”的能力，同时运用两种或多种风格体系来从事各项创作活动。

法国古典主义与巴洛克风格并存于同一国家的同一时代，逐渐培养了个性化原则（当然，这种原则曾一直存在，只是处于风格体系的次要地位而已）。个性化原则在浪漫主义风格体系中逐渐获得了固定的意义，同时开始对其他时代和其他国家的风格产生兴趣。因此在浪漫主义风格体系中，重视民族风格（比如，重视哥特式、中式、土耳其式以及阿拉伯式的艺术特点，对其他各门类的民间艺术产生兴趣）和历史风格占有同样重要的地位等，这也是不无道理的。浪漫主义创作者通常在认识世界的多种不同风格中寻找自我，他们懂得，可以采用各种不同形式和各种不同“品位”，力争艺术化地组织这个世界。在这一阶段，缺乏鉴赏力这一现象伴随着各种不同的“品位”先后登场。19 世纪和 20 世纪的品位匮乏主要表现为混乱、与艺术对立的乱象、组织混乱之类的现象（请大家原谅我措辞不当）发起的反攻，也就是说，虚假组织某些活动的现象（但实际上也属于混乱）

① 圣灵降临节（Троицкий день，又译“圣三一降临节”），译自希腊语“Πεντηκοστή”，是俄罗斯东正教 12 大节之一。俄罗斯东正教每年在复活节之后的第 50 天（星期日）庆祝该节日。

发起的反攻。此类乱象同时带有一定的挑衅性，正因为如此，它才能与各种风格体系的探索相对抗。鉴赏力低下不仅表现为缺乏应有的品位，而且还表现为自身与品位对抗的某种力量。

事实上怎样呢？大海的咆哮、森林的呼啸，甚至连街道的喧嚣等，均可通过音乐对它们加以组织（我们可以聆听一下李斯特的钢琴改编曲《维也纳之夜》），但是如果不要求乐队诚实地演奏作品，如果不能使乐队恢复正确的演奏方式，那么，乐队的噪声、对音乐作品进行虚情假意的演奏等现象，将无法使作品诠释达到应有的艺术效果。因此鉴赏力低下就是一种混乱，就是对艺术的一种对抗。

由于艺术流于低俗和反艺术等危险的出现，艺术批评才有必要预防这种危险的出现，于是真正的艺术批评和各种形式的艺术学也纷纷亮相，这就是艺术本身的自卫功能。而在当时，民间艺术却不需要这种自卫。

伟大的读者、听众和观众是有的，伟大的批评家（包括文艺批评家、艺术史家和音乐学家）也是有的，他们随时可以引领大众。

令人惊叹的是，在创造个人风格体系的过程中，艺术批评的发展总是伴随着广泛运用个性化原则、允许个人独创精神存在的现实主义风格的发展。当创作者具有最广泛的创作可能时，当出现各种不同的“主义”（无论优劣）充斥时代的创作场时，便会产生艺术批评，同时出现的还有创作任性的危险。批评是艺术的调节器，它逐渐成为必不可少的因素，因为没有批评，艺术将无法抵御伪艺术的混扰。

民间艺术风格的统一严格掌控着艺术标准，它不允许艺术出现任何失误。尽管如此，这种风格的统一同时证明了一大弱点，即审美意识缺乏必要的灵活性。当一个人为了理解某部艺术作品时，他很难轻而易举地从一种风格过渡到另一种风格，而近代审美意识却有从一种风格过渡到另一种风格的特性，理解并接受各种不同的个性化

施洗约翰（弗拉基米尔圣母安息大教堂）· 1408 年

特征和民族倾向，这的确是艺术进步的例证，是数百年艺术创作获得的最伟大的成果，但与此同时，人们又是多么容易被蒙骗呀，他们有时会将微不足道的小事或虚假现象当作应该严肃认真对待的事物来接受！

多种创作个性和非创作个性融为一起的现代大众性，要求通过批评进行经常性的监控，但是批评本身也应该进行自我调节和自我控制，否则批评将会沿着错误路线发展下去，或者沿着一条虚假路线发展，或者只因自身是新生事物而毫无道理地反对其他所有的新生事物。尽管如此，过去假如没有经过任何创新，非常典型的传统艺术就不可能得以发展，因为传统只有在它本身与时并进（不仅是保护传统，而且还要使传统符合新时代的要求）的情况下，才能称其为传统。传统不仅是“以旧换新”，而且还需要使古老的传统符合新时代的要求，也就是说，必须使古老的事物有所更新。

对我而言，什么是芭蕾舞呢？芭蕾舞首先是一种舞蹈形式，它既不是哑剧，也不是形体训练；既不是“活动的画面”，也不是“艺术体操”！每一场芭蕾舞剧都是一个盛大的节日！因此我不喜欢新式芭蕾舞剧，不喜欢根据真实故事改编的芭蕾舞剧。芭蕾舞剧的素材向来都是来自童话和神话故事，讲的永远是过去的事情，而不是今天的现实。比如，《吉赛尔》《睡美人》《天鹅湖》《艾斯米拉达》《海盗》《胡桃夹子》《神驼马》等经典舞剧杰作。再说在舞剧中，音乐是专门为舞蹈创作的，而舞蹈本身并不能解释或诠释音乐。因此对我来说，伴随着古典音乐所跳的舞蹈是审美意识匮乏的表现，这种现象有时还能占上风。不过音乐就是音乐，无法使音乐变成某种视觉形象。

我在大学学习期间，曾经常去列宁格勒爱乐演出团听音乐会，我在那儿还见到了苏联音乐学家伊万·伊万诺维奇·索列尔金斯基（И.И. Соллертинский）。有一天，我的一个熟人当面对他说，他在一部新音乐作品的演奏中似乎听出了“骆驼的脚步声”。于是伊万·伊万诺维奇·索列尔金斯基就把这句话加入自己表演的笑话中，还经常把这种音乐“视觉”称为“骆驼的视觉”。

话已至此，我想重复芭蕾舞演员克谢尼娅·捷尔－斯捷潘诺娃（К.М. Тер-Степанова）写给我的一封信，她在信中有这样写道：“我非常痛心地意识到，马林斯基剧院的芭蕾舞剧历来都是俄罗斯艺术的荣耀和骄傲，曾一度是全国和世界舞剧院仿效的样板和典范，可如今剧院的威信却开始逐渐降低。”还是在那封信中，克谢尼娅·捷尔－斯捷潘诺娃继续写道：“没必要列举诞生于我们剧院舞台上并成为俄罗斯芭蕾艺术经典、后来又成为全苏芭蕾艺术经典的所有剧目，而最近首演的几部剧（此信写于 1982 年）毫无学院派的质量，这并非偶然。至于芭蕾舞剧《钦差大臣》（编舞：奥列格·维诺格拉多夫），如果从舞剧的观点出发来评价该剧，如果要准确说出该剧的优缺点，那么，它是经不起任何批评的，剧中根本没有什么创新可言，类似富有灵感的创新已成为本剧院的良好习惯（令人遗憾）。若想上演这部剧，完全没必要成为马林斯基剧院的芭蕾舞演员，也不必要求所有演员都必须是舞蹈学院的毕业生，更不必要求他们必须是彼得堡舞蹈学院的毕业生。”我想补充说明一点，这部芭蕾舞剧《钦差大臣》主要是由某些体操训练动作组成的。

假如此类簇新的舞蹈编排手段仅限于某些新剧上，那该多好啊！可遗憾的是，有人总是对古典芭蕾遗产进行重新编排，他们对芭蕾艺术作品同样应该受到文物保护法的保护这一点毫无意识。曾一度作为世界舞剧和舞剧表演标准的芭蕾舞剧《吉赛尔》也遭到了无情的破坏。克谢尼娅·捷尔－斯捷潘诺娃在给我的信中，特意引用了芭蕾舞学家尤里·斯洛尼姆斯基（Ю.И. Слонимский）的一句话：“我们应该随时提高警惕，以防止‘改善’古典芭蕾遗产这种现象的发生。”这首先是基罗夫模范剧院的任务。可通过“舞剧小品”“芭蕾组合”、音乐剧院等芭蕾舞团体，进行必要的实验并获得所需的经验。克谢尼娅·捷尔–斯捷潘诺娃还写道：“高级专业化水平、艺术性、节奏感、风格感、高雅、细腻、表演素养和深刻的表演技艺等，都曾是列宁格勒表演风格的优良特点。经常有这种情况：莫斯科大剧院竟然邀请列宁格勒舞蹈学派的最佳代表来充实自己的芭蕾团队。”

还有一种类似的可能，即在世界各国的大都市里，对每个城市总建筑师的基本要求是：不一定要比其他城市建造的房屋更多，而是要保持城市的本来面貌，为此建筑设计师们就要加以抑制。在芭蕾舞剧院，可采用同样的方式，明确划分艺术总监（首席编舞）与舞剧导演的职能。艺术总监的职责应该是保持古典芭蕾遗产和剧院的“艺术形式”；而其他人的职责应该是通过编排新剧来丰富剧院的剧目。首席编舞不应该是总导演，他无权对古典剧目进行改良和重新编排。

戏剧导演叶甫盖尼·瓦赫坦戈夫（Е.Б. Вахтангов）在谈到某些不良的老习俗时这样说道：“保存尸体固然很好。”然而，古典芭蕾舞剧并不属于这种传统，所以它是不可取代和革新的。芭蕾舞剧是一门特殊的艺术，正如我们常说的那样，美术中既有油画，也有版画。不能用新型舞蹈姿势和动作代替古典芭蕾的肢体语汇，可以通过一纸命令将古典芭蕾取缔，但不能对其进行革新。也就是说，不能用油画取代版画。

那些描写普希金和他妻子娜塔莉娅·尼古拉耶芙娜生平的舞剧，甚至还有某些话剧，都带有令人恐惧的鄙俗感。

假如有一天，一向不承认戏剧并对戏剧进行讽刺的列夫·托尔斯泰突然看到了芭蕾舞剧《安娜·卡列尼娜》，他会产生怎样的感觉呢？竟然出现了舞蹈版的安娜！难道这就是他笔下的安娜吗？能看这部芭蕾舞剧的人，只有那些根本不懂得安娜应有怎样举止的人！要知道，托尔斯泰笔下的安娜、她的优雅和贵族风范与芭蕾舞中的安娜毫无共同之处。

我个人认为，唯一不适于现代化的一种艺术，那就是芭蕾舞剧，芭蕾舞剧全部是传统的。如果丧失了传统和充满象征的形式，必将导致芭蕾艺术趋于灭亡。到那时，芭蕾舞剧将会变成某种游艺活动，比如，花样游泳、短剧表演、马戏表演等。久而久之，情况只能越来越糟。

没有台词的《钦差大臣》（此处指芭蕾舞剧《钦差大臣》）如同伦勃朗的油画失去了原有的色彩。

1964年的一天，我跟拉多万·拉利奇教授[①]漫步在贝尔格莱德的大街上。他指着距我们很远的一位女行人并对我说：“您看，来了一位彼得堡女士。”我问他：“您认识她吗？”他回答说：“不认识，但是一看她的步态和气质便知。”关于彼得堡女士，我读过瓦季姆·安德烈耶夫的回忆录——《父亲》。有人还以诗歌形式来描述彼得堡女士。比如，诗人尼古拉·奥楚帕（Н.А. Оцуп）就写过关于彼得堡女士的诗歌。我曾试图寻找他们如此钟情于彼得堡女士的答案，我最终找到了一种解释：这是由于彼得堡芭蕾舞艺术的缘故！马林斯基剧院的芭蕾舞剧曾是彼得堡文化生活的中心，该剧院曾吸引大批画家（亚历山大·伯努瓦、戈洛温、科罗温、列夫·巴克斯特等）、音乐家和普通知识分子（女芭蕾舞演员卡尔萨温娜）。佳吉列夫的私人剧院征服了世界，但最重要的是，芭蕾舞教人们学会了与精神文明密不可分的文雅动作和肢体文化。彼得堡学校（不仅包括贵族女子学院[②]）的教师平时特别关注学生们的行为举止，有

① 拉多万·拉里奇（Радован Лалич，1908—1972），贝尔格莱德大学教授、语文学家。

② 贵族女子学院全称是斯莫尔尼贵族女子学院（Смольный институт благородных девиц），俄罗斯第一所女子学院，位于圣彼得堡，1764年（叶卡捷琳娜二世执政期间）由女皇的私人秘书伊万·伊万诺维奇·别茨科伊（И.И.Бецкой，1704—1795）创建，当时的名称是皇家高尚女子教育协会。办学宗旨是为国家培养有教养的女人、贤妻良母、有用的家庭和社会成员。1917年10月，学院迁往俄罗斯南方罗斯托夫省新切尔卡斯克市；1919年最后一届毕业生离校之后，学院离开俄罗斯，迁至塞尔维亚。

油画《安娜·巴甫洛娃》，B.A. 谢罗夫，作于 1909 年

时女生在课间休息散步时，身后还背着体操课上使用的木棒。高年级女生绝对禁止有失大雅的动作（她们有时因此而遭到取笑），禁止走路时摇摇晃晃。学校所应该传授的不仅是右手拿刀，左手拿叉……

是啊，还有一点也非常重要：芭蕾舞还可培养人们对女士的尊重。无论女芭蕾舞演员在生活中表现得如何，她们塑造的芭蕾舞形象（男人崇拜的对象）都是来自古典芭蕾舞剧。在古典芭蕾舞剧中，女人永远都是全剧的中心，而男舞伴则是女人的崇拜者，这也正是古典芭蕾舞剧的基础，是马林斯基芭蕾舞剧院的基础，彼得堡女士矜持而优雅的自控能力也正是由此产生的。如今的芭蕾舞剧中（更确切地说，流行舞蹈“表演”），女人被扔出去、然后再扑向男人……简直就是足球芭蕾，舞台上所呈现的都是一些有伤人格的“坦率”。在由别扎尔（M. Бежар）编排的一场舞剧中，一个男舞者的场景甚至是在厕所里编排的……

既然说到了芭蕾舞剧，不能不提“莫里斯·佩蒂帕”这个名字。莫里斯（Мариус）这个名字的中音应该在末尾音节上“Мариýс”，而不是“Мáриус”。他毕竟是个法国人，我父母认识他的女儿，我清楚地记得，她的名字叫玛利娅·莫里乌索芙娜（Мария Мариýсовна）。

虽然 20 世纪初著名的女芭蕾舞演员安娜·巴甫洛娃（А.П. Павлова）很少做出超过 2 ~ 3 圈的 pirouette（法语：单足旋转）动作，但是她的艺术并不在于舞蹈技术，也不在于她做的是哪些动作，而是她如何通过动作来体现芭蕾艺术。

1905 年，米哈伊尔·福金（М.М. Фокин）专门为她创作了芭蕾舞剧《天鹅之死》，该剧的上演为她赢得了国际声誉。其实，该剧的舞蹈动作的难度并不大：pas de bourrée（法语：布雷舞步）和从容平稳的双手动作，而安娜·帕夫洛娃的表演是何等的神奇呀！她先后在 44 个国家巡演，行程达 35 万英里，她还经常为之前从未见过芭蕾舞剧的观众们演出。1931 年 1 月 23 日，生命垂危之际的她还在低语着：“请为我准备一套天鹅服。”

我总是喜欢欣赏亨利·莱别恩爵士（Sir H. Raeburn）题为《正在滑冰的至圣者罗伯特·沃克》（*The Rev. Robert Wallker Skating*）的一幅画。有一次，我在爱丁堡国家美术馆看到了这幅画的原作，最引人入胜的并非画家的美术技艺（画作的确有很多优点），而是体现在滑冰风格中的优点，展示了纯粹的滑冰运动。罗伯特·沃克是一位备受尊崇的牧师（画面上的他已年近半百），只见他端庄、自如、兴致勃勃地在冰面上自由滑行。观众能从冰刀的划痕，立刻看出他当时正在高速旋转，简直令人心旷神怡！

这与现代的冰上芭蕾和编舞者庸俗至极的“吉卜赛舞蹈”的激情之间有着天壤之别。音乐剧、芭蕾舞剧、本来源自“斯坦尼斯拉夫斯基表演体系”的某些表演形式，都不同程度地存在着审美意识的匮乏现象，都存在着多余的激情和根本不需要的造型等弊端。而亨利·莱别恩的画作《正在滑冰的至圣者罗伯特·沃克》所反映的，的确是运动给人带来的真正的享受。事实的确如此，画面上的牧师罗伯特·沃克的滑冰动作娴熟而美观，身穿普通牧师服装的他在体育运动中不失人格尊严，他的滑冰动作没有夹杂其他任何外来因素（其他艺术和想象），也没有任何人为的渲染和特效。

圣像画的目的并不是装点灯光明亮的博物馆展厅，而是专门为幽暗的教堂绘制的，所有的圣像画几乎均在教堂内闪烁着的蜡烛和长明灯的映照下折射出光芒。关于圣像画问题，艺术史家丹尼洛娃（И.Е. Данилова）在《俄罗斯与外国艺术学文献中的安德烈·卢布廖夫》[5] 一文中进行了精辟的论述。除此之外，在此有必要补充一点，即圣像画之所以能在黑暗中发光，是因为圣像画都使用了足够的金箔和金银装饰（圣者形象的面部除外）。我们今天所看到的安德烈·卢布廖夫的圣像画——《圣三一》原作背景是金黄色，当年被修复专家们错误地去除了。是的，圣像画的修复的确需要根据修复专家本人的理解去做，可是不知为什么他们急于去除圣像上的金银装饰？要知道，正是由于那种贵金属饰片，圣像画才能在烛光和神灯的映照下散发出光芒。历史上，圣像画的生命力在于画面对光的折射，而圣像画中的形象全部都是静态的，以此表示人物形象的“永恒”特性。神像是鲜活的，画面的背景是动态的，那些形象仿佛是在光的折射中威严地独往独来。

现在来看安德烈·卢布廖夫最知名的圣像画——《圣三一》。14 世纪末—15 世纪初，个性化特点、内心感受和焦虑的情绪并未脱离他人的同感身受，而这种感受还包括同情、母爱、父爱以及替人受过的责任感。这种“具有同一性的个性化”的象征就是圣像画——《圣三一》。画面上的三位天使均充满了精神和各自的思想，但他们相互之间又保持着高度和谐。因此我们相信，他们“缄默的交谈”和内在的和谐，永远象征着真正的统一。三位天使的思想是一致的，所以最崇高意义上的个性化非但丝毫没有脱离人类文化的征兆，而且还是人类文化的最高表现形式。

某人告诉我，有人曾向拉赫玛尼诺夫问道：“在艺术中，什么最重要？”他回答说：“在艺术中，不应有主次之分。”

历史著作不可能是集体创作的综合品，拉斐尔最知名的画作之一——《阿尔法圣母》也不可能是集体创作的结果。在教育实践中宣告失败的“多尔顿教学计划”，依然是社科研究所的研究对象。

著名的统帅、享有盛誉的统帅、光荣而令人兴奋的统帅是一种常见的现象，但是否有充满博爱、名声显赫、光荣而令人兴奋的总参谋部呢？议会里通常都会出现一位知名度很高的议长，但是议会本身又是怎样的呢？对俄罗斯教会而言，宗主教时期与后来的主教公会时期，哪个更好？

假如名画《阿尔法圣母》不是出自拉斐尔一人之手，而是由多位画家（哪怕是水平最高的多位画家）共同创作的结果，那么，《阿尔法圣母》这件作品就不会出现令人惊叹的和谐和统一。

很多作家能否共同创作出《卡拉马佐夫兄弟》和《白痴》呢？库济马·普鲁特科夫[①]的文学作品属于多位诗人集体创作的产物，它们之所以获得了成功，那是因为它们都是滑稽可笑的作品。结伴开怀大笑总是比孤身一人在形影相吊时哈哈大笑更好。一个人单独大笑永远被看作一种奇怪的行为，这是因为充满笑话的世界是一个令人震惊的世界。

合唱团应该有一位合唱指挥，乐团应该有一位歌剧与交响指挥。20 世纪 20 年代，莫斯科曾成立一支乐团——“第一交响乐团”，该乐团的最大特点就是没有指挥，可最终还是“寿命不长”。

无论俄罗斯科学院哲学研究所规模和阵容多么庞大，可它永远都无法取代康德或黑格尔。

世界上最好的一部宪法、实施时间最长的一部宪法基于一人之手，此人便是美国首任总统乔治·华盛顿。

法国画家埃德加·德加（E. Degas）曾这样说道：“画家只有在他不再记得自己在做什么的时候，他才能创造出真正的艺术杰作。”毕加索曾经说道：“凡是试图讲解画作的人，通常都是完全错误的。”有一个画家在回答“他是否在工作”这一问题时，他的答案是：“我的身体棒极了。”

鉴定版本的最佳手段是借助于某些次要细节。比如，耳朵，甚至是伟大画家画出的耳朵往往都是一样的，至少在他自己的眼中是一样的。

记忆和历史现象的组织越严密，它们发挥的作用就越大。在“无机界”条件下，也可发生足

① 库济马·彼得罗维奇·普鲁特科夫（Козьма Петрович Прутков），19 世纪 50—60 年代《现代人》《火星》等杂志上发表讽刺作品时所用的“文学面具”，诗人阿列克谢·托尔斯泰、热姆丘日尼科夫三兄弟（阿列克谢、弗拉基米尔和亚历山大）四人的联合笔名。

以引起人们记忆的现象，同时也有“不能引起人们记忆”的现象。比如，人体由于瞬间的状况可能会摔倒在地。有时人之所以会摔倒，是他在瞬间一脚踩空所致。如果我们把一张纸揉成一团，然后再将它抚平，然后再将它揉成一团，在多数情况下，那张纸会顺着上次的皱褶缩为一团，这是因为它已产生了某种“记忆”。化学反应过程也是如此，原来的痕迹几乎被彻底清除或难以看清，而在活生生的机体中，过去的往事可发挥巨大的作用。在偶变论、育种学和遗产学理论上，通常都特别重视这种作用。记忆和过去的经验决定着动植物的“行为方式”，但文化首先是一种记忆（虽然它不仅是一种记忆）。

先锋派的典型特征是极力摆脱记忆，摆脱过去，但是为了摆脱某一种记忆，先锋派所有的分支都必须建立在“另一种记忆”的基础之上（不一定是占主导地位的那种记忆，但它们所依靠的毕竟是某种记忆）。有一次，移居慕尼黑之后的康定斯基，请求友人将一批俄罗斯民间版画寄给他。先锋派女画家冈察洛娃和拉里昂诺夫平时总是依据民间圣像画传统进行创作。毕加索曾经常改变创作依据，有时他会参照西班牙绘画大师的风格写生，有时却按法国画家乔治·布拉克（G. Braque）的画风写生，有时则仿照古希腊罗马艺术的风格进行创作。马克·夏加尔曾根据犹太和白俄罗斯民间艺术传统写生，但他却一直保持了故乡维捷布斯克的风俗和传统，直到生命的最后一刻。俄罗斯诗人和散文家韦利米尔·赫列布尼科夫在古教会斯拉夫语中找到了支撑。普尼和安年科夫甚至在举办闹剧般的画展时，遵循了库奥卡拉村的民间戏谑传统，该村位于彼得堡郊区，许多从事艺术的知识分子曾在那里居住，如今该村改名为“列皮诺村”。

在文化生活中，如同不能离开自身那样不能离开记忆。重要的只是文化在记忆中所支撑的一切均与记忆相伴。

在文艺复兴时期，人们不再理解和接受哥特式风格。拉斐尔在给罗马教皇列夫十世（Leo PP. X）关于法国之行的报告中，将“哥特式”称为蛮族（指哥特人）的建筑风格。另一位意大利艺术史家乔尔乔·瓦萨里通过自己的专著巩固了拉斐尔的观点。法国哲学家让–雅克·卢梭曾这样写道：“我国哥特式教堂正门甚至对具有忍耐力建造它们的人而言，也是一种莫大的耻辱。”然而，维克多·雨果和欧仁·维奥莱·杜克却发现了哥特式风格的重要意义。

艺术是一种巨大的反叙法（诗歌中缓和语气和口吻的隐喻法），因为艺术的实质在于，尽力保持“言犹未尽”之特性，应引导人们去猜想整体艺术，从而使他们从整体上对艺术赞叹不已（发自内心的赞叹），同时因自己的猜想而感到欣慰（这种表述听起来比较复杂，但它却简明扼要）。

艺术学家纳塔莉娅·焦米娜（Н.А. Дёмина）在仔细观察古罗斯圣像画人物的手势之后说道：“16 世纪之前的圣像画，其人物形象的手势都具有矜持特点，同时还充满了仪式感；在 16 世纪的圣像画上，人物形象的手势开始带有‘日常生活’的特点；到了 17 世纪，人物形象的手势开始带有曼妙的舞姿特点。”

可能很少有人知道，卡尔–捷奥多尔–卡济米尔·梅耶霍德（В.Э. Мейерхольд）为了纪念作家加尔申（В.М. Гаршин），才改名“弗谢沃洛德”！他为什么一定要纪念加尔申呢？尼古拉·沃尔科夫（Н.Д. Волков）在《梅耶霍德》一书中证实，弗谢沃洛德·梅耶霍德的父亲曾饶有兴致地回忆自己的祖国——“德国”，他的书桌上摆放着奥拓·冯·俾斯麦的肖像，肖像上还有这位“铁腕总理”的亲笔题词。弗谢沃洛德·梅耶霍德成为俄罗斯公民之后，他最想做的第一件事就是考大学。德国国籍并没有影响他很快就成为一个俄罗斯人，也未能打消他对俄罗斯戏剧的兴趣。

在戏剧生活中，往往会出现惊人的对比。

1907—1917年，在贵族费利克斯·尤苏波夫公爵[①]古老而舒适的独楼内，成立了一家名为"哈哈镜"的剧团。讽刺剧《非洲新娘》就是在该剧院首次编排上演的，这是一部"样板式"两幕歌剧，是弗拉基米尔·艾伦贝格（В. Эренберг）根据米哈伊尔·沃尔孔斯基公爵（М.Н. Волконский）的脚本创作的一部歌剧。后来"哈哈镜"剧团被并入叶卡捷琳堡剧院。

莫斯科艺术剧院的"白菜会"[②]也曾产生巨大的影响。尼基塔·巴利耶夫（Н.Ф. Балиев）曾是这种"白菜会"的报幕员，后来在莫斯科亲自创办了一家名为"蝙蝠"的讽刺剧院（位于莫斯科救世主大教堂附近的佩尔佐夫庄园内）。莫斯科艺术剧院的现实主义剧目不仅具有很大的引力，同时还有较大的排斥性，对莫斯科艺术剧院的演员也是如此，所以部分演员随时都在"白菜会"之类的剧团寻找出路。

喜剧的机制是很难确定的，但是导演和喜剧编导都必须精通喜剧的机制。在由米哈伊尔·福金编排的芭蕾舞剧《金鸡》中，完美地保持了俄罗斯民间版画的风格。舞台上，国王达顿率领的军队在刚出征时激情奋发，军队步调一致，后来突然开始蹲跳[③]着向前行，最后在观众们震耳欲聋的笑声中缓缓退场。这部芭蕾舞剧由米哈伊尔·福金创作于1904年，担任沙马哈王后的是当时最著名的芭蕾舞演员之一——塔玛拉·卡尔萨温娜。

1915—1918年，我就读于一所普通中学，即后来的卡尔·马伊实科学校。当时有一位极好的美术教师，他的名字叫戈罗霍夫（М.Г. Горохов）。他教我们学会了绘画中的透视技法，它近似于几何学中的相关内容。当父母把我转入位于彼得格勒区的连托夫斯基中学之后，帕维尔·安德烈耶夫（Н.А. Павел）成为我们的美术教师，他是作家列昂尼德·安德烈耶夫（Н.А. Леонид）的弟弟。他的教学方法完全与众不同，教室里摆着几张大长桌，他随手从墙上撕下几大块壁纸，并让我们在壁纸背后的白面上用粗体写上"自由构图"，分别表明春、夏、秋、冬四个季节。尽管我忘了我选择的是哪个季节，但是他的一段话我至今依然记忆犹新。当时他走到我身边并对我说："你看，天空一定是蓝色的！不过您（他平时总是以尊称跟学生们打招呼）可以尝试一下，把天空画成浅绿色或淡紫色，因为即使是画雪，也不会是纯白色。"于是我把天空画成了浅绿色。从那时起，我才第一次接触到真正的绘画艺术。

亚里士多德曾经证实，学习绘画，并不是为了成为一名画家，而是为了理解艺术[6]。艺术学家米哈伊尔·阿尔帕托夫（М.В. Алпатов）引用了这种思想。实际上，这种思想非常适合于中学的美术教育。中学的音乐教学同样如此，但是这意味着，担任教学工作的应该是受过专门教育并具有很高文化素养的人。

中学的美术教学和音乐教学可为每一个中学毕业生增加"幸运的机会"。

当一位真正的画家创作一部艺术品时，他会立刻囊括许多细节：他在桌子上所看到的不是五六个米粒，而是数十个米粒，这就是创作顿悟。陀思妥耶夫斯基曾这样写道，长篇小说《白痴》的底稿雄辩地证实了这一点。小说中，在主要人物——梅什金公爵从一个反面形象（类似于《群魔》中的斯塔夫罗金）变成正面的完美形象之前，他经过反复思考，多次修改和变换场景及其他人物的性格。最后像在饱和溶液中加盐那样，一切都趋于固定并获得了所需的结晶。

天才通常都是这样进行创作，他的脑海中同时容纳了未来作品所需的各种要素，在他的掌控

① 费利克斯·费利克索维奇·尤苏波夫（Ф.Ф. Юсупов，1887—1967），俄罗斯大贵族尤苏波夫家族的最后一位公爵，曾参与谋杀格里戈里·拉斯普京的活动。

② "白菜会"（Капустник）是一种小型的业余剧团，主要上演滑稽剧和讽刺剧。俄罗斯每年9月收白菜的季节到来时，通常都要举办各种形式的滑稽剧和讽刺剧，因此而得名"白菜会"。

③ 蹲跳（вприсядку），俄罗斯和乌克兰民间舞蹈的舞步，跳舞时蹲下去并轮流向前伸两腿。

油画《草原上的黄昏》，帕维尔·库兹涅佐夫，作于 1912 年

下，一件艺术品犹如一颗最美的结晶突然间脱颖而出。

现在来谈谈照相技术和绘画艺术。随着照相技术的问世，它便开始对绘画艺术产生作用，首先是对肖像画产生的影响。克拉姆斯科伊的绘画创作过程，可以验证照片对绘画产生的作用。然而，令人惊讶的是，英国摄影师米歇尔·巴特拉姆（M. Bartram）在出版于20世纪80年代后期的《拉斐尔派前派的相机与维多利亚时代的照相技术》一书中，对两张照片进行了对比：一张是从英国插图画家但丁·罗塞蒂的一幅画上翻拍的照片；另一张是纯粹的照片，两张照片的构图非常相似。毫无疑问，其中的一件作品（摄影师的照片或画家的画作）对另一件作品产生了一定的影响，但它们的初版分别是怎样的呢？

地球和宇宙均有各自的悲伤和痛苦，但是地球并非用眼泪来哭泣，地球哭泣的表现形式为：诸多的醉汉、残疾人、发育不健全的儿童、无人照料和被人遗弃的老、弱、病、残者的痛苦……地球之所以哭泣，还是因为人们正在无情而肆意地砍伐森林，河流决堤，因水库涨水而导致大坝决口，淹没万顷良田和草地，致使它们不能继续保护兽群，草场也不能继续为人类服务；儿童们经常玩耍的铺有柏油面的广场上堆满了臭气熏天的油桶和垃圾。“工厂烟囱里”冒出的黄色烟雾和酸雨羞涩地弥漫了整个地球，一切生灵正在永久地消失，它们全部被载入红色葬礼名册之中。整个地球的“生物层”逐渐变得越来越薄弱。

富有怜悯之心的画家们依然在地球上寻找未被破坏的角落，但是一批又一批的更严苛、更坚韧的摄影师将他们取而代之。凡是在画家的神经无法承受的地方，摄影师和他们的照相机却完全能够承受。

驱动摄影师去揭发的是良知，外科医生所依靠的也是他自己的良知！

摄影师需要记住、发现、同情和思考。他们拍摄的照片不可能都是“美观的”和“幸福的”，它们就像是良心发出的呼唤，一旦给它们“穿上”美丽的外衣，它们必将会带有虚情假意之感，它们或许也能“使人得到一丝慰藉”。此类“不够美观和不幸的”照片会使人感到难过，但它们毕竟有自身独特的美感，只是这种美感通常都隐藏于深处，隐藏于摄影师的心灵深处、同情心以及他们内心的不安之中。照片中潜藏着观众对勇敢精神的信赖，确切地说，潜藏着照片“读者”对勇敢精神的信赖，因为人们不仅要观赏此类照片，而且还要仔细品读它们。

甘愿为儿童而受难的立陶宛摄影艺术家维尔吉柳斯·雄塔（В. Шонта）就是这样一位心灵美的楷模，他有意识地为那些智障儿童和身体发育不健全的孩子们拍照，能与他的行为相媲美的只有神学家阿尔贝特·施韦泽（A. Schweitzer）。当维尔吉柳斯·雄塔在拍照时，你能知道他本人忍受了多少痛苦吗……

造型艺术是多种不同艺术组成的万千世界。在某些艺术门类中，最重要的是故事情节；而在另一些门类的艺术中，重要的则是表现形式（丰富而绚丽的色彩、各不相同的构图以及多种多样的素描）。必须理解所有门类的艺术，而不能只停留在自己所懂得的和“喜欢”的某一种艺术上，也不要只关注某一位“心爱的画家”。

马蒂斯的素描艺术总使我为之惊叹不已，但是我无论如何也无法领悟他的技艺之谜。他的素描为什么会有如此之大的魔力呢？我拿了一张薄薄的白纸并开始“拓印”他的素描（实际上是画线涂抹），此时我感到大为震惊，我仿佛体会到了马蒂斯手部的动作——平静、自信、勇敢和绝对自然（符合传统意义的自然）。

一位西方著名画家看了德米特里·纳尔班江的肖像之后说道：“他为什么需要这么多油彩呢？”原来他只需要贴有标签的几瓶油彩即可，只要标签上分别注明“用于宫廷制服”“用于纽扣”“用于面部”和“用于天空”，便万事大吉了。

油画创作主要在于对各种色彩的探索，在于寻求观众平时难以见到的那些色彩，同时还需要分别对构图和线条进行探索，但首先是对色彩进行认真的探索。

在早期艺术发展阶段，特别典型的是追求以固定的风格来认识世界，使人类活动和自然活动产生的各种印象全部服从于某种固定的风格；另一方面，确切地说，通过另一种方法（当然是一种简化的方法）认识世界。

马列维奇的学生弗拉基米尔·斯捷尔利戈夫（В.В. Стерлигов）特别重视画家第一次接触画布、纸张，第一次涂抹色彩和第一次动笔画画时的感觉。在学者从事的科学活动中，发表第一篇论文对他具有重大的意义。

当艺术史家缺乏深刻思想时，他们只能凭借类推法去思考问题。

当代艺术史家经常说，卢布廖夫的圣像画——《圣三一》（《旧约》中的“圣三一”）——是中世纪罗斯国家统一的象征。这种说法有真实可靠的依据：《谢尔吉·拉多涅日斯基行传》中有这样的记载，圣三一修道院与《圣三一》这幅圣像画乃是国家统一的象征。那么，这里所指的是怎样的一种“统一”呢？我们依然能在《谢尔吉·拉多涅日斯基行传》中找到答案，详见其中“可恨的世界分化”一节对古罗斯国家的描写。

克洛德创作的“四匹骏马”群雕（它们分别位于圣彼得堡市中心丰丹卡河上的阿尼奇科夫桥头两端的四个角落）历来为众人所喜爱。1846年，意大利也重复浇铸了同样的四匹骏马，并将其安放在那波利皇宫正门两旁的石柱上。除此之外，柏林和位于彼得堡巴比康山皇家园林分别复制了类似的群雕。然而，四匹骏马的最佳观赏效果，莫过于位于彼得堡市中心的阿尼奇科夫桥上的群雕，其他地方的复制品都似乎显得平淡无奇。

人的注意力具有一定的发明创造性，人可以发现自己所需要的东西，但是他却难以“听到”自己不需要的声音，不会轻易发现对他自身没有直接意义的事物。比如，他似乎听不见街上那单调的嘈杂声和发动机的声响等。如果他是一个汽车竞赛运动员，他能“听到”的只有马达声是否中断，因为他早已习惯的马达声如果突然中断，那将会给他带来危险，所以他随时都会关注马达的运转是否正常。我父亲生前是一位印刷专家，他在叶甫盖尼娅·索科洛娃印刷厂（20世纪初相当闻名的“阿道尔夫·马克思[①]印刷厂”）工作多年。有一天，一个叫A.A.科索伊的工程师回忆说，当他父亲在印刷厂的食堂里跟别人玩跳棋时，也能及时透过排版车间，听到另一个车间的某台印刷机的运转异常。

人的注意力善于捕捉某些重要信息，而不会在意无关紧要的信息。人特别能发现自身存在的危险或预示危险的事物。

对艺术品的理解力同样具有一定的发明创造性，特别是在艺术存在的初级阶段，尤其是这样。

大众艺术、大众文学，当然也包括大众音乐，都是比较模糊和不太清晰的概念。真正的艺术中可能存在着大众性，大众性是指普及和传播的广泛性。为什么真正的艺术（比如民间艺术）不能被广泛传播呢？

昨天（1973年6月24日）我去位于基罗夫大街上的列宁格勒市苏维埃文化宫，观赏了莫斯科瓦赫坦戈夫话剧院的巡演剧目——《图兰朵》，那次演出没给我留下什么好印象。在我一生中，印象和感受最深刻的一次观戏是在20世纪20年代，还是在这个文化宫（当时叫“工业合作文化宫”），观看的也是话剧《图兰朵》。问题并不在于演员自身。如今再看这部话剧，给你的感觉活像

① 阿道尔夫·费奥多罗维奇·马克思（А.Ф. Маркс，1838—1904），俄罗斯图书出版商、教育家和民歌收集者。1858年来俄罗斯创办了“阿道尔夫·马克思图书出版与印刷有限公司”；1924年，该公司改名为“叶甫盖尼娅·索科洛娃印刷厂”，后来又多次更名。

是一场滑稽表演。而在 20 年代上演该剧时，剧中的两位主要演员表演得“十分认真”，他们朗读的诗句和台词棒极了，公主与王子都没有丝毫的玩笑意味，这才是问题的关键所在。尽管其他演员的表演比较滑稽可笑，布景和道具也带有滑稽色彩，但却不使人产生半点的庸俗和低级趣味之感。公主与王子之间的爱情十分感人，他们表现的情感真实而富有生命力，动人的气氛渗透于台上和台下的笑声中。而今天上演的话剧《图兰朵》怎样呢？答案是“达到了荒谬的玩笑”程度，演员们舞台上单调的表演甚至使人感到乏味，可只要公主与王子带着庸俗不堪的笑声一登场，顿时引起观众们的高声喝彩。

在我小时候，大人们常常对我说：“笑吧，先笑后哭嘛，有笑就有哭。”过去编排的话剧《图兰朵》的确产生了这种效果：玩笑是“认真”理解图兰朵、王子和他们之间爱情的前提条件。

法国画派的追随者和画家帕维尔・库兹涅佐夫，曾以俄罗斯的柔和情调（画面和构图）创作了一系列哈萨克主题的画作。

科学可创建各种联系，可与整个人类密切相关。在艺术中，这种联系的创建要通过已经完成的作品，而在科学界，这层联系的建立则要通过正处于研究过程中的项目。

10 年前，一批宇航员参观了诺夫哥罗德艺术博物馆并深感震撼，因为他们在展出的圣像画当中发现，有一幅是黑色（当然，黑色通常有各种不同色别）背景下的宇宙之王，其形象的准确度，与他们透过宇宙飞船的舷窗所看到的场景完全一致。那么，画家本人是怎样悟出如此独特的颜色呢？我认为，在古代的诺夫哥罗德，或是在整个中世纪的罗斯国家，很多人家都曾挖井。如果水井很深，日光照射下的井水呈暮色或黑色，或许，宇航员透过飞船舷窗所看到的正是那种颜色。为了说明问题，请大家欣赏一下诗人奥莉加・贝尔戈利茨（О.Ф. Берггольц）的诗集《白日星辰》（“白天从井底看到的星辰”）。

关于已经学过的艺术史，画家伊戈尔・格拉巴里（И.Э. Грабарь）曾这样说道：“所谓艺术史，实际上就是错误的历史。”[7] 他所说的“错误”是指艺术品鉴定和相关工作中的错误。遗憾的是，关于研究文学的发展史，却没有这种说法，因为文学史这门科学缺乏科研性，而且在文学史当中，史学研究、版本校勘学等领域的地位并不显赫。科学工作越具体，就越容易出错，所谓“问题”自然也就不复存在了。

在各种不同门类的艺术中，伟大的艺术家永远都不会是（我凭自己的良心采用这个词组“永远都不会是”）某一种“纯粹”风格的表达者。

在大文豪莎士比亚的作品中，既有巴洛克元素，也有模拟创作手法的影子，还有文艺复兴风格元素。毫无疑问，俄罗斯作家果戈理是一位现实主义者，但是他的作品中同时充满了浪漫主义色彩。俄罗斯人尼古拉・利沃夫既是一位建筑师，又是一名园艺师，同时还是诗人，他是一个浪漫主义者，可是在他的整个创作过程中，经常流露出古典主义的味道，体现最鲜明的是在建筑艺术上。

意大利建筑师在圣彼得堡涅瓦河畔设计建造的大理石宫，本属于“叶卡捷琳娜”时期的古典主义风格，但他为正面中心位置设计的“花饰”却带有洛可可风格特点，而且还显得特别和谐，真可谓巧夺天工！卡尔・布留洛夫的画作既有现实主义特点，又不乏浪漫主义元素。如此等等，在此不必一一列举。

罗马城之美融合了各个不同时代的建筑风格。在城市的某一角落，人们能突然看到古希腊罗马的建筑遗迹或孤零零矗立着的各类石柱。巴洛克是一种风格，而且主要是易于与其他风格融为一体的风格。意大利的巴洛克可使一块“奇形怪状的顽石”巧妙地融入奇美的雕像之中（比如，纳沃纳广场上的雕塑）。对欧洲城市而言，最典型的是浪漫主义与哥特风格的相互结合，城市建筑的顶部多数属于巴洛克风格。十字军曾从巴勒斯坦、君士坦丁堡和埃及等国运回大量的石柱、方尖碑、雕像、其他雕刻物、各类装饰物和其他用品，而且他们在收集这些艺术珍品时，并不是为了满足他们个人的愿望，而是为了在自己的城市、城堡和本国的教堂里，创建一个崭新的“综合博物”时代。

德国考古学家海因里希·施里曼（H. Schliemann）在因荷马史诗而负有盛名之地的考古发现注定要失败，因为自古以来就有人认为：“荷马史诗不属于编年史的范畴，而是作者对诸多英雄故事进行艺术加工的结果。”[8] 尽管如此，荷马史诗那翔实的内容绝不亚于编年史所记载的事件，所以试图将艺术作品与“编年纪事”的观点对立起来，的确是毫无意义的做法。正是因为海因里希·施里曼的考古工作，才首次发现了特洛伊古战场及相关文物。

作为工程师的父亲曾给我讲述过，古时人们是怎样用砖石为工厂建造烟囱的。他们首先进行的是考察地形，目的是确保烟囱是规范的，也就是说，应该是绝对垂直于地面的建筑。然而，还有作为规范标志之一的技术要求，即烟囱应该稍微倾斜一点，应该能随风“稍稍弯曲”。只有这样，烟囱才能是垂直的建筑。如果烟囱出现了哪怕是一丁点的偏差，它也就很难满足随风弯曲的要求了，那就是绝对地垂直于地面了。这样一来，就必须将其从顶部到根基彻底拆除，然后从头重建。

任何一种组织，若想保持稳固，都应具有一定的弹性，目的是能“随风摆动”。

技术不仅可以逆平凡的意识而发展，而且还能完全消亡。在文艺复兴时代，建筑者不仅善于采用必需的建材，不仅特意将它们用于古老的罗马建筑中，而且还恢复了古代建筑技术。比如，在某些顶部带圆包的建筑中，通常以万神殿顶部的圆包格式和方法为建筑依据。在科洛西姆角斗场，古时的建筑者特意用金属杆，将一个个砖石单元连接起来，然后再往里面浇上铅。在最后的一个时期，罗马人停止开采铅矿，进而直接采用了砖石角斗场单元的“成品”，因为角斗场后来丧失了自身应有的坚固性，所以在一次大地震期间被毁（直接意义上的塌方），而那些曾浇灌铅矿的部分，始终保持了巨大的抗震性。

硬度过大和难以塑造的特点，通常都无益于建筑物的坚实度和韧性。在社会制度和国家体制方面也是如此，硬度并不是武力和威力的象征。

围绕院士画家伊利亚·格拉祖诺夫（И.С. Глазунов）的画作所出现的争议早已使我感到厌倦，因为这种争论不会带来任何良好的结果。这种争议只是关于自尊和情绪的争议，而绝不是关于艺术作品之争。

艺术史家德米特里·艾纳洛夫（Д.В. Айналов）认为，14 世纪，在拜占庭帝国和古罗斯，曾出现一种全欧文艺复兴风格，他把这种风格称为东欧国家的“文艺复兴前期”[9]。我的功劳在于，我把关于伟大艺术风格的研究与文学结合起来，从而可以从整体上看待 11—13 世纪的艺术风格——“大型历史主义风格”，类似包括建筑、绘画和文学的非常宽泛的一种罗马风格，同时将 17 世纪俄罗斯巴洛克这一术语传播到这一时期的俄罗斯文学之中。然而，在这种情况下，我从中得出了关于俄罗斯文化之崇高和落后的某种结论。在俄罗斯，无论是中世纪风格，还是文艺复兴或巴洛克，每一种风格均有各自的特点。这种定义绝不是为估价而存在的。如果一定需要对这些术语进行评估，那么，应该注意这一情况，即我本人否认关于古罗斯曾出现过文艺复兴时代及其风格，我所说的只是关于“制动性的文艺复兴”是保证古罗斯从中世纪向近代俄罗斯过渡的各种现象之总和。在这个过渡过程中，巴洛克式获得了一席之地，同时接受了文艺复兴的部分功能（首先接受了文化的世俗化，并使文化带有更多的世俗特点）。这就是我的一种理念，即我对全欧伟大风格交替过程中的俄罗斯命运的简短评述。

兹维尼格罗德圣像画《使徒保罗》，安德烈·卢布廖夫，作于15世纪初

行为“小节”

使徒保罗曾这样说道：“不能盲目地模仿现世的一切，因为与‘这个世界’同时出现的还有其他更积极的事物，应该在这些事物的基础上更新自己的智慧。”也就是说，应该在合理区别的基础上，分清“这个世界”的是与非。

世界上有符合时代气息的音乐，也有时代所产生的噪声。噪声经常吞没音乐，因为噪声威力无限，而音乐只能根据作曲家指定的标准来发声。恶势力非常清楚这一点，所以它总是大声喧哗。

恶势力喜欢群集，恶人们喜欢结党，他们在侵犯他人时步调一致，但是当他们取得胜利之后，他们之间便开始互相责备。党派就属于这样的群体。

一个无所事事的人并不意味着，他什么都不干，而只是坐着，也不是直接意义上的“停止一切工作”。不，无所事事的人永远都比别人更忙：他们总是没完没了地打电话（有时能说上好几个小时）、频繁做客、看电视（看所有的频道）、长时间地睡大觉，或杜撰出各种杂事。简言之，所有的无所事事者总是很忙……

生理学家乌赫托姆斯基（A.A. Ухтомский）曾研制出“功勋谈话者规律”，最好能将这一理论用于日常生活之中。

关心的分级。关心能巩固人与人之间的相互关系，能使家庭趋于稳定，能加深友谊，能使全村的村民团结一致，还能联结全城的居民和全国人民。

要用心体察人们的生活。

一个人自出生之日起，最早关心他的是母亲。几天之后，父亲的关心逐渐开始进入与婴儿建立直接联系的阶段（当然在婴儿出生之前，父亲已经开始关心婴儿，不过那时只是一种“抽象的”关心。在婴儿降临之前，父母早已开始准备并期盼着孩子降临人世）。

关心他人之感出现得很早，特别是小女孩，尤其是这样。虽然她还不会说话，但是她已经开始关心和照料她的布娃娃。小男孩，年龄很小的男孩就开始对采蘑菇和钓鱼等感兴趣。当然，小女孩也都喜欢采摘野果、采蘑菇等。孩子们采蘑菇不仅是为了他们自己，而是为了全家人，他们把采到的野果和蘑菇带回家，将它们腌制以备全家人冬天食用。

孩子们逐渐成为需要关爱的对象。与此同时，他们本身也开始表现出真正而广泛的关心，他们不仅关心自己的家庭，而且还关心倾注了家长大量心血的学校，关心自己的农村、城市和国家……

关心的范围越来越广并开始带有越来越典型的利他主义特点。当老人和家长们无法回报孩子

福音书作者约翰（弗拉基米尔圣母安息大教堂），1408年

们的关爱时，孩子们便开始以关爱老人来报答他们对孩子的关爱。对老人的这种关心、对已过世的家长的怀念等，最终汇集成了人们对家族史和整个故乡史的关心。如果只关心自己，那就是一种自私行为。

所谓关心，就是要团结人们，巩固历史记忆，从整体上面向未来。关心并非情感本身，而是博爱、友谊以及爱国主义的具体表现。人应该关心他人，一个不懂得关心他人的人或冷漠无情的人，就不是善良的人，就是不受任何人爱戴的人。

别林斯基在一封信中表述了这样一种思想：恶棍之所以能永远凌驾于正派人之上，是因为他们总是把正派人看作恶棍，而正派人总是把恶棍当成正派人看待。

蠢材不喜欢聪明人，未曾接受教育的人不喜欢已经接受教育的人，缺乏教养的人不喜欢有教养的人，如此等等。这种不喜欢一概使用下面的言辞作掩护："我是个普通人"；"我不喜欢卖弄聪明"；"我不像某人那样，不也度过了自己的一生嘛"；"这一切都来自魔鬼"；等等。而他们的内心却充满了仇恨、嫉妒和自身的缺失感。

波兰诗人米茨凯维奇曾经说过："魔鬼胆小如鼠，它害怕孤独，所以它总是藏在人群之中。"他还说："魔鬼在不断地寻找黑暗，所以我们应该在光明之处躲避它。"

你要永远记住，还有许多你不知道的东西，你还没有成长到理解那些事物的年龄。应该勇敢地追求并理解异族文化，勇敢地理解并接受复杂的和难以理解的文化，应该勇敢面对远远超出你本人智识水平的事物。

弗拉基米尔·纳博科夫（B.B. Набоков）在临终前对他自己做出了这样的评价："我在思考问题时是个天才，我在写作时是个中等水平的作家，而我在说话时却是个孩子。"尽管如此，最重要的是思想的光芒也能导致各种低水平的作品，童叟之语，即无能为力之语也颇为重要。

“对一个人而言迈出的只是一小步，而对全人类而言，迈出的就是一大步。”这一思想的正确性简直令人惊叹。生活中有大量的实例可说明这样一个事实，即在某个人面前成为善良者并不难，若想在全人类面前成为善良者，其难度之大，简直是不可思议的事。修正人类是不可能的，但自我修正却比较容易。喂养婴儿、搀扶老人穿越马路、在电车上给他人让座、认真工作、成为一个和气而懂礼貌的人等等，所有这些都是一个人完全可以做到的事情。但若想使全体人民都能做到这一点，其难度之大，恐怕是难以想象的。这也正是万事先从自己做起的道理和重要性之所在。

大司祭阿瓦库姆在进行自我评价时这样说道：“我本人没做过什么善事，如果说，我曾有过荣光，那也是上帝之恩赐。”

善良不可能是愚蠢的，善行在任何时候都不可能是愚蠢的行为，因为善行是无私的，它既不追求名利，也不追求所谓“聪明的结果”。只有在善行无法达到目的时，或在出现“虚伪”和错误的善行（即不良现象）的情况下，善行才能被称为“愚蠢的”行为。在此重申，真正的善行不可能是愚蠢的行为，善行处于智慧或非智慧的评价之外，所以它才显得十分美丽。

“耶稣看见迎面朝他走来的巴多罗买，便对他做出评价说：这才是一个地地道道的犹太人，因为他身上没有丝毫的奸猾习性。”[1]

这段话的意义何在呢？首先“奸猾”一词的含义是什么呢？所谓奸猾是指谎言，而谎言的父亲是个“狡猾的”魔鬼。我们可比较一下祈祷词：“不要让我们受诱惑之骗，让我们摆脱奸猾吧。”

奸猾是所有的对抗形式和各种各样的不诚实，是人们根本不需要的诱惑。

耶稣的那句话是否意味着，犹太人的民族特性中根本没有奸猾特征呢？当然不是，耶稣的那句话意味着，当所有的谎言、奸猾、伪装等糟粕的外衣脱落之后，任何一个民族的人真正的天性

圣安德烈（弗拉基米尔圣母安息大教堂），1408年

随时都能显露出来。当一个人表现得完全真诚时，他总是表现得非常简单。

“公开善事周。”这是一个值得认真思考的主题，也是讨论社会问题的品文标题之一。事情发生在一个不知名的时期，或许发生在2000年。“善良的人”（добрый）往往会受到冷落，当有人想侮辱他人时，他就会用该词的表爱形式——“好心肠的善人”（добренбкий）。本来应该保持“毫不妥协的本质”，但上级突然下令：大家都要多做善事，而且要做更多的善事，每个人都应该坚持做好人好事！甚至还建议人们去从事慈善活动。可以对他人进行施舍，也可以去沿街乞讨。还建议人们可以把钱借给别人，也可以去向他人借债。可以去医院护理病人，或去清洗地板等。可以做这个，也可以做那个，什么都可以……于是人们为自己发现了善事带来的幸福。很多人的贪婪行为、牟取暴利、收集和传播琐事的欲望，犹如云开雾散，顷刻间就消失得无影无踪。人们在做善事时相互微笑，随时可见有人正在搀扶着一位老人穿越马路。在地铁里，不是“某人”给老人让座，而是所有乘客都在给老人让座。

随时随处可见一张张笑脸，售货员在高兴地出售商品，认真仔细地为顾客包装商品。

后来人们呼吁能否延长这种“公开善事周”，群众还纷纷向上级写了类似的请求信。

孩子们也及时抓住了善事革命的机会，他们个个都表现得积极热情，他们最容易受到善行的感染。善行变成了他们最喜欢的游戏。农村的老太太们也开始做好人好事，她们争相寻找需要帮助的穷人和老弱病残者，她们终于找到了一些需要帮助的不幸者。当时还成立了许多“寻求善良足迹”之类的组织。

随时都在发生人与世人进行调和的现象，这就是为什么一定要有不幸者，他们生存的目的就是让别人幸福，他们因关心别人而变得幸福，一人的不幸，或许能使他人获得幸福。

在谈到音乐批评家弗拉基米尔·瓦西里耶维奇·斯塔索夫（B.B. Стасов）时，作曲家斯特拉文斯基说，他甚至随时都在抱怨天气。

在宗教哲学家瓦西里·罗扎诺夫（B.B. Розанов）自我观察到的大量琐事当中，不乏表达清晰和具有深刻教益的思想。比如，他认为，“如果一个人能保持内心的极度宁静，那么，他行动起来就会感到很轻松。比如，出门旅行，他会在旅行中，觉得一切都非常光明，也很有意义，一切都会带来良好的结果。然而，只有在他内心做好大幅度运动的前提下，他才能‘原地稳坐’。康德一生都坐在那里，但是他内心的运动竟如此剧烈，以致整个世界都由于他的‘原地稳坐’而运转”。[2]

为了能在旅行中获得“平静”，最好的办法是认真做笔记或多多拍照，此法仿佛能使一个人脱离自我。

有一次，在我的生日庆典上，大家写了关于我本人太多的好事，但是我总是有这样一种感觉，我读的并不是关于我自己，好像是其他什么人，因为最了解我的只有我的妻子和女儿。因此这个“他”仿佛就站在我身旁，但他毕竟不是我。这个“他”更使我感到欣慰，但如果是由我亲自塑造的这个“他”，那就好了。仅仅是“好了”，而不含其他任何意思。追求荣誉是令人厌倦的，顺便说一句，鲍里斯·帕尔捷纳克丝毫没有荣誉之心（是他的天性中根本没有这种追求，不仅是他诗歌《成为名人并不光彩》中所写的那样）。

最美好的人性是博爱，人们之间的相互联系可以在这种特性中得到最完美的体现，而人们之间的相互联系（包括家庭、农村、国家和整个世界）是人类赖以生存的基础。

关于这种联系，已有大量和早已被人说俗了的词语和表达方式。如今的人们都知道，这是一种必不可少的联系。要么为这种联系寻找一些新词语，或者运用过去已有的词语和表达方式，或者运用某些近似于老生常谈的常用语，但必须使人感受到它们的表现力。我认为，完全没必要在此一一列举此类词语，因为我们每天都能听到它们，我们自己也随时引用。

最恶劣的人性（其实，不是“最恶劣的”人性，而是“最恶劣的人性之一”）就是不关心自己的妻子、不赡养自己的父母、不关心儿童（真正意义上不关心儿童）、不为已故的亲人扫墓、将孤寡老人置之度外、一切只是为了满足自己的心愿。不知从何时起，所有这些已使人们变成了畜群，控制了所有的人。因此只要根据其中的某一种特征，便知其他特征全部存在。无论从哪一方面来说，这种人都是极不可靠的。

苏格兰作家沃尔特·司格特（W. Scott）的代表作之一——长篇小说《修墓老人》（俄译《清教徒》）讲述的是一位老人，他的日常工作就是清理墓地和带题词的墓碑上的青苔和杂草。

苏联肿瘤科专家尼古拉·尼古拉耶维奇·彼得罗夫（Н.Н. Петров），我还记得他的容貌：他是一个非常机智和灵敏的人，他性情活泼，个头不高。他每次给病人做手术时总是轻装上阵：在穿医务外衣（白大褂）之前，先脱掉身上所有的衣服，只剩下内衣。有一天，一位声名显赫的法国肿瘤科医生来访，他浑身上下散发着香水味，服装笔挺考究，还有专人陪同他来到手术室。此时穿着衬裤的彼得罗夫走进手术室，他走到那位法国医生面前并吹下他衣服上的尘屑。

1990 年 2 月，在埃及城市阿斯旺召开的亚历山大图书馆创始人高峰论坛上，埃及政府首脑穆巴拉克决定展示自己的重要性，迫使与会者等了他很久。担任执行主席的法国总统密特朗非常巧妙地使大家摆脱了窘境，他坐在那儿只顾埋头翻阅会议文件，甚至都没发现埃及总统已经登场，只是过了一段时间，他才停止审阅手中的文件并宣布大会开始，显然他的意思首先是为了让穆巴拉克也稍候片刻。高峰论坛期间，密特朗坚决赞同与会者围绕图书馆的意义和亚历山大图书馆之未来所作的精彩演讲，而穆巴拉克的发言听上去却略带俗气。我也想做一个简短的发言，因为我国不曾为图书馆事业拨款，所以我的发言时间绝对不会过长，也不应该显得自命不凡。

如果重量级运动员能创造举重的世界新纪录，那么，我会羡慕他吗？如果体操运动员能刷新世界纪录，我应该是什么感觉呢？如果高台跳水运动员打破了世界纪录，我应该羡嫉他们吗？

您可以列举所有能引起您艳羡的各种活动，您会发现，与您的工作、专业和生活关系越是紧密的活动，就越能引起您的艳羡之情。羡慕和嫉妒也是如此，与您专业越接近、与您的兴趣越接近的人取得的成果越大，您的嫉妒心也就越强。这是一种令人恐怖的心态和感觉。轻易嫉妒他人的人，经常会由于这种心态而感到痛苦。

现在您是否已经明白，如何摆脱最病态的嫉妒心理了吗？需要在周围的人群中发展自己的个性、兴趣和爱好，发展自己的独特性，努力做好您自己。到那时，您就不会再去羡慕和嫉妒他人了。嫉妒首先产生于您感觉自己是外人的地方，产生于您自己无法区别于他人之时。

“在仆人眼中，任何主人都不是英雄。”（摘自卢梭《新爱洛伊丝》第 4 部第 10 封信）

“别赫捷列夫斯基康复中心”是建立在他人痛苦之上的欢乐。

帕斯捷纳克也曾说过我这样的话。直到 1988 年 5 月 1 日，我才第一次读到他的一段话：“再也没有比心胸坦荡、坦率、诚实和纯正的良知更有利于健康的了。假如我是一名医生，我就能撰写一部著作，内容是关于已成为习惯的心术不正会严重危及身体健康，心术不正比酗酒更可怕。”[3]

叶甫盖尼·帕斯捷尔纳克（鲍里斯·帕斯捷纳克之子）已将这段话插入自己的手稿之中，同时还补充了一句：“请见《日瓦戈医生》尾声主人公尤里中学时代的同班同学杜多罗夫的几句话。”（手稿第 30 页）

白银时代的作家和翻译家鲍里斯·扎伊采夫（Б.К. Зайцев）在谈到鲍里斯·帕斯捷尔纳克的创作之路时说道："意大利诗人弗朗切斯科·彼特拉克（F. Petrarca）从亚维农给罗马的朋友们写信。他每次发信都是通过'碰巧'，即每次都'碰巧'遇上前往意大利的商人，每次都请他们转交信件。有时那些商人会在佛罗伦萨附近遭到海盗的袭击和抢劫。一旦他们能得到彼特拉克的信件，他们顿时会感到心满意足，因为当时那些信件可以高价出售。然而，彼特拉克的部分信件毕竟能够安然抵达罗马。于是收信人经常举办宴会，特意招待那些友人。宴会上，每当客人们开始吃甜点时，他们都会品尝一道名菜——大声朗读彼特拉克的来信。"（摘自《鲍里斯·帕斯捷纳克创作论文集》慕尼黑，1962 年，第 17 页）

鲍里斯·扎伊采夫也为朋友们大声朗读了帕斯捷纳克的信件。

一个人从他出生后的第一天就开始发展，开始憧憬未来，开始学习并逐渐学会给自己制定新任务，有时甚至连他本人都不懂其中的意义。光阴似箭，日月如梭，他很快就掌握了自己的生活状态，学会了用勺子进餐，还学会了最基本的话语。

随后他继续在少年和青年时代学习。

然后到了学以致用的年龄段，他应该力争达到自己所追求的目标，他逐渐成熟起来并开始真正的生活……

然而，偏差总是存在的。对很多人而言，学习时间被调控生活之类的活动取而代之，他们只能凭借惯性前行。他们随时都在憧憬未来，而未来已不在实用知识当中，也不在掌握技艺的过程中，而是在为自己安排有利的社会地位和生活之中。内容，真实的内容已经彻底丧失，真正属于他们的时代不会到来，一切都依然如故，对未来依然保持着空泛的憧憬。这就是个人名利主义。内心的不安使一个人变得很不幸，同时这种人也难以容忍周围的人。

波兰诗人和哲学家斯坦尼斯拉夫·林茨（S. Lentz）在幽默散文《未经梳理的思绪》中这样写道："每个人都会给剧院带来自己的声响效果。"可以将此思想进行扩展：每个人都会按照自己的意识来到这个世界；一个人能使自己的意识得以保持、发展或在整个生命过程中使其泯灭。

当争吵的一方特别激烈时，对其对手（争吵的另一方）而言，最有利的方法是保持冷静，而且是极其冷静，最激烈的一方容易受到对手来自侧面的袭击。

俄罗斯旧教派活动家伊万·尼基福罗维奇·扎沃洛科（И.Н. Заволоко）有一句由三个字母组成的座右铭——"Р.С.Т."。如果按斯拉夫语拆解这三个字母，便是"рци слово твердо"（意思是"说话应该有力"），即在不改变词义的情况下，说话必须有力。

我认为，保加利亚餐厅女服务员与顾客之间的谈话，有时具有十分典型的意义。文艺学家帕维尔·别尔科夫（П.Н. Берков）对正在上汤的女服务员说（他的话有时使人感到害怕）："我一贯主张，只能用汤勺喝汤。"聪明的女服务员回答说："我深信这一点，因此汤勺已放在盘子的左侧。"关于这件事，帕维尔·别尔科夫亲自给我讲过（他是好样的，善于聆听并重视别人的回答）。

偏见不应该影响信念。

崇高道德的特性是富有怜悯之心，怜悯之心便是个人与全人类与整个世界（不仅与人类、各民族，而且还包括动植物和自然界）达成统一的意识。怜悯之心（或与此相近的某些特性）迫使我们为文物保护、文化遗产的保护、自然景区的保护和尊重历史记忆而斗争。怜悯之心是个人与他人、其他民族、人民、国家和整个宇宙达成统一的意识。正因为如此，被遗忘的怜悯之心这一概念需要全面复兴和发展。

行为恶劣的人常说："人心如狼。"可能很少有人听说过另一句相对的箴言："人心向善"，此话好像是出自罗马斯多亚派哲学家和诗人塞内卡之口。他曾证实："人类社会如同苍穹，大小不一的石块相互依靠，以此保证整体苍穹的坚实度。"这句话具有惊人的真实性。现举一例：我们平时走在街上，我们凭直觉相信数以万计的司机，相信他们的驾驶经验和最起码的道德准则。我们相信的不仅是他们的学历证明、背诵的交规和警察的职责范围，我们还相信他们都是具有怜悯之心的人……

斯坦尼斯拉夫·林茨在幽默散文《未经梳理的思绪》中反映了一种很好的思想，即"链条上最薄弱的一环实际上是最有力的一环，因为它足以使链条断裂。"（无论链条多么坚固，情况都是如此）。

人之所以能成为人，是因为他置身于同类人群之中。

我还清楚地记得另一句名言："合乎理智是高尚品质的最佳特点。"

在对人做出评价时，我们总是缺乏足够的道德观念，尤其缺乏正义感和人格。在表扬一个人时，通常不说"他是个正派人"。更少听到的还有："他已按照人格的指点行事。"

与此同时，您可以想一想，"正直"和"人格"这两个词应用得多么广泛：家庭生活中的正直、批评的正直、新闻工作中的正直、爱情中的正直、医生的人品、工人的品格、工程师的品格、学校的声誉、工厂的声誉、公民的品格、丈夫或妻子的品格。凡是使用"正直"和"人格"这两个词的人，无论他是谁，他做事必须有节制和自控力，否则就会有损于他的人格和尊严。"一个被声誉和尊严束缚的人"显得多么正确，因为这种人才是最自由和最具独立性的！

假如普希金没有发出决斗的挑战，假如他不想捍卫他妻子的尊严（尽管正如与我们同时代的"挑拨是非者"所说，他未能达到目的），那么，他在任何时候都不会捍卫自己诗歌的尊严。诗人不可能亲自玷污自己的尊严，因为诗人的个性是他诗歌的一部分。

我还想起一个被忘却的道德概念——"彬彬有礼"的行为方式。

最简单、最自然的独立性保护法，就是严格遵循彬彬有礼的行为方式。不仅要在女士面前或与女士们一起行动时，做一个彬彬有礼者，而且还要在跟其他所有的人在一起时做到彬彬有礼，随时随地都要这样做。

声誉

在道德范畴之内，这一概念显得异常重要，但是声誉同时又是一位双面神雅努斯[①]。一方面，声誉有外部的名誉。人要捍卫自己的声誉和尊严，他不能容忍任何侮辱或他自认为是他人对他的侮辱。他这样做的目的主要是考虑到周围的人。在很多情况下，考虑的是贵族和军官的声誉。随着革命的爆发，这种声誉开始进入低谷，后来引发了另一种声誉——头等重要的声誉，即贞操、面对自我的声誉、独立于他人评价之外的声誉，但它毕竟是一种对社会、对社会的道德氛围、对人们相互之间和社会组织（国营单位、商贸企业、各类工厂、军队和教学单位等）之间的道德关系等，都具有重大意义的声誉。那么，从外表上来看，这种"贞操"究竟是什么呢？原来这种贞操具体表现为，一个人应像官方代表（公职人员、国务活动家和单位的代表）那样信守诺言，同时像一个普通人那样，为人正派，不打破伦理准则，保持尊严，不在领导面前和"可提供好处者"面前奴颜婢膝，不为谋取私利而迎合他人的意见，不为证明自己的正确而固执己见，不计较个人得失，不用国家资材为某些"有用之人"埋单（或给予他们各种宽容和"安排"等）。总之，一个人应该善于分清个人利益与国家利益，善于分清人们对

① 雅努斯（Jānus），古罗马门神，亦称"双面神"，司混乱、进出、开始与结束之神。

米迦勒（弗拉基米尔圣母安息大教堂）· 1408 年

周围世界进行的主观评价与客观评价。

声誉首先是一种尊严，是行为正派者的尊严。这种尊严也有外部尊严与内在尊严之分。外部尊严是指帅气、高傲、风度和气派；内在尊严实际上是指一个人无论是在自己的行为规范上，还是在与人交谈时，或是在思想上，都不能表现得特别琐碎。当社会的声誉和尊严发展到很高水平时，不可能出现任人唯亲、家天下、欺骗他人和组织、“附加语”以及为了获得奖金、感恩和职务晋升而不择手段或人为地降低生产计划等现象。

声誉迫使一个人必须思考他所代表的那种社会制度，现实中有工人的声誉、工程师的声誉、医生的名誉，还有某所学校的学生的声誉、军团的声誉、工厂的声誉、企业和单位的声誉。

工人的声誉在于，生产过程中不出现次品，努力创建精良产品。正如过去的年代，曾有排字工的声誉、铸造工（即使在全体大罢工的时候，也不能熔炉熄火）的声誉。

行政长官的声誉在于，信守诺言，履行诺言，善于听取他人的意见，必要时，甚至不怕修正本人的意见，不坚持自己的“病灶心理缺陷”，不以“任何时候都不会改变主意”而自傲；善于及时承认自己的错误，并及时改正自己的错误。

一个公民的声誉在于，不因个人动机而报复，不用公款享受各类服务，避免任人唯亲的现象，如果某人不利于“事业的发展”，无论是亲缘疏密，均不可重用，只能根据事业发展的要求支持并起用天赋好、有能力的人，不写匿名信，也不看匿名信。

学者的声誉在于未经事实的全面证实，就不去创造任何理论，不担任不完全符合权限范围的职务，在看待科学结论、论文和论著时“不自我”，不窃取他人的思想，永远转引和借鉴前辈的经验，不抄袭他人的论文，不参加某种团体或小团体，不制造事端，善于并自愿区分科学真伪等现象。

必须创建完整的科学道德法规和法典，并将

其正式出版发行，寻求发现破坏法规法典的手段和措施。

历史上，俄罗斯曾有过商人之言和商人声誉之说。最大的老式商人之间每次成交都要经过这样的仪式：双方一起来到教堂并以祈祷作为成交的佐证。在彼得堡，在杜马与外商商场之间，在卢斯卡正门对面，曾有一座位于半地下室的小教堂，商人每次较大的买卖成交都要在那儿举行祈祷仪式。

可见那时多么重视商人的声誉啊！

在伦敦城，大宗贸易往往需通过双方握手成交（可英国人却很少采用这种握手成交的方式）。

既然商人和企业家都非常重视自己的声誉，那为什么不能在我们的社会中推广和发展此种方式呢？

我还有一种想法：世界各国的外交官必须珍惜自己的名誉。而今天外交官的言行和承诺，都不符合事实！全世界都是如此。刚才我还在报上看到这样的内容：某一领域进行裁军，完全是为了补偿另一个军事领域。这简直是在耍滑头！这种手法与那些小痞子和小生意人惯用的把戏如出一辙。这种做法与 19 世纪俄罗斯商人简直是格格不入的。

缺乏道德会导致社会生活发生紊乱，没有道德约束，经济规律将无法在社会中发挥效用，任何一种外交协定都将无法执行。

有人说，在 1745 年的丰特努瓦战役中，法国要塞司令出来迎接与其敌对的英国人，他摘下军帽并高喊道："英国先生们，先朝我开枪吧！"

而我们的野蛮行为甚至到了如此可怕的地步：常常是不宣而战。

同志会的圣训

1913 年，军事院校管理总局印制了下列"12 条圣训"，并将其发至所有的士官学校和军事学校，希望将它们张贴在每所军校的墙上。

加百列（弗拉基米尔圣母安息大教堂），1408 年

1. 凡是建立在信任和自我牺牲基础之上的、一起生活或一道工作的人们之间善意的相互关系，此类组织均可称为同志会。

2. 军中的同志会相信心灵，甘愿献身。

3. 服役期间，希望大家能保持友谊，但相互之间必须保持同志关系。

4. 友情的职责必须让位于同志会的职责。

5. 同志会的职责应让位于军人的职责。

6. 声誉不可动摇。为了确保同志会的利益，一切有损荣誉的行为将永远被看作可耻的行为。

7. 从属关系不能排除相互之间的同志关系。

8. 让其他同志替自己的行为负责将被看作对同志会的背叛。

9. 同志会不缩小个人财富所有权。

10. 同志之间的相互关系应能表达他们之间的相互尊重。

11. 同志会的荣誉是不可分割的。

12. 侮辱自己的同志等于侮辱整个同志会。

我一般不喜欢下结论，平时也没有这方面的准备。尽管如此，我还是要指出良知与声誉之间的某些区别。

良知与声誉有本质性的区别：良知永远源于心灵深处，良知能使人净化。良知“能使人感到苦恼”，良知不会是虚假的，不过有时是被压低的，有时又显得过于夸张（当然，这种情况极少）。然而，对声誉的认识有时完全是虚假的，这种虚假的认识能给社会带来极大的损失。我所指的是那种被称为“宫廷制服的声誉”。在我国，某些原本不属于我国社会固有特性的现象已经消失。比如，贵族的声誉，但“宫廷制服的声誉”依然是一个沉重的包袱。如同一个人死后，剩下的只有那套已被摘下所有勋章的制服，制服内不再有良心的跳动。“宫廷制服的声誉”迫使领导者们捍卫虚假的或缺乏道德的方案，坚持继续建造那些明明是失败的工程，继续与捍卫历史文物的团体和协会进行斗争（他们认为，“我们的建筑项目最重要”）等等。如此捍卫“宫廷制服的声誉”的实例还有很多，科学院本身就是一个鲜明的例证，这就是科学院坚持兴建的非常失败的和耗资超大的修复方案（比如，北方河道转弯处的部分修复工程、被污染的波罗的海水渠建筑工程等）。

真正的声誉永远都符合良知。虚假的声誉永远是沙漠上、人之心灵（确切地说，官员的心灵）荒原上的海市蜃楼。

正因为如此，在决斗中杀死莱蒙托夫的马丁诺夫，最后在遗言中注明：墓地上不要写他的名字，也不要竖立任何纪念碑。这与在决斗中杀死普希金的法国军官丹特斯有着天壤之别，决斗之后，丹特斯一直长期而愉快地生活着。当他的生命即将结束时，他依然深信，当时他除了决斗，不曾有“其他任何办法”（其实，办法是有的，而且是很简单的一个办法：只要他肯为保持内在的声誉而牺牲个人的外部声誉即可）。

不仅是在行为规范中重视声誉和尊严，而且还要在思考问题时重视声誉和尊严，要对得起我和您，同时排除所有不讲声誉和尊严的思想。

一个人的名誉和尊严还体现在他平时的吃相和喝相上。使徒保罗在致科林斯人的第一封信中说：“如果一个人的吃相和喝相不雅，他必将亲自吃下并喝下他人的指责，同时他还不得谈论上帝的躯体。由于这种吃相不雅的人，他身边的许多人都会变得身体虚弱或开始生病，甚至还有许多人因他而死。”那么，什么是优雅的吃喝姿势呢？非常明显：进餐期间的一切均按严格的步骤进行，按照一定的时间进餐，不能暴饮暴食，饭量要有节制。这是我个人的观点，我有时对此也不太自信。

波斯尼亚民间广泛流传着这样一条俗语：“任何人都不知道自己将为哪一种信念而死。”

保加利亚有这样一条俗语：“Направи добро и го хвърли в морето.”（行善吧，并将它抛入大海）译成俄语就是“善行本身往往会暴露在外，不必为某种利益而行善”。

谢尔盖·谢尔盖耶维奇·阿韦林采夫曾对我讲过，1986 年夏天，他在铁路边上旁租了一座别墅，来往的列车直接影响他睡觉。最后他这样想：来回穿梭的并不是火车，而是一些携带内心负担和思想的人们。从那时起，火车的轰隆声似乎再也没有使他感到不安，于是他就开始熟睡了。应该发展自身的良好愿望，应该“理解”并善待周围环境，这样就能保证比较轻松的生活方式。世界上的恶人总是比善人短命。

俄罗斯常胜将军苏沃罗夫（A.B. Суворов）曾经说道:“我曾 10 次受伤，其中 5 次是在会战期间，5 次是在宫廷之内，而这后 5 次受伤都是特别致命的。”然而，他最终没有牺牲，因为他知道，应该如何治疗伤口，同时他对伤势表示彻底蔑视。

当人们在工作期间（任何人都是如此，虽然我现在主要是指在普希金之家的工作）不再吵闹时，浪费在各类大小会议上的时间就会随之减少吗？如果是那样，大家都将积极地工作！令人惊讶的是，人们都在与保护自我和本人神经的唯一手段进行对抗。

就我本人而言，我在普希金之家工作了半个多世纪。我觉得，这里的某些情况对我不太合适，有时我也会感到一丝愤怒。或者由于发生在我的城市、我们国家的某些事件，或对我十分宝贵的文化遗产受到伤害，如果此类事件是由外人所为，那么，我会觉得更不愉快，那些“受到伤害的对象”的意义会变得更宽泛、更重要。我的这种表述方式较为复杂，但我的思想正是这样记录的，我也不准备予以修改。

从整体上，我不太喜欢的瓦西里·罗扎诺夫，他曾在题为《落叶》的作品集中，阐述了我曾有过的一种思想:“离开‘自我’，何去何从？‘自我’之外的一切全部属于他人。一切问题均可通过这个词语来解决。请尝试与‘他人共同生存’吧。”“自家的粗茶淡饭比他人家的山珍海味更可口。”

无能之辈总是急于教训别人，而真正的天才则善于给别人做出榜样。尽管如此，若有人剥夺天才的时间，天才就开始教训别人，而不是通过自身的榜样作用来感化他们了。

当拿破仑与舒瓦瑟尔伯爵（A. Choiseul-Gouffier）谈起他家的豪华宫殿时，特意做出了这样一番解释：“实际上，朴实无华不适于普通士兵出身的人；朴实无华只是对世袭国王有用。”可以继续延伸拿破仑的思想，但不能从拿破仑那种“自我证明”的观点出发：只有那些微不足道者和貌似“思想深刻”者（实际上是蠢材），才特别看重体面和庄严。

维克多·雨果曾对自己做过极高的评价，他将自己的手稿珍藏在一个皮箱里，而且还随身携带这个皮箱。关于维克多·雨果，20 世纪法国作家让·科克托这样说道：“维克多·雨果是个疯子，他总是把自己想象成维克多·雨果。”

人类智慧中有一种可发挥调节功能、有益于健康并使人变得高尚的特性——笑，这种特性总使我感到惊讶，但即使是设计最完善的计算机也没有人的这些特性，即便它能进行高速运算，能测算出人们应该在某时需要笑，但是它永远也不可能笑起来。

1826 年 4 月，美国国务卿（即美国外交部部长）亨利·克莱决定与国会议员约翰·兰道夫进行决斗。在此我们不必强调他俩决斗的原因，也不必转引约翰·兰道夫所说的那番“fighting words”[直接侮辱对方并引起对方决斗的一番话，其言辞极其强硬，没有丝毫的幽默成分，他引用了亨利·菲尔丁（Henry Fielding）长篇小说《捡来的男孩汤姆·琼斯》中的语句]。

那次决斗采用了最强硬的美式规则——走出 10 步便可开枪。在第一轮相互对射时，双方都没有打中对方。国务卿亨利·克莱声明说：“这纯属儿戏。我要第二次射击。”他第二次射击的结果只是把国会议员约翰·兰道夫的衣服打了一个小孔。于是约翰·兰道夫朝空中射出一枪并声明说：“您应该赔我这套制服！”亨利·克莱回答说：“我很高兴，您的开价并不高。”话毕，两人和好。约翰·兰道夫的机智与亨利·克莱巧妙的回答使他俩避免了第三轮决斗。

幽默感常常是免受各种社会苦痛的心理屏障，每当周围的人可以分享幽默时，幽默便能充分发挥其心理自卫功能。

意大利画家阿梅代奥·莫迪里阿尼（A. Modigliani）为自己的一幅素描画题词：“生活的构成形式主要体现于少数人为多数人的奉献，即懂得者和拥有者给予那些非懂得者和非拥有者。”他的话千真万确，苏俄诗人伊戈尔·什克利亚列夫斯基（И.И. Шкляревский）写得也绝对正确：

让我拥有一切吧！我也不会富裕。
剥夺我的一切吧！我也不会贫穷。

这就是精神财富固有的特性，精神财富不会因为施舍而变得贫瘠，也不会使已经拥有它们的人变得富裕。

一位在南极地带工作数月的电视台女摄影师讲述，当天寒地冻时，寒风凛冽，企鹅们便缩成一团，中间是刚出生不久的小企鹅，四周是稍大一点的企鹅。最外面的一圈是成年的企鹅，而位于圈外高地上的是最年长的老企鹅和引路者，它们甘愿为捍卫企鹅家族而献身。

法国军事章程里好像有这样的条款：谁应该先跟谁打招呼（谁先向谁敬礼）。在一般情况下，新兵先向老兵致敬。

如果两位级别和官衔相同的军官相遇，谁先跟谁打招呼呢？当然是其中“最聪明的”一位先向另一位军官敬礼……

陀思妥耶夫斯基在《作家日记》里引用了一条土耳其谚语（纯粹的土耳其谚语，而不是关于土耳其人的谚语）：“如果你在通向目标的路上时走时停，有时还捡起石头去打每一条向你狂吠的狗，那你永远都不可能抵达目的地。”[4]

现代生活的重要特点之一就是各种旅游形式、各种不同的游乐玩具和特技表演的发展。特技表演还包括白金汉宫广场上的哨兵换岗仪式、罗马教皇登上阳台为集聚在罗马圣彼得广场上的众人祝福。对部分人而言，罗马教皇就是一个演员。对更多的人来说，美国总统更像是一个演员，而“专业化程度最高的演员”，莫过于英国女王。

目前，您已经无法分清，在圣地（特指耶路撒冷及周边地带。译者），哪类人最多，是游客，还是朝圣者？大致情况可能是这样的：朝圣者带有游客的性质，而真正的祈祷者都是参加为游客举行的“祈祷仪式”的人。

近期旅游事业还将推广到太空，有愿望的亿万富翁或特别富裕的国务活动家，只要他们肯支付数千万美元，他们就能乘坐宇宙飞船遨游太空，可以从那里欣赏已被他们彻底污染的地球。

还有一件不可思议之事，如今的科学也已变成了特技表演。学者们逐渐开始成为若干领域的某些重要理念的发明者，还能在国际研讨会上绘声绘色地阐述这些理念。学者们也已成为游客，即成为游牧部落的成员之一，他们从一种国际研讨会转移到另一种研讨会，并不断刷新个人获得国际荣誉称号和奖励的“纪录”。

既然事实如此，为什么不能宣布某位学者是国家级或世界级的学术冠军呢？为什么不举办某种国家级或世界级学术荣誉称号和奖励数额比赛呢？

此种现象的危害在于，一切都失去了真实的内容。积极看待世界的人们开始变成越来越消极的洞察者和“捧场者”，并成为真正意义上的国际旅行者。他们不再是有头脑、有思想的某种宗教意识（甚至到了这种地步！）的追随者，而是某种理念的“捧场者”。在宗教界，开始出现越来越多的不履行宗教法则、不举行圣礼、不参加祈祷仪式者，而逐渐变成了某种宗教理念消极的拥护者。此种现象还逐渐地蔓延到其他领域，他们承认这是一种世界观，但又不完全忠实于它。

朝圣向旅游的过渡是人向“舒适型”消极态度转化的特征之一。历史上的朝圣者都是徒步行走，边走边祈祷，在行走期间坚守斋戒。游客们通常乘坐豪华舒适型飞机，他们只是到处观景和“游玩”（有时洗浴、晒太阳、参加各种娱乐活动）。当然，只能把我个人在朝圣与旅游之间的对立理解为一种说明问题的例子，而我所说的那种现象，其波及范围甚广。

人类的普通智力可能会在我们眼前逐渐消亡，人类除了具有某些天才和创作者之外，还有普通而统一的智力，这种智力曾一度对不同的教派产生了影响，并促使知识分子走向人民中间宣传革命学说等。如今人类的普通智力表现得越来越时髦，这种时髦不仅反映在人们的服饰上，而且还反映在某些艺术流派和科学领域中。

或许，情况也不完全如此。我本人是个乐观主义者，但也应该允许乐观主义者出现片刻的消极态度（在这种情况下，我既是一个乐观主义者，同时又是一个“潜在的悲观主义者”）。

每个人都有义务（在此强调的是“有义务”）注重个人智力的发展。这是每个人面对他所处的社会环境和他本人应该承担的责任和义务。

智力发展的基本方法（但不是唯一的方法）是阅读。

阅读绝对不能成为一种偶然行为，这是一项耗费大量时间的活动，而时间则是一笔最伟大的财富，是最不允许浪费在区区小事上的。应该有计划地阅读，当然不能对阅读计划采取硬性手段，也不能在读者出现新兴趣时脱离阅读计划。然而，在完全脱离初期阅读计划的情况下，必须为自己制订能够产生新兴趣的新计划。

为了使阅读变得行之有效，必须引起读者的阅读兴趣。必须从整体上或根据固定文化领域的要求，培养和发展自身的阅读兴趣。在很大程度上，兴趣是自我培养的结果。

为自己制订阅读计划并非易事，为了制订适合于自己的阅读计划，需要请教行家，同时参考各类咨询手册。

阅读潜在的危险在于，容易养成（有意识或无意识地培养）“对角线”式的粗略通读或各种快速阅读的习惯。

“快速阅读法”有利于扩大视野和知识量，但只限于某些职业的读者采用此法。应该避免养成快速阅读的习惯，因为这种习惯可导致注意力方面的疾病。

在 1076 年为王公们抄写的《作品集》当中，有几种思想值得深思。

“当有人诽谤你时，你要想一想，他人对你的诽谤是否属实！如果不属实，你可把它看作一股正在散去的烟雾。”

“不要听取一个没有正常生活者的建议。”（不要向这种人咨询问题）

“愤怒不会从你们的眼中消失。”（隐喻：随时都要保持沉着冷静）

“对上帝要随时祈祷，对世人要少说为佳。”

“一个人被指责要比他指责别人更好。”

《日课经》[①] 反映了如下的思想：

“舵手应该与划桨者们保持思想一致。一旦二者之间产生某种不和谐，船将无法正常行驶。”

一位沿海居民告诉俄罗斯学者克谢尼娅·彼得罗芙娜·根普（К.П. Гемп）说：“我们头上是同一个天空，我们脚下是同一片大地。”或者说，我们在天地之间是平等的。

沿海居民的语言保存了大量古代词语和术语，甚至还有多种生活习俗。比如，俄语中的“Присловки”（俗语）一词通常出现在故事和童话中，或出现在一段简短的往事开始之前，可它们毕竟不是引言的内容；“Послесловки”（结束

① 日课经（Великие Четьи минеи），东正教教堂使用的每日祈祷经文录，每月 1 册，每年从 9 月开始，主要内容还包括圣者言行录等。

语）是一段简短的评价和每个故事之后的“结论”；“Посмешки”（玩笑）是一种为了不使听众寂寞所说的各类笑话、不使人感到难为情的玩笑、挑逗性的笑话等，男女均可讲此类笑话。

形容大海状态变化的有上百种之多，但其中的任何一种均无丝毫的污言秽语之意。一旦某物掉到海里或被海浪吞没，人们则小心翼翼地说：“某物已被大海召回了。”

箴言集《小蜜蜂》[①]中有这样一条名言：“战争期间方显英雄本色，智慧出自灾难时刻。”事实的确如此！人们只有在战争中才能发现某人是否勇敢，遇到灾难时才能看出一个人是否有智慧。

有人曾对我说，在俄日战争期间的某次（我记不清了）战役中，俄军冲破了包围圈，走在最前面的是一个神父，他高举十字架，多名举旗人跟随其后，然后是演奏进行曲的军乐团……军团需要这样，每个人也需要这样做。

“星辰与星辰的光芒也不尽相同。”

多布任斯基在慕尼黑的画家师傅安东·阿什贝（А. Ашбе）要求学生必须画出 grosse Linien（德语，意思是“直线”），他说：“Nur mit groBen Linien arbeiten”（只能用直线绘画）。其实，他的这条规则不仅适用于绘画艺术，生活中同样需要遵循“Nur mit grosse Linien”的原则。“grosse Linien”是一个很难译成外语的一个术语吗？能否将其译成“一条又长又直的线条”呢？当然不能这样翻译。

语言学家伊戈尔·阿尼奇科夫生前清楚地记得维多利亚时代的英国，他经常重复英国人常说的一条俗语：“An apple a day keeps the doctor away.”（每天一苹果，医生远离我）

英国人的风度之一是肩上随时搭一件胶布雨衣。我还目睹早上急着上班的英国官员们，几乎每个人一定要像拿文明棍那样手持一把雨伞。这是我在 1967 年的伦敦街头看到的一幕。

英国人常说，为了延年益寿，“not to hurry, not to worry, not to carry.”（不着急、不烦恼、不携带重物）

俄语中的“сила”一词（意思是“力量”）有两层含义，二者常常使人产生混淆：一层含义是“体力”，另一层含义是“勇敢精神”“和谐一致”“精神力量”等。现实中有“сильный мотор”（大功率发动机）、“сильная крепость”（固若金汤的堡垒）、“сильный человек”（强力人物）；另一层含义的词组有“сильный математик”（很棒的数学家）、“сильный научный или театральный коллектив”（实力雄厚的科研单位或戏剧团体）、“сильный мысль”（强有力的思想）等。国家应该是第二层含义的强盛，属于第二层含义的还有强有力的议会、强有力的宪法、实力雄厚的科研单位、水平颇高的科学研究、依据充分的假设；等等。行之有效的法律并非随时都采用武力镇压、严厉惩罚或判处死刑等手段，而是行文得体、合乎逻辑和充分考虑复杂生活现实的法律法规。

当马车夫担心失去对骏马的控制时，他一定会勒紧缰绳，这是“在他的神经系统里，出现了对所驾之车的不自信”的缘故。

爱因斯坦平时衣着不整。当他第一次来到美国时，那里的人们对他说：“你这样会使人感到难为情的。”爱因斯坦回答说：“这里没人认识我，衣着如何还显得重要吗？”10 年之后，又有人对他说：“你这样会使人感到难为情的。”他回答说：“无所谓，反正这里的人们都已经认识我了。”

翻开任何一本警句格言录，总体上的充实特点和矫揉造作的腔调肯定使你感到惊讶。只有少数作者才能把警句和格言编写得十分巧妙、充满睿智或出人意料（比如，波兰的林茨、俄罗斯的罗扎诺夫）。我真不希望，某些人把我的话看作格

①《箴言集》（Пчела）是 11 世纪拜占庭帝国的一部作品，曾在巴尔干半岛诸国和古罗斯广为流传。这部箴言集曾是古罗斯时期关于古希腊哲学和古代政治思想的主要源泉，该书的原作者被公认是希腊基督徒和宗教作家安东尼·梅利萨，原书以“希腊教父著作汇编”这一名称出版，全书共计 136 卷。

言警句。

只有能对人产生良好影响的格言才算是有益的格言。

格言警句的最佳特点是言简意赅，而格言警句集恰恰会抵消这一特点，同时还会造成枯燥乏味的质层。

教会规定，修士们在走路时，必须像“守斋”那样，即走路时必须保持稍微低头的姿势。“守斋的样子”实际上一种虚假的谦虚。如今人们对这种步态和姿势有了另一种理解——“愁眉苦脸的样子”。

俄罗斯帝国时期的库图佐夫元帅满身勋章，胸前甚至佩戴着皇帝亚历山大一世的微型肖像。皇帝还特意将一把镶有钻石和各种绿宝石的佩剑赠送给他，据说当时那把佩剑的价值已达60000法郎，但是库图佐夫并不喜欢这件礼物。他说：“我一定要告诉皇帝，这是一把多么糟糕的佩剑。”原来在他看来，佩剑柄上镶嵌的绿宝石又碎又小。多么令人惊叹的举止啊！难道拯救俄罗斯帝国的他，果真需要大块的绿宝石吗？

一个已被忘却的词“бранделясы”（空话、胡扯），我从小就听父亲说起这个词。每当他谈到一些无关紧要的琐事时，他总是说：“这只是在胡扯。”凡是关于皮毛小事的谈话，父亲都说：“简直是无稽之谈。”

孩提时代总是期盼未来，青少年时代也都是在期盼未来，但如果这种“对未来的期盼”完全吸引了一个成年男子，期盼必将变成个人名利主义。应该学会怎样及时地从期盼转入现实生活。

瓦西里·罗扎诺夫有这样一句名言：“应当准确把握自己的命运。”

“Ни же грети можеть студень, ни же убелити ченость, ни же просвещати тма.”（译自拜占庭修士大卫·迪斯帕特《辩论文集》：“恶势力从来都不放过善行，如同严寒从不会给人提供温暖、黑色不可能变白、愚昧永远都不会得以教化一样。”）

一则英国故事：伦敦的公共汽车安装了自动门之后，顿时引起了一场轩然大波，不少人对此表示反对，他们说：“行驶期间，每个人都应有随时跳车的权利。”1967年，我去伦敦时，那里的公共汽车还没有安装这种自动门。

国际新闻记者奥列格·奥列斯托夫（О.Л. Орестов）发表在《新世界》杂志上的一篇关于英国人的文章，讲述了一个典型的英国故事。两辆汽车在伦敦的一条街道上相撞，车上的人都没受伤，但是两辆汽车全被撞坏了。两车的主人从车上下来开始相互说明，究竟为什么会发生撞车事件。从对面的楼上走来一位女士，手里拿着一只小托盘，盘子上有两杯热茶，她说：“千万别着急！请喝茶！”不过有一件事使人感到一丝不安：不知那只小托盘上是否有小奶瓶？因为英国人喝茶时都喜欢加点牛奶或奶油。

可以想象，那位女士就不怕我们向她怒吼并提出严厉批评吗？她那时冒着多大的风险啊！

随时挖苦别人的人等于失去了幽默感。

幽默中最有效的成分是顺势疗法要素，但是这种要素只能用于顺势疗法，即很好地掌握它的剂量并经常使用为宜。没有幽默感，也就不会有智慧。

幽默感的剂量过大，会使人感到疲倦。在一般情况下，笑话不能超过三条，而且必须保证，这些肯定都是前所未有的新笑话。其实，真正的幽默感并不在小笑话中。

综上所述，如此等等（关于幽默感这一话题，写得太多了，也就没有意义了）。

最后一个存有争议的问题：您是否拥有一群与您的意见一致并笑口常开的人（不记得此话是谁说的或谁写的）？

杂谈

我所讲的一件真事要比文学作品中的故事更具“文学性”。墓地上的耶稣诞生教堂[①]具有异常精美珍贵，但未经全面研究的壁画。在该教堂的修复过程中，专家们在半圆形祭坛墙壁的上半部发现，一枚尚未引爆的巨型炮弹斜插在墙上，炮弹的一头在墙外，另一头在教堂内。他们迅速找来了工兵，工兵们查看一番之后说：“唯一的办法只有就地引爆。否则，难以保证安全。”修复专家们一听，十分沮丧，他们激动地说：“如果就地引爆炸弹，教堂和教堂内的壁画将被彻底毁灭！”不过在很多紧急情况下，奇迹时有发生。当时现场有两个小男孩，成年人的一番谈话他们听得一清二楚：明天上午将就地引爆那枚卡在教堂墙上的炸弹。次日上午，当工兵们来到这座教堂时，卡在墙上的炸弹已不见踪影。原来昨天夜里，那两个小男孩从外面把炸弹给拽出去了，炸弹就落在了墓地柔软的草坪上，安然无恙。

通过观看电视节目《动物世界》，我坚信，各类猛兽存在的意义，就是为了使生态保持平衡。如果将人类社会看作某种完整的生态，那将是一种什么情形呢？为什么人类社会出现走狗、告密者和随时喜欢吵架的人呢？在每一个健全的集体中，只要出现两三个这样的“猛兽”，整个生态平衡将会遭到彻底破坏，任何团体也就不可能继续生存下去。从生态意义上讲，人类社会与动物世界之间绝对没有什么相似之处。

不过在动物世界里，也会发生破坏生态的现象。比如，乌鸦遍及整个城市，在水域较大的地方，往往有很多很多的海鸥，它们会使城市失去歌唱的小鸟，所以需要将它们消灭。

如果在科研单位出现了平时总爱争吵的人，那该怎么办呢？他们就像乌鸦和海鸥一样，能消灭所有会唱歌的“小鸟”（科研能力很强的人）。一旦发现他们身上存在着某些错误思想、过火行为、偏激倾向及错误方法，又该怎么办呢？我认为，我国的现行法律不仅对他们过于民主，而且还对他们施行保护政策，本来法律应该保护集体中较为健康的那部分人，并使他们免受那种爱争吵者的危害。比如，如何对待溜门撬锁的小偷和歹徒呢？科研单位的这种“盗贼”使我们在国外蒙受侮辱，他们继续不遗余力地瓦解他们所在的工作单位。其实，他们在来到这个单位之前，曾被原来的科研单位和教学机构开除，后来几经周折才被起用。要知道，这种人并非极少数！应该改变

① 墓地上的耶稣诞生教堂（Церковь Рождества на Красном месте），位于俄罗斯大诺夫哥罗德环城外东部，费奥多尔河大街附近，建于14世纪末。教堂内保存了当时由外来画师绘制的大型壁画，其风格与塞尔维亚莫拉维亚画派极为相似。目前这座教堂已被辟为博物馆。

秩序，让他们为不符合事实的告密行为承担责任。

如果在高级工作单位出现这样的猛兽，如果在他们的信中出现了无法证实的资料，应当立刻让他们承担责任。电视台前不久开设了一个题为《人之世界》的新栏目，主要报道好人与坏人、正派人与撒谎者等人的行为和心理活动，即揭示为周围的人营造良好环境者与蓄意破坏社会环境者的行为和心理活动。这是一套关于行为心理学的电视专栏节目。

早在1660年的英国，吸烟被看作一种医疗手段，目的是预防瘟疫。

当你聆听自己通过话筒说话的声音时，你会产生一种奇特的感觉。当我第一次借助麦克风发言时，我觉得，那不是我本人的声音，后来才断定，原来麦克风使我的音质发生了某些变化。

当然，透过麦克风，我仿佛听见了他人的嗓音，一种疏远的声音，这一点比较清楚，但是对我而言，我的嗓音从来都不会随着岁月的流逝而发生任何变化，我也听不到自己有老年人那样的嘶哑声。我的嗓音一直停留在19岁时的状态，但是并不能解释为，我的嗓音曾通过某种第三媒介才传到了自己的听觉系统。我说话时的语音语调本来不应该由于其他媒介而发生变化（从理论上讲，应该如此），即通过某种媒介我才能听见自己的声音，这又是为什么呢？与此同时，在录音机问世之后，我的语音语调已成为我本人的一大“发现”。

他人的嗓音、使我听起来感到陌生的嗓音，与果戈理中篇小说《鼻子》所描写的那种情况相似。从某种程度上讲，我在电视上的形象也是这样，甚至还有我的一些比较成功（非常成功）的照片，看上去电视上的我和照片上的我都是另一个人，我并不太喜欢，有时甚至非常不喜欢，我特别不喜欢那种把我的形象弄得有点甜腻的照片，因为我觉得，那种形象与我本人相差甚远。有时我仿佛觉得，另一个人（第二个我）从我身上分离出去并在银幕上走来走去，音响效果是由“旋律”唱片公司制作的（我指的是《伊戈尔远征记》，其中的文字部分是我读的）。

如果陀思妥耶夫斯基（与他的“第二个我”）和果戈理能活到今天，那情况就简单多了。我认为，安德烈·别雷未能及时抓住时机，当时随着电影放映机和留声机的出现，他曾有很多可利用的机会。

果戈理对女人的认识奇特而令人惊叹，特别是他在小说《罗马》中的一段话。他这样写道：“女人就像意大利的建筑物，她们个个都仿佛是一座座宫殿。”

我们对美的认识经常发生变化，但是人们对具有诱惑力的女人的看法却能在数百年间保持不变。请看大司祭阿瓦库姆是怎样描写她们的：“淫妇天天在自己脸上涂脂抹粉，眉毛和眼睛也都精心描绘，嘴唇被涂红，见人深鞠躬，说话似鸟鸣，有事小声问，回答满柔情，问候甜蜜蜜，举止特端庄，步态稳而美，白色上衣配紫裙，脚蹬精致的山羊皮靴……”

如因某事需要去基斯洛沃茨克城[1]休假，多半也是为了去观赏那里的“柯西金小路”（那里有一条新开辟的漫长的步行疗法小路，当年是遵照最高苏维埃主席柯西金的指令修建的，所以人们将这条位于山腰和林间的小路称为“柯西金小路”）。这条步行疗法之路修建得恰似一部音乐作品，其中不仅有自然美景的变换，而且还能使人的情绪随之改善。脚下的沙子可以发出不同的响声，林间的空气沁人心脾。我与大导演格里戈里·科津采夫（Г.М. Козинцев）夫妇就是在这条曲径通幽的小路上相识的：起初我们并不认识，后来就认识了，再后来我们就开始一起沿着步行小路散步。

第一次见面时，格里戈里·科津采夫那张生动的脸给我留下了极为深刻的印象：他看上去非常疲倦，他好像是个饱经沧桑的人。后来我才明白，

① 基斯洛沃茨克（Кисловодск），俄罗斯著名的疗养城之一，位于俄罗斯联邦斯塔夫罗波尔斯基边疆区的高加索矿水城一带的生态疗养区内。

作为一名电影创作者，其劳动相当繁重，他需要与片中所有的人物（比如,《外套》中的主人公阿尔卡季·巴什马奇金,《马克西姆的青年时代》中的马克西姆,《堂吉诃德》中的堂吉诃德，哈姆雷特、李尔王等；还有电影中的每个配角，比如，桑乔·潘索、欧菲利娅、科迪利娅等所有能使他产生血与肉的怜悯的人物）同甘苦、共命运。他不停地大量阅读和思考，从导演的角度出发，对每部作品进行认真考量，并将世界上所有最伟大的悲剧和 20 世纪的痛苦历史纳入自己的怜悯范畴之内，所有这些都在格里戈里·米哈伊洛维奇那张疲惫的脸上刻下了深深的烙印。他脸上所呈现的并非瞬间的疲劳，而是在他漫长的一生中多次出现的疲惫感，他度过了漫长的一生！因为人活百年也犹如一个短暂的瞬间，而格里戈里·米哈伊洛维奇却度过了漫长的一生，因为他的一生又延续了其他数十人的生命，各个主人公的生命早已成为他自己的生命，成为他的思想和情感的一部分。从他的脸上，可以发现李尔王的扮演者尤里·雅尔韦特和演员奥列格·达利的反照。

我在 1981 年出版的格里戈里·米哈伊洛维奇名为《时代与良知》的工作笔记中找到了依据，它足以证实我的第一印象。格里戈里·米哈伊洛维奇这样写道："对我来说，电影，特别是即将拍完的电影，几乎每一部都是体力上的折磨。有时甚至达到了憎恨的程度，由于失败而感到绝望，因为这样的失败随时发生，每一次都使我精疲力竭，但是我依然尽最大努力进行修改，并力争使每一部电影达到最佳效果。

然后，一部电影犹如阵痛那样过去了，我的一切似乎又恢复到原来的平静。

此时的阵痛并不那么厉害，仿佛是在渐渐地消失。拍完的电影离我而去，它们开始独立生活。它们的生活有时使我感到欣慰，有时使我陷入绝望，但所有这些都已成为身外之物，已经与我无关了，我本人所过的完全是另一种生活。"[1]

然而，格里戈里·米哈伊洛维奇的真实情况与他在笔记中所写的内容是一定有误差的。当我们在"柯西金小路"交谈时，他不时地谈起原先拍完的几部影片。当我们来到一个转弯处的时候，展现在我们面前的是几座历经数千年风雨涤荡的和完全僵死的悬崖峭壁，他停住脚步并遗憾地说："电影《李尔王》本该在这儿多拍一些镜头的。"（我只是转达了他当时所表达的主要内容，具体说了哪些话，我已记不清了）也就是说，电影《李尔王》在全世界各大电影院的公映，也未能使他平静下来。是啊，他似乎从来都没有休息的时间……

在与格里戈里·科津采夫于基斯洛沃茨克的谈话中，谈到了一批专门杜撰各种恐怖事件的"文学工作者"。这帮人随时随地都能发现意识形态方面的错误，他们经常谴责别人"歪曲总路线"的行为。关于这些"文学工作者"，格里戈里·米哈伊洛维奇这样说，这是他们一直在"恐怖工业战线"上工作的缘故。在这个生产过程中，他们轻而易举就能捞取足够的政治资本。他们永远都是被需要的，因为正是由于他们所从事的活动，各级负责巡视的官员和领导就能在社会地位中获得自信。

当年格里戈里·科津采夫为了在克里米亚东部的科克捷别利村拍摄电影《堂吉诃德》，曾在周边地区寻找堂吉诃德的坐骑——那匹名叫"罗西南特"的劣马。最后他收到一封电报："一匹奥尔利克骏马甘愿献身于艺术，比这匹罗西南特更好的骏马是没有的。落款是'集体农庄主席某某'。"（奥尔利克是那匹骏马的名字，那是一匹早已进暮年并退役的老马。）

大家都很熟悉位于彼得堡石岛桥左侧的一座木结构别墅，被大火烧毁之后重新修复。在这座砖石结构的别墅里，四壁镶着木质面板，乍一看与原来的木结构别墅非常相似，这就是步兵上将亚历山大·彼得罗维奇·奥尔登布尔斯基（А.П. Ольденбургский）的别墅。这座别墅是他在 1833 年从瓦西里·多尔戈鲁科夫（В.В. Долгоруков）

家族买下的，而瓦西里·多尔戈鲁科夫是在 1830 年从宫廷酒类总管格里戈里·切尔尼绍夫（Г.И. Чернышёв）伯爵手中买下的。关于这座房子，法国侯爵阿托尔夫·德·居斯蒂纳有所记述。别墅内最引人注目的是室内装潢和极其豪华的家具，那里甚至还有特制的儿童家具，与成人房间的家具相似，只是缩小了尺寸而已。所有这些，都有详细的文字记载。然而，很少有人知道，这座别墅的室内装潢方案出自画家姆斯季斯拉夫·多布仁斯基（М.В. Добужинский）之手，他当时应邀为屠格涅夫的话剧《乡下一月》绘制布景。

戏剧家斯坦尼斯拉夫斯基有这样一句名言："戏剧始于衣架。"他同时还说另外一句话："戏剧始于衣帽间。"当然，所谓"衣帽间"实际上是指演员们的舞台戏装。

关于阅读

如果一本书未能使你产生任何一种独立的思想，那就意味着，那本书等于是白读了（咨询手册除外，因为此类图书是不可能从头至尾通读的）。

成为哥伦布吧，你可在书籍的海洋里中找到为数不多的几本好书。

在我读过的（为数不多的）关于白军的书籍中，最能传达苏联国内战争情绪（在当时的彼得格勒，这种情绪也曾传导给孩提时代的我）的是《远征与战马》[2] 一书！作者是谢尔盖·马蒙托夫（С.И. Мамонтов）。

为什么偏偏是"кони"① 呢？因为在苏联卫国战争期间，奔赴前线的主要是骑兵。其实，那场战争也是所有战马（包括公马和母马）的灾难。作者在书中特意用拟人手法描写战马，从而使它们反映人的性格、秉性和智慧，生动逼真，令人叹为观止！

在欧洲，任何一个国家的军队都不曾有像俄罗斯那样庞大的、训练有素的骑兵团。谢尔盖·马蒙托夫对此也有所描写。

哲学家卡尔·波普尔认为，图书是"第三种现实"；第一种是客观存在的现实；第二种是主观意识中的现实。

读书吧，反复读书吧！如果你反复阅读的那本书能开启某种新思想，那就意味着那本书对你是有益的。

革命之前，萨瓦·马蒙托夫后代的一家工厂曾生产印花布、绒线、吉克斜纹布、线呢、平纹布、绒布和各种凸纹布等布料，它们分别被销往苏联的希瓦市、中亚的梅尔夫、中国、德国的巴赫拉赫、波斯诸国、波兰王国、芬兰大公国等。

当时 1 俄尺② 印花布的售价是 8 戈比③。主要产品中还有金线锦缎、缝制绒布长袍用的布料等，当年 1 俄尺这种布料的售价是 35 卢布。除了萨瓦·马蒙托夫后代的工厂之外，还有特列季亚科夫、孔申、诺索夫、拉布津、奥西波夫、萨博日尼科夫家族和两个巴兰诺夫家族企业。其中每个家族均有各自的生产"秘诀"。问题是，何时由何人来书写俄罗斯纺织工业文化发展史呢？

科学院院士亚历山大·奥尔洛夫（А.С. Орлов）身材高大、魁伟而稍胖，具有非凡专业的代表性，人称"真正的院士"。每天晚上，他都会沿着彼得堡瓦西里岛上的滨河街（第 5 线——偶数门牌一侧）散步。街上的孩子们看见他就说："爷爷，脱掉您的裘皮大衣吧！"奥尔洛夫眼都不眨一下并回答说："你们需要吗？那就请你们来脱吧！"听了他的话，一切都顿时平息了。不过重要的是，这一切都是在他脚步不停地行走时进行的。

鲍里斯·托马舍夫斯基在他赠给普希金之家的一本书上写了下列题词："此书并不是献给你的，而是献给你闪光的荣名。"其中不仅包含了《圣经》

① 书名中的战马"кони"是俄语的"公马"一词。

② 俄尺（Аршин），旧时俄罗斯的长度单位，1 俄尺等于 0.71 米。

③ 戈比（Копейка），俄罗斯最小的货币单位，1 卢布等于 100 戈比。

里的内容，也有布洛克诗歌里的内容，《普希金之家的荣名……》就是以他的诗歌传开的，还有普希金之家最近几十年的现状和地位。

在普希金之家举行批判“世界主义者”大会的当天，版本校勘学家鲍里斯·托马舍夫斯基在卫生间里说：“这里是普希金之家，这里是唯一可以松口气的地方。”

水平很低的朗读者在诵读诗歌时，按“音节”朗读，其中的每个词语都似乎是独立存在的，这种朗读使诗歌的逻辑关系中断，同时还会打破诗歌的节奏。这种“按音节”朗读的方式竟然被彼得堡亚历山大剧院的演员们所接受，简直令人恐怖！诗歌已不复存在，剩下的只有“朗读”和声音混合的轰鸣声。

关于英国诗人威斯坦·奥登（W.H. Auden）及其创作，有人曾这样说道：“奥登是一个具有自我想象力的新闻记者！”

所有存在的事物不可能都会得到证明。

《不同时期遭遇的多次海难·俄罗斯航海家和舰长戈洛温军舰历险记》一书的摘录（第4部，圣彼得堡，第93页）：“关于书中对海事描写的真实性，我既不想夸大其惊骇性，也不想故意降低惊涛骇浪使人产生的恐惧程度。希望每一位心存同情感的读者都能对那些不幸者扼腕吧，希望他们偶尔也能为不幸遇难的人们在上帝面前祈祷吧，请求上帝保佑我们这些可怜的航海家，使我们在海上避免随时都可能发生的类似灾难。

从此次海难事件的描写中可以发现，双桅军舰遇难的主要原因是船舱漏水，而导致船舱漏水的原因是该船的铁锚，在剧烈翻滚的巨浪中，单臂起重机的‘爪子’在投锚时撞坏了镶满木板的船舷。难以置信的是，在现今的航海条件下，难道还有不懂在行驶期间或遇到巨浪时应该立刻从垫锚板的锁链上松锚、投锚并放下‘紧急’起重臂的海军军官吗？因为在任何紧急情况下，经验丰富的航海家都能采取应急措施。如果是一个不熟悉航海工作的人，当他一看见梁式起重机在巨浪翻滚时或在疾速行驶时抓着铁锚时，他可能会这样想：如此锐利的兵器垂下来不是专为击穿船底的嘛。”

多么生动的描写啊！即使有什么不懂之处，那也很好，您可以从某些辞典中找到答案，查词典本身也是一项很有意义的工作。

我曾在一本书里读到，希特勒在每次战前动员的演讲之前，都要靠巴登韦勒进行曲刺激一下（想象一下，巴登韦勒是什么地方？那是闻名于世的疗养地，契诃夫就病逝在那里！），然后再去摆好话筒的演讲台并开始演讲。讲台上有几个按钮，他可随时按下按钮并给出手势，以便让摄影师为他拍照。此时只见聚光灯亮起了强光。通过那些按钮，立刻传出鼓掌声、高呼声、呐喊声……

有人说，万物之所以都甘愿接受地心引力的吸引，是因为它们都惧怕孤独。

保加利亚首都索非亚郊区的本土居民绍普人说：“当一切都好时，那就意味并非一切都好！”

大家都非常熟悉小笑话领域的国际交流。爱尔兰、犹太人和俄罗斯人常说的小笑话往往会传到其他国家和民族，但是可以推测，无论是哪个民族的小笑话，同样的情节都是自然产生的。很久以前，关于外国人的故事曾在俄罗斯广为流传，其中有这样一则笑话：一个外国人惊讶地说，俄罗斯所有的铁路车站都有一个相同的名称——“开水”。事实的确如此，我本人就清楚地记得，在俄罗斯每座车站最醒目的位置，都悬挂着一个牌子，牌子上写着“开水”一词。火车进站后刚刚停稳，一群群手拿铁壶的殷勤的青年人就冲向那块牌子，都为同一包厢的旅伴们接开水、送开水。

英国导演皮特·乌斯蒂诺夫（P.A. Ustinov）在自传体小说《可敬的我》中讲述了他母亲第一次来到英国的印象：“笼罩着她的卡夫卡笔下的恐怖感愈加强化起来，以至于火车经过的每一座车站在她眼里都有一个相同的名称——‘Боврия’（巴伐利亚）。应该向不知情者说明一下，此处的

耶稣洗礼，1405 年（莫斯科天使报喜大教堂）

圣母领报，1405 年（莫斯科圣母领报大教堂）

‘Боврия’是一种上乘特浓鸡汤的商标。在商业竞争极其激烈的资本主义社会中，作为私人企业家首创的食品之一，特意取一个与铁路车站名称风马牛不相及的词语，集中而鲜明地大做广告。当然，那些车站本身像被宣传的食品一样，也都属于个人所有，而站牌上的名称已被一层厚厚的污垢和灰尘覆盖，因为它们根本没有任何直接的竞争对手。”

俄罗斯所有中学普遍使用的物理学教材的编者奥列斯特·丹尼洛维奇·赫沃尔松（О.Д. Хвольсон），对科学发展并没有做出什么贡献。有一天，他在发表当选为科学院荣誉院士感言时说道：“院士与荣誉之间的区别相当于国王与仁慈国王之间的区别！”（这是古代书信体中使用的平凡、枯燥和非常正式的一种说法。）在这种情况下，奥列斯特·赫沃尔松不仅表现出了他的机智，而且

耶稣诞生，1405 年（莫斯科天使报喜大教堂）

耶稣升天，1408 年（莫斯科特列季亚科夫美术馆）

还是令人惊叹的机智，因为他非常体面地承认了自己在科学界微不足道的地位，只要能成为一名好教师和充满智慧的普通人，他也就满足了。

有一次我在华沙参加国际研讨会，听说发生了一件事：一个参加会议的男士跟另一位女士相互拿错了行李箱。女士一直在想，谁能拿错行李箱呢？一会儿那位男士来到自己的房间。他打开行李箱并将箱内的女人用品全部拿出来，他绝望了，心想：“妻子忘了把我的报告装进来！”至于为什么箱内全部是女士用品，他似乎一点都没有察觉到。

爱因斯坦的父母在谈到儿子的童年时说道：“看来他不可能成为一名教授了，也好，我们可让他成为一名钟表匠。”

1906 年 11 月 16 日，时任美国总统的西奥罗·罗斯福在巴拿马运河旅行时，头戴巴拿马草帽照了几张相，从那时起，巴拿马草帽便开始名扬四海。罗斯福的巴拿马草帽是用奶油色麦秆编织而成，自重很轻，那时这种巴拿马草帽的价格是200美元，只有国家领导和高级官员才戴得起这种草帽。如今小孩们都戴上了巴拿马草帽，而且是一种最廉价的草帽，其主要功能是遮阳。

英国几乎没有老鼠，因为英国人喜欢养猫（其实，那里也可能有老鼠，只是英国人自认为他们那里没有老鼠而已）。

当我被授予牛津大学荣誉博士时，我住在兰道夫酒店。我穿上博士服，头顶博士帽，沿着牛津市的高街，步行前往泰勒学院参加颁奖仪式，但是街上竟无人感到惊讶，因为第一，我这副打扮恰好符合英式礼节——走路时不左顾右盼，不打量陌生人；第二，在英国，穿这套服装、戴礼帽走在街上，完全属于正常现象。

在18世纪初的英国，漫画主要被看作意大利人的专利，后来漫画在英国人的艺术中开始占有重要地位。这种现象与英国人对他人意见和幽默所持的特殊的包容性密切相关。

18世纪50年代，“caricature”（漫画）这一术语开始进入英国人的艺术生活。到18世纪末，英国的漫画十分盛行。英国人在去俱乐部的路上，随时可观赏马路两侧书店橱窗里定期更换的新漫画，同时也非常乐意看到自己的身影（漫画上体现出来的本人的个性特点）。

除了书店的橱窗之外，展出漫画的还有咖啡店、饭店、剧院的休息厅、小酒馆、公共马车站等场所。他们还特意将漫画编辑成册，供人们自由借阅。

1966年，当我到伦敦出差时，新学院教授的房间使我感到十分惊讶：房间里贴满了各类漫画，既有已经陈旧的漫画，也有刚刚画好的漫画。当有能力的学生们随意在那些漫画上涂抹时，任何教师都不会介意。

在中世纪，或在更早的时期，曾一度盛行名为“跳房子”的游戏。这种游戏大致如下：游戏板画在一块16世纪初编织的小壁毯上（这块壁毯现收藏于卢浮宫，藏品编号：OA 9407）。游戏板上描绘的男秘书（根据他身边的那只墨水瓶和一根羽毛判断出他是一个秘书）正在向大家推荐画好的游戏板。这种游戏板上的线条与诺夫哥罗德博物馆收藏的游戏板上的线条十分相似，考古学家鲍里斯·雷巴科夫（Б.А. Рыбаков）认为，那种木板完全可以作为建筑艺术教学参考书。英国人重新恢复了马列尔游戏，而且还获得了成功。游戏速度很快，先后共分两个阶段：以游戏板上的士兵数量多少来判输赢；一方获胜之后，游戏规则随之发生变化，英国人把这种游戏叫作“玩风车”。我曾建议诺夫哥罗德用这种游戏代替那些粗糙的纪念品（我国古城千篇一律的纪念品），但是他们没有接受我的建议……

还有什么能比用浓咖啡占卜更不靠谱的吗？难怪这种说法（“用浓咖啡占卜”）被看作一条俗语，以此比喻无法实现的占卜以及对未来所做的毫无根据的判断。这个占卜过程如下：当一杯咖啡喝完之后，将杯子推倒，然后仔细观察杯中残余咖啡的流动痕迹，这种痕迹的图形（剩余咖啡的“地形图”）能有各种不同的寓意。最倾心的预测反映在杯底上，此处的图形具有最重要和最深刻的意义。如果杯壁上的图形较高，那就意味着职业晋升；杯子边缘（接近杯口的部分）代表着未来，与此相对的部分则意味着过去，即远离我们的东西；接近杯把的图形代表着现实，即我们可以掌控的现实。尽管谁都不相信这种占卜，但是大家都在这样做，因为用浓咖啡占卜，可以引起很多话题，可以相互取悦对方。假如有人相信用浓咖啡占卜，真正占卜的人就会很少，而且是独自占卜，不去外扬。

有一次，大家正在欣赏说唱艺术家沃尔夫·梅辛克（В.Г. Мессинг）猜测观众心理专场晚会。作家维克多·什克洛夫斯基故意公开地离开现场并说道：“沃尔夫·梅辛克将要猜中文艺学家维克多・佩尔佐夫（В.О. Перцов）的心思，每人交 5 卢布（门票的价格），而我却不想知道他的心思，所以我也不交钱。”

其实，维克多・什克洛夫斯基是不想在一些些无聊的琐事上浪费时间。

同一个人的两幅肖像的尺寸大小相同，并将它们并排挂在一起（或者在相册里并排摆放，或者用相框装饰起来并排挂在墙上），必然会产生动感的错觉。也可将两张完全相同的、都是以动态拍摄的照片并排放在一起，立刻会产生同样的运动错觉。

有人问：“赝品在什么情况下才不算是赝品呢？”回答:“当它是真正的复制品时才不算赝品。”（摘自《鉴赏家》杂志（*Connoisseur*）1984 年 8 月号，第 17 页。）

17—18 世纪的钟表匠一生总共可制作 70 ~ 80 块表。在利沃夫博物馆展出的一块生产于 17 世纪的钟表，上面非常自豪地刻写着“这是工匠制作的第 134 块表”的字样。真可谓他的功绩，是他绝对勤劳的标志！尽管如此，我依然深信，对那位钟表匠而言，最重要的毕竟是表的质量，在他一生的计划中，数量并非最重要的因素。

有一次，英国物理学家爱伦斯特・卢瑟夫（E. Rutherford）爵士在剑桥大学与苏联物理学家彼得・卡皮察（П.Л. Капица）会面。若干年之后，当卡皮察被提名诺贝尔物理学奖之后，他问卢瑟福教授：“当年我连英语都说不流利，您为什么还会接见我呢？”卢瑟夫教授回答说：“我本人也觉得很奇怪，当时我为什么会接见您。”

在罗马，有这样一种说法：只要马可・奥勒留雕像矗立在卡比托利欧山丘上，罗马将会巍然屹立。1986 年 5 月，我曾去卡皮托利欧山丘参观，没看到马可・奥勒留雕像，因为当时拿去修复了。

在诺夫哥罗德，也有类似的说法（被记录在《诺夫哥罗德第三部编年史》中），索菲亚大教堂穹顶上万能的主宰掌控着诺夫哥罗德人的命运：1941 年，德国人的第一枚炮弹就击中了这座教堂顶部的大圆包，摧毁了教堂内带万能的主宰以及带圣像的壁画等。或许，从某种意义上讲，既没有古罗马，也没有古城大诺夫哥罗德。前者（罗马）的雕像被“拿去修复了”，后者（大诺夫哥罗德）的建筑显得比较荒谬。

英国南部有一座“Aroundell Castle”（朗德尔古堡），古堡正厅内悬挂着一幅由著名珠宝大师彼得・卡尔・法贝热制作的《伊维尔圣母像》，诺福克公爵夫人曾经常面对这幅圣母像祈祷，祈求圣母赐给她一个儿子。圣母满足了她生育的心愿，只是她得到的却是个女儿。[3]

皮特・乌斯蒂诺夫在自传体小说《可敬的我》中指出：“许多被国际承认的游戏的著作权均属英国人所有，其数量之大，十分惊人。”接着，他以独特的讽刺风格解释道：“外国人有必要在他们本国的某种游戏中超越英国人，就像英国人沉着冷静地发明另一种游戏那样，在这种游戏中，在一定时间内占有领先地位，因为除了他们，任何人都不懂得这种游戏规则。”虽然皮捷尔・乌斯季诺夫是在开玩笑，但喜欢游戏是英国人的典型特征。英国人之所以迷恋游戏，是因为他们主要都是一些“大孩子”，确切地说，他们都是少年，而少年就是未来的男子汉。英国的主要游戏多数都是男人的特权，他们那里没有像俄罗斯的逮人游戏①那样的游戏，是一种符合女人天性的游戏。从整体上来看，英国是一个以男子为主的国家，学院的女教师总是模仿男教师的风度：她们常常在教授俱乐部学习男人的行为规范，学习他们与学生共进午餐等行为。

牛津大学有一所“玛格丽特・博福特伯爵夫人女子学院”，我曾应邀与那里的女教师们共进午

① 逮人游戏（Горелки）是古斯拉夫一种非常活跃的游戏，其规则是一个人同时追赶跑在前面的两个人，通常追赶者是男孩，被追的是朝着两个不同方向奔跑的女孩，这样一对一对地进行。在俄罗斯，这种游戏主要是在圣母领报节（3 月 25 日）或圣灵降临节（从复活节算起的第 50 天）举行；某些地方还在夏至时玩这个游戏。

餐。开饭之前，女教师们在另一个单人房间里像男士那样先喝了开胃酒，接着又吸了烟，她们的一切举止和行为全部仿照男士“标准”，还不时地像男士们那样讲几个小笑话。

关于烹饪手册。在保加利亚，葡萄保鲜法是把一串串葡萄的根部插入甜菜中。据说，这种方法能使葡萄保鲜数月（本人并没有核实此事）。我在保加利亚还有一个新发现：萨莫科夫市是个“葡萄酒疗养地”。在那里，已经过时的葡萄酒可以恢复原味，是由于一定的温度、独特的气候吗？当然，本人对此也不曾进行研究和检验。

寂静随时都在发生变化，每个房间均有各自的寂静，每一处露天场所也有各自的寂静，而且都是非常独特的寂静。那些电视摄影师使我大开眼界，他们专门剪辑了电视节目中的停顿，从中确认了这样一个事实：寂静并不等于“鸦雀无声”。

寂静随时都在发音。大家对此都非常熟悉，深夜万籁俱寂时，木屋内的某块地板不时地发出吱吱的响声。夏天的寂静也十分明显：可听到苍蝇的嗡嗡声、蚊虫撞击玻璃窗户的声音等。

夜莺在夜里的歌唱同样属于带有声响的寂静，还有雷鸣传导的寂静、裂缝时发出的巨响、巨人那爽朗的说笑声、深夜支离破碎的寂静……

在古老的服装店里，常常听到撕开布料的声音——售货员量完面料之后，他们用手扯下顾客所需布料时发出的那种声音。

“标准个性”是带有荣誉称号、学位、职务的固定体系和优秀简历的一种个性，是“学术职员”或“科学职员”奋斗的结果，但是本人却不知道，其中的哪一个名称更恰当。

下面的事实证明了花道（日本插花艺术）的细腻特性：在用鸢尾花（这种花本身象征着男子的阳刚之气）的刀形叶子制作成错落有致的花束时，应当充分考虑一点，即一定使花束有一个面朝观众的平面。如果叶子朝向观众，那就意味着插花者的不雅风格，因为宝剑的尖端永远只能指向敌人[4]。

人们曾经常使用大米粒、贝壳、稻草（被染色后的麦秆和稻草）、小石块等一系列材料组合制作斯大林肖像，而制作赫鲁晓夫肖像时，使用最多的原材料是玉米粒。显然当时的艺术家们主要是为了表达自己的一片赤诚之心（忠诚），至于艺术和天赋等，任何人都不曾关心。

18 世纪下半叶，布面壁纸曾是一种昂贵的新产品。1781 年，当人们刚刚开始使用这种壁纸时，帕甫洛夫斯克宫已决定只用它们来装点公主的闺房。

俄罗斯戏剧活动家谢尔盖·佳吉列夫（С.П. Дягилев）在名片上特意把自己名字写成“De Diagileff”（法语：“佳吉列夫”），上面的职务写的是“un grand seigneur en voyage”（法语：“大旅行者中的伟大领主”），发挥了不小的作用，人们称他是“un vrai boyard russe”（法语：“真正的俄罗斯东家”）。或许，这样称呼他是正确的，因为在西方人眼中，他是俄罗斯艺术的代表。假如他不具有自我评价的意识，他就不可能组织“俄罗斯演出季”。①

《谦虚课》是伊利亚·列宾的学生韦尔博夫（М.А. Вербов）在纽约讲的一个故事，韦尔博夫曾师从德米特里·卡尔多夫斯基（Д.Н. Кардовский）。作为老师，德米特里·卡尔多夫斯基从来不表扬自己的学生，有时他只是说：“还不错！还不错！”韦尔博夫决定努力学习，争取让老师给他一个“良”。于是他画了一幅肖像，在人物的眼部下了一番大功夫。德米特里·卡尔多夫斯基看过之后说道：“还行，从整体上来看，你画得

① 俄罗斯演出季（Русский сезон）是由谢尔盖·佳吉列夫于 1908—1910 年创办的俄罗斯歌剧与芭蕾国际巡演的名称，主要演出地是巴黎和伦敦。实际上，最早的俄罗斯演出季始于 1907 年在巴黎举办的俄罗斯历史音乐会，主要演奏里姆斯基－科萨科夫、格拉祖诺夫、拉赫玛尼诺夫等人的作品。俄罗斯演出季不仅使俄罗斯艺术在国际上获得了极高的声誉，而且还对当时的世界芭蕾和歌剧艺术产生了决定性的影响。

不错！”但是他要求学生必须对肖像人物的一只眼睛进行修改。为了那只眼睛，韦尔博夫经过了一番特殊的劳动，还特意将那只眼睛移动了一毫米。他实在不想再修改了，他对老师说，如果必须修改，他至少还需要两天的时间。老师听完他的话，拿起刷子并将那只眼睛全部擦掉。韦尔博夫只好又画了几小时，最终画好了眼睛。德米特里·卡尔多夫斯基看了看说道："其实，原来那只眼睛画得很好。我之所以让你修改，目的是给你补上'谦虚'这一课！”

作为一名沙龙画家，韦尔博夫（当时他已年过九旬）曾为许多身份和地位很高的人物作画。他很喜欢德米特里·帕夫洛维奇大公，他的鼻子被马踢坏了。1916年，韦尔博夫还曾为皇帝画肖像。他说，皇帝患有抽搐病，胡子颤抖，还不时地抓耳挠腮。

罗曼诺夫式男款短裘皮大衣（我在1928—1932年和列宁格勒大封锁期间穿过）像女装一样，左侧有一排代替扣子的小钩。从右侧系扣对右手比较方便：假如那排小钩缝在左侧，只好用左手拽着衣襟。不过俄式斜领衬衫（一种脱穿非常便利的衬衫）也是从左侧系扣，而腋下的燕子形镶条便于人们在劳动中随意抬高或放低手臂。

在下诺夫哥罗德木结构建筑博物馆内有一件制作精美的俄式斜领衬衫：深红色面料，带黑色刺绣、款式宽松、腋下还有黑色燕子形镶条。

皇家军队要求必须歪戴军帽：左边的帽圈与左耳上边的距离是三指，右边的帽圈与右耳上边的距离是一指（据说，军帽的这种戴法对骑在马背上挥舞战刀比较“有利”）。

生理学家伊万·谢切诺夫（И.М. Сеченов）说："为了使肌肉发达，应当经常使它感到疲劳。”

有人问，最好在什么时间除去田里的杂草呢？回答是：当那些杂草饱吸水分和“扬扬自得”时将它们除去为宜。

现代服装的风格

由画家列夫·巴克斯特（Л.С. Бакст）和阿尼斯菲尔德（Б.И. Анисфельд）特意巧妙制作的绿色和淡紫色发套，装点了比“Les preludes”（李斯特的《前奏曲》）更精彩的芭蕾舞剧，但是在巴黎试戴一番之后，这种发套并没有成为一种时尚。[5]

女伯爵伊丽莎白·弗拉基米罗芙娜·舒瓦洛娃（И.В. Шувалова）曾举办“彩色发套舞会”（如今她的宫殿辟为“友谊宫”，位于彼得堡丰丹卡河畔）。[6]

1803年，一个名叫加涅林（A.J. Garnerin）的法国人在帕甫洛斯克宫为皇后玛利娅·费奥多罗芙娜（М. Фёдоровна）展示了“轻体航空经验”。他把一只猫捆绑在一个氢气球上，然后使其升空。突然绑猫的绳子被烧断后，那只猫乘着降落伞跳下来“向女皇致意并展示自己的特技”[7]。简直是惊人的一幕！然而，最有趣的是那只猫为什么还能在女皇面前“展示特技”呢？难道它的展示是当时礼仪的要求吗？

可见那只猫具有使人发笑的技能，它能区别于其他所有的生灵。无论一个人的地位多高，他都应该笑口常开。

对于18世纪俄罗斯国务活动家而言，机智是必备的天赋和本领之一。叶卡捷琳娜二世就是一位非常机智的女皇，在她执政时期，数学圆周率“π”的平方曾用“ππ”表示，而“к”的平方则用“кк”表示。有一次，瑞士数学家列昂纳多·欧拉经水路来到圣彼得堡。途中发生了海难事件，他随身携带的一整箱文件都沉入海底。叶卡捷琳娜二世在接见他时这样说道："真是天大的不幸啊！我们丢失了贵国所有的‘ππ’和‘кк’。”

胜利女神尼姬雕像的手中非但没拿宝剑，反而还插上了双翅。这种创作理念的依据是：获胜者应该放下武器，应成为一个极好的人并具有“能使人升华”的仁爱思想。

莫斯科大学创始人罗蒙诺索夫的雕像

论人文学科的科学方法

科学工作相当于植物的成长过程：种子在萌芽之前一直被埋在地下（接近赖以生存的养料和源泉），然后逐渐长高，直到最后结出丰硕的果实。学者从事的每一项具体工作、所采用的整体方法等,都是如此:学者有权在进行广泛的总结之前（在成为“枝繁叶茂”的参天大树之前）慢慢地成长，有权在成年和晚年阶段慢慢地成长。

我们不能忘记，坚实挺拔的树干通常都隐藏于茂盛的枝蔓之中；追本溯源同样需要潜心研究。

科学进步往往是在某种现象（某种鲜活的机体、某种文化或经济体系等）的内部分类或专业化基础上形成的。机体或体系的发展水平越高，它们的凝聚力也就越强。在这种强有力的机体当中，神经系统主要体现的是凝聚原则。在文化机体当中也是如此，最崇高的文化形式是文化机体的凝聚原则。俄罗斯文化中具有凝聚力的有普希金、莱蒙托夫、杰尔查文、陀思妥耶夫斯基、列夫·托尔斯泰、格林卡和穆索尔斯基等人。然而，具有凝聚力的不仅是伟人和天才，而且还有大量的杰作。特别是对古罗斯文化而言，这一点显得尤其重要。

问题在于，低级形式怎样才能上升到崇高形式。要知道，已有的现象本身越高级，其中的偶然元素则越少。那么，怎样才能使无序化变成体系化呢？

各种规律的水平顺序是这样的：物理，物理之上是生物，生物之上是社会学、位于最高水平的是文化。所有学科的第一阶梯之基础是凝聚力，而凝聚力蕴含于文化水平之中。

大家熟悉的英文词典的编者塞缪尔·约翰逊（S. Johnson）证实：“通常有两种知识，一种是我们亲自了解某些事物；另一种是我们懂得，从哪里可以找到有关某些事物的信息。”这一论断在英国高等教育界发挥了巨大的作用，因为当时人们已经承认，生活中最必不可少的是知识（前提是必须具有藏书丰富和管理有序的图书馆），即最必需的是第二种知识。因此在英国，经常在图书馆内进行开卷考试。考试期间，学生可以翻阅馆内的各类书籍。至于笔试的目的，一是测试学生运用文献、参考书和各类工具书的能力；二是检验学生能否合乎逻辑地阐释、评价和证明自己的思想；三是测试学生能否很好通过书面形式表达自己的思想。

英国人书写信函的水平的确都很高。

在革命前，特殊中等学校（宗教学校和师范学校）的学生常常被看作蠢材和蒙昧者。其实，在那些学校里，除了讲授基本课程之外，还传授逻辑学、心理学、俄罗斯文学、宗教史之外的国家历史（俄罗斯历史和世界史）、算数、几何学、地形学、物理学、自然历史、农业（在乡村也需要司祭，也需要牧师和神父的情况下）以及民间医学等方面的知识；当时还设立了语言类科目，必修课有古希腊语、拉丁语和教会斯拉夫语；选修课有希伯来语、法语和德语。在赫尔尼索（今天的赫尔松。译者）一代的中等学校里，还曾开设现代希腊语和克里米亚鞑靼语。在彼得堡的中等学校里，还开设了芬兰语和拉脱维亚语。在俄罗斯北方的沃洛戈达的特殊学校里，还曾开设泽梁语①。

科学界的“好风度”。在我的青年时代（当我在大学学习期间），学者们往往炫耀自己的知识，而将“思想”置于次要位置。如今科学界开始追求思想，而且是最不可思议的思想，此类思想的数量之多，甚至多到难以置信的程度。关于这一问题，英国心理学家爱德华·博诺（E. Bono）在《新思想的诞生》一书中这样写道：“或许……拥有大量的思想，不惧怕其中某些思想可能是错误的，总比一贯正确好得多，比不产生任何新思想好得多。”[1]

真理往往位于两极的中间，但真理不单单是位于两极的中间，而且还吸纳了两极的优点，即吸纳了一端的依据和另一端的能动精神。

在语文学领域中，最持久的是事实，而不是某种思想和观念。得以出版的历史文献、阐明某些作品历史背景的版本鉴定论文和论著等，无疑都具有百年大计的重要意义，此类论文和论著无论如何也不能被承认是“缺乏新思想”的产物。发现原作者的文本、确定不同文本之间与不同手抄本之间的相互关系等，这些都会产生某些新“思想”和新“观念”。以《顿河彼岸之战》为例，为了真正理解书中阐释的思想不仅对研究这部作品本身具有重大意义，而且对弄清另一部作品《伊戈尔远征记》的版本虚实也十分有益，我们只要回忆一下围绕叶夫罗辛手抄本《顿河彼岸之战》的争论便会明了。而与确定16世纪俄罗斯文化与西欧文艺复兴相关的某些思想，如果那些思想不是以重新发现的事实、文件和作品为依据，那么，在若干年之后，那些思想必将老化，它们主要对创建新观念、事实资料的新“组合”都将毫无意义，因为此类论文和论著都是以二手资料为依据写出的。

在科学领域中，二手资料是一种致命的因素。概念性的论文主要是二手论文，它们的主要依据是前辈开创的资料。我把这种“具有思想”的论文的撰写方法叫作“从奶渣饼②中提取奶渣的方法”。

为了急于展示自己的学术性和洞察力，某些学者、艺术史家和古文字学家等，经常过分夸大自己在准确考证日期鉴定方面的能力。比如，有些艺术史家在“准确”确定某圣像的发源地时，根本没有考虑这样一个重要因素，即那时的圣像画家经常从一个地区转移到另一个地区。在“准确”确定某种字体出现的年代时，也会发生类似现象：“某世纪第一个25年间”或“某世纪最后25年间”等。此种判断的依据，或许是当时的书籍抄写者都不可能连续工作50年以上，而且他们不善于使自己的笔体适应其他某种时髦的笔体。或者，由于当时的书籍抄写者都生活在某个穷乡僻壤，他们根本没有向老一辈学习的可能。

然而，“定义”的准确度，有时甚至是相差几十年的准确性。即便如此，学者们的定义依然能赢得人们的“青睐”。

我记得，我中学时代的一个同学，他的名字叫谢廖沙·亚历山德罗维奇·艾纳林（C.A. Эйнерлинг），他是出版卡拉姆津《俄罗斯国家史》的著名出版商的重孙。在20世纪20年代初的一天，谢廖沙给我看了他换取的18世纪盐务管理所的几

① 泽梁语（Зырянский язык），俄罗斯北方科米自治共和国的民族——泽梁人的语言。

② 奶渣饼（Ватрушка），古斯拉夫、俄罗斯和乌克兰民间烤制发面食品：圆形，四周是面团，中间外露的馅儿是奶渣，有时用土豆泥或果酱填充。

份文件。当时人们常常在集市上用这种纸包鲱鱼，彼得格勒档案馆将某些文件当作“报废的货物”处理掉，而商人们很乐意用此类文件换取普通的报纸，兑换价格是一俄磅换一俄磅[①]。当时我也换回了很多文件，那时我家住在第一国家印刷厂（如今是印刷事务局）的公共宿舍里，所以我家有许多可以拿去兑换的废纸。

我对漂亮的笔体极感兴趣，每一位书籍抄写者均有各自的笔体。我见过 18 世纪通行的比较规整的笔体，也见过 17 世纪奔放而不爽毫厘的笔体。很多文件都标有日期。我在大学期间曾跟随院士叶夫菲米·卡尔斯基（Е.Ф. Карский）学习古代手抄本笔体，我给他看了一部分换来的文件，他给我讲解了标有 18 世纪中叶的古代笔体的特点，原来那些文件分别来自俄罗斯北方的几个城市。那是“文化”渗透较慢的地区，在担任手抄本笔体的教师当中，多数是一些老年人。假如那些文件上没有标明日期,又该怎么办呢？现代“知识渊博”的古代字体专家将它们的日期确定为“17 世纪末”或 17 世纪末前后，他们通过检查文件上的水印就能猜中这一点。

难道在确定圣像画的年代和出处方面不会发生类似现象吗？

关于这个问题，我本人一直书写了 70 年。在此期间，我的笔体不断发生变化，有时变得难以辨认，这可能是由于年龄的关系，但绝不是由于时代的影响。不过在近代，字体曾随着时代的变迁而变化。

科学院院士亚历山大·奥尔罗夫（А.С. Орлов）保存了 19 世纪非常典型的一些古体字母，比如，字母“т”的写法。

各门类艺术，特别是艺术范围内的文学，在认识世界的过程中发挥着巨大的作用（当然是在文学作品属于真正的崇高艺术的情况下）。比如，爱因斯坦从陀思妥耶夫斯基的作品中为自己发现了某种具有推动作用的思想，罗曼·雅各布森在马蒂斯和毕加索的画作中找到了灵感。

艺术可被看作认识现实的一种形式，让我们来尝试一下，如何通过艺术来确定这种认识现实的独特性。

对世界的认识通常具有两种：一种是“静态的”认识，纯粹直观的认识、具有确定作用的认识、可证实某事的认识、仿佛是一种静态的认识；而另一种对世界的认识还可以是“动态的”，它仿佛是一种跟随被认识事物运动之后的认识、不断发展的认识、非直观性的、跟随其他事物发展足迹的认识。

科学可产生第一种认识，而艺术可产生第二种认识。艺术所表达的世界不是作为世界的印迹，而是作为一种试验，同时营造不同的环境。这种认识足以创造世界，有时是创造自己的和个人的世界，有时创造的是另一个世界。

科学认识世界的目的，并不是在世界发展潜力及其运动的深度中捕捉世界的发展轨迹。从某种意义上讲，通过艺术对世界的认识是不够稳定的，因为在艺术中发挥重要作用的是认识事物者，是一种“动态的”。其实，科学中也有一定的艺术元素，缺乏认识事物者，对世界的认识通常是不可能的，区别在于哪一种认识分别追求的是什么。科学认识所追求的是摆脱认识事物者，摆脱研究者，力争增加自身的“客观性”。而通过艺术对世界的认识则与此相反，这种认识所追求的是如何更多地将认识事物者吸引到认识行为之中。在艺术领域中，认识事物者（听众、观众和读者）与作者一道或不通过作者独自创作，但是认识者必须遵照作者的暗示进行创作。特别是在某些高端艺术作品当中，通常都有作者对事物的多种认识。因此可通过各种不同的方式，去思考文学作品中的人物性格（特别是陀思妥耶夫斯基笔下的人物性格）、帕斯捷纳克的诗歌或巴赫的音乐等。此类

① 俄磅（Фунт），旧时俄罗斯重量单位，1 俄磅等于 409.51 克。

弗拉基米尔城德米特里大教堂中的壁画

艺术作品所提供的只有崇高的价值和精神财富。在科学领域中，只要求同一种认识、同一种理解、对被认识事物的同一种表达（而且是通过数学公式或某种观念的表达）。

对艺术激情的推论通常都是不完整的，在艺术中，激情只是从被认识的事物中吸纳活力的形式之一。

在创造各种不同的伪艺术学理论和假艺术结论的过程中，研究者的虚幻性往往可发挥巨大的作用，他们通常都会表现出急于“表达个人思想”、急于下定义、确定名称等迫切的欲望，同时极力隐瞒自己对前辈或他们“不喜欢”的同时代人的依赖性。艺术史家（和文艺理论家）有时由于自己愚蠢的想象或不喜欢某人的人格而不借鉴同时代专家的思想，就是为了故意疏远他们。

前不久，古罗斯艺术专家格奥尔吉·瓦格纳（Г.К. Вагнер）一部最权威的专著——《古罗斯艺术的审美标准与风格》[2] 问世。在该书的《问题的提出》一章里，作者对 19 世纪以来的不同学者的古罗斯艺术风格观分别做出了非常客观而中立的评价。虽然他在文中只字未提艺术学家个人之间的相互关系，但是由于他深知这层关系，所以应该感到遗憾的是，有些学者急于追求“自我肯定”或极力贬低同时代人及其作用，此类学者的超理论情感和利己主义使艺术理论蒙受了重大的损失。

顺便说一下，在人文科学领域中，存在着创造“新”观点和“新”手段的几种简易方法。其中的一种方法传播甚广，这就是宣告综合观点的必要性，因此在 20 世纪 20 年代的教育界，出现了荒谬的综合教学法。综合观点有时还出现在艺术、文学和其他多种辅助学科之中。面对这种必需的“综合观点”，你能提出反驳意见吗？这种情况导致产生了专家学者们的手里都有了某种新玩具的印象。

科学中的重复。重复是一种覆盖各种不同文化层面的现象。科学，其中包括文学研究领域，同样受到了这种现象的影响。学者们经常会创造出某些新假说，但他们的依据并不是“新鲜”素材，而是使原来的、已过时的假说和理论改头换面，再加上某些已被采用过的事实，这还算是“不错的”重复形式之一。比此更糟的是，有的学者为了在科学界出人头地，于是像马路警察那样，开始调控路上的“车流”和“行人”：这个是对的，那个是错的；这辆车应该稍加修理，那辆车不能开得太远；他们开始称赞一些人，而对其他人则予以抨击，有时还对某些人大加褒奖；等等。此种重复行为还有特别恶劣的一点，即它能使学者得到虚假的（幸好是短暂的）威望。任何一个手中挥舞着大棒的人，都会不由自主地使别人感到恐惧，总让人觉得，任何人无论如何都无法逃脱他的控制。

从外部的相似之处来看，历史编纂学的研究方法近似于科学中的重复，不过真正的历史编纂学不会成为科学的重复。历史编纂学家的研究对象同样是一种新鲜素材，同样可以得出某种重要结论。尽管如此，在很大程度上，历史编纂学依然会受到重复的威胁。

重复就好像是一种结缔组织，它对某些鲜活的和“正常运转的”细胞构成的威胁不断增长，同时还排斥鲜活的细胞。

圣奥古斯丁曾这样说道：“我知道这是什么，但是在人们问我之前，我决不会告诉他们这究竟是什么！”

学者不一定随时都要回答他人的问题，但是他必须无条件地和正确地提出问题，因为有时正确地提出问题的功效甚至比不确切的回答问题更重要。

在认识过程中，最重要的是从整体上理解某种现象，其中包括从整体上理解人类发展史、民族发展史、文学史或艺术史。对城市设计师而言，重要的是从整体上理解一座城市。每个人都应该努力从整体上理解自己的生活。

虽然人本身并没有真理，但是他却能孜孜不倦地探索真理。

真理非但不会使世界简单化，反而能使世界变得复杂化，能使人对未来的真理探索过程产生浓厚的兴趣。真理非但不会使道路终结，反而还能为人们开辟通途。

鲜明的科学想象力首先能使学者做到的并非提出某些建议和决定，而是提出越来越多的新问题。

科学水平并非只通过信念的积累得以提高，而是通过信念被反驳次数的累计逐渐提高。

弗拉基米尔·韦尔纳茨基以自己所做的科学总结闻名于世，他曾这样写道："真正的科研工作应该是试验、分析、测量和新的事实，而并非总结。"[3] 实际上，他在强调这一思想的同时，又在反对这一思想的普遍意义，但毕竟……

在弗拉基米尔·韦尔纳茨基从美国和加拿大写来的信件中，令人震撼的是"奢华的大学教育""科研工作的广泛的可能性"和成果甚微等问题。1913 年 8 月 6 日，他在从多伦多写来的一封信中写道："著名的天才人物寥寥无几，一切均取决于科研工作的组织、资金和庞大的职员阵容。至于尼科尔昨天向我们展示的东西，以及一番说不出道理的话语，认真谈论起来必然会令人恐惧……"尼科尔是一位加拿大学者和金斯顿大学教授。相比之下，我们好像进入了科学的那个发展阶段，即启用的科研人员很多，但是并不依靠具有个性化科学观的伟大天才。

20 世纪 20 年代，科学院副院长、数学家和院士弗拉基米尔·斯捷克洛夫（В.А. Стеклов）不打算聘用院士谢尔盖·普拉东诺夫（С.Ф. Платонов）填补空缺，他说："科学分为两大类：一类是自然科学，另一类是反自然科学。"谢尔盖·普拉东诺夫也毫不示弱地说："科学分为两大类：一类是社会科学，另一类是反社会科学。"

歌德有这样一种说法："两个人不可能看见同一个幽灵。"而这种思想可用来说明两人同时创造了同一种复杂的理论。不过有时还会出现另一种情况，即当某种发现正在逐渐成熟时，科学又"推动"了这一发现的过程。

科学和技术领域种均有"同时发现"的现象，或许，在艺术的体系和思想中也有类似现象。

1825 年，匈牙利数学家亚诺什·波耶（B. János）收到父亲的一封信，父亲在信中提醒儿子，希望他必须尽快将自己发现的几何定理公布于众，因为"应当承认，正如人们常说的那样，某些事物具有一定的存活时代，很有可能在其他某地被其他人同时发现"。事实果然如此，1826 年 2 月，俄罗斯数学家尼古拉·伊万诺维奇·洛巴切夫斯基（Н.И. Лобачевский）宣读了自己的学术报告，其中也阐释了他最新发现的几何定理，同时推荐了解决非欧几里得几何学关于两条互不相交的直线的第五项公设的新方法。

科学史学家应该对不同的人（俄罗斯物理学家亚历山大·波波夫与意大利无线电技师古列尔克·马克尼等）同时得到的同一种新发现进行专项研究，因为此项研究对整体上的文化史研究异常重要。

关于尼古拉·洛巴切夫斯基的新发现，我想再补充说明一下。某些新发现经常是在游戏中、玩笑中和欢乐的假象和假设之中产生的。我觉得，起初尼古拉·洛巴切夫斯基并没有特别重视自己的新发现。在艺术领域中（特别是绘画艺术），很多艺术品都源于出乎规范的事物、顽皮和玩笑。有一次，我问鲍里斯·托马舍夫斯基，维克多·艾利赫（В.Г. Эрлих）在他的专著中对文艺学的形式主义的描写是否正确，鲍里斯·托马舍夫斯基回答说："他根本就没在意这些，我们从一开始就是在胡闹。"

在科学领域中，熟悉的东西在先，而陌生的事物紧随其后。

我平时在发言中讲道，有时在论文中写道，

档案资料应该进一步对读者开放，应该任读者自由借阅。科学工作（特别是版本鉴定工作）需要运用各类主题的原始手稿资料（关于这一问题，我在专著《版本鉴定学》中有专门论述）。在我国，档案馆轻易就能决定，哪些档案可以外借，哪些档案不能外借，可类似的决定往往都是随意做出的。尤其重要的是，要使正在从事科学工作的青年一代学会利用第一手资料，而这些青年人恰恰是一走进手稿阅览室，常常会感到非常拘谨。

应当更经常地、更多地向读者提供手抄本图书和手稿资料，这一点还取决于另一问题，即此类资料是否能妥善保存。研究人员可监控手稿资料的状况，对档案专家进行监督并检查他们是否能“辨认”手稿资料。由于某些手稿长期未能到达研究人员手中，由于它们长期没有受到应有的重视，因此它们就被看作“已遗失的”资料，我可以举出很多这样的实例。

第一手资料、手稿文件、图书、稀有报纸杂志的开放性是一个基本问题，它决定着人文科学的发展。对此类第一手资料的封闭往往会导致科学的停滞，迫使研究人员只能围绕着同样的事实原地踏步，只能重复庸俗，最终使他们与科学工作渐渐地疏远。

不能设立任何封闭式馆藏，也不能设立任何封闭式档案馆和封闭式图书馆。怎样才能实现这一目标，这个问题应该引起科学界的广泛讨论，而不是应该在机关办公室里可以解决的问题。自由运用鲜活的文化财富是我们的共同权利，是我们大家和每一个人的权利，图书馆和档案馆的职责和义务是保证这种权利的真正实施。

最简单的就是大家认为你是一位博学者，即使你知之甚少，但你知道的恰好是他人所不知的。

假如我要出版一种杂志（文艺学杂志或文化学杂志），我一定在那本杂志上设立三个主要栏目：（1）论文（必须是简短的、浓缩的论文，没有任何刻板的语言和过于夸张的辞藻。总之，每篇文章不超过半个印张，7000 ~ 8000字）。（2）书评（对一定时间内出版的图书进行概括性评述，选择最近一年内出版的图书或根据主题分类，最好是对图书进行详细评论的文章）。（3）简评与勘误（类似于伊萨克·扬波利斯基在《文学问题》一文中推荐的那些简评与勘误方法）。这些栏目完全可将学科和责任感融入作者的劳动之中，同时还能使作者不断进步。

物理学家德米特里·戈尔德加梅尔写过一篇题为《科研工作中的自我暗示》[4]的文章，这是一篇非常有趣的文章。作者通过大量的实例，向读者展示了大家早已熟知的一个事实：怎样才能使观察和试验结果满足结论的要求。然而，此文还有一个创新，即这个“满足”往往是一种无意识的过程。研究人员对原先得出的结论如此深信不疑，以致他把一切都看作某种得到证实的结论，而看不到其他任何与该结论相矛盾的因素。

虽然作者局限于“准确的”科学理论之中，但是在较大程度上，他的论文还涉及多种人文学科。在文学版本鉴定方面，此种现象经常发生。只要翻阅一下关于《顿河彼岸之战》版本鉴定方面的相关文章，便一目了然：如果论文写得比较糟，那就意味着是一种重复；如果写得比较好，那就意味着学者们已经对原来更糟的文章进行了一番修改。当必须对某位作者的创作特点进行概括和总结时，在较为广泛的总结中却完全忽略了应有的“自我暗示”。

尽管如此，自我暗示不仅会波及创作者，而且还会波及读者、观众和听众。在这种情况下，自我暗示可能发挥正面的作用。由于作家或画家的声誉迫使读者和观众更加关注他们的创作，迫使读者更仔细地阅读他们的作品，观赏他们的画作和其他艺术品，更仔细地聆听作曲家的音乐等。而读者、观众和听众应该表现出对作家、画家和作曲家的“好感”及关注，善于对他们的作品进行思考，特别是在遇到比较“艰难的”创作者（诗人帕斯捷纳克、曼德尔施塔姆，后期印象派画家，风格复杂的作曲家等）时，尤其是这样。

有时读者、观众和听众觉得，由于自我暗示，他仿佛明白了一切。好吧，就让他们这样认为吧！他们最终要么达到真正的理解，要么是彻底放弃。如果他们（读者、观众和听众）都想完善自己对艺术的认识，不经过一番艰苦执着的探索阶段是不可能实现的。

有时关于现象的知识积累越多，反而会弱化人们对现象的理解能力。

在文学研究领域中，发展越来越快的“超科学”论文和论著将专门研究取而代之：所谓学者最喜欢阐释的是谁是谁非，谁的科研之路是正确的，谁偏离了正确的科研轨迹之类的问题。

在中世纪的宗教审判中，曾设立一种名曰“鉴定官”的职务。鉴定官有权判定什么是异端，什么不属于异端。科学领域中的鉴定官都是令人恐怖的，文学研究领域中的鉴定官也非常之多。

17 世纪的法国作家弗朗索瓦·德·拉罗什富科（François VI）曾经写道：“一个人随时都有足够的勇气去承受他人的不幸。”我们可以补充一句，而一个学者随时都有足够的勇气去承受他人试验的失败或极端的错误。

在谈到一位著述颇丰并获得了诸多好评的历史学家时，鲍里斯·亚历山德洛维奇·罗曼诺夫曾这样说道：“那位历史学家对他人的评价从来都不屑一顾。”

凡是在依据不足的情况下，随时都会有各种不同意见。

语言学家鲍里斯·亚历山德罗维奇·拉林（Б.А. Ларин）在一篇评论文章中这样写道：“我们不得不承认，一本书中最能彰显威力的部分是目录（能使问题系统化的尝试），而对那些问题的详细研究（即整部专著，利哈乔夫语）却趋于表面化和过于简单化。”这种评价的准确度简直达到了极致。

20 世纪 30 年代初，正当科学院处于“改革”之际，某人（在此不便指出姓名）在科学院主楼大会议厅宣读了关于普希金作品研究的学术报告。报告结束之后，与会者们开始走出大厅。在熙熙攘攘的人群中，叶甫盖尼·维克多罗维奇·塔尔列（Е.В. Тарле）院士将手高高举起并喊道：“我当然明白，这里毕竟是科学院嘛，而大厅里在座的全部是受过高等教育的人啊。”昨天有人在文学和语言部宣读了关于苏联文学的学术报告，我实在听不下去，于是就匆匆离开会场，我对几个熟人讲：“我们倒是对这一切都司空见惯了，但是我真为那几位女速记员感到害羞。”

尽管牛顿发现了地球引力，但是他却未能创建自己的假说，既没有说明什么是万有引力，也没有说明应该如何解释这种现象。对此牛顿曾发表郑重的声明，他说，他不想创建关于他尚未明白的现象之假说。实际上，“他以此妨碍了科学的发展”（援引苏联科学院院士和数学家 В.И. 斯米尔诺夫 1971 年 4 月 15 日的发言）。

在多数情况下，所谓进步，实际上是指某种“机体”内部的分化和专业化过程。科学进步同样是所研究问题的分化、专业化和复杂化过程，是越来越多的新问题出现的过程。

在科学领域中，所提问题的数量远远超出了答案的数量。科学使运用自然力（广义上的自然力）成为可能，同时也增加了存在之谜的数量。

对作者而言，最大的快感之一就是他的专著或论文能够公布于世，但是由于种种原因，随着之后的每一部专著或论文的出版，他的快感会逐渐减弱：第二本专著的出版使他产生的兴奋度是第一本专著的出版所产生的兴奋度的 1/2，第三本专著的出版使他产生的兴奋度是 1/3，第四本书的出版产生的兴奋度是 1/4……为了能保持第一本专著或论文给他带来的那种满足感和兴奋度，他就应该不断撰写并发表新书和新论文，而不是重复原来的专著和论文，力争使自己的每一部专著或每一篇论文都成为“首次发表”。每一本专著都必须具有“出人意料”的特点，也就是说，不仅对读者而言，而且对作者本人而言，每一本专著或论文都必须有所创新。

若想成为一名鱼类专家，仅仅变成一条鱼是远远不够的。这一道理非常适合来自农村的那位女性民间口述文学专家，那是一位自称是当地民间口头创作领域中最高权威的老妪。

被某一位文艺学家空洞的社会学观点激怒的（原教会学校的毕业生）另一位文艺学家瓦西里·杰斯尼茨基（В.А. Десницкий）这样说道：“使用这种面料是无法给普希金做裤子的。”①

爱伦斯特·卢瑟夫爵士说道：“科学真理通常要经过三个阶段之后才能被承认：第一阶段被人们说成是‘这是荒谬的’；第二阶段是有人说‘其中有些道理’；第三阶段是人们说‘这很早就是众所周知的！’”这段话的整个风趣之处在于，爱伦斯特·卢瑟夫爵士将每一阶段都称为“被承认”！

科学中的“转换系统”就是为某种观念创建的证明体系，为此需要收集大量的证明文件等。

亚历山大·维谢洛夫斯基曾经写道：“任何深刻的思想和任何敏锐的思维方式，都无法弥补不知晓事实造成的损失。”[5]

瓦西里·杰斯尼茨基（原教会学校的毕业生）将文学研究所（普希金之家）获得学位的研究人员称为“见习修士”。

博学的激烈斗争体现在人的名声、事物的名称、引语以及文献脚注（需要和不需要的脚注都包括在内）上。

伊佐尔金娜（Изоргина）创造了一个名词——“关心备至的博学者”。

安纳托利·法朗士（Anatole France）说：“科学是绝对正确的，但学者们却经常出错。”

萨尔德科夫－谢德林的长篇讽刺小说《一个城市的故事》中有这样一段内容：城市章程中有“市长的权力不受法律限制”这一条款，章程说：“如果你感觉到，法律妨碍你管理城市，你有权将其摒弃或踩在脚下。”如果有人认为，这一条款与科学工作无关，那他就是大错特错了。

“本人很想知道，哪里能找到可将 7 ~ 8 行文字塞入历史、理论、概述和方法之中的重量级人物呢？”摘自文学家马尔林·科拉洛夫（М.М. Кораллов）的一篇论文。

“选择性思维方式”是科学界的灾难。根据这种思维方式，学者可为自己选择最适合他本人的观念。

学者不应该成为观念的俘虏。

迷信源于一知半解和教养的缺乏，缺乏教养的人对科学工作危害极大，因为他们总是表现得“无所不知”。

关于智慧

只要有愿望，便能成为一个聪明人吗？可以，但首先必须明白，什么是智慧。从某种程度上讲，当然可以理解什么是智慧，但却不可能彻底弄清何为智慧。

我们先举一个最简单的例子。我们常说“聪明的狗”“聪明的猫”，甚至还常说“聪明的母牛”等，但是如果将这种“智慧”移植到人身上，人就会变得比白痴还傻，就会变成一种“半人半动物”。

我们可给车工、电车司机、实验员和锅炉工（我不知道，还应把“中等技术人员”列入这份名单之中）都标上“聪明的”字样，但是如果您闭着眼睛把某人提拔为部长，那么，在大多数情况下，他必将是一位粗鲁的、愚蠢的和“目光短浅的”部长。当然，我们也不能排除，有时也会出现幸运的例外……

由此可见，智慧与一个人所处的地位相互关联。由此还可推理，如果您想成为一个智者，就别去担任将会使您感到愚蠢的职务。

应该真正地“认识自己”并在生活中做到行为得体。

① 讽刺的说法，意为“这种观点是站不住脚的”。

我的第二个观察也比较重要。智慧首先是一种行为，聪明人就是那种在家里、与同事以及在工作单位中能有正确表现的人。智慧就是善于掌握分寸、区分轻重缓急、预见未来……一个人可以成为一名聪明的学者，也可以成为一名才华横溢的学者，这是两类不同的学者。聪明的学者可通过他在科学工作中的行为举止来判断，看他是否懂得自己的发现、自己使用的科研方法、判断自己在科学界占有的地位的真实价值。才华横溢的学者通常都能创建具有重大意义的假说，可以获得重要的发现（其中部分发现可能是虚假的），这种学者会令人振奋，因为人们都尊重智者……成为一名才华横溢的学者十分困难，他们应该是天生的，而成为一名聪明的学者倒是完全可能的。

普希金在《关于俄罗斯文学的概述》中写道："尊重过去是文明和教养区别于野蛮的标志。"

糟粕思想的生长速度极快。

与学者的"威信直接相关的出版物"通常有下列6种：（1）为扩大作品数量（作品名录）的出版物；（2）为被纳入某种论文集并能炫耀学者姓名的出版物；（3）为参加某种大型科学论争（"参与论争"——"关于这个问题，我有个人的看法"）而发表的出版物；（4）为被纳入史料问题研究范畴而发表的论文（此类论文尤其多数都能引起围绕文件日期开展的论争）；（5）能够在某种名望很高的杂志上刊登的署名文章；（6）能够展示个人博学的出版物等。所有这些出版物随时都在玷污科研工作。

人为扩充篇幅的论文通常采用下列方法：（1）在很多情况下，详细和过多地叙述历史事件的文章；（2）在脚注中故意增加与所研究问题不太相关的其他作品；（3）详细叙述作者在得出某个结论之前的所有历程；如此等等。

科学论文主题中的刻板特点包括：（1）撰写论文的目的是展示某种观念的局限性；（2）故意为某个问题增加论据；（3）在文章增加史料编纂方面的修正意见；（4）重新审视某部作品的出版日期，重复他人早已发表过的观点，特别是经常引用颇具影响力的学者的观点；如此等等。

所有这些只不过是一种伪科学的表现形式，但类似特点却难以被人发现。

学者的知名度与声誉是完全不同的两种现象。

作品剽窃者的10种自我辩解。

科学界的剽窃行为一般是怎样被证实的呢？我想指出的是，决定剽窃行为的首先是领导，而不是下属或普通科研人员。通过下列事实可以证明是否属于剽窃行为：（1）他（被剽窃者）按照我的思想工作；（2）我与他（被剽窃者）曾一道工作（所谓一道工作，主要是平时在一起交谈或随时给他某种暗示等）；（3）我是他（被剽窃者）的领导；（4）整个研究所或整个实验室总是按照"我的"思想、"我的"方法等开展工作，剽窃者也准许他们这样做（从整体上讲，某科研单位的学术指导的作用往往会导致这种现象，似乎为此才需要这样的学术指导）；（5）借用在科学界具有普遍意义，众所周知的论点、根本不值得增加各类脚注的庸俗见解等；又有谁不了解这一论点呢？（6）我也引用了他的观点（而我引用的是某种次要论点，或是高度概括的观点，使读者难以理解究竟从牺牲品那里得到什么的那种观点）；（7）他本人也是从其他某人那里抄袭的这种论点（这样由于不会有人检查而使双方扯平，特别是当所引用论点不明确指明出处时，尤其如此）；（8）我的观点与他人不同（对某些引语略加改动、为了理解某个概念而创造的另一个新名词）；（9）我参考的完全是另一些资料（如果有很多资料，论点完全可以借助于其他实例而得以证明，这种办法轻易就能奏效）；（10）将青年学者的思想加入由某位具有"功勋科学家"称号者指导的集体创作之中。总之，经常与具有个性化的专著做斗争，同时极力维护集体创作形式。

虽然欺骗良知做事的方法是多种多样的，但

其结果只有一个，即科学界不会出现新一代大科学家，科学趋于衰落，开始出现“秘密著作”。所谓秘密著作，就是为了不让那些毫无才华的“科学组织者”掌握的那种著作。

科学经常对怀疑主义者进行报复。当法国的伏尔泰说在阿尔卑斯山发现了鱼骨时，有人一定会蔑视地问道，在那儿守斋的修士还没吃早饭吧？吉尔贝特·切斯特顿说：“伏尔泰时代的人们尚未懂得，下一个将被他们揭穿的是哪一种奇迹。今天的我们也不知道，下一个将要被我们吞噬的奇迹又是哪一个。”（摘自吉尔贝特·切斯特顿关于阿西西的圣方济各的专著。）[6]

本来科学中的一知半解就够可怕了，甚至还有人认为，低能的学者也能成为科学界的好领导。这些领导通常都是学识肤浅者，但他们却都能成为某研究所的所长和某处的处长。在他们的领导下，科学事业只能走上狭隘而渺小的技术主义道路，还能快速取得昙花一现的成果（或当这些只是肤浅的领导者急于在科学领域主张冒险主义时，必将导致科学事业的彻底崩溃）。

不够内行的现象往往会导致强制和武力手段。红色恐怖的出现并非由于反革命活动开始显露出巨大的危险性，而是由于他们根本不懂得应该怎样管理国家。列宁去世之后，“政府”没有找到任何一个能够专业化地解决经济和国务问题（即使国家摆脱困境）的人选，所以借助武力解决一切问题的模式应运而生，不内行的管理实际上就是一种强制现象。

任何时候都不能只参考某一种信息或某一种论据，或许下面一则“数学”小笑话最生动地证实了这一点。有人向一位数学家咨询：怎样才能使自己免受飞机爆炸恐怖事件的威胁。数学家回答说：“请您在随身携带的手提箱里装上一枚炸弹，因为根据概率理论，同一架飞机上不可能同时出现两枚炸弹。”

科学界还有一件虚幻现象，即急于获得“极其文雅的知识”。这种“假绅士”至今依然存在，只是与几百年前相比，此种“假绅士”的人数相对少些而已。

说话滔滔不绝是弱智的表现。

科研报告（真正的科研报告）最容易被人理解的和最主要的优点就是言简意赅。

在伟大事业中取得的微小进步比在琐事中取得的辉煌成就更重要，也许我说得不对？

及时发现的错误不算是错误。

在科研单位这样的集体中，必不可少的并非上级的指示命令，而是大家的通力合作。科研单位领导者的任务就是力争实现这种合作。

通常人们将“责任工作者”这一“术语”理解为“重要人物”和“高级官员”，但是应该根据确切的词义去理解这个术语，即对自身行为、对本人发布的命令及行为负责的工作者，他不应该高于自己的所作所为，而是要服从于它们，服从于自己的职责和义务，这位工作者应该因自己所犯的所有过错而接受惩罚。社会对有责任心的工作者的需求量大于对普通工作者的需求量。“有责任心的工作者”通常与普通工作者相对立，而不是与“毫无责任心的工作者”相对立，因为后者根本算不上工作者。任何一位工作者都应该对自己的工作认真负责。

工作本身与工作者组成一个统一体，这一点在科研论文论著中体现得尤为鲜明，因为学者本身是论文论著和发现的象征。从某种程度上讲，学者是不朽的。良好的工作不仅是由优秀工作者所为，良好工作本身也能塑造工作者形象。工作与工作者通过坚实的双边关系密切相连。

因某人根本没有做出的成绩而对他进行大肆表彰，再也没有比这更文雅的复仇和更恶劣的嘲笑了！

我听到一位物理学家（好像是法国科学院院士阿布拉姆）这样说道：“任何事物都不比扎实可靠的理论更实用。”

科学认识过程一般都会沿着两条轨道发展：一条是较为简单的轨道；另一个是较为复杂的轨道。科学认识的简单之路是将复杂变成简单的发展之路，而所谓的复杂之路则是在简单中发现复杂的发展之路。第一条发展之路（简单之路）仿佛受到认识的吸引并极力将其封闭；第二条发展之路（复杂之路）则是一种隐蔽性的发现，或者是由现实存在的世界引起的极度兴奋而产生的新发现，它是产生于逻各斯（λόγος）中的新发现。

在我的个人生活和科学活动中，展现在我面前的总是同一个场景：对自由的向往和追求。在科学活动中，我始终在争取自由，力争拓宽文学和文化的主题与体裁……在我的个人生活中，对我最重要的永远都是必须坚持自己的独立自主性，免受“时代潮流”、风气以及主流思想的影响，任何时候都不会加入任何联盟和任何集团，反对充满意识形态的任何纲领等。这样做当然会使我感到一丝孤独，特别是当我目睹青少年时代的朋友逐渐涉足“另一种世界”时，当许多人由于惧怕“最高政权”纷纷离我而去时，我不免也会产生一丝孤独。然而，既然大家都已经离我而去，我也就没必要再返回到他们身边了。

我们之所以会表现得不够包容，可能是由于我们忘记了《福音书》中的话语：“不要禁止他人的行为，因为不阻挡你们的人，就是帮助你们的人！”（《路加福音》第 9 章，第 50 条）。

油画《普希金告别黑海》，伊万 · 艾瓦佐夫斯基，作于 1877 年

作于 1697 年的插图画《俄罗斯使团出访》，摘自小型彩画本《彼得的故事》

关于历史记忆

一切迟早都会崩塌，一切终将全部消失。是的，但是这个结果“迟来”总比“早到”好。人类生活在现世中，但那是一个浩瀚的世界，人们都能记得自己的父亲是谁，来自何方。人们发现，世界的历史已有数千年，这一发现是双方面的：关于神话中的过去和未来的坟丘。

坟丘是最好的记忆，历史的载体是大地。要知道，为了铲平一座高大的坟丘，需要付出的劳动与堆积坟丘时付出的劳动是同等的，因为当时根本没有推土机之类的机器设备……

人类只能拥挤着在现世中一起生活，道德生活要求人们牢记过去并保持对未来的记忆（即保存各种彼此扩展的记忆）。

孩子们应该知道，他们长大后将回忆自己的童年时代，他们会围绕在祖父身边并请求他：“爷爷，请给我们讲一讲你小时候的事情吧。”孩子们特别喜欢那些故事，孩子就是传统的保存者。

当弗拉基米尔·莫诺马赫大公为基辅的圣母升天大教堂奠基时（1073 年），当他为斯摩棱斯克的圣母升天大教堂奠基时（1101 年），当他为苏兹达利的圣母升天大教堂奠基时（1101 年），当他为弗拉基米尔的圣母升天大教堂奠基时（1108 年），当他为切尔尼戈夫的圣母升天大教堂奠基时（1113 年），他加固了古罗斯国家的中心和边界，同时与浩瀚无际的古罗斯大地的“空旷”做斗争。在全国各地，他怀着对圣母升天节的崇敬，使各大城市所有城堡内的教堂均按相同的比例建造，目的是“填充硕大的空间”，为了巩固古罗斯的统一。

古罗斯时期的多神教曾一度与大地崇拜和生殖崇拜密切相关，多神教曾是农人和部落信奉的宗教，它通过各部落信奉的不同神灵遍及古罗斯大地，但是它却未能使各部落达到统一。虽然拜占庭的十字架和斯堪的纳维亚的宝剑联合了古罗斯各部落，但古罗斯依然是古罗斯，语言依然是古俄语，只是那时的语言可能带有保加利亚文教会文献的上层建筑之意味。对耕种方式的热爱渗透着基督教，在艰苦的改革年代以及改革之后产生的王公之间动荡不安的关系之后，逐渐出现了相对稳定的生活方式，尚未受到农奴制束缚的财富积累阶段。

此后出现了这样的局面：稳定的生活秩序和方式被打破，这种破坏是由上层、持续性贫困和国内战争的原因所致，这种破坏后来被相对稳定的生活秩序、生活方式以及文化水平的提高所取代，人们的生活开始趋于平稳，开始出现相安无事的局面。到了 12 世纪，由于古罗斯接受了基督教，由于留里克王朝掌握了基督教义，古罗斯开始出现相对富足的新局面。在这种情况下，王公之间的内讧不再发挥像《编年纪事》和《伊戈尔远征记》中所描写的那种巨大作用——这两部作品的主要任务是为了说明国家总体发展过程中最突出的矛盾，其中包括王公之间为争权夺势而反目、内讧、战争和相互残杀等现象。

那一时期究竟发生了什么呢？欧亚混血儿喜欢淡化罗斯受到来自东方的入侵及其意义，而其他人则与此相反，故意夸大东方入侵的意义。尽管如此，无论是欧亚混血儿，还是与他们态度相反的人，都不曾试图从实质上阐明那些重大事件的原委。毫无疑问，从实质上阐明事实总比以数量多少来评价一切更重要。

在关于伊万雷帝的一本专著中，历史学家鲁斯兰·斯克伦尼科夫（Р.Т. Скрынников）借用恩格斯的直接引语，并以此诠释了伊万雷帝平时的情绪和他对死亡的恐惧。鲁斯兰·斯克伦尼科夫这样写道，不能将“恐怖时代”等同于引起恐怖者施行的统治。（以下是恩格斯语）“与此相反，施行统治的那些人同样恐惧万分。大部分恐怖活动都是毫无意义的残酷行为，是那些自身具有恐惧心理的人们为了得到安宁而采取的行动。”（《恩格斯致卡尔·马克思的一封信》，1870 年 9 月 4 日）[1]。

历史上的冒名顶替的确是一个事实，它不仅是个别人激进特性的具体表现，而且还是一种典型的社会特征。在古罗斯时期，个性特点的表现都曾被看作是冒名顶替行为。冒名顶替者的出现是一种社会状况，是个人主义的突出表现。在 17 世纪俄罗斯文化中，可以发现各种不同形式的个人主义。

波兰裔俄罗斯女沙皇马琳娜·姆尼舍克①的身材如此之矮小，为了使她能够得着圣像和亲吻圣像，在克里姆林宫圣母升天大教堂内，不得不特意为她摆放几把小凳子。伪沙皇德米特里一世的个子也很小，教堂内也专门为他增添了几把小凳子，这都是完全可以理解的。难道后来“拿破仑的极端个人主义”倾向不是源于伪沙皇德米特里一世吗？

考古学家和历史学家鲍里斯·皮奥特罗夫斯基（Б.Б. Пиотровский）认为，古埃及之所以建造了金字塔，是因为法老政权比较虚弱。埃及各地区分别兴建于尼罗河两岸，从而形成了两条链环。只要其中的某一环发生断裂，整个国家政权便会立刻崩塌。因此必须神化法老的权力。

应该珍惜和尊重古代传统习俗，但不必予以崇拜。我们应该与古代传统同呼吸、共命运，而不应该对古风顶礼膜拜，不能卑躬屈膝地生活（不能痛苦和郁闷地生活）。

关于彼得一世，普希金曾精辟地写道：“彼得大帝的国家机构与他颁布的临时法令之间存在着巨大的差异。但是那些差异却有着令人惊讶的长处。前者（国家机构）的实质是广泛而充满善良的聪明才智带来的丰硕成果；后者（临时法令）却是一种罕见的、仿佛是用皮鞭描绘出的残酷、任性和怪僻的性情。”[2]

哪些人曾是彼得一世时期的活动家呢？原来他们全部都出生于莫斯科罗斯②。难道这还不足以使大家理解我国“彼得现象”的局限性吗？

谁曾是我们的国师呢？他们全部是荷兰人吗？不，彼得曾就读于多国的学校，有多位老师，其中第一位老师是瑞士人。难道这还不足以使大家理解彼得一世的独立性吗？

谢尔盖·索洛维约夫在《解读彼得大帝》[3]中说道：“我国历史上曾有两次伟大的战争，两次战争都发生在我国欧洲生活的开端：一场是北方

① 马琳娜·尤里耶芙娜·姆尼舍克（M. Mniszech，约 1588—1614），波兰桑多梅日省省长耶扎·姆尼舍克的女儿，伪沙皇德米特里一世的妻子（1606 年 5 月，在伪沙皇去世之前不久结婚）。作为俄罗斯女沙皇登基，她是叶卡捷琳娜一世之前的唯一一位女沙皇，后成为伪沙皇德米特里二世的妻子，当年他曾将马琳娜·姆尼舍克献给伪德米特里一世；马琳娜·姆尼舍克几乎参与了俄罗斯混乱时期所有的重大事件。

② 莫斯科罗斯（Московская Русь）是指始于伊万雷帝时期的俄罗斯中央集权制国家的别称（15 世纪末—18 世纪初）。

И паки инѣмъ приступльшимъ сперe
прѣжнимъ и лютѣйшимъ. Гражане же
противу их также подвизахуся стрѣляю
ще. И камениемъ шибающе. И само
стрѣлы напрязающе. И пороки. И
тюфяки. Есть же нѣцыи и самыя
тыя пушки пущаху на них.

1382 年，脱脱迷失围攻莫斯科

Един же бѣ нѣкто гражанинъ. Име
немъ Адамъ москвитинъ бѣ суконникъ

油画《复活城门和尼古拉大门周围的景观》，Ф.Я. 阿列克谢耶夫，作于 1811 年

战争①，另一场是 1812 年的反法卫国战争；在这两场战争爆发之前，俄罗斯尚未做好准备。”（《解读彼得大帝》第七讲）。如今谢尔盖·索洛维约夫在自己的讲座中，特意增加了第三次伟大的战争，即发生在 1941—1945 年的苏联反法西斯卫国战争。

年轻的瑞典国王卡尔十二世（Karl XII）曾沉迷于狂欢和娱乐之中，他经常在国会大厅内举办狩猎活动（主要狩猎对象是野兔）。卡尔十二世同时还是一个专制的君主，只是他的专制手段远不及他的对手——俄罗斯沙皇彼得一世，他最终被彼得一世打败。

列夫·托尔斯泰曾对彼得一世做出如下评价：“人们在谈起彼得一世时，常常说他是他那个时代的工具，他本人也感到备受折磨，非常痛苦，但是他的使命是使俄罗斯与欧洲诸国建立起往来关系。”[4]

贵族帝国②依然惧怕贵族，在此仅举一例。帕甫洛夫斯克博物馆（当时还是一个村庄）的第一任馆长卡尔·屈谢尔贝克尔（К.И. Кюхельбекер）曾负责基建工程。在修建拉多加大运河时，除了

① 北方战争（Северная война），瑞典王国与北欧国家联军之间为争夺波罗的海一带领土展开的一场大战，先后经历了 21 个春秋（1700—1721），最后瑞典王国战败。战争结束之后，欧洲版图上出现了新帝国——拥有波罗的海出海口、庞大的军队和海军舰队的俄罗斯帝国，定都圣彼得堡。

② 贵族帝国（Дворянская империя），是指 1725—1762 年的俄罗斯帝国时期，即彼得大帝去世之年至叶卡捷琳娜二世登基这一时期的俄罗斯帝国。

石印画《建于1734—1788年的巴什科夫大厦》，朱泽帕·达奇亚罗，创作年代不详

沿水路运送的部分木材之外，他又“请求上级官员为兴建帕甫洛夫斯克城再分配给他一些建筑用木材。1871年12月11日，皇储（保罗）从维也纳给他（卡尔·屈谢尔贝克尔）写信，信中说：‘至于您的指令，依我看，除了按计划运送的木材之外，再给您配送（“除了……”，此处有更崇高的意义，不是依次配送，而是除了……）应该分配给我们的建材之外，其他的一切都很好。除此之外，我觉得，这种做法的确有些不公正，必将引起其他人的强烈不满。’”[5]

法国侯爵阿托尔夫·路易·德·居斯蒂纳并不可怕，他是一个非常典型的外国人。作为一个普通人，他又完全属于他所处的那个时代，但与此同时，他的作品令人好奇。

俄罗斯–波兰–立陶宛女贵族索菲娅·舒阿焦尔–古菲娅在《忆皇帝亚历山大一世与拿破仑一世》一书中写道，当法国大军从俄罗斯撤退之后，“拿破仑只能战胜他自己”。这种说法是千真万确的，拿破仑完全通过亲自远征俄罗斯帝国的错误战胜自我！除此之外，女贵族如此敏锐的思想还能告诉我们什么呢？

“若想伴随着教堂钟声祈祷和赎罪”，必须浇铸铜钟，以便请求上帝饶恕你的罪恶。或者为了追忆某人，也要铸造铜钟。历史上的确有过类似的风俗。

国务活动家和军事活动家阿列克谢·阿拉克

油画《女贵族莫罗佐娃》，B.И. 苏里科夫，作于 1887 年

切耶夫伯爵（A.A. Аракчеев）的情妇阿纳斯塔西娅（Анастасия）被农奴们杀害，他为了悼念她，自费铸造了一口铜钟，钟上还刻下了这样的题词："怀念遇害的上帝之奴仆阿纳斯塔西娅。Г.А.（阿拉克切耶夫伯爵名字的两个首字母。利哈乔夫语）1828 年，奥斯库亚村。铜钟的重量为……普特[①]。"这确实是一口为追忆死者而特意铸造的铜钟，但他同时又为他下令处死的杀害阿纳斯塔西娅的凶手们铸造了另一口铜钟，铜钟上刻写着另

① 普特（Пуд），俄罗斯重量单位，1 普特等于 16.38 公斤。

外的题词："安息吧，上帝的奴仆和格鲁金诺领地的农奴们。Г.А. 1828 年，格鲁金诺领地教堂。铜钟的重量为……普特。"看来"祈求赎罪"与"追忆亡灵"这两种行为完全可以同时进行！

在阿拉克切耶夫伯爵位于沃尔霍夫河畔的格鲁金诺领地上，有许多带有各类题词的墓碑，墓碑制作得相当奢华，倾注了阿拉克切耶夫伯爵对同事们、对情妇阿纳斯塔西娅以及对父母的真爱之情。首先是对皇帝亚历山大一世的钟爱，可是殊不知，亚历山大一世在临终前，曾召唤阿拉克切耶夫到南方的塔甘罗格，可他却未能满足皇帝的最后心愿，他干脆没去那里。他也没去探望他一直热爱的和垂死的母亲，母亲在临终前一直期盼着儿子的到来。1825 年 12 月 14 日，他还违背了皇帝尼古拉一世的命令，圣彼得堡参政院广场上也未见他的踪影。①

在戈鲁金诺村的中心广场上，矗立着一尊亚历山大一世纪念碑。当时为了建造这座纪念碑，花费了 30000 卢布。关于阿拉克切耶夫伯爵家的庄园，诗人和作家康斯坦丁·斯卢切夫斯基（К.К. Случевский）这样写道："引人注目的是庄园内保存的一台名牌座钟，那是阿拉克切耶夫伯爵在皇帝亚历山大一世驾崩之后，特意从巴黎订制的一台极其昂贵的钟表。据说钟表的价值为 29000 卢布（纸币），报时钟声每昼夜只响一次，鸣响时间是 10:50，这是皇帝亚历山大一世咽气的那一刻。每逢此时，亚历山大一世的小型金属肖像自动地缓缓打开，同时响起令人伤心的哀乐《永久的怀念》。令人悲伤的钟声在那个小房间里回响，现如今，室内的所有陈设依然保持着阿拉克切耶夫伯爵生前的布局，只是他本人曾经使用过的卧榻式沙发不见了。人们说，他生前，在每天一次的钟表鸣响时，他都会坐在那个沙发上，虽然钟表上的伯爵形象并不是太大，但制作得可谓巧夺天工，并充满着难以言状的悲伤。"[6]

即使是纪念碑本身已不复存在，但是历史记忆犹存。比如，在俄罗斯古城雅罗斯拉夫尔，"保存着非常独特而罕见的木结构雅罗斯拉夫尔城市遗迹（市内的房屋和城墙都是在雅罗斯拉夫·穆德雷时期用圆木建造的）。再也没有比这座城市更值得怀念的了，因为这里的信徒曾定期举着圣母像，围着教堂或沿街举行十字架游行，游行队伍恰好围绕着被人遗忘的雅罗斯拉夫尔古城的木结构城墙行进。据说，这座古城墙是由雅罗斯拉夫大公亲自奠基的。当年，在雅罗斯拉夫执政时期，人们曾经常漫步于那座真实存在的城市里，而今的雅罗斯拉夫尔人却漫步在已经消失但灵魂犹在的城市里。"[7]

正确的做法应该是用一些小型纪念性标志（纪念牌和方尖碑等）表明在 20 世纪 20—30 年代以及后来被毁的文化圣地和历史文物。这对我国那些应被赋予"城市毁灭者"称号的和过于热心的城市设计师们而言，无疑是一种很好的教育方式。

彼得·伊万诺维奇·特鲁别茨科伊（П.И. Трубецкой）公爵曾经是一位"大老爷"。所谓大老爷，并非指那种慷慨大方和心胸宽广的人。真正的大老爷应该带有几分天真。

当莫斯科—雅罗斯拉夫尔铁路通车之后，前往自家领地阿赫特尔卡最便利的交通方式不是骑马，而是乘火车经由霍奇科沃站方能到达。彼得·伊万诺维奇·特鲁别茨科伊气愤地说："这算怎么回事？原来我随时都能去我的领地阿赫特尔卡，如今我再想去领地，必须听别人的指令：必须在下午两点乘坐某种生铁铸造的机器前往。"

每当他乘车从领地返回莫斯科时，他总会对检票员说："亲爱的，请你告诉机车司机，让他快点开，否则我去参政院开会就要迟到了。"那些检票员都认识这位老人，他们一边给他上茶，一边回答说："遵命，伯爵大人。"

特别令彼得·伊万诺维奇·特鲁别茨科伊不满的是，他不能每次都坐上头等单人包厢，随时都有很多陌生人跟他这位老人闲聊。"请问阁下，您在哪里高就？""您是问我在哪里供职吗？而您应该问我：什么机关为我效劳！听着，我在参政院工作，仁慈的先生。"[8]

坐落在莫斯科高岗上的帕什科夫庄园（后来辟为鲁缅采夫博物馆②）有一段有趣的回忆。尼古

① 俄历 1825 年 12 月 14 日（公历 1825 年 12 月 26 日）是俄罗斯十二月党人起义的日子，地点是俄罗斯帝国首都圣彼得堡参政院广场，即"青铜骑士"所在的广场。那次起义是由一批宫廷贵族和近卫军军官组织发动的，旨在阻止尼古拉一世登上皇位，最终被尼古拉一世镇压。十二月党人的主要代表人物被流放到遥远的西伯利亚。

② 目前是俄罗斯国家图书馆古籍书库和珍本阅览室。

油画《圣架游行》，И.M. 普利亚尼什尼科夫，创作年代不详

拉·费奥多罗夫写道："我们可以回忆一个被人遗忘的历史事实：1818 年，三位皇帝（一位现任皇帝和两位未来的皇帝——普鲁士皇帝弗里德里希·威廉三世（F. Wilhelm III）和他的两个儿子：未来的王国和德国皇帝弗里德里希·威廉四世（F. Wilhelm IV）和威廉一世（Wilhelm I）从莫斯科高岗上的鲁缅采夫博物馆向克里姆林宫鞠躬，以此表达他们对俄罗斯拯救普鲁士和欧洲（帮助他们摆脱了拿破仑桎梏）的感激之情。"[9] 很多莫斯科人都了解这一事实吗？但是无论如何，这一事实随时都能使每一个俄罗斯人为之自豪。

1822 年，拜伦在诗篇《青铜时代》中写道：

Moscow!...

… …

Thou stand'st alone unrivall'd, till the fire

To come in which all empires shall expire!

诗歌大意：

啊，莫斯科！……

…… ……

你极其完美地屹立着，骄傲地凝视远方，

火光到来之前，所有强国已在大火中消亡！

米哈伊尔·布尔加科夫在长篇小说《大师与玛格丽特》中，他塑造的地狱中的主人公们在飞离莫斯科之前，先后登上了位于高岗上的帕什科夫庄园并从那里起飞，这究竟是一种偶然，还是一种必然呢？

画家瓦西里·韦列夏金（В.В. Верещагин）以兄弟相称的军官米哈伊尔·斯科别列夫（М.Д. Скобелев）曾参加1877—1878年的解放战争，他还研制出沃洛格达食用油，并很快将其投入生产和销售。那么，什么是他生活中最重要的事情呢？（这与我在童年时喜欢沃洛格达食用油无关）

作家谢苗·斯捷潘诺维奇·盖琴科（С.С. Гейченко）曾经讲过这样一个故事：每个沙皇都有一只木箱，专门用来收藏具有纪念意义的各类物品。比如，尼古拉一世就有一只这样的木箱，里面装着他婴儿时的襁褓、小皮鞋，还有一些纪念品。同时尼古拉一世还将箱内的物品一一编号，并逐条对它们进行了书面注解。根据箱内的纪念品，可以确定很多信息。假如尼古拉一世爱上了纳塔莉娅·尼古拉耶芙娜（普希金的妻子），他必定会收藏她在舞会上无意丢失或特意赠送给他的某些物品（蝴蝶结、小花饰和发卡等），但这只是一种假设，实际上并无其事。

后来根据埃尔米塔日博物馆馆长约瑟夫·阿布加罗维奇·奥尔别利（И.А. Орбели）的命令，此类纪念品被全部销毁。馆长说："我们早已闻够沙皇裤裆的味道了。"

彼得宫大殿的一个老用人向谢苗·盖琴科展示了一个秘密立柜，里面有法国招魂术者举行招魂仪式时使用的器具，还有"管理国家所需的机器"。术士事先将某些信息"输入"机器，如果有人提出问题，机器便予以回答。比如，某人问机器，他能否成为部长？谢苗·盖琴科恢复了这台机器的功能，于是它在游客中获得了辉煌和令人振奋的成就。后来有人复制了一台这种机器，它可以在彼得格勒的亚历山大市场上"猜谜语"，机器安放在迈奥罗夫大街（过去的耶稣升天大街）与花园街的拐角处。此后没过多久，那台机器连同所有的零配件和用具被运往他处，然后便消失得无影无踪。

皇帝尼古拉二世的妻子亚历山德拉·费奥多罗芙娜（А. Фёдоровна）能把《叶甫盖尼·奥涅金》倒背如流，她如此相信书中主人公的真实性，以致在招魂术期间还试图复活主人公女塔季杨娜的灵魂。大公彼得·尼古拉耶维奇（П. Николаевич）经常在芬兰湾南岸直入深海区的兰涅拉角定期举行此类招魂术。在尼古拉一世和妻子亚历山德拉·费奥多罗芙娜居住的彼得戈夫别墅里，也经常举办招魂术之类的活动。尼古拉一世和妻子亚历山德拉经常被秘密地送到兰涅拉海角。

一个名叫伊利亚的宫廷侍从讲述了索洛维约夫[①]谋杀亚历山大二世的经过，他说："凶手一次又一次地瞄准皇帝并随时准备向他开枪，但由于皇帝陛下的大仁至圣，他一次又一次地化险为夷。"（据斯托雷宾[②]的儿子所说）

19世纪有一段小笑话是这样说的：有人问牧羊人，一旦他能当上国王，他首先要做的是什么。牧羊人回答说："如果我能当上国王，我将骑着马放羊。"如今这样的牧羊人已是天下难寻了。

天气炎热时，乡间土路随时弥漫着香子兰的芳香，还伴随着一股灰尘的气味，夹杂着类似马粪的味道。今天的人们再也无法回味那种特殊的芳香了。或许，只有我一个人能对那种特殊的气味记忆犹新。真是令人惊叹啊！要知道，那是多么熟悉的气味啊。

旧俄时期，人们常常这样谈论当时的兵种：

"炮兵个个都聪明，骑兵漂亮又机灵，海军将士尽情喝，步兵显得傻又愣。"

令人惊叹的是，为什么最聪明的人也会犯错

① 亚历山大·康斯坦丁诺维奇·索洛维约夫（А.К. Соловьёв，1846—1879），俄罗斯民粹派革命者；1879年4月14日（俄历4月2日）早上，对正在彼得堡冬宫附近散步的皇帝亚历山大二世行刺未遂，当时皇帝随身没有保镖。

② 彼得·阿尔卡季耶维奇·斯托雷宾（П.А. Столыпин，1862—1911），俄罗斯帝国时期的国务活动家。曾任萨拉托夫省省长、内务部部长、总理等职务。儿子名叫阿尔卡季。

油画《掷币游戏》，E.M. 科尔涅耶夫，作于 1812 年

误。在援引“权威人物”的观点时，随时都要注意这一点。弗拉基米尔·索洛维约夫在专著《俄罗斯的民族问题》中严肃地写道：“至于那些与我同时代的作家，尽管他们的作品曾得到最善意的评价，但是依然毫无疑问，欧洲人永远都不会阅读他们的作品。”[10]然而，如今在全世界范围内，俄罗斯文学的阅读量最大！弗拉基米尔·索洛维约夫继续写道：“需要推举比普希金、果戈理或托尔斯泰更重要的、正在茁壮成长的天才作家，但是我国一代又一代的作家新秀本来有展示自身实力的可能，可我们却未能从中找出任何一位能与老一辈文学大师水平相当的作家。在音乐界和历史绘画领域，情况也是这样。比如，很难为米哈伊尔·伊万诺维奇·格林卡和亚历山大·安德烈耶维奇·伊万诺夫等人找到伟大的接班人。看来很难否定这样一个事实，即俄罗斯文学和艺术正在走下坡路……”[11]关于俄罗斯的“科学创作”事业，弗拉基米尔·索洛维约夫持有同样的观点。难道这不是他那个时代产生的偏见吗？我们还有多少从19世纪继承的、我们亲手培育的和关于我们自己的偏见啊！

在《俄罗斯的民族问题》一书中，弗拉基米尔·索洛维约夫还有这样一段话：“在建筑和雕塑艺术方面，找不到任何一件由俄罗斯艺术家缔造的重要作品。我国古代的教堂全部是由外国建筑师设计建造的，**唯一一件**（此处为利哈乔夫增加的强调）具有高精端艺术品位的纪念碑——装点俄罗斯新首都的彼得一世雕像，也出自外国人之手。”

历史上，神话传说曾特别流行。据史料记载，英国国王理查三世（Richard III）身材匀称，仪表堂堂，可是在他战死沙场多年之后，社会上开始出现相反的传闻，说他相貌丑陋，且身有残疾。那里之所以出现了这种传闻，完全是出于当时的政治需要，是为了使他杀害侄子们的罪名得以成立而采取的措施，甚至连莎士比亚也将理查三世描绘成一个丑八怪。如今几乎每个人都知道理查三世和莎士比亚，但是谁都不知道理查三世究竟是怎样的相貌[12]。

今天为了反驳被歪曲的人物特征及相貌，已有最好的手段为证，这种手段便是照相技术。对文化而言，照片是19世纪最重要的图像资料，可是怎样才能证实并恢复历史活动家被毁的声誉呢？莎士比亚笔下的布鲁特①和卡西②都是正派人，但是在莎士比亚之前的很多年内，但丁已将他们二人送入犹大所在的地狱中的那个角落。

从外观上来看，列夫·托尔斯泰的“哲学故事”似乎没有多大的吸引力，但是那些故事却在俄罗斯历史中发挥了极其悲惨的作用。阿列克谢·库罗帕特金③将军完全仿效了库图佐夫元帅的战略和战术（实际上是仿效了托尔斯泰思想，而不是真正的战略和战术）；苏联伟大的卫国战争期间，在德军的猛烈攻击下，苏军决定撤退之前，约瑟夫·斯大林下令捣毁所有的城市和村庄，这一切都按计划执行了！略带惊慌和孤立无援的斯大林绝对没有仿效列夫·托尔斯泰。在列夫·托尔斯泰的笔下，库图佐夫元帅为了拯救俄罗斯而决定全军撤退并暂时放弃莫斯科，而斯大林却下令“绝不后退一步”，并将被德军俘虏的苏军将士全部判为叛国者，可他最终也未能使苏军突破重围，致使那些被德军俘虏者成为“弗拉索夫分子”④。

“现在是过去的最后一天。”对古罗斯而言，情况的确如此：“起初”与“末了”（最后的时刻）。我们在后面，意思是说，我们在已经发生的和正

① 马克·布鲁特（Марк Брут），莎士比亚话剧《恺撒大帝》中的主人公之一，曾参与反对恺撒的密谋。

② 卡西（Кассий），莎士比亚话剧《恺撒大帝》中的主人公之一，曾参与反对恺撒的密谋。

③ 阿列克谢·尼古拉耶维奇·库罗帕特金（А.Н. Куропаткин，1848—1925），俄罗斯将军、步兵上将（1900年）、军事首脑。1904—1905年日俄战争期间，曾担任辽阳、沙河、黑沟台和穆克顿等战役的俄军前线总指挥，但最终彻底失败。

④ 弗拉索夫分子（Власовцы），先被德军俘虏后倒向德军的苏军将士，因跟随被德军俘虏的苏军军官安德烈·弗拉索夫（А.А. Власов，1901—1946）而得此名。

在发生的事件中“落伍了”。而现在则是一种结果，是历史的必然结果。因此粗俗的过去永远不会导致美好的现在，如果……如果我们不能意识到过去的错误……在急于奔向未来的同时，我们自身就会逐渐成为过去。为了实现“美好的未来”，不允许出现任何牺牲，也不能有任何破坏行为和不道德的行为。

风气总是紧随某种严肃的现象之后，它从表面上反映了某些较为深刻的其他现象。如今风气可对历史产生一定的影响，其中包括对历史长篇小说和回忆录、对克柳切夫斯基、索洛维约夫和卡拉姆津等历史学家产生的影响。从根本上讲，人们对历史的兴趣（哪怕是不太浓厚的兴趣）是一种极其重要的现象，也是我们这个时代所必需的现象。对历史的兴趣与追本溯源、感受如此动荡时代的稳定性、稳固性、自己的地位及使命的必要性等，均可使我们学会尊重其他民族，尊重其他民族的文化和自我尊重。历史可使我们将现代看作是先辈们数千年努力奋斗的结果，看作是他们历经磨难的结果。历史表明，过去“为了臣民的幸福”，人们不知犯了多少错误。历史足以培养人们对未来的责任感。

在历史中感受自身的意义非常重要，文化遗产和历史文物有助于增强这种感受。在这种感受中起着特殊作用的是我国城市的历史面貌、历史景区、整个市区内的一系列历史建筑等。

文学、艺术、传统和风俗习惯也能使人找到置身于历史之中的感觉。

孩子们喜欢古代风俗习惯，爱听有关古代传统和习俗的故事并非偶然，对古代风俗习惯的热爱是一种健全的意识和极其重要的本能。

认为自己是历史的继承人，则意味着你已经认识到自己对未来的责任。

古罗斯生活之美体现在许多方面，首先体现于美的自身和审美原则的发展过程之中。人类的大脑片刻都不可能停止运转。如果说，古罗斯人比其他国家的人从事的自然科学较少，那么，可以说，古罗斯整个生活习俗的组织都具有一定的美学意义。足以证明这一问题的不仅有各门类艺术，而且还有考古学家发现的许多日常生活用具。关于古罗斯生活“不够开化”的庸俗说法是极不可信的。你可以仔细聆听传统的民间口述作品，仔细观看各种繁复的仪式，读一读古时的婚礼歌谣，关注一下古老行为规范中蕴含的谦恭特点等，你就会心服口服。影片《安德烈·卢布廖夫》是以平民的贫苦生活状况为背景拍摄的，由于 15 和 17 世纪进一步深化的贫穷和无权地位使人民备受凌辱，因此农奴制和专制制度才是导致“不雅的赤贫人民”出现的罪恶根源。

尽管如此，在 16 和 17 世纪，凡是在有可能的地方，俄罗斯生活之美还是持续存在的。在农奴制没有波及的俄罗斯北方，充分证实了我的这一观点。

我的基本观点如下：已经形成的生活方式可以减轻创作过程的难度，正是那种生活方式才创建了“时代风格”。如果可以这样表述的话，那就是时代风格为生活之美提供了保障。无论如何，我依然将冒着不被人理解之风险，在未来的某篇论文中，一定会对此现象做出详尽的解释。

隐瞒哲学家彼得·恰达耶夫（П.Я. Чаадаев）的观点是一种耻辱，试图隐瞒其观点的那些人显然是暗自相信，彼得·恰达耶夫否定俄罗斯的意义“可能是正确的”。难道他们真不理解，彼得·恰达耶夫曾为俄罗斯感到痛苦，他曾带着这种痛苦坚持写作，并且还有意识地通过寻求反对意见来亲身体验这种痛苦。俄罗斯历史学最终对他做出了公正的回应。

最重要的时代是现在，而不是未来。

莫斯科郊外之冬

自然为人，人为自然

进步思想总是在视线所及的范围内（此范围并不大）与人类历史同步发展。自18世纪末以来，进步思想开始在大多数历史学说中产生影响和作用。它以最简单的形式，将过去和现在看作为了未来而做出的牺牲，但结果是，进步思想在现实生活中开始为了短暂的现在而牺牲未来。现代工业开始把“未来投入使用”，即开始毁灭大自然，耗尽重要的矿产储备和各种原材料等，而所有这些自然资源不仅是我们这一代人所需的，对今后的千秋万代也是必不可少的。这种毁灭现象的理论依据是“一切为了千秋万代”，实践的依据是“从大自然中索取后代所需的一切”。这种现象早在19世纪就开始发生，而现今已遍及全球。关于美国的技术发展，自然科学家弗拉基米尔·韦尔纳茨基院士在一封信中这样写道：“为人类提供诸多财富的那种新技术（即美国发明的技术）本身带有严重的缺陷，这一点我们看得一清二楚。美丽的国家已被变得丑陋不堪，大片森林被烧毁，国家的部分地区（方圆数百俄里）逐渐变成了沙漠，那里的植物或被毒害，或被彻底焚毁。这一切都是为了达到那一目的——迅速开采贵金属镍。”[1]

在我国，很少有人将园林风格的发展纳入文化史之中。园林不仅是布局规整的植物园，不仅是风景秀丽的休闲场所（这只是一种非常简单的划分）。园林艺术还反映了所有伟大艺术风格的更替现象。我曾试图在自己的专著中[2]，尽可能详尽地向读者展示这一点。

由于不同风格的传播，自然景区式园林和人工公园的特点也随之发生变化。在巴洛克和古典主义之后，出现了短暂的洛可可风格。实际上，洛可可带有晚期巴洛克的特点。洛可可中的巴洛克元素彻底转化成了另一种思想体系，这种体系足以对艺术风格和特点的变化产生一定的影响。巴洛克开始成为更具活力的一种风格，但它同时又显得不那么重要，这种风格开始出现碎片式图案，人们开始对田园风光产生兴趣，自然元素伴随着田园风光逐渐被融入园林艺术之中。

不仅要实现城市“绿化”（即修建小公园和街心公园等），而且还要兴建大型散步公园。在这些公园里，人们可以自由徜徉和散步，可以尽情地享受不同时辰的变化，可以忘却日常的忙碌，这些都是未来园林设计师所面临的具体任务。城市在成长，在逐步扩大，而带有散步公园的城市广场面积却在逐渐缩小，散步专用甬道上出现了许多新建筑，散步公园形成的大型链环变成了小公园链环，彼得堡和莫斯科就是最鲜明的实例。

应被列入保护范围之内的不仅是那些具有纪念意义的建筑，而且还应有一系列自然景区。应

俄罗斯古城苏兹达利的白桦林

该借鉴苏格兰的做法，尽可能让地平线之上的一切保持“完整的形象”。独特而美丽的风景应该像文化遗产（人造的和自然形成的遗产）和历史文物那样受到重视并得到保护。在最需要得到重视和保护的俄罗斯古城当中，首要的是位于伏尔加河畔的普廖斯市，应该把画家伊萨克·列维坦住过的那座房子列为该市的重要景点，或者将山丘上的白桦林列入重点保护对象之列。

另一处应该受到重视和保护的自然景区是诺夫哥罗德朝南的土城一带，即位于沃尔霍夫河右岸的极乐之地（墓地）、从诺夫哥罗德到位于沃尔霍夫河左岸的阿尔卡季修道院、维托斯拉维茨修道院和尤里修道院之间的地带。

博罗金诺沙场、库利科沃沙场、流经诺夫哥罗德–塞维尔斯基城的德斯纳河湾草地和其他许多类似的地方，均应作为自然景区受到重视和保护。俄罗斯风景应该受到关注和保护。

索洛韦茨基群岛的历史和建筑自然保护区、瓦拉姆群岛、费拉篷托沃自然景区（还有其他很多我尚不熟悉的俄罗斯自然景区）等，都是一笔宝贵的财富。索洛韦茨基群岛的重要意义在于，每个小岛上均有各自的气候和独特的植物。除此之外，这里是 20 世纪之前唯一妥善保存的自然景区，其中包括至今保存完好的古罗斯技术博物馆（大运河、排水系统、输水管道工程、厨房、面包房、铁匠铺、洗衣室和烘干室等等），所有这些技术连同其他许多尚未列举的各种技术，早在索洛韦茨基群岛被辟为“СЛОН”（Соловецкий лагерь

莫斯科科洛缅斯科耶皇家园林中的古树

особого назначения，“索洛韦茨基特殊劳改营”）之前，就已开始被广泛运用，其运转还相当正常。

整个基岛[①]是一座人工岛，因为当时虔诚的信徒和朝圣者们，将陆地的优质泥土一袋一袋地搬运到岛上，后来在这个土囤的小岛上出现了大片森林。瓦拉姆群岛上的优质土壤也都是虔诚的朝圣者一点一点搬运过去的。

最美丽的树是油橄榄树，令人惊叹的是，具有 2000 年树龄的橄榄树依然茁壮挺拔，我在黑山滨海一带的布德瓦市和圣斯特凡岛疗养地见过一次这种古树。在《圣经》（《旧约全书》）的《何西阿书》中有这样一句话：“这里一旦出现美，那一定是橄榄树之美。”意思是说，再也没有比橄榄树更美的东西了。橄榄树还能治愈自身的疾病，它可治愈树干上出现的窟窿，而树干的形状酷似巨大的果核。

阿西西的圣方济各曾经说道：“兄弟们，努力成为智者吧，就像我们的兄弟蒲公英和雏菊姐妹那样，它们永远都不会为明日操心，而他们均有像国王和皇帝一样的皇冠，它们就像名扬四海的法兰克国王卡尔大帝一样。”特别感人的还有圣方济各为小鸟们举行的祈祷仪式——“小鸟弥撒”。

应当借用自然本身的方法（通过向自然界学习）来调控大自然。如果要树立调控文学的目标，就应当借助于文学本身来调控文学，即通过

① 基岛（Остров Кий），位于白海奥涅加海湾，距奥涅加河 8 公里，奥涅加市 15 公里。小岛全长约 1.5 公里，宽 800 米，总面积约 0.5 平方公里。属阿尔汉格尔斯克州奥涅加区管辖。

莫斯科伊兹迈洛沃庄园内的白桦林

俄罗斯古城佩列斯拉夫尔－扎列茨基普列谢耶沃湖畔风光

学习文学，而不是凌驾于文学之上的方法来调控文学。

在古罗斯时期，饮用敌对阵营的河水、用敌对阵营的河水饮马，曾是胜利的标志和攻克敌人堡垒的象征。《伊戈尔远征记》《伊万雷帝致库尔布斯基公的第二封信》等作品中，均有类似的记载。

现如今，若想找到能饮用的河水，谈何容易！而这种河水曾是战无不胜的象征啊！

在莫斯科召开的“人类无核化国际研讨会”期间，在由《新世界》文学杂志主编谢尔盖·帕夫洛维奇·扎雷金和我共同主持的分会上，日本学者中本伸之讲述了一部话剧，剧中登场人物是几条鱼，即世界上最能保持沉默（“缄口不言”）的生物。由于太平洋遭受核污染，许多鱼类逐渐死亡。至于剧情是如何展开的，中本伸之只字未谈。作为分会主持人，我对他讲的主题给予了赞扬。我当时是这样说的，人类是世界上唯一会说话的生物，其他各种生物均无可能表达自己的愿望、诉求以及对周围世界的态度。从这一观点出发，整个动物界都毫无自卫能力。通过语言，人类不仅要达到自我保护之目的，而且还应努力借助于语言，使其他动物免受各种外来威胁和伤害。后来我还萌发了另一个念头：应该制定动物保护法，因为任何动物都应具有属于它们自己的权利。无论动物在人们的经济活动中是否有用，人们都应该维护动物的权利。虽然海豚、鲸鱼、大象和犬类也具有各自的思维能力，但它们毕竟不会说话。因此人们应该替它们呼吁，为它们写作，甚至还要为它们打官司。实际上，世人通过动物来满足个人需求是一种无德行为。

早在 1921 年，韦利米尔·赫列布尼科夫深深懂得这一点，他曾说道：“人类从聪明的动植物界剥夺了整个地球表层之后，开始逐渐地孤独起来，从此小动物们也不再跟人类嬉戏玩耍，再也没有适于做游戏的小树林；空洞中只有黑暗的沉寂，周围的一切都毫无生机，既无人玩游戏，也看不到任何同伴。他们能与谁一起娱乐和嬉戏呢？到处都是空空荡荡，犹如置身于‘无人之境’。被逐

俄罗斯金环城佩列斯拉夫尔－扎列茨基特鲁别日河畔的小教堂

赶的野兽的灵魂向人们猛扑过去，并让他们按照草原法则生存下去。从此人们的心中开始建造野兽般的城市，人们好像是由于二氧化碳而感到呼吸困难。他们的幸福就是一台数字不全的印刷机（缺 2、3 等数字），而缺少这些数字，美好的课题将无法写就。逐渐灭绝的野兽将它们（它们自己的数字）带入坟墓。”（摘自《未来的悬崖》）

帕维尔·菲洛诺夫在自己的反都市化主题的画作中，向观众展示了此类“野兽般的城市”。

大自然本身就是一位具有惊人天赋的艺术家，只要在几十年内没有人类的参与，它一定能营造出一道道美丽的风景线。在“火柴盒式”城市里种植的树木迅速使城市变得优雅别致。

我们可以扪心自问，这位“艺术家”究竟属于哪一种创作风格呢？是古典主义吗？不是！是巴洛克？也不是！是浪漫主义？这已经基本接近。浪漫主义风格的花园景观与自然审美需求最接近，而自然又与浪漫主义花园景观最接近。

在浪漫主义风格的花园里，表达最自然的是世界不同国家的自然风景、各种不同的自然保护景区及其自然属性。

在“发现”自然属性的诗意方面，浪漫主义风格做出的贡献最多。浪漫主义诗歌对大自然的描写最充实、最清晰。在这一方面，浪漫主义的确贡献非凡，它在文学史和绘画史当中，同样起到了巨大的作用。

对我来说，有一个大自然之谜，那就是千姿百态、斑驳陆离的鲜花构成的审美和谐。比如，鲜花和叶子的颜色、生长在同一片田野里的各种不同的花草及其纷呈的颜色、秋天落叶的颜色等，总是显得非常和谐。槭树的枝叶永远是五颜六色的，但它们却显得非常和谐。如果颜色随时都在发生变化，如果这些变化与肉眼看到的效果毫无共同之处，那么，人们又该怎样看待五彩缤纷的鲜花呢？

凡是在大自然自我呈现的地方，其各种不同色彩的层次永远都会呈现出天籁般的和谐。

大自然本身就是一位伟大的风景画家。

M.B. 罗蒙诺索夫肖像

论俄语的古今之变

俄罗斯语言（俄语）

对一个民族而言，最宝贵的财富是语言，即一个民族用于书写、交流和思考的那种语言。对此问题必须有准确的理解，应该充分理解这个事实的多面性及其重要意义，因为对语言及其意义的理解意味着，整个有理智的人生都是伴随着使人感到亲切的语言度过的。激情和感觉只是对我们的所思所想进行的点缀和修饰，有时是有助于我们思想发展的某种动力，而我们所有的思想都是通过语言形成的。

若想了解一个人、他的智力发展情况、道德风貌及其性格特点等，最可靠的办法就是仔细听他的语言表达。

我们只根据一个人的自控能力、走路的姿势、步态和行为方式就对他做出某种评价，有时可能会出现错误，但他的语言却能比较准确地反映出他的性格特点和文化修养。

由此可见，如果语言是一个民族文化的标志，那么，具体某个人的语言就是他个性特点的标志，是使用这种语言者的品质标志。

我想写的并非整体上的俄罗斯语言，而是想写写人们分别是怎样运用俄罗斯语言的。

关于作为民族语言的俄语，早有不少人多次著书立说。俄语是世界上最完善的语言之一，它已走过1000多年的历程。19世纪时，俄语还为世界奉献了最佳文学和诗歌。关于俄语，屠格涅夫曾这样说道：“……这种语言如不能为伟大的民族提供丰富的精神食粮，或不能为本民族做出贡献，那简直是难以置信的！”

现实生活中往往有这样的情况：一个人不是在说话，而是随时都在“喷射出大量的词语”。对每个具有一般理解力的普通人而言，那种人所说的全部是行话、黑话和暗语。当那种人在“喷射出大量词语”时，立刻会暴露出他那厚颜无耻的本性。

俄语出现伊始，就处于比较幸运的状态中，即从一开始，俄语已处于统一的东斯拉夫语和古罗斯语的核心位置。

1. 后来分化成俄罗斯人、乌克兰人和白俄罗斯人三大民族的东斯拉夫部族，占据了自然条件迥然不同、经济形式不同、文化遗产不同、社会进化程度不同的广阔的空间。即使是在古时的数百年内，人与人之间的交流方式都有区别。正是由于当时各不相同和丰富多彩的生活条件，语言才显得尤其丰富，这种丰富首先表现为词汇量的扩大。

2. 古罗斯语早已被归入其他多种丰富语言的

行列，首先是被并入了古保加利亚文学语言，然后是希腊语（借助于古保加利亚语和直接引进的希腊语）、斯堪的纳维亚语、突厥语、芬兰乌戈尔语和西斯拉夫语之中。古罗斯语不仅在词汇量和语法方面得以丰富，而且还具有非常灵活和易于理解的特点。

3. 由于文学语言是在古保加利亚语与民间口语、商务用语、法律用语、民间口述文学所使用的“文学语言”（民间口述文学语言并非简单的口语形式）相结合的基础上创建的，所以古罗斯语中出现了大量的同义词，这些同义词在含义和情绪特点方面有着细微的区别。

4. 人民的“内在力量”（人民对情感表达的热望、不同的性格特点和各不相同的世界观）都通过语言得以表达，同时又可对语言产生一定的影响。如果认为，民族性格能对语言产生影响这一观点是正确的，那么，俄罗斯人民的民族性格的确具有内在的多样性、丰富性和矛盾性。这一点无疑是正确的，而所有这一切都能对语言产生一定的影响。

5. 根据上述内容，我们已经得知，语言并非单独发展的，它具有自身的记忆力。千年文学和文字的存在均可促进语言的发展，而文学又有多种体裁，文学语言形式多样，文学经验丰富多彩：编年纪事（其风格特点也绝不是单一的）、《伊戈尔远征记》《被流放者丹尼尔的祈祷》[1]、图罗夫主教基里尔的布道词[2]、具有鲜明的“纯朴特点和丰富想象力”的《基辅洞窟大修道院修士逸事》、伊万雷帝的作品、描写俄罗斯混乱时期的各类作品、最早的民间口述文学作品、与西梅翁·波洛茨基相对立的大司祭阿瓦库姆等人的作品。18 世纪的罗蒙诺索夫、杰尔查文、冯维新和后来的克雷洛夫、卡拉姆津、茹科夫斯基、普希金等人的作品。在此无须一一列举 19 世纪和 20 世纪初所有的俄罗斯作家，只想提醒大家的是，应该特别关注像列斯科夫和布宁那样的语言大师，他们都是语言造诣颇深的作家，但他们之间也有某些明显的区别。他们的确使用不同的语言进行文学创作，但最重要的是他们都努力发展了充满诗意的语言。因此诗人散文式语言才显得异常重要。

编写自古罗斯至今的俄罗斯作家传记辞典是一项何等重要的任务啊！

《编年纪事》中使用的单词总共 3729 个，其中的 2000 个词语在全文只用过一次。通过这种数据统计，我们不难发现，多少单词已经消失。如果我们回忆一下基辅文学的发展状况，可以想象，由于那个时期的缘故，遗失的文学作品数量可能会更多。能够保存下来的只有当时必需和反复使用的作品（教会文献或世俗日常生活题材的作品）。

那么，教会斯拉夫语究竟在俄罗斯历史上发挥了哪些作用呢？教会斯拉夫语并不是具有普遍意义的俄罗斯书面文学语言。许多文学作品使用的语言与教会斯拉夫语之间的区别很大：编年史料使用的语言、《罗斯法典》《伊戈尔远征记》《被流放者丹尼尔的祈祷》等作品中的语言极其优美；大司祭阿瓦库姆使用的语言之精准和美妙更是有目共睹。从保加利亚传入古罗斯的教会斯拉夫语，不仅有大量的书籍，而且还有口语形式（祈祷仪式用语），所以教会斯拉夫语很快就成了独特精神财富的指示器，即当时人们进行书写和口头交流使用的这种语言的指示器。保加利亚曾赋予东斯拉夫人最崇高的语言和“最崇高的精神”，它们直接丰富了我们的语言，并使我们的语言具有了道德力量，使我们的思想、观念和认识得以提升和变得崇高的能力。这是一种最值得崇高思想信赖的语言，人们在祈祷时和撰写颂词时使用的语言，它随时都伴随着俄罗斯人，并不断丰富俄罗斯人的精神生活。

后来祈祷词被诗歌取而代之，在追溯我国以祈祷为主的这一时期的诗歌发展时，应当保存诗歌语言及其“最崇高的精神”。

我们的俄语字母表被称为“基里尔字母表”，是的，我们的文字的确是源于基里尔与梅福季兄弟开创的事业，但是从字母的结构、笔画和外形来看，保加利亚人曾使用的、我们俄罗斯人正在使用的字母表则是由彼得一世编创的，所以我们应该把俄文字母表称为“彼得字母表”。然而，在这个问题上，任何人在任何时候都没有想到彼得一世。

科研论文所需的精练语言

1. 科研论文所需的语言与文艺作品使用的语言截然不同。

2. 只有在强调某种思想的逻辑重音的情况下，科研论文才能使用某些隐喻和各类形象。在科研论文中，形象性只能作为吸引读者关注论文的基本思想所需的教育手段。

3. 读者并不会在意科研论文的语言是否精美，他们所关注的对象是论文所阐释的思想，而不是阐释这种思想所使用的语言。

4. 科学语言的主要优点是明确而合乎逻辑。

5. 科学语言的另一个优点是轻松、朴实无华、言简意赅、语句之间的衔接和转换自如。

6. 尽可能少用从属句，语句要简练，语句之间的衔接和过渡应当符合逻辑、自然并具有“难以察觉”的特点。

7. 写出的每个语句均应通过大声朗读的形式进行检验，应该亲自大声朗读自己所写的内容。

8. 尽量少用容易使人产生误解的代词，即尽量避免使用不能立刻使读者明白，“指的是什么”“代替了哪个词”等疑问的代词。

9. 既不能惧怕重复，也不能机械地避讳重复。应该一语道出某个概念的名称（因为在科学语言中，常常会遇到某些术语），应该努力避免出现源于空洞的重复。

10. 避免使用“寄生词”（派生词）、糟粕词语、对所阐释内容起不到补充作用的词语，但阐明重要思想不应是“边走边说”，而应有一定的顿挫。重要思想的最大优点之一是，它随时都能使作者本人与读者相互停顿一下。重要思想在作者的笔下有多种不同的表达方式。

11. 应该重视每个词语的“质量”。最好说“напротив”（与此相反），而不说“наоборот”（正相反）；最好说“различие”（不同之处），而不说“разница”（区别）。不使用“впечатляющий”（给人印象深刻的）一词。总之，应该警惕常常自动出现的词语以及所谓“新词语”。

我在《俄罗斯随笔》一书中使用的“воля”①（意志）一词，具有典型的俄罗斯含义（按照俄罗斯人的理解，“意志”是自由、心胸宽广和自然的集中体现）。有趣的是，我在该书问世之后才发现，在弗拉基米尔·达利编写的词典中，对“свобода”（自由）一词的解释只用了半页，而他对“воля”一词的解释用了整整两页。另一位词典编纂学家谢尔盖·奥若戈夫教授在自己编写的词典中，对“на волю”（得到自由）和“на воле”（自由自在）解释如下：这两个词组常用于口语之中。有趣的是，普希金是个典型的俄罗斯人和俄罗斯作家，可他笔下的主人公都在寻求本人的“意志和自由”。比如，斯捷潘·拉辛是一个“вольный человек”（自由人）。1968 年，导演瓦西里·舒克申（В.М. Шукшин）在《电影艺术》杂志上发表了电影脚本《斯捷潘·拉辛》，他说：“我来的目的，就是给你们自由。”

学习外语可使语感得以强化，首先可以强化对本民族语言的语感，这是一种极好的教学手段。学习外语的语法和成语典故具有特别重要的意义，俄罗斯文学本身就是在学习教会斯拉夫语和拉丁语基础上培养和发展起来的，在学习这两种语言之前，俄罗斯还曾学习希腊语。

现代文学的主要缺点就是缺乏语感。

我曾收到某人写给我的一封信，可此人在信中既没有署名，也没有写明回信地址。我通常不

① 另一层意思是“愿望”和“自由”。

会对这种未留下姓名者的信件予以回复，可我又担心，此人的观点具有一定的传播性，所以今天我特意在此作复。

那封信的中心内容如下：应当消除所有民族和文化之间的民族差异，书写和讲话只能使用俄语。到那时，他说，俄语将不再是俄罗斯一个民族的语言，而是“苏联语”。一切问题都将迎刃而解，以神奇的俄语表达的大一统文化将会得到飞速发展。那个人在信的末尾还极为坚定地写道：“迟早迟晚，事情必将如此！”

不，绝不允许事态这样发展下去，必须对他的观点提出反对意见。任何一种语言都不应该被忘记，我国多民族和丰富多彩的各种语言是一笔巨大的财富，是文学、文化和科技发展必需的一笔宝贵财富，只要接触某种语言，便能得知它的广泛用途和功能。

语言的独特性和多样性可谓无价之宝，热爱本民族的语言是文学创作必不可少的动力。没有民族特性的语言（如果俄语不再与其他语言和睦相处，那么，它就会变成一种没有民族特性的语言）相当于简易的彩色画笔，用这种语言书写和讲话，只能使人产生近似于彻底枯萎的自豪感，听起来会让人觉得糊里糊涂，最终还将使语言丧失本身的灵活性。

您可能要问：“这到底是为什么呢？”这是因为语言有自身的发展史，需要了解词语和词组的历史，哪怕是略微了解也好，需要懂得一些成语典故、谚语和俗语。应该了解民间口述文学创作和多种方言的背景，应该懂得文学和诗歌的背景。脱离民族历史背景的语言听起来粗俗逆耳，它不适于创建科技领域的新名词，因为此领域的新名词同样需要具有形象性特点和传统……

语言不可能没有自身的民族特性。当然，需要有一种有助于各民族之间相互交流的语言。在中世纪，拉丁语实现了自身的这种职能，而对东斯拉夫人和南斯拉夫人而言，曾有教会斯拉夫语，而中东地区的各民族曾使用阿拉伯语和波斯语。

A.A. 布洛克肖像，K.A. 索莫夫，作于 1907 年

然而，问题并不仅仅在于交流上，科学、技术和专业学科同样需要统一的语言。在这一方面，俄语是非常合适的一种语言，但是学习俄语不能影响不使用俄语的非俄罗斯人掌握民族的语言。

双语现象任何时候都不会影响本民族的语言，普希金本人就同时使用两种语言写作。他在少年时代，他曾读于皇村中学，那时同学们给他起的绰号是“法国的普希金”。我认为，普希金生来就具有极好的俄语语感，他善于把握文学语言的准确性和正确性，随时都能使它们与他的双语能力密切相关，在他眼中，有一个“彩色的”词汇世界。

然而，事实却是这样的：在我国的中学教育中，某些民族语言受到了损害。我觉得，应当引导家庭学习本民族的语言。教师与家长们的座谈、带领家长们学习语言及相关知识极为重要。俄语教师应该了解学生说话时使用的语言：对比和宣传本民族的语言，引发学生对学习其他多种语言的热情，特别重要的是培养学生学习本民族语言的热情。

丰富的后缀、前缀、前置词、词尾变化等，赋予俄语极为生动的表现力，借助于轻松悦耳的俄语，还可形成一系列新词。比如，“догнать”（赶上）、“выгнать”（驱逐）、“согнать”（撵走）、“пригнать”（赶来）、“угнать”（偷走、赶走）、“нагнать”（追上）、“отогнать”（赶走）、“изгнать”（驱逐、清除）、“погнать”（赶一赶）、“разогнать”（驱散）、“подогнать”（赶到跟前）、“гнать”（驱赶、催促）。

不过这种现象也有某些反面作用。比如，乍看上去，前置词可缓解语句的语气或减轻问题的气氛：“не подскажете ли вы мне, как пройти...”（您能不能告诉我，怎么去……）、“попредседательствуйте за меня...”（您能不能替我主持一下……）、“пожалуйста, поприсутствуйте на этом заседании...”（请您一定出席此次会议）、“я приболел”（我闹点小病）。

普希金在致友人彼得·维亚泽姆斯基（П.А. Вяземский）的一封信中这样写道：“你智慧超凡，文笔简练。”（凭记忆想起了这句话）

我国出版界也存在着令人费解的现象，作者通常都会抱怨审阅他们稿件的编辑（只有很少作者没有这种抱怨），编辑们也同样经常抱怨作者（同样只有很少编辑例外）。二者之间经常产生误解，一位尚未出版任何一部作品的编辑，或常常是一行文字都写不出来的编辑，究竟能使经验丰富的作者从他那里“学到点什么呢”？

我本人通常还能与编辑之间保持良好的关系。首先，我尽可能找到一位曾经与我合作过的编辑，一位我比较了解的编辑；其次，我亲自告诉编辑，应该重点检查我手稿中的哪些东西。从整体上讲，我也不是随时都那么细心的……但是我必须事先告诉他们：在阐释个人思想和风格方面，我有自己的原则，有自己的修辞方法，我不喜欢文中的长句子，当涉及同一种现象时，我尽量使用同一个词语，根本不需要每次都运用一些新词语并使自己的思想达到“多样化”。我与编辑的分工也很明确，我们随时都能遵循各自的原则，所以一切进展得还算顺利。不过有时在某些不熟悉我的出版社，加之由青年编辑负责审阅我的稿件，每当我想给他“展示我的稿件”时，当我想告诉他稿件中的哪些片段需要重点调整时，我们相互之间总是会出现某种不愉快。每逢此时，我都想对编辑重复我的老师和科学院院士维克多·马克西莫维奇·日尔蒙斯基（В.М. Жирмунский）曾经说过的一句话：“我从事写作已有半个世纪了，而您撰写了哪些论著呢？”

有一次，我咨询了亚历山大·奥尔洛夫，应该怎样判断某些知名人士的实质呢？他的回答用词准确，语言犀利，给我留下了十分深刻的印象：

> 布洛克讨人嫌。
> 马雅可夫斯基是演说家。
> 帕斯捷纳克是美食专家。
> 叶卡捷琳娜二世是登上王位的蓬巴杜夫人。
> 普希金是颗小太阳。
> 尼基金就是马车夫之歌。

其他名人我就不提了。在对上述知名人物性格的评价中，分别涵盖了如下定义：“集市上的叫卖者”“领唱者”“趋附奉迎的白吃汉”等。还有其他许多可瞬间说出的绰号，我无法在此一一列举，但只要你听到某个绰号，你就会立刻明白，这个绰号属于谁。

15—16世纪古罗斯文学作品中的某些大长句，有时恰恰由于阅读的难度和发音困难的单词才显得更具表现力。比如，“мертвотрупогладательные

安德烈·别雷肖像，Л.С. 巴克斯特，作于 1905 年

псы”（句子中的“псы”是指能发现动物尸体的那种“狗”）、“богонадёжное слово”（可信赖的话语）、“мудродруголюбные советы”（充满睿智的建议）、“дрогоценнномудроплетенны”（宝贵而崇高的智慧）、“светосиятельный”（光彩夺目的）、“грехоозябший”（罪恶深重的）、“люботоржественный”（喜悦的）、“всездравственный”（健全的）、“всеизряднейший”（极好的）、“многотщательный попечитель”（非常细心的监护人）、“ненасыщаемая очима сладость”（眼中充满了无限的喜悦）、“всерадостное веселие”（欢喜雀跃）、“предивный сиротского стадовождения сирокормистель”（孤儿收容所最体贴的头人和养育者）……

在果戈理的文学作品中，也可发现某些特意创造的极其复杂但又令人惊叹的词语，可将这些词语与“词汇交织”时期的那些复杂词语相对照。比如，《死魂灵》中的“умно-худощавое слово”（睿智而深奥的字眼）、“зеленолиственные чащи”（枝叶繁茂的密林）、“трепетнолистные купола”（微微颤动的教堂圆顶），《塔拉斯·布尔巴》中的“обоюдно-слиянный поцелуй”（相互交融的狂吻）、“глухоответная земля”（颗粒无收的土地）、“дюженогие запорожцы”（粗腿大膀的扎波罗热人），《索罗琴市场》中的“длинношейный гусь”（长脖子鹅），《四轮马车》中的“короткошейная бутылка”（短颈瓶），《可怕的复仇》中的“древнеразломанные горы”（古时被摧毁的大山）。安德烈·别雷在论述果戈理文学创作的一部极好的专著中，对上述复杂的词语有所阐释。

我们的语言既有“是”（优点），也有“不是”（缺点）。我们可将许多同义词归入“是”的范畴，比如“当然”“毫无疑问”等；可将少量的同义词归入“不是”的范畴。我们可以赞同一切可能的方法，也可否定为数不多的其他方法。

我记下了各种“比较成功的”病句和用词不当的现象及其实例：“Безобразие, которому цены нет”（无价的丑事）、“Облицован доверием”（表面上令人可信的人）、“Задорный (вм.“здоровый”) интерес”（“充满激情的”，本来应该用“健康的”一词）、在向代表大会的与会者致辞时说：“Желаю вам плодородной работы”（祝您在工作中取得丰硕成果）、“Прокрустова рожа”（普洛克洛斯忒斯的嘴脸）① 等。

官方人士讲话时经常出现的另一种错误是，他们不说“我们可以开始辩论”，而是说“我们可以开始颁奖”②。

① 该词本来应该是“ложе”（卧榻），可有人却误写成了“рожа”（嘴脸）。

② 俄语中的“辩论”一词是“прение”，而“奖金”一词是“премия”，两个词只有两个字母不同，外形相似，所以容易出错。

有人在夸赞某位女士时这样说："她简直令人失望！"①

下面是几种恰到好处的表达方式："他的鼻子是献给漫画家的礼物"；"被砍头者的理想"（波兰俗语，意思是"根本无法实现的理想"）；"我自满足"（对陀思妥耶夫斯基在《白痴》中的次要人物之一——小官员列别杰夫性格特点的评价）；"美好不邀自来"等。

还有一句非常可笑的说法："……就多了一滴水嘛。"某些人由于不能正确理解某些形似而义不同的词语，因此经常会出现用词不当的现象。比如，本来应该说"грехи"和"погрешности"（罪恶），可他们却说"огрехи"（工作中的疏忽、差错）。

常见的还有几种有趣的表达方式："具有博物馆收藏价值的画作"、"命运的馈赠与命运的打击"、"顺境中的逆境"（从宗教观点出发）、"令人痛苦的文笔"、"祈祷时的笃信"。

弗拉基米尔·纳博科夫在谈到优美风格的功效时说："优美风格的功效并不在于它的语法关系，而是在于它散发出的芳香。"

本人不喜欢很多艺术史家为了使各种"美好事物"显得更精美而采用的粗俗和自命不凡的语言。我记得《父与子》中的主人公——虚无主义者大学生巴扎罗夫慷慨激昂地高喊道："啊，我的朋友阿尔卡季·尼古拉耶维奇！我只有一事相求：不必说得如此漂亮。"然而，某些天赋极好的艺术史家甚至在使用此类矫揉造作的语言中还获得了成功。我读过艺术学家叶甫盖尼·科夫通（Е.Ф. Ковтун）关于弗拉基米尔·法沃尔斯基（В.А. Фаворский）木刻版画的文章，他在文中使用了下列词语和词组："弗拉基米尔·法沃尔斯基笔下的黑色似乎分别记得各自的位置"；"并非平面图像，而是发扁的图像"；"雕刻刀下火光闪耀"；"对素材的思考"；等等。我想起来了，这些词语都是我从叶甫盖尼·科夫通卓越的论文《平面与空间》中摘抄的。

狩猎术语、军事术语、海军术语的含义一般都达到了惊人的准确度，请见德里安斯基（Е.Э. Дрианский）《犬猎笔记》和狩猎专用术语词典的手稿，这部手稿已被作为文化遗产交至俄罗斯科学院俄语研究所收存。

骑兵团里拥有的不是乐队，而是一支"号手合唱团"。

锋利的马刺曾被称为"строгие шпоры"（特别严厉的马刺）。

词义单纯的词语比那些具有过多附加含义的词语更有力。例如，"Я вас люблю"（我爱您）比说"Я вас очень люблю"（我非常爱您）更有力。朋友们在见面时可以说"Привет!"（您好！），这种问候已是很严肃认真了；如果说"Горячий привет!"（热烈地向您致意！）则会贻笑大方。

可以按照"аспиранты"（硕士研究生）、"докторанты"（博士研究生）、"лаборанты"（实验员）、"адъютанты"（副官）等词的样式创造出"чертанты"（鬼的仆人和弟子）之类的新词语。或许，在鬼的仆人和弟子们的制服上，还会有漂亮的丝质穗带。

现代俄语中非常典型的错误有："зажарить яичницу"（烤鸡蛋）、"пожарить картошку"（煎一煎土豆）等。

在彼得堡知识分子常用的语言当中，曾一度喜欢使用大量的外来语，这首先是因为某些生活习俗、菜肴等都是从德国人和英国人那里引进的，其中从德国人那里引进的最多："фрыштыкать"（吃早饭）、"арме ритер"（带牛奶浸泡的面包的甜味煎蛋）、"шарлотка"（苹果夹层甜饼干）、"форшмак"（带咸鱼的烤制土豆泥）等。

当时在模仿上层社会生活方式的青年人当

① 实际上他想说的是："她简直令人陶醉！"俄语中的"令人失望"一词是"разочаровательная"，而"令人陶醉"一词是"очаровательная"，前者比后者只是多了一个前置词"раз"。

中，曾流行相当多的半行话和半黑话之类的词语。比如，“жолимордочка”（相貌迷人的姑娘）、“бакфиш”（正在成为阔小姐的姑娘）、“шармёр”（上层社会特具魅力的人）等。这些词语和其他相关的词语就像俄语词汇那样被广泛接受，而且还在日常交往中得到了广泛的应用。尽管如此，俄语口语中还增加了某些法语词汇。有人认为，这种现象是法语与下诺夫哥罗德一带的俄语相结合的产物，其实不然。这种现象是被能说一口流利法语的老贵族们常用的一种混合语言，他们由于童年时与小保姆、宫廷子弟们经常在酒吧里嬉戏而习惯了说俄语。彼得堡人使用的则是另一种、比例不同、混合的原因不同（确切地说，目的不同）的“混合语言”。曾出现许多用俄语表达不清（即便使用地道的俄语或知识分子常用的俄语，也无法表达清楚）的概念，人们更习惯用法语词汇来解释它们。比如，“faire des conquêtes”（在爱情方面获胜）、“faussé pruderie”（虚假的羞耻）、“prude”（娇里娇气的人、有洁癖的女人）、“une soiree dansante”（俄语中比较粗俗的说法是“小型舞会”，或者“une sauterie”）、“talents de société”（使社会快乐和欢乐的天赋）、“beaux esprits”（说俏皮话的本领）、“a la longue”（随着时间的推移）、“distingués”（非常考究的）、“le mot pour rire”（会议期间，有人提出了非常可笑的意见，而提出此类意见又似乎是会议主持者的职责）、“grand seigneur”（大老爷）等法语词；还有德语中的一个词——“Abendbrot”（晚餐）。

彼得堡人常用的语言：在涅瓦大街上，当自己乘坐的雪橇急速飞驰并超过他人的雪橇时便拼命地高呼：“太刺激了，太过瘾了！”

在革命（指十月革命。译者）之前，“фронт”一词只有一个含义——“士兵的队列”，而战时从前线传来的消息曾被称为“сообщения с театра военных действий”（从战区传来的消息）。

俄语中的“продукты”不曾有今天的“食品”一词的含义，当时人们用的是“провизия”一词（食品、粮食和食物），粮食和食物可在市场上购买，军粮可都是从各地征购的。

维亚切斯拉夫·伊万诺夫肖像，K.A. 索莫夫，作于1906年

人们还曾说“скурильность”一词，意思是“低俗的笑话”、“庸俗的话”以及“耍活宝”等。

通过管道供水的系统曾被称为“隐蔽的处所”，这是英国人的发明，19世纪50年代初，该词开始传入圣彼得堡。随之传入俄罗斯的还有某些委婉的英语词汇和名称：“带抽水马桶的厕所”“马桶”“水”“比肯斯菲尔德”“英国人”等。后两个词很快就消失了，前三个词早已成为我在少年时代比较常用的词汇，主要用于标明“个人密室”，现在人们在表达这层意思时就说“厕所”、“卫生间”或“洗漱间”。

老贵族在各种情形下表现出的那种“体面”都会令人吃惊，任何人都不会因自身的率直而受辱，甚至连死人也不会受到任何人的凌辱。索菲娅·舒阿焦尔－古菲娅在《忆皇帝亚历山大一世与拿破仑一世》一书中这样写道：“我在彼得戈夫观看了彼得大帝心爱的小屋、他的卧室、宽大的睡衣、睡帽、他妻子叶卡捷琳娜穿过的矮靿皮鞋，皮鞋的尺码向我证明了这样一个事实：这双皮鞋使她站得很稳”（毫无疑问，此处是一语双关的）。

有人认为，俄语字母或音节的简化和压缩只是在革命之后发生的现象，这种看法是毫无根据的。这种压缩现象早在 19 世纪和 20 世纪初的花字和组合字中已经出现。除此之外，当时对此现象还有许多滑稽可笑的解释。

俄语中的“ППКК”（“Петровский Полтавский Кадетский Корпус”，以 4 个词的首字母组成一个缩写词——“ППКК”，意思是“波尔塔瓦彼得少年军官学校”①）。学员们有时从左向右读出母校的名称——“Петр Позволил Кадетам Курить”（同样是由 4 个首字母“ППКК”组成的新词，意思是“彼得一世准许士官生门吸烟”）；也可以从右向左读出之一名称——“Кадеты Курили Петра Похвалили”（还是由那 4 个字母“ППКК”组成的新词，但意思却是“士官生们一边吸烟，一边赞赏彼得一世”）。

1983 年 6 月 14 日，在格奥尔吉·瓦格纳竞争奖金的论文讨论期间，艺术学家纳塔莉娅·玛雅索娃（Н.Е. Маясова）说道：“他随时对每个人都保持微笑。”也就是说，他经常为每个人做事，并根据他们的需求和工作需要为他们撰写评论文章，撰写艺术史家、历史学家、文艺学家、考古学家等人必需的书评。她的这番话简直太精辟了，而且非常适合于可爱的、善良而正直的格奥尔吉·瓦格纳（在他研究的个性特点与他的著作之间有一座桥梁——随时保持微笑）。

那些反对较为复杂的文学研究术语的学者经常会这样写道：“将计划变成具体的实践活动，可使作家协会的工作重点集中在管理主要的文学流派上。”如此等等，但事实并非如此！

在罗宾汉匪帮中，实力最大、身材最魁梧的是那个绰号为“小约翰”的人（好像是这样），这种“与事实相反”的绰号乃是英式幽默感的典型特征之一。而在我国，当规模庞大的客轮“弗拉基米尔·伊里奇”号搁浅时，派来一只马力最大的拖船“切列波维茨少先队员”号把巨型客轮拖入航道。我想，这只拖船的绰号（“……少先队员号”）也不无幽默感。其实，俄罗斯带有幽默感的称号并不多见，因为我们都是非常“严肃”的人。在我的记忆中，一个本身具有幽默意味的名称是位于彼得堡冠状城堡大街上的小餐馆，它的名称是“杰米扬的鱼汤”②。如果回想一下，杰米扬平时是如何热情地招待客人，以致客人们都神魂颠倒地“抓起腰带和帽子”，并赶忙从他的餐馆逃走这一情景，便知这店名的奇异所在，甚至有些商贸公司，也冠有此类带有幽默感的“店名”，它们都显得非常大胆。

幽默感通常都带有非常明显的民族性，我们可回忆一下各民族所创的关于自己的各类小笑话，就不难发现这一特点。幽默感的内涵越深刻，其民族界限则越模糊。普遍认为，特点最细腻、“难度”最大的还是英国人固有的幽默感，英式幽默

① 波尔塔瓦彼得少年军官学校，是俄罗斯帝国军队的初级军官学校，专门培养青少年军官，位于波尔塔瓦市。学校的节日是 12 月 6 日，即皇帝和该校奠基人尼古拉一世的命名日。

② “杰米扬的鱼汤”（Демиянова уха），克雷洛夫一篇寓言的名称。寓言中的主人公杰米扬过于殷勤地招待客人福卡，让客人不停地喝他亲自熬的鱼汤。福卡觉得，在他家喝汤却跟受罪一样，所以逼得福卡站起身来，抓起帽子、腰带和手杖，用足全力跑回家去了，从此再也不来杰米扬的家了。

感的表达者便是英国讽刺幽默杂志 *Punch*（《笨拙》），该杂志很快就成了英国民族的“代表人物”之一，但这似乎是只有英国人自己才懂得的一种幽默感。

保加利亚人在谈到个人升迁的话题时会这样说：“службагон”（意思是“追逐职务升迁”）。

历史学家很少涉及的一个问题，一个曾一度使人产生深刻印象的问题，就是人与人之间“相互交流时的气氛”。

1. 自1918年起，相互之间不再称呼“先生”“女士”（在俄罗斯南方称“夫人”），而是开始称对方为“同志”，这一称呼使人们感触颇深。

A. 过分亲昵。一个遇见陌生人并立刻称他是“同志”的人，总给人这样一种印象：他可能是个以酒交友者和酒友。对方常常回答说：“鹅与猪并非同类！”这并不是一种阶层的称谓，而是出于自我保全本能的一种称谓。称大学生是“同志”的教授往往会使人觉得：他好像是个追求知名度的人，甚至是个追名逐利者，因为大学校长是由大学生们选举产生的，尼古拉·杰尔查文便是经这种选举产生的校长。因此像维克多·日尔蒙斯基教授那样的严肃认真的学者继续称大学生们“коллеги”（意思是“同事”，维克多·日尔蒙斯基教授总发不好“л”这个辅音）。

Б. “同志”这一称谓还有一个惊人之处，即男女通用，不做区别，也可称女士为“同志”（如今已不再这样称呼她们了，取而代之的是她们被称为“姑娘”。确切地说，实在是无法称呼她们了）。

2. 到20世纪20年代末，人们开始习惯于“同志”这个称呼了，甚至还对它产生了好感，听人称自己“同志”，会感到非常愉悦。当时的人们如果不是真正意义上的同事和同学，至少也都是在各方面平等的人。可将中学生称为“同志”，也可将老太太称为“同志”。我记不清是从哪年哪月的哪个星期起，警察、公交上的售票员和邮递员都不再使用“同志”这一称呼，而突然开始称呼“公民”和“女公民”。殊不知，这两个词本身却带有关系疏远感和特别正式的意味（如今这层意思已经消失，甚至还出现了“小女公民”一词）。实际上，这种新出现的称谓（虽然过去当人们之间相互仇视时，在抓捕违法犯罪者时，也很少有人使用这一称呼），开始充斥全国各地的大街小巷，各级官员也开始这样相互称呼对方，从而营造了与之相适应的氛围。每个人都是可疑对象，每个人都是嫌疑犯，每个人随时都面临着被捕的危险，透过“公民”和“女公民”这两个字眼，隐约可见牢狱的阴影。

尽管对“同志”这一称呼的禁令是保密的，但是每个人都即刻感到了其中的缘由。同时消失的还有悬挂在单元门口的房客名单，通过这个名单，非常便于查找楼内的每一位居住者。与此同时，几乎所有楼内的楼梯均被封锁，目的是不让那些无家可归者有任何栖身之处。与此同时，出版社也开始为在出版物（论文、论著和其他书籍）上刊登作者姓名而担忧（他们将作者姓名打印在单独的名单中，以便在某个作者被捕之后，容易撕下来，再贴上尚未被镇压者的姓名）。与此同时，出版社不再印刷参考书目，上面开始追查脚注中提及的活着的作者。与此同时进行的……还有多种形式。在那种形势下，人们不再感到自己是人，聪明的人们开始乘车往返于不同的城市之间，他们从一地转移到另一个地方，随时改变自己的居住地址，这种措施确实使他们暂时避免了看似不可避免的被捕入狱。比如，阿韦尼尔·奥布诺夫连斯基[①]在列宁格勒的大街上受到警告之后，立刻转移到乌克兰的日托米尔市。半年之后，他又转移到喀山和其他地方居住，就这样，他才保住了

① 阿韦尼尔·彼得罗维奇·奥布诺夫连斯基（А.П. Обновленский，1885—1980），十月革命前曾担任全俄青年基督教联合会主席、世界大学生基督教联合会成员；1929年被捕入狱；1931年刑满释放后又被流放3年；1934年，刑期被延长3年；1936年从流放地返回列宁格勒；1938年再次被流放；1954年返回列宁格勒，恢复了他在列宁格勒科学院图书馆馆员的工作；1980年去世。

斯拉夫文字发明者、启蒙者基里尔与梅福季兄弟铜像，B. 克雷科夫，Ю. 格里高利耶夫，1992 年，位于莫斯科市中心的斯拉夫广场

俄罗斯诗人叶赛宁铜像，A. 比楚科夫，1995 年，位于莫斯科市特维尔花园街

性命。对他的逮捕令虽然已经下达，但他最终还是“逍遥法外”。

天哪！那是一种多么恐怖的氛围啊！楚科夫斯基的中篇小说《空空荡荡的房屋》（这部精彩小说的另一个名称是《索菲娅·彼得罗芙娜》）对此稍有涉及。

过去人们不说“симпозиум”（源于拉丁语，意思是“国际学术研讨会”），而是说希腊语的“симпозион”（原意是“隆重的宴会”），同时以此表示“晚上举行的小型聚会”；过去在大学里不说“семинар”（课堂讨论、讲习班），而是说“семирарий”（意思还是课堂讨论、讲习班），只是原来的词尾多了“ий”这两个字母。

如果人们对某人的智力表示不满，则依然采用打哑谜和转弯抹角的方式。为什么至今依然如此呢？请见费奥多尔·阿布拉莫夫（Ф.А. Абрамов）长篇小说《家人》的主人公的一段对话，但是在古罗斯文学杰作《穆罗姆的彼得与费芙罗尼娅的故事》中，“充满睿智”的费芙罗尼娅，也曾采用打哑谜和转弯抹角的方式表达自己的思想。在善于用“智慧的文词”武装本人语言的某些人文科学家过于“睿智”的语言中，有时不知为什么还会出现一些仆人的常用语（请见《死魂灵》中仆人彼得鲁什卡的语言，或《卡拉马佐夫兄弟》中用人斯梅尔佳科夫的语言）。

关于我们的语言。我们几乎忘记了俄语数词变格的规则，令人惊讶的是，甚至在科学院的总结报告会上，经常会听到一些从不变格的数词。比如，“300 多”，他们不说“Более трёхсот”，而是说“Более триста”[①]；在表示“到 50”时，他们不说“До пятидесяти”，而是说“До пятидесят”[②]。而当报告人在发言过程中试图将复合数词变格时，与会者最好先塞上自己的耳朵。

在伟大的卫国战争期间，城市名称不变格的趋势曾一度特别迅猛。在来自前线的综合战报中这样写道：“我们的军队解放了‘город Рига’（‘里加’一词没有变成第四格）”，而不说“我们的军队解放了‘город Ригу’”。应当承认，这种趋势逐渐使俄语变得苍白无力。我非常不想听到有人说“我住在‘в городе Ленинград’（‘列宁格勒’一词未变成第六格）”，而最想听到的是“我住在‘в городе Ленинграде’（‘列宁格勒’一词已经变成了第六格）”。

那么，遇到担任职务的女性或某位女官员时又该怎么说呢？当人们说“генеральша”，大家立刻就会明白，这位女士是将军（генерал）的妻子。那么，如果有人说“докторша”（意思应该是“女博士”），那么，她究竟是博士的妻子，还是女博士本人呢？能否说“докторша наук”（女博士）或“кандидатша”（女副博士）呢？我认为，近年来“докторша”（女博士）一词开始逐渐消失，这是一种不错的趋势。有人在开玩笑时故意说“докторесса”（意大利语，意思是“女大夫”），而不能用“поэтесса”（女诗人）一词来开玩笑。我认为，应当如何称呼女诗人，如果某位女士是真正的诗人，就应该说“поэт”[③]，而不必说“поэтесса”（女诗人）。安娜·阿赫玛托娃生前非常痛恨“女诗人”一词，马林娜·茨维塔耶娃也不喜欢它。

不过还有另一个问题，捷克人在称呼女官员时不说“женщина-чиновник”，而是说“чиновничка”，但是在俄语中就不能这样说。关于俄语中的“女秘书”一词，我们通常说“секретарша”，而不能说“секретарка”。

或许，只有古老的女性职业名称还将继续长期保持自己的阴性形式。比如，“парикмахерша”（女理发员）、“маникюрша”（女美甲师）、“кухарка”（女厨师），但是从整体上来看，拒绝职业称谓的阴性名词是一个自然过程，听起来也不会感到特

① 俄语数词 300 没变格。
② 俄语数词 50 没变格。

③ 即使用阳性名词“поэт”，意思是“诗人”。

别刺耳。

我创造了这样一条“古罗斯”俗语：“Не только‘днесь’, но и тамо взвесь.”意思是说“不仅要想到‘现世’，而且还要想到未来（来世）”。

核对结果：“虚无主义”一词曾是一个神学术语，原意是“无神论”。在社会政治思想方面，批评家尼古拉·纳杰日金（Н.И. Надеждин）在题为《虚无主义者的聚会》一文中，最早使用了“虚无主义”一词，这篇论文刊登在1829年的《欧洲通报》杂志上。

古罗斯文字（我们所说的是文字，而不仅仅是文学）是俄语取之不尽的源泉和宝库。仅在弗拉基米尔·莫诺马赫大公撰写的小篇幅《家训》中，就使用了如此之多的神奇词语：“想的都是小事”“战胜自己的情感”“探望病人”“欢迎来客”（“善待客人”）“不要恶语伤人，不要诽谤他人”“像尊重父亲那样尊重其他老人，像拥戴兄弟那样拥戴年轻人”等等。

尽管如此，问题不仅在于语言本身，而且还在于叙事能力。在古罗斯文学宝库中，不乏表现力极强的短篇杰作。比如，编年史中讲述奥列格之死的故事、奥莉加4次复仇的故事、斯维亚托斯拉夫远征记、斯维亚托斯拉夫之死和其他许多故事。其中的最佳杰作有《巴都毁灭梁赞公国的故事》《穆罗姆的彼得与费芙罗尼娅的故事》等。我本人还特别喜欢《特维尔少年圣母升天修道院的故事》。至于大司祭阿瓦库姆的作品，他完全可被称为俄罗斯文学史上的第一位天才，并非由于在他之前不曾有过文学天才，而是由于那时的文学以民间口述创作为主，而且还都是不署作者姓名的作品。

在盲人医院里，听不到有人说“слепой”（瞎子）一词，而是说“незрячий”（失明者）。在一般的俄语术语当中，有许多被认为是“文雅的”和“不刺激神经”的词汇和术语。

在我满21岁那年，我写了一篇只有两页的小品文，题目是《问题现象学》。我在文中把“问题的生命”当作词语的生命来描写。尽管那篇“专栏文章”未能保存下来，只找到了从中提炼的30多个术语。比如，在“问题”的“一生中”如何对待“问题”。当时我大致是这样写的：“起初问题会萌芽，然后它就会慢慢生长，成熟后会被人发现，开始有所涉及，经过加工之后被人解释，再被拿到会上讨论，有时会因此而感到‘闷闷不乐’；然后再次被十分尖锐地提出，之后便成为亟待解决的问题；这一过程结束之后，问题便逐渐地消解。”当时我用了将近一周的时间收集此类“成语”的词语和表达方式，我收集得越多，“问题”的生命也就显得更可笑，也更具“讽刺意味”。

叶甫盖尼·塔尔列为了鲜明地表述他具有讽刺意味的见解，他在《拿破仑》一书中，非常巧妙地运用了许多括号。

在我国，许多耳熟能详的俗语和谚语都是以缩写形式出现的。起初，大家都能一字不落地背诵多条俗语，只要一听到前几个音节，便能猜到俗语和谚语的下文。后来人们根本无须俗语和谚语的后半句，就能全面理解它们。比如，谚语“Лиха беда начало...”（万事开头难……）为什么在这条谚语中一定要使用“беда”（灾难）一词呢？我们来听听彼得一世是怎样说的吧。据说，1702年，当他开始从狂风巨浪中将巡航舰从白海拖至奥涅加湖中时，他这样说道：“只要第一只鹿跑到林中并被烧焦，其他的鹿都将跑到那块空地上。”（“只要”二字是俄语中的“Лиха беда”，该词组的原意是“难上加难”）。请看另一条俗语：“Не выметай из избы сору.”（家丑不可外扬。）其实，这条俗语的完整形式是：“Не выметай из избы сору к чужому забору.”（千万不能让外人知道家里的丑事。）

顺便说一句，恢复俗语和谚语原来的完整形式本应是科研工作的一个特殊课题，而且是一个非常重要的研究课题。

线条画和拼写法均具有丰富的表现力，尼古拉·卡拉姆津的《俄罗斯旅行家的书信》就是一个鲜明的例证，书中的一系列术语和概念的首字母一律大写，比如，“Республика”（共和国）、“Народ”（人民）等。

我特别重视“故意恶化语言心理学”。1964年，针对这个问题，我写了一篇论文，题目是《职业语言中的行话》。我觉得，通过这篇文章，可对某职业或学生常用语言中的表情术语及出现的原因进行解释，但遗憾的是，此文的原则和论点并没有被用于教育工作实践中。好像无人对此主题的论文感兴趣，而我本人却赋予它严肃认真的意义。

请大家尽量不要使用装饰性过强的语言，不要说“объяснить”（解释）和“волнительно”（激动人心地）之类的词语。不必使用源于侦探小说的警察专门用语或表述方式：“登记注册，以便获得合法身份”，意思是说，在某个新地方允许“种植”某种植物，允许“养”鱼或某种动物（“准许在N湖养白鲑”）、“找到某人”（意思是“与某人取得联系”或“设法找到某人”）。不要使用过于呆板的词语（如果某些词语经常出现在报纸上，应尽力避免使用）。此类词语包括“发现”“被发现”“情绪调整”和“接触”（而应该用“联系”）等。

除此之外，还应认真思考你正在使用的那些词语及其具体含义。请看从报上摘录的某些语句：“……恶劣的语言得到了广泛传播”；“但是也有个别心存恶意的告密者和其他某些信念相反者，他们往往在事态发生转折时暴露自己的真面目”。

我们大家（其中也包括我本人在内）既不会数词变格，也不能正确地标出和读出每个单词的重音。当我们在读出某些新型民族或国家的名称时，总是会打破某些语法规则。

我国没有系统出版的词典（要知道，语言本身是有生命力的，它是从不断出现的新词语“浪潮”中产生的，许多词语的重音随时都在发生变化）。

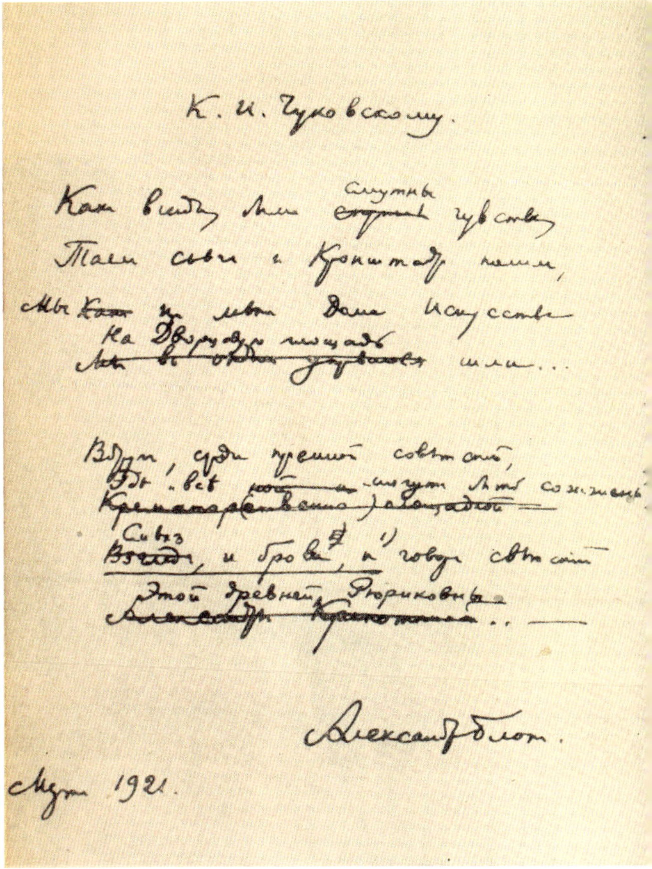

亚历山大·布洛克（手稿）

我国尚无查找所需词汇和术语的工具书（没有类似于每年出版一本的卡尔·罗杰斯① 词典）。词典类书籍的出版速度缓慢，而且数量也很少。

我们的语言正在逐渐走向贫瘠……

果戈理留下了这样一条遗训：“应该诚实地对待语言。”

① 卡尔·罗杰斯（C. Rogers，1902—1987），美国心理学家，人本心理学的创始人和领军人物。

圣像画《缄默的神学家约翰》，苏兹达利画派，创作于17世纪中叶

关于生命，关于死亡

《古兰经》中有这样一句圣言："一定要种树，哪怕明天世界末日到来，也必须种树。"

从道德观念来讲，人们应该这样生活：即使你今天就要告别人世，你仍需像一个长生不老者那样继续工作。

宗教要么占据人生的主要位置，要么一个人根本就没有任何宗教意识。不能只是"顺便"相信一下上帝，不能把上帝看作某种公设，不能只是当有人问你时才会想到上帝。

科学预见与先知的预见相差得不是很远，二者之间的任何一方都不是为了确定必然的实质，而是做出对某一瞬间和某种条件的预告。对道德而言，必然性永远都具有一定的破坏力。从某种程度上讲，人能够改变未来（至少能改变本人的未来）。

当耶稣会修士圣路易吉·贡扎加（L. Gonzaga）在跟几个同龄人打球时，有人问他：假如有人坚定地告诉他，世界末日立刻来临，他能做什么？他回答说："我会继续打球。"然而，这是完全意义上的和必然条件下的一种情况。而在他能够改变某些事物和状态的条件下，他面对良知给出的却是另一种真实的答案，他最终在照看其他瘟疫患者时献出了自己的生命，年仅23岁。

……

但战斗中的幸运之神

显然已开始效忠我方。

……

我们在屡次战役中步步向瑞典人逼近；

他们的战旗已不再闪光，

由于上帝赐予的作战灵感

每一步都留下了深刻烙印。[1]

只有经历战争，才会感到真正的幸福，幸福只能靠我们亲手去创造，永久的幸福、持续的幸福是不存在的。只要世界上还有受苦受难者，你就不可能成为幸福之人。不过你也可能由于眼下的某种所得而感到一丝幸福。

某电视台的一位专栏播音员在街上采访了很多人，他的问题是：您认为，什么是幸福？数以百万计的电视观众所听到的答案犹如幼儿的咿呀之语。被采访者似乎都在说："幸福就是家庭生活富裕，工作顺利。"还有人说："幸福就是我的几个女儿出落得美丽动人、身体健康，幸福就是她们都能嫁一个好丈夫。"这些都是小市民思想。甚至当某些大人物强调说"这就是某事与某事之间的和谐"之时，足以证明他们依然没有完全脱离

《基督的救赎》，安德烈·卢布廖夫，作于15世纪初

小市民习气。

某人可能会因为某种成就而感到片刻的幸福，而在这个幸福瞬间过后，接踵而来的便是一些新问题。再次重申：只要我们身边还有不幸，任何人都不可能成为幸福之人。

我是一个九旬老人，我该如何对待这种现实呢？我毕竟已进入可被尊敬的年龄段了！

一位110岁高龄的牧羊人从未下过山，或者平时很少下山，可对他而言，这仅仅是短暂的一生。

假如生活中绝对没有任何悲伤和痛苦，这也不算是完整的生活。虽然这种思考很残酷，但遗憾的是，现实生活就是如此。

能否使自己的世界观脱离自己所处的时代呢？当然是不可能的。任何试图返回某个世纪或穿越几个世纪（即冲向未来）都是难以实现的理想。每个人都生活在自己的时代，自己的年代，只能生活在自己的年代，但是这并不意味着，人应该盲目地追随时代、追随占有主导地位的世界观。人具有自由的意志和愿望，他必须随时做出选择，必须有所创新。人是一种具有创造力的生物。如果他不再具有创造力，如果他急于冲向未来（本人的未来和国家的未来），他就不再是一个大写的人了。在生活中，一个人应学会凌驾于时代之上并置身于时代之中，应善于选择并把握自下而上的气流，或善于捕捉有利瞬间，借助于那些瞬间，他可在空中自由翱翔，而且永远都不会坠落。

有些人得以安慰的是“心灵移植”，但是当一个人的心灵移至他乡、另一个家庭、另一种生活习俗之中时，如果他自幼就没有对原来生活的任何记忆，而只会叫喊“哇、哇”，他又怎能会得到某种安慰呢？

有人学习招魂术的目的，就是呼唤神灵并求得它们的帮助。死者，甚至还有最知名和最有权威的死者，他们与为他们举行招魂仪式的术士所使用的是同一种语言，除了最庸俗的话语之外，他们不会说出其他任何有意义的、令人相信的语言，也不会提出任何独特的建议、忠告和有益的指令。

尽管如此，最终能否留下某种有用的东西呢？

能源保护法则与心灵和精神力量的保护相关，但是这种力量毕竟不总是具有个性化的形式。起初（一年前），我梦见了薇拉[2]，这一梦境当时使我感到了一丝慰藉，可是现在这种慰藉已不见踪影。她的能量在她所在之地彻底融化了，所以我感到的只是一片空白……9 天之后、40 天之后、一年之后，一切都化为乌有了。生活在百万年之前的人们能否在阴间一直活到今天呢？这简直是无法想象的事情。“地方有限”，甚至不必为他们发明尼古拉·费奥多罗夫所推荐的那种方法[3]，即在宇宙空间随意迁移的方法。然而，痛苦是难以忘却的。

人的生命并非导致某种不合规律的和具有持续性的个别事件，而是会形成某种机体和“完整的生物”。行为和事件只是具有固定形式、精神特质和个性化特点的链环上的具体环节。有一种个性与人相似，还有一种个性与人的生命相似。后者取决于前者，但是二者都具有完整的特性。因此人应该懂得这一点，而不是一味地抱怨（抱怨“我的一生太不幸了”）。

大家都非常熟悉拉丁语名言“Et in Arkadia ego”（甚至在阿卡迪亚也有我的存在）的含义，但是由于很少有人知道这句名言的渊源，所以对它的含义做出了各种不同的解释。在洛可可时期，拉丁语“ego”一词的原意是“死神”，死神甚至在充满幸福的阿卡迪亚也会宣告自己的存在。在洛可可风格的园林中，除了它们所有的“幸运本质”之外，还经常有献给死者（逝去的朋友和亲人）的墓碑和纪念碑。比如，在彼得堡郊外的帕甫洛夫斯克公园内就有此类纪念碑。在位于莫斯科西南部亚辛涅沃区的“乌斯科耶”庄园里，悬挂着一幅带花园景色的名画，画上的题词与石棺上的题词完全一致。一个人在他生活中最幸福的时刻，也不能忘记自己迟早会死的。在布达佩斯民族学博物馆内，讲解员给我讲了这样一件事：新娘在婚后的第一天，就应该开始缝制自己的殓衣，这种殓衣必须用红布制作。25 年之后，殓衣应该全部缝制完毕，此后女人开始缝制蓝色殓衣；再过 25 个春秋，她开始为自己缝制白色殓衣。博物馆的讲解员说：“民间艺术不仅很美，而且还充满了智慧。”

理解他人、领悟他人就是意识到本人在自身之外的存在。当我们接触到艺术作品时，这种意识会显得特别强烈。艺术可拓展我们自身的那个我，能使女人对男人心驰神往，可使一个有美德的人变成罪犯，尽管可能会遇到恶行的对抗，一个恶人也能变成一个善良的人，可使人迁移到另一个时代、另一种环境之中，可使他与信仰不同者同舟共济，或者使他觉得自己是一条狗、一匹公马（类似列夫·托尔斯泰《被阉割的公马霍斯托梅尔》中的主人公——“公马霍斯托梅尔”）等。

任何一种艺术都会在某种程度上重复作者想象中的生活。如果他在艺术品中反映出来的这些想象相当崇高，读者或观众就能重复它们并能创建自己的生活体验。不过读者会遇到不仅是他本

C.C. 沃尔孔斯基公爵的墓碑，И.П. 马尔托斯，作于 1782 年

人不曾体验过的情况，而且还会遇到从未想象到的情形。艺术借助于自身的特殊规律，可直接为我们展现一个个崭新的世界。20 年以前，我写过题为《〈伊戈尔远征记〉中的轻松世界》的论文。文中指出，在文学杰作《伊戈尔远征记》当中，空间和时间的迁移规律不同于我们现实生活中的迁移规律。

陀思妥耶夫斯基在长篇小说中所描写的完全是另一种心理状态，是一个赤裸裸的道德世界。发挥特殊作用的是引导我们进入特殊联想世界的诗歌。

由此可见，文学可增加和丰富人的经验。

一个博览群书的人完全可以认为，他已度过多次异样的人生，有时度过的甚至是比他的个人生活更复杂和更崇高的人生。

过去的彩绘玻璃门窗通常都设在很高的位置，所以在一般情况下，难以使人一览无余。

雅典万神庙的壁饰在运到不列颠博物馆之前，即在原位时，对广大观众而言，同样是“难以观赏的”装饰物。

可以这样说，建筑师、雕塑家、彩色玻璃门窗和壁画画家等，都曾为上帝而创作，为真理而创作，但不是为观众而创作，所以今天的观众常常是无法看到艺术品和它们的很多细节。

在早期基督教美学中占有特殊地位的是视觉形象。保罗在致犹太人的寄语中说：“一切都呈现在上帝眼前。”因此在《福音书》中经常会看到“心灵之眼”“心脏之眼”等词语。《圣经》不仅是一部用语言写就的圣书，其中还有许多视觉形象。《约伯记》的主人公约伯（Иов）偏信眼睛，而不相信耳朵，他对上帝说：“原先风闻有你，现在我目睹你。因此我厌恶自己的言行，并决定忏悔。”（《约伯记》第 42 章，第 5、6 句）。由于“一切都呈现在上帝眼前”，因此在教堂壁画绘制期间，画家们甚至在绘制祈祷者从地面上根本无法看到（但上帝随时都能“看到”）的那些位于高处的壁画局部时，同样付出了极大的努力。考古学家尼古拉·沃罗宁（Н.Н. Воронин）指出，博戈柳勃沃的浮雕装饰布满了整座教堂，甚至连那些被相邻建筑物（与建筑物相连的阶梯塔楼）遮住的部分表面，也同样有精美的浮雕。任何欺骗和任何幻境都无法避开上帝的眼睛。

人与动物之间、人与计算机之间最重要的区别之一就是人有幽默感。尽管有的机器可以计算并登记可笑的情境（如果人事先研究了那些情境可引人发笑，这一点对演说家和教育家等非常重要），但是它们本身却并不会笑。

然而，人们常说：“基督从来都没有笑过。”

还有一种更严肃的说法："基督从来都不会微笑。"但事实并非如此！这些说法的依据是《福音书》中关于基督的描述，而福音书作者能把基督描写成喜欢开怀大笑、爱开玩笑的形象吗？要知道，这是绝对不可能的，假如把基督描写成爱笑的形象，从人性上来说，那将是一种欠妥的行为，因为在描写一个人所经历的痛苦一生时，他不可能是满脸堆笑的形象。至于他是否曾经微笑过，在现实主义文学艺术之前，根本没有微笑的痕迹，但是雕塑作品再现了这种微笑（比如，古希腊神话中的美好与爱情之神阿佛洛狄忒或维纳斯经常是面带笑容；当圣母凝望自己的爱子时，脸上总是透露出一丝微笑）。

然而，上帝在创世期间也曾经笑过。我深信，上帝在创造某些昆虫和鱼类时，也曾经笑过。他当时是为自己创造了世间万物，而不是为了后来的我们，因为最荒谬的创造被他藏在了深水之中或人类无法看到的地方。

那么，上帝是否也为"小人物"的历史和生活缔造了可笑的情境呢？当然缔造了！每当我目睹蠢材官员们可笑的沾沾自喜时，每当我看到身穿盛装的"野蛮人"或"文明的女士"时，我对此更加深信不疑。一个人，甚至是最聪明的人，也无法想象如此可笑的场面！

从整体上讲，纵观上帝创造的世界，应当说，上帝也很关心他本人的"声誉"，而且还非常严肃认真地关心自己的"声誉"，同时他还特别关心由他亲手缔造的人是否真有道德。非常严肃地而诚实地说，只有基督教才发现了这一点，因为只有通过一种途径，才能证明上帝为人类创造的各种痛苦，这种途径便是耶稣基督扛着十字架走向永恒之路（耶稣基督受难之路）。在基督的历史中，反映了一种永恒和不断完善的信念。耶稣不仅在2000年之前甘愿替人类受难（被钉死在十字架上），他不断受辱，一直在受难；他总是被鞭笞，在皮拉多总督官邸内遭受了无情的辱骂。

我的世界观（"我的信仰是什么"）

一个人死了，我的某个亲人死了。我所不能接受的是，他将被人遗忘。他一生做的好事和坏事都将被彻底遗忘，他所有的理想、希望、能使他操心的大事小情统统被遗忘，这简直是一种无法忍受的事情。

一系列文化被遗忘。在我们的想象中，原始人是一种头脑非常简单和肮脏的人，可他们也曾有自己的生活方式、道德观念、民间口述创作等，虽然那些作品未能全部保存下来，但它们毕竟是非常独特的文化。

我们甚至对古罗斯文化的想象也过于简单，认为那是一种"落后的文化""粗糙的文化"等。这显然是一种错误认识。我一生中最重要的任务之一，就是要彻底校正这种认识。

有人甚至认为，19 世纪和 20 世纪初的俄罗斯是一个落后的国家，这当然是一种错误认识，是一种偏见，因为在人们对历史的认识中存在着某些神话。

"最后的审判"不仅应该涉及每一个人，而且还关乎全人类的整个历史。或许，"最后的审判"涉及范围更广，涉及世间万物和未来出现的一切事物。否则，人类将难以继续生存下去，所以应该恢复公正。

那么，怎样才能恢复公正呢？《启示录》中"没有时间了"一句究竟意味着什么呢？

如果不再有时间了，如果死者都能复活，也就是说，过去的一切都将得以恢复，那么，在我们的时间观念中（我没说"在我们的理解中"，因为我们根本不理解什么是时间），时间是不复存在的。时间就是我们对世界的主观理解。

我们平时看到窗外飞驰而过的火车，小孩就会觉得，真正的瞬间只存在于他眼下能看到火车的窗口之中。在我们眼前飞驰而过的一切事物都将不复存在。我们正在接近的事物还尚未出现……

在地面上爬行的蚂蚁会觉得，它身后的一切都已经不存在了。

现实犹如留声机唱针从唱片上划出的声音，但是在这张唱片上，也有过去和将来，它们是真实存在的，也是不可磨灭的……道德问题也是通过这种方式得以解决的：每个人，包括已经过世的人、现在活着的人和将要出生的人，连同自己所有的行为和想法等，都会面临随时都在开庭的“最后的审判”，而且没有“期限”。无论是对好人，还是对坏人，都是如此……古罗斯并没有逝去，她还依然存在。在如何看待古罗斯这一问题上，那种带有偏见的“历史审判”是无法奏效的，因为还有凌驾于时间之上的“最后的审判”。

这就是不能对善者做恶事、不能以“为了幸福的未来”而杀人的缘故。现实生活并不是通向未来的跳板。

这就是可以预见未来、可与过去对话、可与“死者”（实际上，任何人都不会真正死亡）沟通的缘故。顺便说明一点，为了否定大量预言或与死者沟通的事实，必须具有达到像迷信那样的高度自信。

我深信，物理学家们完全可以证明，人完全可能“流动”到过去和未来，因为他们已经接近对时间的正确认识阶段。

对我而言，关于宇宙的超时间特点（特性）是一个绝对清晰的问题。我不仅相信，而且深信，我的回答是清晰的，而且与现实相符。否则，一切存在的事物都将失去意义。如果一切终将消失，那么，无论是什么，都没有存在的意义。

现在来看第二个问题，若想回答这一问题，我不是很有信心，但是我本人对它深信不疑。如果世上万物都存在于时间之外，而时间只是超时间存在的表现形式，那么，人在自己的各种行为中能否是自由的呢？他的一生是否符合自己的生活理念呢？

我想，首先应该提醒大家注意的是，责任感是一个非常复杂的概念。现举例说明。

石头存在了数千年或上万年，但是它们却依然不变。能否说石头对自身的价值很有责任感呢？世界上有花岗岩，也有金刚石，但二者本身的价值是不同的。世界上有恶人与好人之分，每种人分别对自己的人品负责。每个人都能对自己的行为负责吗？换言之，一个生活在时间之外的人能算是自由人吗？

神学中有一个术语叫“合力论”（或“协同论”）。我认为，与上帝出现这种情况相同的还有人类。人的行为与自由都是事先同时确定的，时间不仅是理解世界的方法，而且还是人们表现自由的一种形式。不仅人需要自由，甚至连大自然也需要自由，丘特切夫有诗为证[4]。

时间与超时间这两个因素究竟是怎样共存的，这个问题的确难以想象。确切地说，是根本不可能想象的，但是在现实存在中，或许有某些未解之谜能被人发现！现代数学和物理学难道也不能发现很多难以想象的事物吗？

“再也不会有时间了！”这句话意味着，在地球上的生命终结时，已不再需要任何时间了。我们根本就不知道，生命和存在的意义究竟是什么，不过我可以猜测其中的缘由。从道德层面出发，人为什么要活着，为什么要生存？假如我们已经知道“为什么”这一问题的答案，而且是知道确切的答案（而不是简单地相信上帝是存在的），我们将彻底失去自由。人不仅可以通过自由懂得这一道理，懂得这一道理还会使人在最后阶段失去自由。或许正因为如此，上帝只能在对他深信不疑的人（即圣者）面前显灵。

现在我想努力回答第三个问题，也是最复杂的一个问题。我本人曾谈论上帝，各种宗教分别证明了上帝和其他神灵的存在，而且不同的宗教分别坚持各自不同的信仰。那么，在关于上帝的这一问题上，谁是谁非呢？

人们通常会从父母那里得到这个问题的答案。

《基督的荣耀》，安德烈·卢布廖夫，作于15世纪初

从某种宗教信仰所回答问题的数量来看，如果最想追求真理的人们细心研究各种宗教，他们就能亲自找到问题的答案。如果某种宗教能与大量问题相吻合，而且它还能给出最完美的答案，特别是它能给出可以满足道德需求的答案，那么，它就是一种最可靠的宗教，但在这种情况下，还必须考虑到民族传统及生活方式等因素，这就如同“螺栓需要有丝扣包裹”一样的道理。

对我本人而言，什么是东正教中最重要的因素呢？最重要的就是东正教（与天主教不同）关于三位一体的上帝之教义、基督徒对耶稣基督的双重特性（人与神）和耶稣受难的理解（否则，就无法证实上帝的存在）。顺便说明一下，耶稣基督拯救人类的基础是人类的超时间特性。对我来说，教堂里举行的古代祈祷仪式本身，甚至在天主教中逐渐消失的某些传统，都是东正教中非常重要的因素。

普世教会运动自身带有淡化和冷淡宗教的危险。

暂时到此吧……

有些问题，我至今都未能找到答案。我认为，完全没必要谈论此类话题。关于博爱和信仰等，最好是避而不谈，因为教父们早就说过："连续长时间地凝视太阳者的眼睛会受到损伤；凡是带着好奇心看待上帝者的智慧将逐渐消失……"

我女儿薇拉不幸去世之后，我眼前的世界突然失去了色彩。我将她房间里的一切保持原样，这样我便可以想象她只是临时出差……人类的不幸事件不会突然终止，而总是作为某种新生事物的开端。我非常愿意这样想……

一生中最使我感到恐惧的有两件事：背叛与死亡。死亡毕竟是一件令人可怕的事情，但背叛却会使人感到更大的恐惧……

我们平时很少想到死，甚至根本不去思考这个问题，不愿去想我们迟早会死的，我们在这个世界上只是短暂的逗留。忘却这些有助于美化无耻的行为、胆怯的心理和漫不经心的态度等。对人而言，最重要的是随时小心行事，不要使他人感到不快，不要使别人陷入难堪的境地，随时不忘和蔼待人，随时保持微笑……

祈祷可以发挥独白的作用，主人公可通过祈祷来表达自己的内心感受，但不是个性化的感受，而是一种典型化的内心感受。

圣像的谈话对象永远是祈祷者，圣像随时都注视着祈祷者。圣像可接受祈祷者的祈祷并给他慰藉和训导。俄罗斯近代的某些作品也部分地体现了这种特点，只是"部分地"体现。在圣像画中，除了圣像画作者和圣像画本身之外，第三要素（即圣像中蕴含的精神实质）显得格外强大。

古罗斯文学作品的读者也有类似情况（部分相似），所以演讲特点总能使读者产生强烈的印象。文学作品中的任何一种直叙法和主人公之间的对话，都是为读者阅读而写的。

俄罗斯近代文学作品中的直叙法产生的影响是：作者仿佛忘记了读者。这一特点在令人惊叹的直叙大师——陀思妥耶夫斯基的作品中体现得特别鲜明。

保加利亚诗人阿塔纳斯·达尔切夫（А.Х. Далчев）对死亡持有非同寻常的顺从而充满智慧的态度。他认为，老年是向虚无的过渡。当他谈到自己对这一现象的观察时说道："当你活到耄耋之年时，你才能明白，原来生活就是一个从未间断的失去过程。你失去的不仅是牙齿、头发和炯炯闪光的眼神，而且还有一切力量和精神财富，其中包括能力、爱好、对往事的回忆和情感，甚至还会失去所有的愿望。所有这些都会一个接一个地渐渐逝去，依附于大地之神的手杖被折断，你几乎变成了一个自由人，同时为自身的头重脚轻而感到恐惧。"他还说："在我们的亲人相继死去之后，我们也会随之死去。"

针对死亡这一主题，阿塔纳斯·达尔切夫有一首非常精彩的诗歌——《黄昏时分》，亚美尼亚诗人玛利娅·彼得罗维赫（М.С. Петровых）将其译成了俄语（诗歌大意如下）：

我孤独而艰难地走在街上，
晚霞映照在座座红顶房上
并以同样的红色失去光亮。
我一边观赏日落，一边回想：
此时红色黄昏映照着那波利，
高楼上的门窗反射出紫色光芒，
很多地方也不停地在闪闪发光，
美丽和令人神往的那波利海湾
被霞光照亮和被风吹动的波浪，
犹如那河滩上的青草随风荡漾，
傍晚的航船像哞哞鸣叫的家畜
先后返回到喧闹的河湾与海港。
岸边身穿五颜六色服装的人们
带着衷心祝福依依不舍地目送
即将过去的和无忧无虑的一天，

但是我已不在人群里显身亮相。
此刻余晖在巴黎上空微微闪光。
那里的卢森堡花园已关门大吉。
响亮的号角声执着又充满欲望，
绵延朦胧仿佛在迎合它的呼唤，
渐渐地降临到白色的林荫道上。
一群孩子跑来观看哨兵的换岗，
他们默默而兴高采烈地聆听着
铜管乐队那响亮而坚定的歌曲，
孩子们个个都想努力接近乐手，
跃跃欲试挤到神秘的号手身旁。
再看从那些敞开的雕花大门里，
热闹的人们愉快地从那里走出，
但在这群人里却没有我的形象。
为什么我们每一位就不能同时
一起到那里和这里，随时出现在
生活更沸腾和更无限的好地方？
我们每个人都必然会走向死亡，
我们每天都在接近死神，并且在
那里和这里——处处都在逐渐消亡，
直到我们把蹦跳的能力彻底耗光。

1930 年

1973 年，经科学院院士季涅科夫（П.Н. Динеков）介绍，我在索菲亚市中心最繁华的地段——俄罗斯花园街与拉科夫斯基大街的拐角处，认识了已步入老年的阿塔纳斯·达尔切夫。虽然我记不清当时我们俩都做了哪方面的交流，但是我至今还鲜活地记得那一平静和安宁的时刻。尽管傍晚时分的索菲亚市中心非常喧闹，但是当我站在阿塔纳斯·达尔切夫身边时，我不由地产生了一种渗透性和极特殊的安详和平静之感……次年，也就是在 1974 年，他寄给我一本他写的《诗集》。

医学成就

医学界最终为全人类创造了令人振奋的新发现，即心脏移植手术（给一个病人换上另一个健康人的心脏。当然，如果那个人确实需要更换心脏）、肝脏移植、大脑移植等大型手术已成为可能，还没算早已实施的皮肤移植、骨骼移植等“小”手术。这简直令人惊叹不已！现在多好啊，人们再也不惧怕任何疾病了，只要及时发现和及时治疗即可，一定要及时发现和治疗……

对健康器官的需求急速增长，需求量甚至达到了极限，价格也高得惊人。有什么办法呢？“零部件”紧缺嘛。对所有的身体健康者和所有器官都做了严格的登记，任何一种健康的器官都不能白费。应该及时发现死者，最好是及时找到那些突然死亡者，把他们身上有用的器官浸泡在特殊溶液之中，必须在特殊条件下妥善保存它们……在需要时，把它们移植到应该接受移植手术的病人身上。

整个社会生活及社会体制的变化过程也是如此，社会分化成“永生者”（上级任命的简历突出的优秀干部）和“零部件”（此类人说自己属于其他居民，这只是一种自嘲）两类人。其实，“永生者”似乎是某种组合，它们经常进行某些内部调整（特别是在大脑移植或某种器官移植之后，尤其是这样），但他们的简历、“自传”、奖章和勋章是永存的，所以这种“组合”型领导将永远占据责任重大的领导岗位。

取得巨大进步的不仅是医学，思想教育工作也取得了辉煌的成就。虽然无人提及教堂一词，但是某些“传统”毕竟保存了下来。不知为什么，人去世后的第 9 天和第 40 天，活着的亲人们还特意为死者举行追念仪式；在人去世一年之后，人们还会上坟为死者扫墓，并面对匀称的水晶玻璃瓶式骨灰盒默哀、上香……因为那些骨灰盒里安放着“居民们”的骨灰。

有一位青年运动员在一次事故中身亡，一年之后，他母亲不知应该去哪儿为儿子扫墓，以寄托她的哀思。儿子的尸体似乎分散于其他生存者身上，于是那位母亲决定按照古老的习俗，面对那些活着的人举行了儿子去世一周年的纪念仪式，依据就是她儿子的灵魂“附着”在那些活人身上。

纪念活动之后，那位母亲决定去探望知名的文学专家，因为她儿子的那颗心脏被移植到了那位学者身上。她说：“他毕竟是一个仁慈的人，他从事文学研究工作，所以他完全可以理解一个母亲的心，跟他交谈也没什么可怕的。”

于是她按下学者家的门铃。门打开了，开门的人惊讶地看着她，并问道：“您大概是来推荐手稿的吧？”“不是，我来是想说说话，我是来探亲的啊！”

开门的人立刻去通报教授。教授坐在餐厅里的电视机前，他看上去有点疲惫，因为他刚刚完成一项紧急任务：重新整理了准备再版的《陀思妥耶夫斯基全集》，他的具体任务是，雄辩地证明《群魔》是一部伪造的小说。这项工作的确异常复杂，好在手稿尚存，所以任务总算完成了。此刻他一边休息，一边观看电视节目：屏幕上，一位肌肉发达的女士倒立着，还不时地做劈腿动作。

教授一听有人来找他，立刻不满地将座椅弄得嘎吱作响并说：“连休息一下都不让啊！”但是抱怨之后，他还是起身去迎接来访者并请她在书房里就座。教授把茶几稍微向前推了一下，自己坐在对面那把舒适的圈椅上。

“您说他姓彼得罗夫？他的名字叫伊万·彼得罗维奇？奥林匹克冠军？不过您得承认，谈论此事并不会令人愉快。”他用一只手按压在心脏的位置，他早已没有这样的动作了，可现在他突然又想起来了。他好像感到了一丝厌恶，似乎还觉得有点头晕。片刻之后，他接着说：“不，不，请您还是免谈吧，别再用那些细节来纠缠我了。不管怎么说，您这样做是很不得体的。”

当那位母亲离开之后，知名的文学专家又继续看电视。当那位肌肉发达的女士表演结束时，他几乎已经平静下来了。他可能在想：“如果她儿子生前曾是一名冠军，而且是奥林匹克冠军，这就是说，我下次的心脏移植手术还早着呢。应当这样想：最好也不要发表那些‘地下笔记’，手稿也没有被保存下来嘛！幸运的是，我在卫生部第24局诊所的病例记录大概也不会被销毁的。”

一个人能否在不必一粒一粒地数，也不需将米粒分成几类，一眼就能看出并确定散落在小桌上的米粒总数呢？如果桌上只有1个米粒，很清楚，这是1个米粒；如果桌上有2粒米，这也不必思考就知道是共有2个米粒；当桌上有3个米粒时，也是如此；如果桌上有4个米粒，就会产生将其分成两组的想法，每组2粒，目的是弄清米粒的总数，但也没必要一粒一粒地去数；如果桌上有5个米粒，就稍微有点困难，但仍然可以通过脑力计算出来；当桌上出现6个米粒时，依然如此；如果当桌上出现7个或更多的米粒时，或许就需要一粒一粒地数清共有多少米粒，认识已经变成一个过程。无论如何，你也无法在“不假思索”的情况下立刻说出桌上共有多少米粒。

假如有人问我什么是“最高理智”，我可能会说，所谓“最高理智”，就是指通过内心视线立刻纵观整个宇宙的能力，它不仅包括纵观当今宇宙的能力，而且还包括纵观过去和未来宇宙（全方位地观察整个宇宙）的能力，以及非常清晰地认识宇宙的能力，而“不必一粒一粒地数清”，便能立刻说出小桌上究竟是1个米粒、2个米粒或3个米粒的能力。

只有在彻底认清存在自身那不可思议的复杂性的基础上，才能回答足以洞悉一切的“最高理智”是否存在之类的问题。我在上述数清米粒的例子中，对这种复杂性略有展示，但这个例子完全可用于观察整个宇宙的复杂性。

人到晚年时，他（她）应该怎么办呢？怎样克服晚年带来的缺陷呢？关于这个问题，我在《从过去走向未来》一书中有所阐述，还有科学院院士维达利·金兹堡（В.Л. Гинзбург）撰写的一篇

带耶稣生平故事的十字架（大诺夫哥罗德圣索菲亚大教堂）

更详细、更正确的论文——《岁月不饶人》。我完全同意他的观点，他的论文大有益处，建议大家读一读。然而，维达利·金兹堡的这篇论文显得不够完整，主要思想仍需继续揭示。比如，他认为，暮年不仅是渐渐熄灭和渐渐平静，最终趋于安息（假如我是那篇论文的作者，我会说“走向长眠”），而是恰好相反，暮年是难以预测的、混乱的和特具毁灭性的力量之旋涡。这是一种巨大的自然力，是某种使人陷入其中的旋涡，是人们应该从中游出、挣脱出和奋力摆脱的旋涡，是他应该与之斗争并努力战胜的旋涡。

暮年不仅表现为记忆力的减退，而且连大脑记忆活动也会发生扭曲；暮年不是创作能力的熄灭，而是创作能力被难以预料地彻底粉碎或彻底紊乱，老年人就应该屈服于这种现象；暮年不是理解力的降低，而是对外部世界的错误认识和理解，而由于老年人对外部世界的这种错误理解，他们便开始生活在某种特殊的和属于自己的世界之中。

对待暮年不能采用下跳棋“以先净手为赢”的方法，而应当向暮年发起进攻。应当动员自身所有的一切智力，免得使自己随波逐流，要善于凭直觉利用混乱，以便沿着所需方向继续前行。应当树立适合于老年人的目标（充分考虑到有限的生命和能力减退等因素）。

暮年犹如正在设下本应极力躲避的“陷阱”。

暮年是一种难以忍受的寂寞。在晚年时被人理解（让他人理解你的晚年生活）何等重要。

当然，与老年人沟通起来十分困难，这一点大家都很清楚，但是仍然需要与他们沟通，应努力使这种沟通变得轻松而简单。

暮年一般会使人变得爱抱怨、爱唠叨（我们可回忆一下那条俗语：“秋天爱下雨，老人爱唠叨”）。年轻人很难忍受老人们的耳聋眼花，老人们通常不等你把话说完，就开始插嘴并多次反问。当年轻人与老人们谈话时，应当提高嗓门，以便使他们听清。而当你提高嗓门时，你不由自主地就会感到恼火（我们的情感经常取决于我们的行为，而不是我们的行为取决于我们的情感）。

老年人经常爱生气（生气次数的增多是老年人的固有特性）。总之，当老年人难，与老年人沟通也难。

但是无论如何，年轻人应该理解，我们每个人都将成为老年人。年轻人还应该理解，老年人的经验多么重要啊。经验、知识、智慧、幽默、讲述往事和大量的学说等，对年轻人都大有益处。

我们还记得普希金的老保姆阿林娜·罗迪翁诺芙娜（А. Родионовна）。年轻人可能会说：“但我的保姆可不是阿林娜·罗迪翁诺芙娜！”而我却与他们的观点截然相反：如果孙子、孙女们愿意，任何一位祖母均可成为阿林娜·罗迪翁诺芙娜，可是并非任何一个人都能像普希金那样使阿林娜·罗迪翁诺芙娜成为他的保姆。

晚年的阿林娜·罗迪翁诺芙娜同样出现了老年人的特征。比如，她正在干活的时候就睡着了。普希金曾有这样的诗句：

在你布满皱纹的手中，
织针时而拖延或暂停。

此处的“拖延”一词意味着什么？她并非一直在拖延，而是“时而拖延或暂停”，也就是说，她就像其他老头们那样时不时地在打盹儿。普希金就善于从阿林娜·罗迪翁诺芙娜步入老年后的弱点中发现一些新的和可爱的特点——魅力和诗意。

应该注意的是，普希金曾以怎样的爱心和关心描写了保姆的老年特点：

忧愁、预感和操心，
时刻填充你的胸膛。
有时你会觉得……

诗歌没有彻底写完。

正是因为普希金总跟老保姆阿林娜·罗迪翁诺芙娜在一起，所以她也自然而然地成了我们大家的亲人。假如没有普希金，她很可能在周围人短暂的记忆中，早已成为一个爱唠叨的、时而打盹儿的和总爱瞎操心的老太婆了。

然而，普希金在老保姆身上发现了一些最佳特点，还使她的面貌发生了改观。普希金的灵感都是善良的，人们在交往过程中会相互塑造。有些人善于唤起周围人的优良品质，而另一些人却不会这样，于是他们本人也逐渐变得令人不快、使人感到枯燥乏味、恼火、郁闷和无聊。

虽然老头子们爱抱怨，但是他们却都非常善良；虽然他们喜欢唠叨，但他们却是很好的故事大王；虽然他们已耳聋眼花，但他们却都能听清古老的民歌。

几乎在每个人的身上，各种不同特点都能混杂在一起。当然，有些特点占优势，有些特点则比较隐蔽或占劣势。应当善于唤醒人们的优良品质，而不必发现他们身上的小缺点和毛病。应当尽快与他人建立友善关系，刚开始就要力争建立友善关系，因为之后再建立友好关系就会有一定的难度。

陀思妥耶夫斯基曾经说过（好像是他小说中的主人公所说），在这个世界上，万事均可开始做起,但任何事情都不会趋于完结。这句话千真万确，它再次证明了那条真理：生活中没有偶然。

在波罗的海三国、高加索地区和巴尔干半岛等地，古树属于重点保护对象和备受尊重的对象。

在黑山一带（布德瓦市附近），有两千年以上的橄榄树，它们惊人的魅力令世人赞叹不已。在保加利亚，生长在某地的“一棵古树”（记不清确切的地名了）的图像得到了广泛传播，那是 17 世纪的一棵古树。在我国（莫斯科科洛缅斯科耶皇家园林内）也有几棵年龄在 500 岁以上的老橡树，可是它们并没有得到应有的尊重和关注，它们正在慢慢地死去。在我国的地铁里，很少有人给老年人让座位。或许这只是我们俄罗斯人的典型现象？

这种情况与高加索地区形成了多么鲜明的对比啊！ 1987 年，我们曾乘坐客轮，沿着伏尔加河旅行。船上的许多游客来自格鲁吉亚，他们都带着自己的孩子。其中一个 13 岁的格鲁吉亚小男孩，船上所有乘客都把他看作最淘气的孩子，可是每当客轮到站和靠岸时，他总是主动地第一个跑出来站在船梯旁，热情地帮助我、我老伴儿和其他老年人！

后来一个男孩给我们讲述了这样一个故事：他们家乡有很多古树，正是树龄很高的古木，它们先后都被授予各种勋章，勋章被分别钉在树干上。其中还有破纪录的古树，也就是当地年龄最大、长得最高和树干最粗壮的古树。在爱沙尼亚和拉脱维亚两国，所有的古树一律登记入册。

在多神教时期①，古罗斯曾有古树崇拜和神圣的灌木林。在俄罗斯古城诺夫哥罗德附近，至今依然保存着一片“神圣的灌木林”，那里是“佩龙”自然景区（古时候，这里曾矗立着火神佩龙的木刻神像，该景区也因此而得名）。然而，这一自然景区的保护问题却无人关心，原来自我恢复的松树也不见踪影了。那里建造了一座疗养院，也许是一家旅游中心（记不清了），许多松树都被连根拔走，松树四周的土壤逐渐硬化，对此却无人问津。

为什么在某些地区能有百岁老人或年龄更大的老寿星呢？在高加索、阿布哈兹、保加利亚等国都有这样的地区！有人说，这是由于山地空气清新；也有人说，是由于早已习惯的生活方式；还有人说，是由于保加利亚人爱喝酸奶；如此等等。而我觉得，这个问题很简单：凡是在老年人受到尊重的地方，在他们自我感觉良好的地方，在他们认为他们的建议能给别人带来益处的地方，老人们就能长寿。

① 988 年之前，即“罗斯受洗”之前。

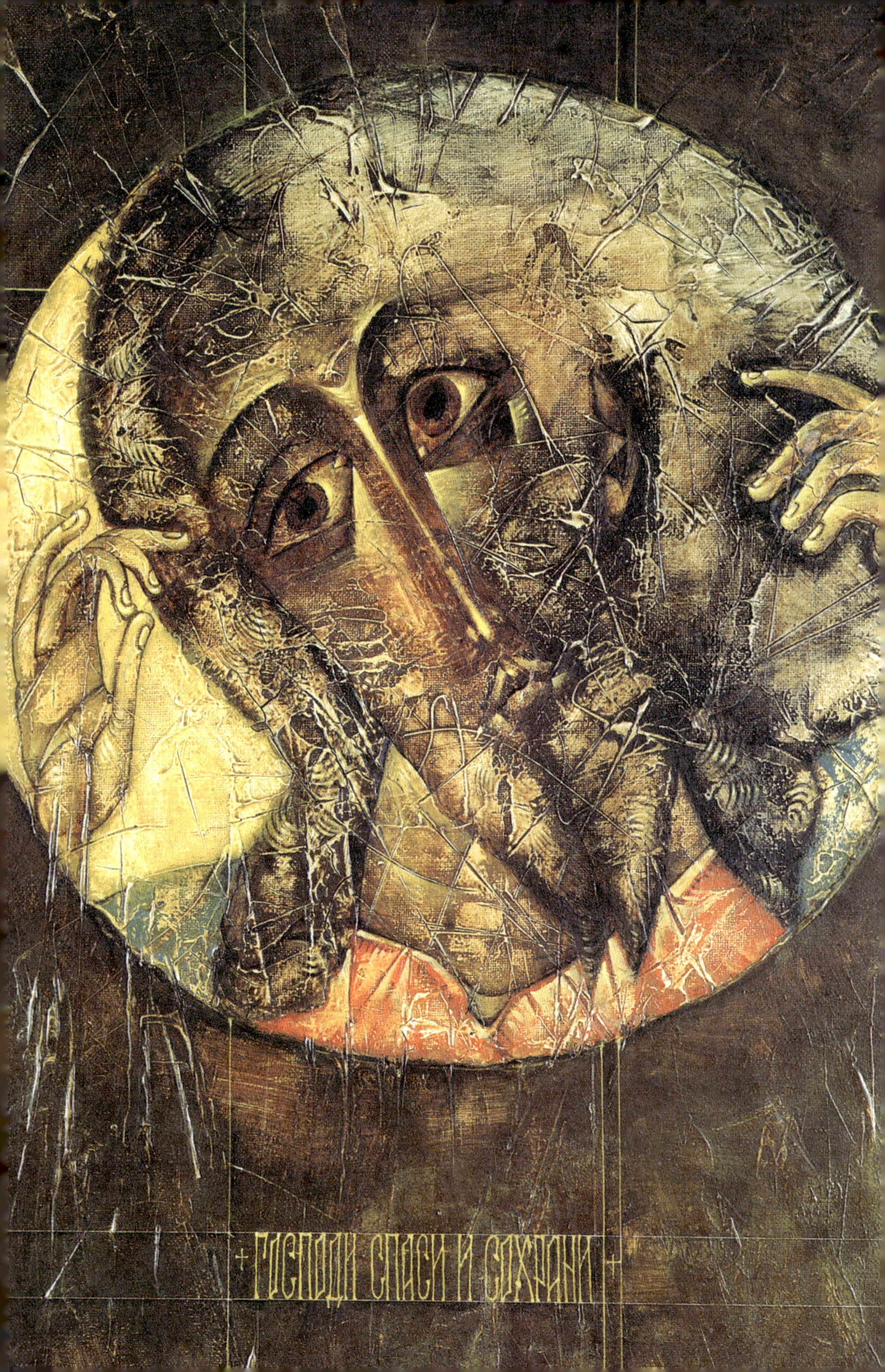
+ ГОСПОДИ СПАСИ И СОХРАНИ +

俄罗斯文化与当今世界 *

世界上没有任何一个国家像俄罗斯那样，历史中能有如此之多和相互矛盾的神话。世界上没有任何一个民族像俄罗斯人那样不被重视，或得到各种不同的评价。

尼古拉·别尔嘉耶夫生前经常指出，俄罗斯性格具有明显的极端性。在俄罗斯性格当中，完全对立的多种特点以奇特的方式共存：带有残酷性质的善良、带有鲁莽性质的细心、带有专制性的自由、带个人主义特性的利他主义、带有民族自豪感和沙文主义性质的妄自菲薄等矛盾性特点。另一个原因是，各种不同的理论、意识形态对现在与未来带有偏见的解释等，均在俄罗斯历史中发挥着巨大的作用。此类的实例很多，现仅举一例——彼得大帝的改革。为了实现他的国家改革方案，完全扭曲了人们对彼得一世之前的俄罗斯历史的认识。既然俄罗斯必须尽可能地接近欧洲，首先就必须证明，俄罗斯与欧洲是完全脱离的。既然需要加快国家的前进步伐，就必须编造一种神话，即俄罗斯是一个因循守旧和非常落后的国家。既然需要新文化，就必须将本民族的文化说得一无是处，正如俄罗斯生活中常见的现象那样，为了前进和创新，就必须对过去的一切予以沉重的打击和否定。在强大动力的作用下，这些愿望都一一实现，整整700年的俄罗斯历史[①]遭到了抛弃和诽谤。这种俄罗斯历史神话的缔造者便是彼得大帝，他也是关于他本人神话的缔造者，但与此同时，彼得大帝还是典型的17世纪巴洛克式人物，他是他父亲阿列克谢·米哈伊洛维奇执政时期的宫廷诗人西梅翁·波洛茨基教育诗篇及遗训的再现者。

世界上还从未有过任何伟人能像彼得大帝那样，创造了如此稳固的人民神话和历史神话。关于国家神话的稳固性，我们通过今天的现实也能对此有所了解。我们国家必需的神话之一，就是关于革命前的俄罗斯文化是落后文化的这一神话、俄罗斯从一个文盲大国变成了先进的强国等等。最近70年的赞美诗般的牛皮都是从这儿开始吹起的，但是早在革命前，阿列克谢·索博列夫斯基通过研究各类官方文件已经证明，16—17世纪的俄罗斯国民普遍具有很高的识字水平，在俄罗斯古城诺夫哥罗德发现的大量的桦树皮文献同样证明了这一点，那些文献大部分保存完好。19和20世纪，所有的旧教派信徒一律被列入“文盲”清单之中，因为他们拒绝阅读印刷版书籍。另外，在17世纪的俄罗斯，不曾有高等教育，不过对这

① 指彼得一世之前（18世纪之前）的700年。

当代创作的圣像《“救世主”科斯特罗马》，H. 穆欣，创作年代不详

油画《莫斯科救世主基督诞生大教堂》，А.П. 博格柳博夫，作于 1880 年

一现象的解释，应该从古罗斯时期特殊文化类别中寻找答案。

无论是在西方，还是在东方，都有一种异常坚定的看法，即俄罗斯未曾经历过议会制。在20世纪初的国家杜马之前，俄罗斯确实不曾有类似于国会的机构,发挥重要作用的是国家杜马。然而，彼得大帝之前早已形成坚实的协商机构这一传统。暂且不说诺夫哥罗德的市民大会“维切”。在蒙古鞑靼入侵之前的古罗斯，大公每天开始的第一项工作，就是召集侍卫军长官和大贵族“共同商议国家大事”。大公还定期举办有“市民”“修道院院长和神父”和“其他各阶层代表”参加的协商会议，并为创建具有固定体制、固定成员和各阶层代表参加的“全俄缙绅会议”奠定了坚实的基础。在16—17世纪的全俄缙绅会议上，与会代表要做书面报告并通过各项决议。当然，伊万雷帝曾与人们做了“非常残酷的游戏”，但是他却没敢正式取缔“与全国各界代表”协商这一古老的习俗，或者说，他至少是做了个样子，他坚持按照“古老的传统”管理国家。只有彼得大帝为了进行自己的改革，才彻底终止了古代俄罗斯广泛协商的传统和有“社会各界人士”参加的代表大会等古代传统。直到19世纪下半叶，社会和国家生活才开始恢复。尽管如此，社会生活和“议会制”毕竟得以恢复，古代传统并没有被彻底忘却!

我在此想谈的并非俄罗斯国内存在的关于俄罗斯的那些偏见，我想谈的是某些人对俄罗斯历史的看法，想谈谈为什么有人说，俄罗斯历史没有任何引力。

当我们试图创建任何一个民族的艺术史或文学史时，甚至当我们编写城市旅游手册或对某个城市进行描述时，或者当我们为博物馆的藏品编写目录时，我们都首先从最佳杰作中寻求支撑点。天才作家、画家的观点和他们的最佳作品才是依据，而不是专门寻找水平最差的艺术作品为依据。这是一条异常重要的和无争的原则。尽管我们不能脱离普希金、陀思妥耶夫斯基、托尔斯泰去创建俄罗斯文化史，但是我们完全可以在不参考阿尔谢尼·马尔克维奇、尼古拉·列伊金、米哈伊尔·阿尔齐巴舍夫和伊格纳季·波塔边科作品的情况下书写俄罗斯文学史。因此如当我谈到最宝贵的俄罗斯文化财富时，很可能不涉及没有价值或价值不高的文化现象，请大家不要认为，我是在搞民族自尊或宣扬民族主义。要知道，每一种文化之所以能在世界文化中占有一席之地，是因为那种文化具有最高的价值。尽管要真正弄清关于俄罗斯历史的神话传说非常困难，但是我们还必须分析其中的一个问题——俄罗斯究竟是东方，还是西方?

目前西方国家常把俄罗斯和俄罗斯文化看作东方文化，但什么是东方和西方呢？我们已经对什么是西方、什么是西方文化有所认识，但是对什么是东方、什么是东方文化却一点也不清楚。从地图上来看，东西方之间是否有明显的界线呢？生活在彼得堡的俄罗斯人与生活在海参崴的俄罗斯人之间是否有所不同呢？俄语中的“Владивосток”（海参崴）一词直接反映了“位于东方”这层意思[①]。我们同样不明白的还有：亚美尼亚文化与格鲁吉亚文化究竟属于东方文化，还是属于西方文化？我认为，如果我们重视古罗斯和俄罗斯的一个异常重要的特点，上述问题就完全可以迎刃而解了。

俄罗斯幅员辽阔，在这片土地上，两大类型的民族共同生存，他们之间有一些明显的区别。最早的历史记载是具有共同渊源的三大民族——俄罗斯人、白俄罗斯人和乌克兰人，他们的邻居也曾发挥巨大的作用。正因为如此，篇幅最大的历史巨著，即成书于11世纪的《编年纪事》，所讲的古罗斯故事，首先是关于古罗斯最早的邻居是谁、有哪几条大河及其不同的流向、周围分别有哪些部族等。北方是斯堪的纳维亚民族——瓦

① “占领并控制东方”之意。

兰人（多民族的混合体，后来的丹麦人、瑞典人、挪威人和“盎格鲁人”等，都属于瓦兰人）。古罗斯南方的主要邻居不仅是居住在希腊本土的希腊人，而且还有与罗斯人相邻的希腊人，即居住在黑海北岸的希腊人；其次是一个单独的多民族混合体——哈扎尔人，他们当中既有基督徒，也有犹太教信徒，还有伊斯兰教徒。

在罗斯人掌握基督教文字文化的过程中，保加利亚人和保加利亚文字发挥了重要作用。

在古罗斯时期广袤无垠的疆域中，与罗斯人保持最密切关系的是芬兰乌戈尔人和立陶宛部落（立陶宛人、热迈特人、普鲁士人和亚特维亚格人等）。根编年史料记载，这些民族的许多人逐渐融入罗斯人之中，他们与罗斯人过着共同的政治生活和文化生活，同时号召王公们一起攻打皇城——君士坦丁堡。与罗斯人和平共处的还有楚德人、默里亚人、维斯人、耶米亚人、伊乔里亚人、莫尔多瓦人、车累米斯人（马里人的旧称）和科米兹梁人等。由此可见，古罗斯从一开始就是一个多民族国家，古罗斯周围的邻国也都是多民族国家。

最典型的是下面一个特点：在建都问题上，罗斯人一直追求的是最大限度地靠近自己的国界。基辅和诺夫哥罗德就是出现在 9—11 世纪欧洲最重要的贸易之路上的城市。当时那条贸易之路横贯欧洲大陆的南北方，恰好位于“从瓦兰到希腊”这条主要商路上。先后建立在通商河流两岸的城市还有波洛茨克、切尔尼戈夫、斯摩棱斯克和弗拉基米尔等。

后来在蒙古鞑靼桎梏之后，古罗斯才开始出现与英国通商的可能，伊万雷帝便试图将首都从莫斯科迁至接近“海洋”、新开辟的通商之路的城市——沃洛格达，只是由于一个偶然事件，他的迁都计划未能实现。后来的彼得大帝也敢于在最危险的西北边界线上，即在波罗的海岸边建立新都圣彼得堡。当时俄罗斯与瑞典人展开的北方战争尚未结束，这一点充分体现了彼得大帝做事的极端性，不过如此大胆的迁都举措却是他仿效古老传统的结果。

依据 1000 多年的俄罗斯历史经验，我们完全有权谈论俄罗斯的历史使命。在历史使命这一概念中，没有丝毫的神秘主义色彩。俄罗斯的历史使命是由其他民族的发展状况决定的，另一个决定因素是俄罗斯联合了 300 多个民族，其中有需要保护的大民族和许多少数民族，俄罗斯文化正是在这种多民族条件下形成的。俄罗斯曾发挥各民族之间巨大的桥梁作用，首先是文化桥梁的作用。对这一点我们必须有清醒的认识，因为这座桥梁既减轻了各民族之间相互交流的难度，同时又大大缓和了他们相互之间的敌意和国家滥用权力的现象。

尽管历史上曾发生过民族政策方面国家滥用权力的现象（比如，瓜分波兰、攻占中亚等），但是俄罗斯人民在精神和文化层面上并没有任何过错，滥用国家权力的现象却是由国家一手导致的，或者以国家的名义导致的。我国几十年民族政策方面滥用权力的现象并没有完结，甚至经历过许多惨重痛苦的俄罗斯人民对此也毫无掩饰。我们完全可以十分坚定地说，俄罗斯文化在自身整个历史发展之路上，从未参与人类非常痛恨的民族主义。我们之所以能够这样说，是因为我们依然遵守了被普遍公认的一条规则，即文化是联结一个民族最佳特质的产物。甚至像康斯坦丁·列昂季耶夫那样保守的哲学家，也因多民族的俄罗斯国家感到自豪，而且特别尊重居住在俄罗斯境内的各族人民的民族特点，并喜欢欣赏他们的独特文化。

因此在莫斯科，特别是在彼得堡，18 世纪和 19 世纪的俄罗斯文化在具有多民族特点的沃土上得到了繁荣发展并非偶然。彼得堡居民的组成从一开始就带有多民族的特点，市内的主要街道——涅瓦大街很快变成了一条独特的、多种宗教信仰共存和相互包容的大街，与许多东正教教堂并排矗立的有荷兰、德国、天主教、亚美尼亚等国的

圣像画《圣母与圣子》，M.B. 涅斯捷罗夫，创作年代不详

教堂，涅瓦大街附近还有芬兰教堂、瑞典教堂和法国教堂。可能无人知道，20 世纪欧洲境内规模最大、最富丽堂皇的佛教寺庙就坐落在彼得堡。彼得堡还建造了一座豪华富丽的清真寺。

这就是那个创建了最仁慈、最具有普遍意义的文化之一的国家，一个具有欧亚多民族相互联合所需的一切先决条件的国家，同时又是最残酷的民族压迫者之一，他们首先压迫的是本民族、“中心”人民（即俄罗斯人民），组成了历史上最痛苦的悖论之一。在很大程度上，这种悖论的产生完全是人民与国家政权之间直接对立的缘故，完全是由俄罗斯性格的极端性以及同时追求自由和权力的特性所致。

然而，俄罗斯性格的极端性绝不意味着俄罗斯文化具有极端性。俄罗斯性格中的善与恶绝不是均等的，善良的价值总是远远超出恶的价值。文化通常建立在善良的基础之上，而不是建立在恶的基础之上，文化足以表达人民善良的本质特点。不能混淆文化与国家、文化与文明的概念。

走过千年历程的、始于 10—12 世纪古罗斯时期的、具有同一位女始祖的三大东斯拉夫民族（俄罗斯人、白俄罗斯人和乌克兰人）的俄罗斯文化，其最典型的特征是全球性和普遍意义，但是这种全球性和普遍主义的特征也经常受到歪曲。一方面，这种特征对自身彻底贬责；另一方面，表现出了极端的民族主义倾向。无论这听上去多么令人费解，光明的普遍性的确能引发出某些阴影……

由此可见，俄罗斯文化究竟属于东方文化或西方文化这一问题已彻底解决。俄罗斯文化属于西方和东方的几十个民族。正因为如此，在多民族的沃土上，俄罗斯文化及其独特性都得到了全面发展。比如，俄罗斯及俄罗斯科学院创建了非常实用的东方学和高加索学并非偶然。为了说明这个问题，在此仅列举数位曾为俄罗斯科学争光的东方学家的姓名即可：伊朗学家卡尔·格尔曼诺维奇·扎列曼，蒙古学家尼古拉·尼古拉耶维奇·波佩，中国学家尼基塔·雅科夫列维奇·比丘林、瓦西里·米哈伊洛维奇·阿列克谢耶夫，印度学和藏学家瓦西里·帕夫洛维奇·瓦西里耶夫、费奥多尔·伊波利托维奇·谢尔巴茨科伊、谢尔盖·费奥多罗维奇·奥尔登堡，突厥学家瓦西里·瓦西里耶维奇·拉德洛夫、安德烈·尼古拉耶维奇·科诺诺夫，阿拉伯学家维克多·罗曼诺维奇·罗森、伊格纳季·尤里安诺维奇·克拉奇科夫斯基，埃及学家鲍里斯·亚历山德罗维奇·图拉耶夫、瓦西里·瓦西里耶维奇·斯特鲁维，日本学家尼古拉·约瑟夫维奇·孔拉德，芬兰乌戈尔学家费迪南德·伊万诺维奇·维杰曼、德米特里·弗拉基米罗维奇·布勃利赫，希伯来语（古犹太语）专家格拉西姆·彼得罗维奇·帕夫斯基、弗拉基米尔·弗拉基米洛维奇·韦利亚米诺夫–泽尔诺夫、帕维尔·康斯坦丁诺维奇·科科夫采夫，高加索学家尼古拉·雅科夫列维奇·马尔等。在如此重要的俄罗斯东方学领域中，若想一一列举所有的东方学家是不可能的，但是他们的确对被纳入俄罗斯的各族人民做出了巨大贡献。我认识上述学者当中的许多人，其中大部分人都在彼得堡见过面，少数人在莫斯科相遇。遗憾的是，这批学者和专家相继去世之后，没有留下当之无愧的接班人。尽管如此，俄罗斯科学的发展离不开这些接受西方文化教育的人，他们都为俄罗斯的东方学研究做出了杰出贡献。

这种对东方和南方的重视态度首先体现了俄罗斯文化的欧洲特点，因为欧洲文化正是以自身的开放性接受其他民族的文化、与不同民族文化的相互融合、研究、保护和部分地掌握其他民族文化为特点。上述大批俄罗斯东方学家当中，许多都是已经俄罗斯化的德国人，这绝不是一种偶然现象。从叶卡捷琳娜二世执政时期起，开始在彼得堡定居的德国人后来都成为彼得堡具有全人类意义的俄罗斯文化之代表。在莫斯科，德国医生费奥多尔·彼得罗维奇·哈兹（F.J. Haass）成为俄罗斯另一种特征的代表，他非常同情那些被称为不幸者的囚犯，经常为他们提供最全面的帮助，还定期去押解站看望即将被流放和服苦役的囚犯，这仍然不是一种偶然现象。

由此可见，俄罗斯既是东方，又是西方，但俄罗斯分别赋予东方和西方的究竟是什么呢？对东方和西方而言，俄罗斯的典型特征和价值究竟有哪些呢？在探索文化的民族特性时，我们首先应该从文学和文字方面寻找答案。

在此我想使用类推法说明问题。

在世界上数以百万计的有生命的生物当中，只有人类才会说话，能听懂多种语言，只有人类才能通过语言表达自己的思想。因此一个人，如果他的确是一个大写的人，他就应该成为世界上其他所有生灵的捍卫者，要为宇宙万物申明它们的权利。这就像任何一种民族文化那样，即像代表由各种“沉默的”创作形式构成的最广泛的混合文化那样，最能表达文化典范的正是文学和文字，它们所表达的，只有文化的最佳典范以及最具表现力的民族文化特点。像人类为世界万物和所有生灵“申明”权利那样，文学可为整个民族文化“申明”权利。

高水平的俄罗斯文学诞生了，第一部文学作品描写了世界史以及对古罗斯在人类历史中的地位，这就是《哲学家的演讲词》，后来被收录在第一部《编年纪事》之中。作品的主题并非偶然。数十年之后，古罗斯出现了另一部历史题材的作品——《律法与神赐》，作者是最早的罗斯籍基辅和全罗斯都主教之一的伊拉里昂。这是一部相当成熟而精练的作品，作者采用了拜占庭帝国从未有过的体裁和风格，主要内容是对罗斯人的未来所进行的哲学思考。《律法与神赐》是一部世俗主题的宗教作品，这种主题本身是可与当时产生于欧洲东部的那种历史和文学主题相媲美的。书中对未来的思考已是独特而重要的俄罗斯文学主题之一。

契诃夫在中篇小说《草原》里，无意中说出了自己的见解：“俄罗斯人喜欢回忆，但是不喜欢生活。”也就是说，俄罗斯不是生活在现实中，而是只生活在过去或未来！我认为，这是俄罗斯人最重要的民族特征，它早已超出文学的范畴。事实的确如此，古罗斯时期历史体裁的作品长足发展，首先是史料编纂体裁的发展、数以千计的手抄本书籍、编年大事记、历史故事和编年史等等，都充分证明了当时的罗斯人对过去的特殊兴趣。

在古罗斯文学作品中，杜撰的故事情节极少。也就是说，17 世纪之前的古罗斯文学作品的故事情节只有曾经发生的事件，或者是历史事实和值得记述的故事。罗斯人特别尊重过去，他们甚至甘愿为尊重本民族的历史而献身。当莫斯科与全罗斯宗主教尼康、沙皇阿列克谢·米哈伊洛维奇和彼得大帝打算“摧毁老套”时，数以千计的旧教派信徒甘愿自焚。直到近代[①]，这一特征一直以独特的形式得以延续。

从古罗斯文学产生伊始，除了崇尚过去的特征之外，同时还有明确的目的性——走向未来，这是一种超出文学范畴的特征，也是整个俄罗斯精神生活固有的特征，这种特征往往以独特而丰富多彩的形式出现，有时甚至以被扭曲的形式出现。在自己的整个历史发展过程中，俄罗斯文学充分体现了走向未来的目的性。这是对最美好未来的向往，是对理想社会的追求和探索。值得注意的是，一方面，在很大程度上，俄罗斯文学具有直接意义上的训导——弘扬道德更新；另一方面，怀疑、探索、批判、讽刺等都根植于灵魂深处。这正是答案与问题！有时答案的确出现在问题之前。假如说列夫·托尔斯泰所有作品都是这种训导和答案，恰达耶夫和萨尔德科夫 – 谢德林作品中所涉及的则是令人绝望的问题和各种疑虑。

① 俄罗斯近代史（Новое время），是指 18—20 世纪十月革命这一时期的历史。

圣像画《永恒的寂静》，H. 穆辛，作于 1995 年

圣像画《全罗斯皇帝尼古拉二世及家人》，佚名圣像画家，作于20世纪

这种相互关联的倾向（怀疑与训导）是俄罗斯文学诞生伊始就有的特性，这种特性经常使文学与国家之间出现对立。古罗斯第一位编年史作者和基辅洞窟大修道院院长尼康确立了俄罗斯编年史的形式（按年代记录大事记），被迫从王公贵族那里逃到黑海沿岸的特姆塔拉干，在那里继续自己的生活和创作。后来几乎所有的古罗斯编年史作家不仅在不同程度上记述历史，而且还对某些现象进行揭露，对人们进行教化，同时呼吁古罗斯国家的统一。《伊戈尔远征记》的作者也正是这样做的。

在 16 世纪和 17 世纪，对古罗斯最佳国家模式和最佳社会体制的探索得以特别强化，古罗斯文学开始具有异常鲜明的政论特点，同时创建了大型古罗斯史料汇编，内容涵括了世界史和作为世界史组成部分的古罗斯史。

在俄罗斯，现实总是被理解为位于危机之中，这是俄罗斯历史的典型特征。我们不妨回忆一下，在俄罗斯的千年历史长河中，是否有过被同时代人理解为安泰昌盛的时代呢？王公和大贵族之间为了争夺权力而互相残杀的时代算繁荣昌盛的时代吗？彼得大帝时代和他之后的时代也算安泰时代吗？叶卡捷琳娜二世执政时期算是这种时代吗？那么尼古拉一世执政时期算是安泰时代吗？当然都不是！俄罗斯历史一直带有令人惊恐的标志绝非偶然，因为人民对现实的不满、市民大会的不安情绪、王公贵族之间的相互倾轧和内讧、起义和暴动、令人毛骨悚然的缙绅会议和宗教之争等，无不使人感到惊恐。陀思妥耶夫斯基曾写过“永远处于建立过程中的俄罗斯”。赫尔岑也曾指出：“在俄罗斯，任何事物都不是完结的，都没有达到应有的固化；俄罗斯的一切尚处于溶解和准备阶段……是的，所到之处，你都能闻到某种石灰味儿，随时听到锯木声和斧头声。”

在探索真理的过程中，在世界文学发展的长河中，俄罗斯文学最先意识到人的个性特点和自身价值的重要性，这种意识并非取决于人的社会地位和个人品德。17 世纪末，俄罗斯出现了一部诗体小说《痛苦与厄运的故事》，书中的主人公并不是一个出色的人物，而是一个默默无闻的年轻人，他居无定所，整天泡在赌场里虚度年华，而且还天天酗酒，最后落得一贫如洗。作者选择这样的人物作为小说的主人公，这在世界文学史中尚属首次。实际上，诗体小说《痛苦与厄运的故事》是俄罗斯人反抗行为发出的独特宣言。

“小人物”的价值这一主题后来成了俄罗斯文学的基本道德支柱。一个一文不名的、权利本应受到保护的小人物，成了普希金、果戈理、陀思妥耶夫斯基、列夫·托尔斯泰以及 20 世纪许多作家笔下的中心人物之一。

道德探索在俄罗斯文学中占有如此重要的地位，以致作品内容明显地居于形式之上。所有已经固化的体裁、风格和某部文学作品，好像使作家们受到了某种束缚，他们经常从自己身上脱掉形式的外衣，以便显露赤裸裸的真理。文学向前发展伴随着定期回归生活和“返璞归真”的倾向，或者借助于方言、俗语、口语、民间口述文学创作、“商务用语”和风俗体裁（包括信函、商务文件、日记、札记等，比如，卡拉姆津的《俄罗斯旅行家的札记》）向前发展，有时甚至借助于某些速记资料（陀思妥耶夫斯基《群魔》的某些片段中，插入了某些速记记录）向前发展。

无论是在经常拒绝固定风格和具有普遍意义的艺术流派的过程中，还是在拒绝单一体裁和混合体裁时，可以说，在拒绝对俄罗斯文学中颇为重要的作家职业化方面，绝对丰富多彩的俄罗斯语言一直都在发挥重要作用。在很大程度上，由于俄罗斯语言普及的区域非常广泛，不同的生活习俗、不同的地理条件、多民族的特性等，都能为各类生活习俗方面的概念、抽象概念和充满诗意的概念创建出大量的词语储备，这是确认此类事实的第一种情况；第二种情况是，俄罗斯文学语言建立在“多民族之间相互交流”的基础之上，建立在具有崇高的、庄重的古保加利亚语（教会斯拉夫语）特点的俄罗斯俗语基础之上。

以丰富多彩的语言为条件的多样性的俄罗斯生活、文学经常回归生活现实以及生活现实在文学中的渗透等现象，淡化了生活与文学之间的界限。俄罗斯条件下的文学总是不时地重温生活现实，而生活现实也常常浸于文学之中，这一事实确立了俄罗斯现实主义的特点。无论是古罗斯叙事作品试图讲述过去的生活现实，还是近代的陀思妥耶夫斯基迫使自己的主人公置身于彼得堡的现实之中，或者让他们置身于作家本人曾居住过的省城的现实之中；屠格涅夫的《猎人笔记》也是这样创作的，即他所写的全部都是真实故事；果戈理同样根据这一原则，使自己的浪漫主义与最微不足道的自然主义相结合；列斯科夫也是以这种原则雄辩地证明，他在小说中所讲的故事，全部都是过去发生的真实事件，同时营造了纪录片式的幻境。这些特点还逐渐过渡到 20 世纪的文学（即苏联文学）之中。“具体性”强化了文学的道德层面，即强化了文学的教益性和揭露性特点。在此类文学作品当中，读者能清晰地感受到牢固的民间习俗和生活方式。现实的确能使人感到精神上的不满足，同时还能唤起人们对美好未来的追求。

俄罗斯文学仿佛是在缩短介于过去与未来之间的现在，不满足于现状是俄罗斯文学的基本特点之一，该特点可通过对俄罗斯人特别典型的宗教探索、对没有长官和地主压迫的理想国之探索，拉近文学与人民思想之间的距离，而在文学范畴之外，则通过喜欢流浪生活的倾向，进行各式各样的探索和追求。

作家从来都不会只住在同一个地方，果戈理经常在旅途中，普希金游历了许多地方，列夫·托尔斯泰貌似已在青田庄定居，可最后也离家出走，最终像一个流浪者那样客逝他乡。

俄罗斯人创造的文学不仅是本民族的财富，而且还是一种道德力量，它可帮助人民渡过各种难关，帮助他们摆脱各种困境。我们可随时通过这种道德力量，获得精神支持。

当谈到俄罗斯人拥有的那些巨大财富时，我并不是说，其他民族没有类似的财富，但是俄罗斯文学这笔财富确有独到之处，因为它们的艺术力量与道德财富紧密相连。在俄罗斯绘画艺术方面，最典型的是肖像画。关于这个问题，我本人似乎无法证明，这是我个人的观点，但是每当我欣赏俄罗斯绘画作品时，甚至当我欣赏古罗斯画作时，俄罗斯肖像画依然使我惊叹不已。这是因为在古罗斯画作中，肖像画的表现力全部体现于形象的道德和教益之中。当你站在壁画或圣像画面前时，你似乎能感受到某种对峙性重压，仿佛觉得一个谈话对象活生生地站在你面前。

俄罗斯文学代表了俄罗斯人民的良知，俄罗斯文学对人类和其他民族文学都具有开放的特点，它与生活、现实、人对自身价值的认识等密切相关。

俄罗斯文学（包括散文、诗歌和戏剧作品）既是俄罗斯哲学，又是俄罗斯人独特的自我创作表现，也是俄罗斯人的全人类性的体现。

俄罗斯古典文学是俄罗斯人民的希望，是我国各族人民取之不尽的道德力量之源泉。只要俄罗斯古典文学能被人接受，只要俄罗斯古典文学作品还在继续出版，只要图书馆继续为大众开放，俄罗斯人民将永远具有道德自我净化的力量。

在道德力量的基础上，俄罗斯文化、作为俄罗斯文化表达者的俄罗斯文学，可联结不同民族的文化，这种联结功能正是俄罗斯文学的使命。因此我们应该聆听俄罗斯文学的心声。

由此看来，俄罗斯文化的地位是由它与东西方许多民族文化最丰富多彩的联系决定的。关于这种联系，有谈不完的话题和写不完的文章。无论这种联系曾发生多少次灾难性的中断，无论多少人曾滥用这种联系，这种联系毕竟是俄罗斯文化（是文化，而不是落后的文化）在世界上所占地位中最宝贵的财富。

俄罗斯文化的意义和作用取决于它在民族问题上、对世界观的探索中、对现实的不满态度中、在良知受到的难以忍受的痛苦中以及对未来幸福的探索中的道德立场，虽然有时出现某种虚假的、伪善的痛苦和探索，有时是足以证明任何手段都是正确的探索，但它们毕竟是不能忍受盲目乐观的探索。

需要探讨的还有最后一个问题：能否认为俄罗斯千年文化是落后的文化呢？这一问题似乎不会引起任何疑问，因为事实上，在俄罗斯文化发展道路上，确实遇到过数百次阻碍。然而，问题在于，俄罗斯文化的类型有别于西方文化。这里所说的俄罗斯文化首先涉及古罗斯时期的文化，特别是13—17世纪的古罗斯文化。俄罗斯艺术的发展之路一直是清晰可见的。画家伊戈尔·格拉巴里认为，与西方建筑艺术相比，古罗斯建筑艺术毫不逊色。事实已经非常清楚，在他所处的那个时代（即在20世纪上半叶），无论是在绘画、圣像画或壁画艺术方面，古罗斯并没有落后于西方。如今我们完全可以在能与西方和其他民族文化相媲美的艺术清单中增添音乐、民间艺术、编年史、近似于民间口述文学创作的古代文学。然而，19世纪之前的俄罗斯，究竟在哪些领域内明显落后于西方国家呢？在西方学者看来，俄罗斯在科技和哲学领域落后于西方。那么，原因何在呢？我认为，由于俄罗斯既没有综合性大学，也不曾有高中教育，因此才导致俄罗斯生活（其中包括教会生活）产生了很多负面现象。19世纪和20世纪受过高等教育的人数很少，那时形成的有教养的阶层还过于薄弱，而且这一阶层还不善于引起社会对他们的尊重。早已渗透于俄罗斯社会的民粹运动以崇尚平民的倾向，促使权威人物的威信趋于衰退。具有另一种民族文化意识的平民发现，受过高等教育的知识分子身上存在着某种虚假的、他们不喜欢的和甚至是与他们敌对的因素。

中世纪以及中世纪结束之后，俄罗斯文化曾发挥联合各种不同文化中心的作用。那些文化中心的创建时间相同，特点也有所不同，各自所在的地区和社会地位也有某些差别。不过此类区别有利于非常古老的阶层与随时形成的全新阶层在俄罗斯文化中的共存现象。

在俄罗斯历史发展过程中，最典型的特点是保守主义与快速更替的社会情绪和社会观点同时并存，从而使人觉得，甚至连俄罗斯的更新换代也比西方国家更快。这种现象的发生不仅是由于俄罗斯生活有些无序化，而且还由于在俄罗斯生活中，一定会留下某些古老的习惯传统，甚至会留下某些不合实际的习俗和传统；另一方面，还有发展古风和追求创新的极度热情。谁能想到古罗斯圣像画传统、编写圣者（受人尊重的圣者）行传、用古罗斯方法抄写手稿文献等传统，都能在我们俄罗斯继续传承吗？俄罗斯文化的结构从来都不是单一的，由于文化结构的这一特点，俄罗斯文化一直作为统一的整体不断发展，而且是相对均匀和坚定不移地向前发展。

一方面，俄罗斯文化类型发生了重大变化；另一方面，俄罗斯文化类型放弃了完整的古代习俗体系。在彼得大帝时期也是这样，一方面是发生了决定性的大变革；另一方面，农奴的生活方式并没有得到改变，旧教派信徒古老的生活方式依然在“思想基础”上得以彻底保存。

俄罗斯历史犹如解冻流冰期大河上漂浮的巨大冰块那样，它们在相互碰撞中一起奔向前方，而有些巨型冰块遇到阻力后被长时间地滞于某处。

关于俄罗斯文化的这种特点具有双重性：一种是有利于文化发展的正能量；另一种是阻碍文化发展的负面因素。虽然导致它们产生了冲突的局面，但也正是由于这种双重性特点，俄罗斯文化的范畴才格外宽泛，所以很难以少数标准和单一标准评价俄罗斯文化的特点。俄罗斯的自然环

油画《基里洛沃－别洛奥泽尔斯基修道院》，H. 梅德韦杰夫，作于 1995 年

境也是如此。人们只能对俄罗斯文化自身固有的丰富多彩的特点表示惊叹。

目前我们拥有一笔巨大的、充满活力的和不断发展的遗产——文化遗产。其中的部分文化现象依然保持着旺盛的生命力（比如，我们刚才提到的旧教派信徒），而另一部分文化现象却活在博物馆的藏品、书籍、建筑艺术丰碑和城市历史建筑（不可等同于建筑艺术的某些个别建筑物）中。这笔遗产（特别是那些真正宝贵和得到珍惜的遗产）能对创作选择的自由产生影响，自由选择的增多同样是因为俄罗斯文化的开放性。整个欧洲、欧洲诸国和欧洲历代的文化都体现于俄罗斯文化遗产之中。俄罗斯博物馆附近有埃尔米塔日博物馆，它曾对俄罗斯绘画艺术的发展产生深远的影响。越过涅瓦河，俄罗斯美术研究院的学生们曾师从荷兰画家伦勃朗、西班牙画家委拉斯凯兹等，还曾师从后来对巡展派画家产生重大影响的一批“荷兰小画家”。

由于俄罗斯文化广泛吸纳了其他各民族的文化遗产，因此它随时都能反映出内在的自由。然而，不幸的是，俄罗斯文化所具有的自由不仅是选择老师和教学资料的自由，也不仅是创作上的自由，而且还有随意摒弃他人意见和本人主张的自由，可任意摧毁、消灭、出卖和捣毁诸多建筑、城市、乡村、画作和纪念碑，可随意出售民间艺术品，可任意摧残和消灭作家和画家，最终彻底歼灭知识分子。

因此毫无疑问，俄罗斯文化财富的特点及俄罗斯文化创作的可能性，就是自由而广泛地选择老师、创作之路和绝非单一的文化遗产等。正因为如此，俄罗斯哲学领域的内在自由问题才备受关注，其中包括人们对别尔嘉耶夫、弗郎克、卡尔萨温以及他们之前的陀思妥耶夫斯基等人的哲学之关注。在丘特切夫和其他许多诗人的创作中，同样非常明显地反映出他们在创作选择方面的自由。在亚历山大·布洛克和弗拉基米尔·索洛维约夫的哲学抒情诗中，反映出他们对创作自由的追求，甚至是非常敏感的追求。

为了亲自掌握俄罗斯文化的发展之路，首先应该学习和研究俄罗斯历史和俄罗斯文化的特点。为了了解现代，思考俄罗斯历史并发现俄罗斯的实质性特点显得异常重要，因为在很大程度上，

过去发生的和今天依然发生的许多事件都是由俄罗斯自身所决定的，而且将来也依然如此。国际主义、走向未来的特点、对历史的态度等，所有这些都应该通过俄罗斯自身来调控。因此我们所面临的任务就是全面恢复俄罗斯文化。

在当今这个时代，过去的俄罗斯不会被人遗忘，尤其是对俄罗斯的未来深信不疑的人们，决不会忽视过去的俄罗斯。

俄罗斯人如此宽广的胸怀和极端性究竟能证明什么呢？“俄罗斯的教训”又能证明什么呢？它们首先能证明，俄罗斯性格中蕴含着无限的可能性；还能证明，选择的开放性、新生事物产生的突发性、以暴动反暴动的可能性、有组织反对无组织的可能性、突然出现的美好抵制最丑恶现象的可能性、俄罗斯人内在的自由；还能证明，在俄罗斯人身上，最美好、最纯洁、最光明的事物可穿透丑恶现象的屏障猛然迸发出来。俄罗斯的历史发展之路足以证明，俄罗斯不仅有极其丰富的物质和资源储备，而且还有大笔宝贵的精神财富。

俄罗斯并不是一个抽象的概念。为了使俄罗斯文化得以发展，应当懂得俄罗斯文化的历史和今天。

那么，在文化确实已经落后并已发生灾难性衰退的今天，我们究竟应该怎么办呢？我想答案已经十分明确。除了保护古代文化物质遗产（图书馆、博物馆、档案馆、文物类历史建筑）和所有文化领域的高水平技艺的良好愿望之外，还需大力发展大学教育。在这一方面，离开与西方国家的交往，恐怕是无济于事的。

我斗胆用一个方案来结束这篇札记，这个方案看上去可能有点像科幻：欧洲与俄罗斯应该拥有同一水平的高等教育。创建全欧大学是现实可行的方案，这种大学内的每一个学院最好能分别代表某个欧洲国家（文化学意义上的欧洲，也就是既包括美国，也包括日本和中东地区）。在某个中立国创办的这种大学完全可以成为全人类的高等院校，其中的每一个学院都能体现出本国的科学、本民族的文化、与其他民族文化之间的相互渗透、易于使其他民族接受和易于进行交流的文化。

在全世界范围内提高人文文化水平，这才是世界各国人民共同关心的大事。

为纪念 1812 年卫国战争胜利而建的救世主基督诞生大教堂（莫斯科）

俄罗斯人与外国人

文化的独特性和个性化面貌的形成，并非通过自我限制和对外封闭而形成的，而是通过不断认识并认真研究其他民族的文化财富和人类历史文化才逐渐形成的。在这个充满生命力的过程中，认识并思考本国历史和文化具有一种特殊的意义和作用。

对于当代的俄罗斯文化研究而言，对古罗斯艺术遗产的兴趣也并非偶然现象，这是因为古罗斯艺术的方方面面都是对那个动荡时期和民族振兴时期的解答。具体表现为充分认识古罗斯艺术家对大型体裁的作品，追求作品内容与形式的完美，感觉浩瀚的世界，追求最崇高的精神，对世上万物与全人类命运之间的相互联系承担责任，意识到人类命运应高于民族利益，充分认识本国与全人类达到统一的重要性。

若想真正掌握历史文化，就不能容忍任何表层的模仿，掌握历史文化要求创作者对过去的文化财富进行再创作，要求人们最大限度地准确理解自己的过去。

18 世纪初，由于彼得一世的改革及改革之后的俄罗斯全盘西化，古罗斯文化也完全回到了过去。也正是在那一时期，俄罗斯近代的新文化开始“接触”古罗斯文化，不过这种接触常常带有“科学出现之前”的某些特点。早期斯拉夫派一直追求恢复古罗斯，但他们对古罗斯的理解不够全面，同时还带有一定的局限性。

人们只能在某些尚有生命力的遗迹中寻找古罗斯，那些遗迹包括农民村社 – 族长制的生活习俗、商人和古老教派信徒们的服饰和家庭生活方式、他们所处时代的教会及其宗教特点等。

然而，在尚有生命力的遗迹中探索古罗斯的这种做法，使人们对古罗斯的认识产生了严重的曲解。

古罗斯留给后人的只有某些因循守旧的和无法改变的东西，所以守旧和静态性便是整个古罗斯文化固有的典型特征。

由于古罗斯遗迹只是在斯拉夫派所处时代（即 19 世纪的俄罗斯）的低级阶层中被发现的，因此古罗斯文化便是农民喜欢的文化，是一种难以划分社会界限的文化。

宗教哲学家伊万·基列耶夫斯基（И.В. Киреевский）曾经写道：“……俄罗斯生活习俗是遵循古代对文明的理解和渗透于人们意识中的概念建立起来的，这种习俗至今仍很完善，几乎没有发生任何变化，特别是在社会的低端阶层，这种生活方式保存得非常完整，尽管他们几乎是下意识地遵循这种方式生活，已经存在于一个平常的传说之中……”[1] 再看下面这段话：“王公、大

贵族、神职人员、人民、王公侍卫军、大贵族侍卫军、城市侍卫军和地方侍卫军等，各阶层的居民都具有同一种精神和同样的信念，掌握了同一类概念，对社会福利具有一致的需求。”[2]

古罗斯留下的遗迹主要是与欧洲文化无关的某些习俗和传统，所以古罗斯被世人看作一个自我封闭的国家、“像中国那样孤立的国家”、远离万里长城西部的一个国家。

古罗斯大部分遗迹存活到始于17世纪的新型俄罗斯，所以17世纪便在关于古罗斯的认识中取代了所有的前6个世纪。在许多画家和作家的笔下，任何一个古罗斯时代的罗斯人都身穿17世纪的服装，房屋全部是17世纪的建筑格式、17世纪的生活方式和17世纪的风尚。17世纪变成了这样一个时代，在那个时代，人们将古罗斯整个700年的历史认识奉为经典。

特维尔州斯塔里察的制衣工厂

特维尔州斯塔里察的主显圣容（尼古拉）教堂

与此同时，古罗斯时期似乎“并没有放射出艺术的光芒”[3]。

关于古罗斯的这些认识和理解广泛地渗透于19世纪下半叶的文学、造型艺术、戏剧、歌剧和建筑艺术（所谓“罗佩特式”①）之中。这些认识与官方的意识形态和民族的偏执性交织在一起。

尽管如此，科学在从来都不是斯拉夫主义的科学，也从未与上述那种平庸的古罗斯观苟同。

对古罗斯的科学认识建立在广泛发现以及对20世纪初和整个上半叶进行深入研究的基础之上，这种科学认识彻底推翻了上述种种对古罗斯的认识。

由于20世纪的发现和研究工作，古罗斯不再是一个一成不变的、自我局限的统一体，而是一

① 罗佩特式（Ропетовский стиль），伊万·帕夫洛维奇·罗佩特是一位俄罗斯建筑师，由他设计建造的房屋、室内装潢以及许多装饰艺术品，对建筑和艺术领域中的“假俄罗斯风格”的形成产生了巨大影响。

特维尔州斯塔里察的帕拉斯凯娃教堂

种丰富多彩的和不断变化的现象。

古罗斯建筑艺术史是建筑风格发生根本性变化的历史，无论是在古罗斯的个别区域，还是在整个古罗斯境内，情况都是如此。古罗斯建筑艺术史是古罗斯多样化的相互联系和相互作用的历史，是丰富多彩的建筑格式，是对个别建筑物和整个建筑群的多样化认识和理解的历史。

人们可通过风格准确断定古罗斯艺术史中的文物类画作的创作时代，年代相差不会超过 150 年。我们可以看到各种不同的画派：诺夫哥罗德画派、莫斯科画派、特维尔画派，还有卡申画派或卡尔戈波尔画派。

尽管古罗斯文学史自身具有许多共性特征，尽管它具有将所有文学作品凝结于统一类型，但古罗斯文学依然是灿烂辉煌和丰富多彩的文学。

极其明显的社会差别既可对古罗斯文化产生影响，同时也能对其他国家的文化产生影响。

古罗斯是一个完整的世界，它有着广泛的文化联系和复杂的发展过程，而这些联系和发展过程曾在 700 年间不断使古罗斯各个领域改变面貌。

与此同时，古罗斯一直在进行探索和追求。在古罗斯，人们从不满足于自己的现状，这正是古罗斯人勃勃生机和旺盛活力的真实标志。古罗斯人曾长期忍受社会不公，忍受贫穷带来的苦痛。即使如此，他们依然固守着伟大的良知;在古罗斯，既没有心满意足感，也没有一味的宽恕。凡是政论作品中提及的问题，一定是当时最尖锐、最重要和最广泛的社会问题，它们所涉及的不仅是日

佩列斯拉夫尔－扎列斯基的尼基斯基大教堂

德米特里大教堂外墙上的浮雕

伏尔加河上游斯塔里察河畔的老教堂

常生活中的琐事。最能激发政论家、作家和画家们灵感的，是世界观和世界秩序如何创建这一根本性问题。从这个意义上讲，古罗斯艺术遗产并不在于呼吁人们效仿它，而是要求人们通过创作，实现自己的理想和追求。

机械地模仿自身感到不满足的事物，模仿那些为寻求未来问题的解决方案的事物，必将是一种毫无意义的做法。

文化具有通过自身的风格联合其他民族文化的功能，任何一种有价值的历史现象，都应该以此种风格进行创作，并有机地运用这种风格。然而，最重要的几点在于，对其他民族文化和历史文化的认知，可丰富本民族的文化，可提高本民族文化的水平，可拓宽本民族文化的基础，从而使本民族文化变得更具多样性、更加深刻，同时加强和扩大它的全人类意义。

最后一点显得特别重要，因为蕴含在文化中的人类财富应该具有最大限度的多样性，并能涵盖最多的人类创造的成果。文化汲取的养料越多，对人类做出的贡献就越大。

金环城佩列斯拉夫尔－扎列茨基普列谢耶沃湖畔风光

我在《俄罗斯随笔》一书中，描述了俄罗斯人的最佳理想，即描述了他们的最佳品质，从而说明了他们如何把自己看作俄罗斯人。现在我清楚地发现，在《俄罗斯随笔》一书中，有一个重大的疏忽，即当我在书中谈到俄罗斯人的“最佳”特征（在艺术史或文学史中，最好永远突出这种“最佳”，也因为对艺术和文学的评价总是以此为标准）时，几乎只字未提最高之巅（艺术顶峰、哲学顶峰、宗教中的民族特点及顶峰）。

那么，怎样才能简明扼要地说明这些顶峰呢？思想家（包括哲学家、神学家和批评家）永远是这些“顶峰”的具体表现者。在西欧人看来，俄罗斯似乎既没有哲学家，也没有神学家。事实上，在古罗斯各个艺术创作领域内，在圣像画、音乐、诗歌等方面，他们都无处不在。古罗斯时期最著名、最独特的思想家有安德烈·卢布廖夫、圣季奥尼西，伊拉里昂、弗拉基米尔·莫诺马赫、阿瓦库姆、罗蒙诺索夫、杰尔查文、丘特切夫、莱蒙托夫、恰达耶夫、陀思妥耶夫斯基、弗拉基米尔·索洛维约夫、穆索尔斯基、斯克里亚宾以及尼古拉斯·洛里奇等。

为什么俄罗斯哲学会有上述特点呢？俄罗斯哲学非常具象，它不同于抽象的思想，它首先重视的是认识世界，而不是认识论方面的问题。对整个世界的认识首先与人们对世界的艺术思考密切相关。

重要的是要强调指出，伟大的艺术风格——浪漫主义（古罗斯时期，这种风格被称为“大型历史风格”）、哥特式（古罗斯将其称为“文艺复兴前期”风格）、巴洛克（俄式巴洛克）、古典主义等，这些都是可以认识世界的艺术风格，是足以发现世界的统一、世界从属于认识世界的统一原则（即内容与形式）的风格。无论根据其中哪一种伟大的风格，哲学史都应该考虑风格化地思考世界，而这种思考应易于理解，以便通过各个不同的艺术创作领域（建筑艺术、绘画艺术、雕塑艺术、文学、音乐，甚至还包括时尚和日常生活习俗），研究统一的风格特征。

因此某些诗人、作家、画家（包括圣像画家）和作曲家同时又是思想家，他们善于通过自己的创作反映本人对世界的认识和理解。他们对世界的艺术化理解有一个最大的特点，即他们对世界共性特点的内心感受要比他们对这些共性特点的逻辑认识更强烈。

非常典型的是，尽管在连续数百年当中，世界各国都曾有过，现在依然存在着像思想家那样的艺术家（歌德、贝多芬、莫扎特、瓦格纳、普桑等），俄罗斯人在认识世界的过程中，更重视看到世界的统一和完整，他们希望看到、感受到并能将自己的感受极其生动地传达给他人。

然而，最典型的还有一点，这就是几乎在各种情况下，俄罗斯艺术家对世界的认识都与他们对世界上发生的悲剧性的感受休戚相关。比如，擅长历史题材创作的音乐家穆索尔斯基、擅长描写同时代人的陀思妥耶夫斯基、擅长描写自然天性的丘特切夫、纵观世界的宗教哲学家弗拉基米尔·索洛维约夫、敢于接受未来灾难的诗人莱蒙托夫、弗拉季米尔·索洛维约夫、亚历山大·布洛克等。

如果回头再看我在《俄罗斯随笔》一书中谈到那个简单的问题（善良、意志和自由等），就能在书中发现这种悲剧性。具有悲剧色彩的有俄罗斯人的善良，俄罗斯人对意志、自由和成功的理解；具有悲剧色彩的还有俄罗斯人的无忧无虑和忘我精神（即不按习惯传统地生存）之基础。

这些问题都需要特殊而认真的思考，因为它们绝不是一种简单的现象。

现在我们再来看俄罗斯哲学的某些特点，应该注意的是，具有美学意义的论据曾是古罗斯从所有宗教中选择拜占庭东正教的主要论据，古罗斯接受了君士坦丁堡索菲亚大教堂那华美的祈祷仪式，仿照拜占庭的索菲亚大教堂，建造了足以体现最高智慧的索菲亚大教堂（分别位于基辅、诺夫哥罗德和波洛茨克）。美才是有利于真理的主要论据。

再看迷人的俄罗斯北方！我实在难以用语言来表达自己对俄罗斯北方的赞叹，难以表达我对这一边区的敬慕。在我 13 岁那年，我第一次乘车去了巴伦支海峡、白海和北德维纳河，还到沿海居民家做客。我置身于农舍之中，聆听了当地居民唱的民歌和他们所讲的童话故事，看到了当地非常漂亮的人们，他们为人既朴实大方，又不失体面，这一切都使我感到非常惊讶。我仿佛觉得，只有像他们那样，才算是真正的生活：一边从容而愉快地劳动，一边从劳动中得到无穷的乐趣。在那里，我还有幸乘坐坚实的高舷渔船畅游（沿海居民们所说的“出发”一词特具魅力）。我觉得，捕鱼和狩猎的确十分神奇。当地居民的语言、民歌和故事多么生动……可我那时还是个小孩，在北方逗留的时间很短，总共才度过了一个月。那是夏天的一个月，昼长夜短，使人仿佛觉得，太阳刚刚落山，东方便出现了鱼肚白，每隔 5 分钟，朝霞就会在

大诺夫哥罗德城堡内的俄罗斯千年史纪念碑，
M. 米凯申、И. 施列德尔和 B. 加尔特曼，作于 1862 年

特维尔州斯塔里察圣母升天修道院（该修道院位于伏尔加河上游河段）

水面上和空中变色，各种神奇景象目不暇接。如今，80 多年过去了，我觉得，我完全可以发誓，我从未见过比俄罗斯北方更美的边区，我对俄罗斯北方的迷醉会持续到我生命的最后一刻。

俄罗斯北方为什么会有如此之大的魅力呢？原因就是，现在与过去、现代与历史（谁的历史？当然是俄罗斯历史！一种最重要、最具悲剧色彩和最富有“哲理性”的历史）、人与自然、水彩画般抒情的水域、大地、天空、威严的悬崖峭壁、汹涌的波涛、千里冰封、万里雪飘、严寒和清新的空气等，这一切一切都达到了惊人的和谐。

俄罗斯北方的许多作家都在围绕着“北方”这一主题进行创作，但由于他们出生于北方，其中很多人都来自农村（他们虽然已经“走出”家乡，但是从某种意义上讲，他们又从不离开故乡），所以他们所描写的“自己的生活”似乎有点难为情，因为他们本身有时觉得，亲口夸赞自己的故乡，会被人看作是当地人在自吹自擂。然而，我出生在彼得堡，一生只在三个城市居住——彼得堡、彼得格勒、列宁格勒[①]，或许，再加上彼得城，这是一个特殊的城市，是一个从彼得堡市“游离”出去和正常运转的城市。因此我在描写本人对俄罗斯北方的无限热爱时，丝毫都不觉得拘谨……

尽管如此，最重要的是，北方之所以不可能不触动每个俄罗斯人的心灵，是因为那里有一个极为显著的特点，即北方具有最典型的俄罗斯特征。它不仅从精神层面上是典型的俄罗斯，而且还由于它在俄罗斯文化中发挥了杰出的作用才显得最具俄罗斯特征。俄罗斯北方不仅在历史上最艰难的时刻（波兰－瑞典联军的入侵、第一次卫国战争和第二次卫国战争）多次拯救了俄罗斯，而且还使我们国人不忘古罗斯壮士歌、古老的俄式生活习俗、俄式木结构建筑艺术、俄罗斯音乐文化、不朽的俄罗斯抒情诗（民歌、歌谣和口述文学杰作等）、俄罗斯劳动传统（农民、手工业者、航海家以及渔业工作者的劳动传统）。俄罗斯杰出的新土地开发者、旅行家、极地勘探人员、无比勇敢的战士等，也都是源于俄罗斯北方。

难道你能讲完富饶而光荣的俄罗斯北方拥有的一切吗？能讲完对我们特别珍贵的一切吗？能说清为什么我们像保护自己的眼睛一样保护俄罗斯北方吗？为什么既不允许大规模的居民迁移，也不允许丧失劳动传统，也不允许遗弃村庄呢？像很多人经常去意大利体验欧洲南部的健康疗效那样，也经常有很多人来到俄罗斯北方，还会有更多的人源源不断地来到这片土地上，以便亲身体验俄罗斯北方的道德疗效。

下面是对英国印象的一些摘录。英国的房屋建设曾在连续数百年当中不断发展，并创造了 19 世纪最典型的建筑格调。典型的英式豪宅的内部装潢和陈设的突出特征是折中主义，即室内体现出祖上积累的不同时代和不同风格的家具和饰物，它们与整个家族的教养和典型的英式习俗密切相关：四壁挂满了名画（特别典型的是，英国人家里悬挂的主要是水彩画和漫画），到处摆放着殖民地百年间从印度、中国、日本、波斯和美洲运来的各种家具和器物等。

曾一度从事英式“Country house”（郊外别墅）室内装潢和陈设的有一大批英国建筑师：威廉·肯特、罗伯特·亚当、亨利·霍兰德、威廉·钱伯斯、约翰·斯顿爵士等，他们都是英式别墅特别典型的帕拉第奥式建筑的缔造者。在俄罗斯，也曾有过类似的建筑格式，其中包括叶卡捷琳娜时期古典式和帝国风格的庄园建筑。这种独特的建筑格式还使折中主义、英国豪华建筑中的混合风格、时代交叉的风格、不同国家的建筑风格等得到了进一步发展，此类建筑同时体现了英国主人对舒适（几乎每个房间都有壁炉）、对花园和公

① 历史上，圣彼得堡市有过另外两个名称：彼得格勒（Петроград，1914 年 8 月 31 日，俄历 8 月 18 日—1924 年 1 月 26 日）、列宁格勒（Ленинград，1924 年 1 月 6 日—1991 年 9 月 6 日）。圣彼得堡市 1703 年 5 月 27 日由彼得一世奠基，并以 12 使徒之一圣彼得的名字命名；1721—1917 年为俄罗斯帝国首都。

罗曼诺夫王朝的摇篮——位于科斯特罗马伊帕季男子修道院内的"罗曼诺夫贵族之家"(又名"米哈伊尔宫",建于16世纪末)

园(一盆盆鲜花、花瓶里的鲜花、带鲜花的名画、植物和花草图案、英国印花布上的花束图案)的崇尚和热爱。与此同时,英国人对"质朴而典雅"也情有独钟,他们特别喜欢使用略有磨损的地毯、穿过的皮衣、稍稍褪色的印花布等。总之,任何器具和家具都不能是崭新的、有光泽的、刚刚修复过的或刚刚从商店买来的物品。

在剑桥,我应邀到一家特别好客而典型的英国人家里做客,我在他家住了几天。那是一幢带电梯的二层楼房,有一间客房(床头上方有一个书架,上面摆放着《圣经》和侦探小说之类的书籍)。客房有一扇通向院内的门,走出小院便是街道,轿车也经常经此门驶入。另一扇门直接通向花园和草坪,没有专门铺设的小路。小灌木林将花园一分为二:一半在房子跟前,另一半离房子稍远一点。房屋两侧都是专门由园丁精心打理的小灌木丛(家里必须有园丁,但是不一定有其他用人),他的主要职责是种花。我记得那是在3月,黄色的daffodils(水仙花)已经在永远是郁郁葱葱的草坪上怒放。每个房间里也都有鲜花,有的插在小罐子里,有的插在花瓶里。英国人喜欢把大自然搬进自己家中。

然而,问题不仅如此。我是想把英式郊外庄园与俄式郊外庄园做一比较,以特鲁别茨科伊家族位于"阿赫特尔卡"(离阿布拉姆采沃不远,可惜如今已不复存在了)的俄式大庄园为例:"那是

伊尔门湖畔风光

一座气势雄伟和非常阔绰的 Empire（帝国风格）的大庄园，属于 19 世纪初 chefs d'oeuvres（法语："最佳建筑"）之一。如今这座庄园依然是莫斯科郊外最漂亮和最古老的建筑之一。它就像那个时代的其他所有古老的庄园建筑一样，主要目的是在庄园里举行隆重的活动，而不只是生活上的便利。显而易见，为了保证建筑物正面之美，生活的便利做出了某些牺牲。

"前厅、台球厅、客厅和书房等正房美观而宽敞，但是庄园内可居住的房间并不多。在为数不多的卧室当中，部分房间是过道，或是天棚较矮和不太舒适的房间。庄园给人的整个印象是：庄园内的空间开阔，中间是一幢大厦，左右两侧分别是连接中央大厦的长廊（像莫斯科郊外的疗养地——'乌斯科耶'庄园那样），整个长廊由 Empire 圆柱支撑，中央大厦的两个三角墙上刻画着家徽。庄园内共有两个厨房，那是两座 Empire 式单体建筑，它们非常对称地分立于中央大厦正面前方那开阔的院落两侧。然而，与这些建筑宽大的形体相比，室内的空间相对狭小。外观如此壮观的庄园内，卧室却为数不多……其原因是当时的人们认为，生活应该服从于建筑风格。事实上，庄园内的生活已经完全服从建筑风格。非常典型的是，这种风格连同圆柱和 Empire 式还被用于教堂建筑中，这种格式的教堂仿佛与阔绰的庄园构成一个日常生活和建筑艺术整体。尽管这种教堂属于一种非常精美的建筑艺术，但是它依然像是一座小庄园，而不算是典型的宗教设施。”甚至在谈到日常生活习俗时，哲学家叶甫盖尼·特鲁别茨科伊（Е.Н. Трубецкой）想到了一次午餐时的情形，他这样说道：“就连这里的午餐……也显得过于风格化。”[4]

我想说明一点，位于郊外的英式宫殿里的中心是“drawing room”（客厅），它与俄式庄园内的舞厅和音乐厅完全不同。

那么，这些都属于俄罗斯式庄园的特点吗？战前（卫国战争爆发之前。译者）的一天，我向亚历山大·奥尔洛夫提出了这样一个问题：哪个社会阶层的人能操一口最纯正和最优美的俄语呢？亚历山大·谢尔盖耶维奇想了想，他没有立刻回答我的问题，过了一会儿，他坚定地说：是那些中等贵族，在他们的庄园里，随时都能听到最纯正的俄语。我在叶甫盖尼·特鲁别茨科伊公爵的回忆录《往事》中，找到了他对这种位于莫斯科郊外缅绍沃村的洛普辛“中等贵族庄园”的描写：“……当时庄园内弥漫着老贵族式舒适宜人的生活气息，而这种气息在列夫·托尔斯泰小说中的罗斯托夫家族得到了绝妙的再现。”[5]“在他们看来，城市里的房屋和木结构民居绝不是举行隆重宴会的场所，而是舒适而温馨的家庭港湾。”[6]“每个房间里永远都是宾朋满堂，庄园内能容纳的客人数量往往会达到极限。”[7]庄园内所有房间的布局非常合理，特别舒适，顺便说一下，多数四壁是用未涂色的和被砍平的圆木垒起的，墙上挂满了精致的名画，而且主要是风景画。这种室内装饰图案保存至今完好。

另外，每个房间内都有足够数量的沙发和座椅，以满足所有客人的需求。既有普通沙发，也有加长的沙发，还有三角沙发，它们分别位于最适于客人谈话和做游戏的地方。

虽然德国人永远都觉得萨克森方言具有喜剧特点，但令人惊叹的是，19 世纪的俄罗斯作家在描写德国人说俄语时，为了达到一定的喜剧效果，他们特意运用了这一方言。

故作癫狂的修士（疯修士）并不是一种民族现象，拜占庭帝国、意大利、俄罗斯和东方国家等，都曾有疯修士。东正教中有疯修士，天主教和伊斯兰教也都有类似的信徒，只是新教和路德教中没有这种现象，但是类似人物往往以其他特殊形式出现。

疯修士所追求的是使自己的行为变成训诫，他们的行为实际上是一种象征。彼得一世的很多行为都是源于“疯修士文化”的影响。

意大利基督教推动者阿西西的圣方济各魅力十足的形象与清贫的生活方式密切相关，古罗斯圣者谢尔吉·拉多涅日斯基也是如此，但是圣方济各是一位托钵僧，而谢尔吉·拉多涅日斯基却出身于贫苦的农民家庭。二者之间的实质性区别就在于此。

谢尔吉·拉多涅日斯基本人生前做过木工，他亲手建造修士居室，搬运过兴建教堂所需的木料，亲自挑水，亲自烤面包，亲自缝制衣服和鞋子。总之，他亲自动手，喜欢干各种粗活，有时甚至为了换取发霉的口粮，他还受雇去给人家做木工活。当他誉满整个古罗斯之后，他的劳动者形象依然不改。正因为如此，他才能在人民中间获得崇高的荣誉和不可争议的威望，所以莫斯科国家①和俄罗斯教会的最高统治者也不得不敬重他。

当时经常到修道院朝拜的人都是把他看作一

① 莫斯科国家（Московское государство），是俄罗斯中央集权时期的名称。在 16—17 世纪，这一名称是指沙俄境内的莫斯科大公国。与此同时，“莫斯科国家”这一名称与“俄罗斯”正处于同化过程之中，这一过程持续到 18 世纪初俄罗斯帝国首都从莫斯科迁至彼得堡为止。在 19—21 世纪的俄罗斯历史文献中，“莫斯科国家”是 15—18 世纪俄罗斯中央集权国家的名称。

位普通工作者，他们不相信，站在他们面前的正是那位名扬全罗斯的修道院院长。德米特里·顿斯科伊大公曾亲自到修道院参见谢尔盖·拉多涅日斯基，向他请教并请求他的帮助。他对大公提出的建议果然奏效了。由于下诺夫哥罗德公鲍里斯曾一度不服从莫斯科天朝的命令，谢尔盖·拉多涅日斯基便下令关闭了下诺夫哥罗德所有的教堂。由于鲍里斯担心人民起来反对他，因此他只好同意服从莫斯科的管辖。1380 年，德米特里·顿斯科伊大公决定率军攻打马迈汗（Мамай）。他在出征之前，专程来到莫斯科郊外的修道院拜见谢尔盖·拉多涅日斯基院长，于是院长派自己的两名修士随军参战。实际上，院长的这一举动是不符合教规的，因为教会规定不准修士们参战。然而，谢尔盖·拉多涅日斯基毅然决然地为即将征讨马迈的罗斯统帅祝福。他完成了一项神圣的事业，提高了德米特里·顿斯科伊大公及罗斯官兵们的士气。

与阿拉斯加相关的民族学收藏品最多的城市，一个是列宁格勒 – 彼得堡，另一个是芬兰的赫尔辛基 – 赫尔辛福斯。俄罗斯阿拉斯加的最后一任省长是个芬兰人，芬兰史诗《卡累瓦拉》的收集整理者艾利亚斯·隆罗特（E. Lönnrot）激发了省长对民族学的兴趣，对本国人民的热爱提示他要热爱美国的印第安人。

关于“落后的俄罗斯”这一庸俗和传播很广的观点，谢尔盖·索洛维约夫在《解读彼得大帝》一书中，鲜明地阐释了一种正确思想。他说，在历史发展之路上，人民的前进不能与孩子们在赛跑时或赛马场上的你先我后相比，在这种情况下，会经常使用“落后”一词。或许，跑得较慢的人也许恰恰拥有较大的内力和能量。针对谢尔盖·索洛维约夫的这一思想，我想补充说明的是：或许是由于年龄段的原因，年纪较轻的人就是比长者缺乏一定的教养，在年龄上和职场上可能落后于长者。不过年轻人到后来还是可以赶超……

“俄罗斯，贫穷的俄罗斯。”虽然这是一种完全正确的观点，但岂不知王公和大贵族、宫廷和皇室人员是多么富绰，只要将彼得堡郊外的皇宫与奥地利帝国皇帝弗朗茨 – 约瑟夫一世（F. Joseph I）位于维也纳郊外的美泉宫做一对此，事情便一目了然。还有修道院的财富、图书馆丰富的藏书等！然而，俄罗斯毕竟是一个贫穷的国家，因为富裕或贫穷正是指人民的富裕或贫穷，是以全民共同的生活水平为标准的贫与富。

苏联科学院院长亚历山德罗夫（А.П. Александров）在本院全体会议上所做的报告中，多次重复了大概早已是人人皆知和令人生厌的见解：“早在沙俄政府统治时期，我国就是一个纯粹的文盲大国……”哪来的这种见解呢？难道他是从某些过时的统计数据中找到的？不过在那些数据当中，所有的旧教派信徒全部被列入文盲者名单，只是因为他们拒绝阅读以民用体印刷的书籍，而实际上，这些“文盲”都酷爱图书，他们比资料收集者更懂图书，他们的阅读量也都很大。

我们关于历史和过去的认识大部分都是神话，其中之一就是“波将金村”。据这则神话所述，特级公爵格里戈里·波将金大将（Г.А. Потёмкин）扩充了新俄罗斯边疆区的居民总数，建设了敖德萨城、尼古拉耶夫城和其他许多城市，而且就是在他似乎准备为自己兴建“村庄”的那些地方兴建了这些新城市。

然而，在这则关于“波将金村”的神话中，至少有一点是可信的，即在俄罗斯，人们特别喜欢为“取悦长官”而大兴土木。

时代能对人产生作用，甚至当人们不接受那个时代时，情况依然如此。人们无法“摆脱”自己所处时代的影响。有人认为，宗教政论家马克西姆·格列科是文艺复兴的反对者，所以他才能置身于文艺复兴时代之外。是的，他的确是文艺复兴时代的反对者，他的老师吉罗拉莫·萨沃纳罗拉（G. Savonarola）也是这一反对派的典型代表。

法国政论家安纳托里·勒鲁瓦–博里约（A. Leroy-Beaulieu）在反驳“随便触碰一下俄罗斯人，就可能是个鞑靼人”的意见时这样说道：“只要你能使俄罗斯人挣脱鞑靼人的桎梏，你就能从俄罗斯人身上发现一个欧洲人。”从历史的观点出发，安纳托里·勒鲁瓦–博里约的说法无疑是正确的，因为鞑靼人的桎梏是一种衍生性的现象！

谁曾是俄罗斯国家好转时期的支柱呢？他们是米罗诺夫上尉①、马克西姆·马克西莫维奇②、图申上尉③……

“小市民习气”一词源自亚历山大·赫尔岑，他赋予该词的原意是“集体式的平庸”“集体式的温和与细心”“对个性化的极度仇恨”等，其他语言当中，几乎没有类似的词语。在俄罗斯，人们一直都非常厌恶小市民习气，所以这个词就被确定下来并沿用至今。

欧洲文化是一种具有普遍意义的文化，它可接受世界各民族的文化（接受历史上曾经有过的文化和现实存在的文化）。欧洲始于希腊，欧洲的、接受力很强的、包容性强的、自由的文化形态也源于希腊。

欧洲的文化中心应该重返希腊。

基辅洞窟大修道院的圣母升天大教堂就是由希腊人设计建造的。

在古罗斯时期，救世主弗拉赫尔纳女子修道院④闻名于世。这座修道院的兴建也与希腊人战胜罗斯人这一事件相关。当年基辅公阿斯科尔德（Аскольд）率领罗斯军队来到皇城君士坦丁堡城下，希腊人拿出圣母的法衣并将其浸泡在海水中，顿时大海狂怒并彻底摧毁了信奉多神教的罗斯人的战船。

有这样一个问题：当俄罗斯人看到敌人遇到不幸时，他们会对敌人抱有一丝同情。我还谈过俄罗斯人缺乏民族优越感这一问题，而且也写过这方面的论文。17 世纪之前所有的文学作品都已明确地解释了这两个问题。在这方面，最值得一读的一部作品是内容丰富而翔实的《喀山历史》。首先令人惊叹的是，与俄罗斯国家联合的不仅是大片土地和居民，而且还有某个王国及王国的整个发展史。征服喀山的标志是用俄语为俄罗斯读者编写喀山王国史。据同时代的历史学家所说，喀山王国和“强盗巢穴”的历史编写得翔实仔细，而且是在完全尊重喀山人的基础上编写的。在对攻克喀山城堡和战斗场面的描写中，高度赞扬了喀山人勇猛和顽强的精神，而且这样的描写还不止一次。“一个喀山人能对付 100 个俄罗斯人，两个喀山人能抵挡 200 个俄罗斯人。”作者为将士们的牺牲感到痛心疾首，而不分他们属于哪个民族。“双方死伤人数都很多，他们都像正在盛开的鲜花一样。”这可是对敌人的评价啊——“像正在盛开的鲜花一样”，简直令人惊叹不已。接下来，作者好像是在想请求读者原谅他对敌人的赞美。他这样写道：“你们当中的任何人都不会因为我指责与我们同一信仰的人而指责我，而我能为丑恶的野蛮人感到惊叹，因为众所周知，大家都会赞美他——喀山王沙赫里汗⑤，因为他的英勇气概实在令人折服。”

整部《喀山历史》都贯穿着作者对喀山城堡和城墙之美的兴奋和赞叹，他的描写振奋人心，但是最使人为之惊叹的是王后苏伊姆别姬（Сююмбеки）那抒情性的哭泣，她被人从喀山带

① 米罗诺夫上尉（Капитан Миронов），普希金《上尉的女儿》中的主人公，在作品中发挥了较大的作用。

② 马克西姆·马克西莫维奇·伊萨耶夫（М.М. Исаев），俄罗斯作家尤里安·谢苗诺夫笔下的主人公之一。作品中的形象马克斯·奥托·冯·施蒂利茨（Макс Отто фон Штирлиц）是亲卫队队旗领袖、苏联间谍，在纳粹德国和其他国家工作多年。

③ 图申上尉（Капитан Тушин），托尔斯泰《战争与和平》中的人物，书中的登场次数有限，但是作者对他的描写异常鲜明，显得人物饱满厚重。

④ 救世主弗拉赫尔纳女子修道院（Спасо-Влахернский женский монастырь），俄罗斯东正教修道院，位于莫斯科州德米特罗夫区杰杰涅沃市。

⑤ 沙赫里汗（Шагалей царь, Шах-Али хан，1505—1566 年），卡西莫夫统治者（1516—1519 年、1537—1566 年），喀山国王（1519—1521 年、1551—1552 年）。

到了莫斯科。能与她的哭泣相媲美的是俄罗斯文学中的三个人物和她们的哭泣，她们分别是雅罗斯拉芙娜（Ярославна）为丈夫伊戈尔公担忧而哭泣、叶芙多季娅（Евдокия）为丈夫德米特里·顿斯科伊大公之死而哭泣、叶芙普拉克希娅（Евпраксия）为被拔都杀害的人们而哭泣。

《喀山历史》的作者深深体会到王后苏伊姆别姬的感受：这位王后把俄罗斯人叫作“陌生人”；对她而言，伊万雷帝是“某国的沙皇”，但是作者依然将她所有的哭泣全部以俄罗斯民歌式情绪写入《喀山历史》中。不过描述她哭泣的篇幅较长，最好能全部读完。

听说在地中海国家的奴隶交易市场上，俄罗斯女人以保姆身份出售很受欢迎。在我国，农奴出身的保姆一直是最善良和最聪明的养育者。请见伊万·什梅廖夫（И.С. Шмелёв）在《来自莫斯科的保姆》一书中对普希金的保姆阿丽娜·罗迪翁诺芙娜的描述，叶甫盖尼·特鲁别茨科伊公爵的《回忆录》，谢尔盖·沃尔孔斯基公爵的《最后一天·纪实小说》等。

在“生活上的民主”方面，尽管俄罗斯曾长期实行农奴制，但是俄罗斯比西方国家却显得更民主！当时的地主们，特别是地主家的孩子们，经常与仆人们，还有农奴出身的小保姆（像阿丽娜·罗迪翁诺芙娜那样的小保姆）、小男仆（普希金中篇小说《上尉的女儿》中的主人公彼得·格里尼奥夫忠诚的老仆人萨韦利奇）一起玩耍。在这种大背景下，列夫·托尔斯泰一点都不惊讶。

斯蒂芬·格莱姆（S. Graham）在《不被人知的俄罗斯》（1912）一书中这样写道：“俄罗斯女人永远都敢于面对上帝；正是由于她们的存在，俄罗斯才显得强大。”

弗拉基米尔·索洛维约夫引用《福音书》中的话说：“要像热爱本民族那样去热爱其他所有的民族。”为了文化的发展，重要的是以同情之心去领会其他民族的文化。

最近一个时期，很多人都围绕着一个问题进行激烈的争论：如果人民在另一个民族的文学作品中发现，本民族的人被写成反面人物，那么，他们是否应该感到受辱呢？下面的例子不是出于苏联文学（为了不在伤口上撒盐），而是取自俄罗斯古代文学和古典文学作品。在《卡拉马佐夫兄弟》中，主要主人公之一——德米特里（小名“米佳”）把切尔马什尼亚村的地主弗鲁布列夫斯基叫作“подлайдак”（卑鄙的骗子）、“подлеченочек”（卑劣的小痞子）。卡尔加诺夫用劝谕的口吻对米佳说：“您最好不要取笑波兰了吧。”米佳回击说：“闭嘴吧，小伙子！如果我骂他是下流之辈，这并不等于我骂整个波兰都是下流之辈。波兰并不是由一个骗子组成的。”米佳的这番话并非偶然，这话里隐藏着陀思妥耶夫斯基本人的见解。

然而，我并不想指责陀思妥耶夫斯基，而只想说，如果人们因发现他们民族的代表（这里不是某种“代表”的意思，而是许多人当中的某一个人）被描写成丑陋之辈而感到愤慨。那么，作家就应该事先考虑到这一点。正如某些人认为的那样，当俄罗斯人发现自己在外国作品中被描写成反面形象时，也不必气恼（或许，正因为他们在外国作品中被写成了反面形象而感到气恼？）。为了保持关系的正常化，不应伤害那些容易生气的人。

关于愤慨，还有一种看法。只有当人们有意识地侮辱您的时候，您才应该感到愤慨。如果由于他们缺乏教养，由于他们不经意或一时口误而对您说了几句对您不敬的话，那么，您就完全没必要为此感到愤慨。

为了弄清陀思妥耶夫斯基如何看待波兰和波兰人这一问题，首先需要解决另一个问题，即陀思妥耶夫斯基是否有意在切尔马什尼亚村那场戏中激怒了“整个波兰”呢？

在这种情况下，我们可能像社会上的许多人那样去做。我们也会认为，某人因为一件小事而

伊尔门湖畔的圆石

愤慨，而那都是些微不足道的琐事，我们最好不必随时随地谈论类似的琐事，也不必在文学作品中涉及它们。

总之，还是不轻易生气为好。

奥拓·冯·俾斯麦在担任驻俄大使期间曾游历俄罗斯。后来有人问他，他在俄罗斯旅行的感受如何？他回答说：“马车准备的时间很长，但是马车跑得飞快。”

陀思妥耶夫斯基在《理论家的两大阵营》[①]一文中这样写道：“……我国人民可以毫无掩饰地展示自身的缺点，随时可当众讲述自身的疮痍，可毫不留情地鞭笞自己。有时人们甚至为了正义和追求真理而不公正地进行自我评判，即在违背真理做某事时，他们既感到愤懑，同时又感到心情不快。难道人对疾病的这种意识不正是他身体痊愈、病后恢复健康能力的保证吗？自责的力量首先是一种力量；它的存在是为了警示人们，社会上还有其他多种势力。对善良的热爱直接蕴藏在对恶行的谴责之中。对社会疮痍的愤怒必须以身体状况引发的痛苦为前提。”

假如这段话能加入我写的那本《俄罗斯随笔》中，该有多好啊。

每一个民族均有各自的优缺点，更多关注的应该是本民族的优缺点，而不是其他民族的优缺点。这本应是一条最简单的真理。

我用一生写完了这本书……

①《理论家的两大阵营》一文首次发表在《时代》杂志（周刊）1862 年第 2 期，第 143—163 页。

附录

利哈乔夫访谈录*

雷涅·盖拉：诗人普希金在您的一生中都发挥了哪些作用呢?

利哈乔夫：我很难确定普希金的文学创作在我一生中发挥的作用，下这种定义的难度相当于试图确定，一个人身上的某个器官对他的生命起到了哪些作用。比如，右耳发挥了哪些作用，左手和其他器官分别发挥了哪些作用等，都是难以说清的问题。普希金是我最重要的眷恋之一，是我心灵的眷恋。

雷涅·盖拉：您还记得您第一次接触普希金作品时的情形吗?

利哈乔夫：我第一次接触普希金的作品很早，那时我常听大人们给我读普希金童话故事，第一篇便是《苏丹王的故事》。

雷涅·盖拉：在您的生活中，是否有过必读普希金诗歌的特殊时段呢?

利哈乔夫：有过这样的情况，那就是当我开始憎恨普希金的时候。我上中学时，苏联学校正在处于大规模的各种教育实验阶段。记得在一个时期，学生必须参加“合唱式集体朗读”活动。文学教师选拔了数名学生（15 ~ 20人），让他们随着指挥棒的挥动高声朗读某些“特具教育意义”的诗歌。当时普遍认为，这种合唱式朗读法可培养学生的集体观念、群体意识和“相互协作精神”。这种活动有点像新兵的列队训练，而普希金和马雅可夫斯基的诗歌特别“适合”这种集体朗读活动。我们全班学生敞开自己年幼的心扉放声朗读了几十次《青铜骑士》，站在后两排的同学在朗读期间寻开心，他们不时地跳舞或做鬼脸。在此后很长一个时期，我不仅不能听《青铜骑士》，而且还不想听人朗读普希金的其他诗歌，至今我依然不喜欢马雅可夫斯基的诗。后果还不仅是这些，这种活动还使我丧失了集体工作的愿望，我成了所有青年联合会、集体活动和“友好选举”等活动的强烈而疯狂的反对者，为此我应该感谢普希金！只是在若干年之后，我才恢复了对普希金诗歌的正常态度。我怀疑，西尼亚夫斯基[①]对普希金作品的厌倦和否定态度也是集中营（索洛韦茨克监狱和白海大运河工地）的集体朗读的结果。在那里，合唱式集体朗读是以“活生生的报纸”形式出现的，即一组囚犯集体朗读报纸上的文章，所以这种集体被称作“活生生的报纸组”，那些“充满活力的报纸印刷者”在普希金面前毫不羞怯。

雷涅·盖拉：您对普希金的诗歌和他的散文是否同等看待?

利哈乔夫：不，不是同等看待。问题在于普希金的散文作品不及他的诗歌。在

① 安德烈·多纳托维奇·西尼亚夫斯基（А.Д. Синявский），俄罗斯作家、文艺学家。

诗歌中，诗歌形式本身就能检验诗人的品位。苍白的诗歌内容完全可以通过极好的形式来补偿（补偿和检验。比如，诗歌《致俄罗斯的诽谤者们》），而散文中苍白的内容无论如何都无法补偿（比如，长篇小说《杜布罗夫斯基》）。

雷涅·盖拉：在您看来，普希金属于彼得堡诗人还是莫斯科诗人呢？

利哈乔夫：他既不属于彼得堡，也不属于莫斯科。为什么要缩小普希金的意义呢？为什么一定要宣告他是哪个城市的诗人呢？通常彼得堡人坚持自己拥有普希金的“权利”，而莫斯科坚持自己的权利，这样一来，两大都市的人同时降低了普希金的意义和作用。普希金乃是整个俄罗斯的诗人。在普希金的视野中，确切地说，在他对诗歌的知觉中，既有莫斯科，也有彼得堡，还有克里米亚的古尔祖夫村、巴赫奇萨拉赖、摩尔达维亚、高加索……可能没有西伯利亚和白海一带。对本国的这种知觉每一次都与自己从“起点”特殊转折相关，而这种“起点”不接受数量上的评价。比如，普希金心目中的彼得堡是由一位“奇迹般的建筑师”——彼得大帝建造的城市（普希金有这样的诗句：“我爱你，彼得的创造”），而莫斯科则是一个具有历史、具有俄罗斯生活特色的城市。然而，在普希金的诗歌中发挥重要作用的还有皇村——他在那里度过了自己的少年爱情和顽皮时代，那里有著名的特里戈尔斯科耶（三座小山）庄园和米哈伊洛夫斯科耶庄园。普希金一直梦想着出国旅行，假如当年准许他出国，那他肯定成为整个欧洲的诗人。我们知道，他的作品不同程度地传入法国、苏格兰、英国、西班牙、希腊、南斯拉夫、德国等国。普希金经常不断地全面扩大自己的视野，了解了许多民族的文化，掌握了各种不同的文学体裁，他还不断“改变笔锋”……因此很难说清，他曾经在哪儿停顿，或者重点分析了哪些问题。

每当你以审视的目光纵观普希金的这种“不断扩充的宇宙”时，你都会感到由衷的兴奋，你都想与他同时高呼：“啊，普希金！”

我还是不能离题太远，应该回答您提出的问题。我特想写几篇文章，专门说明普希金了解“异国文化”和其他民族文化的“奇迹”。在此仅举一例，即他是如何理解“异国文化”的，其他专家也曾关注这一问题。在普希金诗歌《石客》中，劳拉对唐·卡洛斯说道（诗词大意）：

来吧，打开阳台门，看那寂静的星空！
静态和温暖的空气中散发着
柠檬、桂枝与百花的芬芳，
一轮明月高悬在深蓝色的夜空。
打更人拉着长音高喊：“晴天了！”
在遥远的北方，在巴黎
或许，天空正在乌云密布，
冷雨萧萧，寒风吹动……

当时的普希金仿佛已经移居马德里，并从西班牙人的角度看巴黎：“在遥远的北方”“冷雨萧萧，寒风吹动……”这不正是“心灵的转移”吗？

雷涅·盖拉：您是否认为，对普希金文学创作的研究，特别是对他那些成熟作品（《鲍里斯·戈杜诺夫》《上尉的女儿》，也就是与僭称王主题相关的那些作品）的研究，可能对年轻而陌生的民族大有益处？

热爱普希金及其作品的人与普通人之间的区别是什么呢？

利哈乔夫：对普希金历史观的研究可能是一项非常有益的工作，因为普希金特别聪明，也非常独立，他善于分析和思考各种极其复杂的问题。他善于在解决一系列道德问题的同时看待俄罗斯的僭称王现象，这一点在他的中篇小说《上尉的女儿》中体现得特别鲜明。我认为，不仅热爱普希金的人与“其他所有的人”之间有所区别，而且在热爱普希金的人们之间也有区别，其中最大的区别是存在于真正热爱普希金的人与“根据职业要求对普希金虚情假意者”（教师、导游员等）之间，而且后一种人轻易就能得到“相反的结果”……

雷涅·盖拉：普希金的创作能在多大程度上促进民族文化的复兴呢？他的创作能否成为一种凝聚力和未来俄罗斯文化的基石呢？

利哈乔夫：普希金的创作已经凝聚了俄罗斯各族人民，只有人们能正确诠释和理解他的创作，那么，他的创作将来一定能成为道德凝聚力的基础。必须指出普希金在诗歌《致俄罗斯的诽谤者》中的错误观点。如果只是拜倒在他的脚下，恐怕不能正确诠释和真正理解他的作品。我们喜欢真实的普希金，他也不会成为“另一个普希金”。人不可能没有缺点，他的言谈举止和整个文学创作，也不可能离开他所处时代的痕迹。

采访者：雷涅·盖拉

1999年2月12日于巴黎

原注及参考文献

文化是一种整体环境

[1] 虽然我曾对天才的、特具幻想力的史学家和欧亚主义者 Л.Н. 古米廖夫的手稿发表过正面评论文章，也曾为他的专著作序，并为他的论文答辩提供了帮助，但是我做这些并不是因为我同意他的观点，而是为了能使他的著作得以出版。尽管他对我不恭（我对他也不敬），但他毕竟尊重我的意见，所以帮他是我应尽的义务，不过这并不是因为我同意他的观点，而是为了使他能有说明自己关于有利于我国各民族团结的文化观的机会。

历史的自我意识与俄罗斯文化

[1] 这是笔者在 1989 年首次举办的"莫斯科拜占庭国际研讨会"上发表的意见。

[2] 请参见《俄罗斯国家整体与留里克王朝王公时代的国家管理・历史随笔》（摘自 В.И. 谢尔盖耶维奇编著的《维切与王公》一书）// 莫斯科，1867 年。

[3] 摘自《北日耳曼王国的政体》//K. 雷曼编著，柏林，莱比锡，1886（请见《古罗斯时期公国的权利》//A. 普列斯尼亚科夫编著，莫斯科，1993 年，第 61 页）。

[4] 请参见《弗拉基米尔王公的故事》// Р.П. 德米特里耶娃编著，列宁格勒，1955 年。

[5] 请参见《来自拜占庭的古罗斯高级僧侣及其在 15 世纪初之前的任命权》// 普拉东・索科洛夫编著，基辅，1913 年。

[6] 请参见《1665 年纳尔瓦河畔的哭泣》（摘自《古罗斯文学部著作选编》）// Д.С. 利哈乔夫编著，1948 年，第 6 卷。

[7] 在 19 世纪，俄罗斯已成为世界上图书馆数量最大的强国。除了藏书量位居世界第三位的彼得堡皇家公共图书馆、科学院系统的各大图书馆、鲁缅采夫图书馆、基辅大学图书馆、彼得堡、喀山、基辅等地的神学院图书馆、大学图书馆、高校图书馆、军校图书馆、普通中学和实用中技校图书馆之外，还有许多非常好的私人图书馆，特别是位于省城的那些庄园图书馆，有些庄园位于农村。正是由于这些图书馆的存在，一大批杰出作家和学者随时在那里汲取营养。

俄罗斯文化的两大根源

[1] 自 1051 年开始担任基辅都主教的伊拉利昂（Иларион，？—1055），第一位"纯俄籍"的都主教。除了他的《律法与神赐》之外，现存的还有《宗教信仰》《致柱塔修士》等代表作。

[2] 菲洛费（Филофей，约 1465—1542），普斯科夫叶列阿扎罗沃修道院长老和院长、"莫斯科是第三罗马"理念的作者缔造者，他曾亲自给莫斯科大公瓦西里三世・伊万诺维奇、沙皇伊万雷帝写信，详细地陈述了捍卫证教的这一理念。主张废除伊万雷帝的禁卫军，批判了伊万雷帝一手炮制的血腥事件和无法无天的行动，同时为被镇压者鸣冤，因此被发配到特维尔修道院并被马留塔・斯库拉托夫吊死。1652 年，沙皇阿列克谢・米哈伊洛维奇为废黜和折磨致死的圣菲利普在教堂忏悔。后来圣菲利普的圣骨移送到索洛韦茨基修道院并安放在该院的圣母升天大教堂内。

[3] 菲利普（Филипп митрополит, Ф.С. Колычёв，1507—1569；世俗名：费奥多尔・斯捷潘诺维奇・科雷乔夫），俄罗斯教会主教。1548 年，开始担任索洛韦茨基修道院院长；1566—1568 年，任莫斯科及全罗斯都主教。曾倡导取缔沙皇伊万雷帝组织的禁卫军，敢于揭露沙皇施行的血腥镇压政策和不法行为，敢于为那些被迫害者和被驱逐者辩护，他因这些行为失宠后被关押在特维尔少年王公修道院，而后被伊万雷帝的亲信马柳塔・斯库拉托夫活活勒死。1652 年，沙皇阿列克谢・米哈伊洛维奇为圣菲利普的不幸遭遇而向俄罗斯教会忏悔。菲利普的圣尸也从索洛韦茨基修道院移至莫斯科克里姆林宫圣母升天大教堂内。

[4] 在混乱时期，1606—1612 年担任全罗斯宗主教的格尔莫根（Гермоген），通过布道、向各地发送信件的方式，号召人民捍卫东正教信仰。由于他拒绝与波兰人和倒戈波兰人的俄罗斯大贵族合作，而被禁闭在克里姆林宫的奇迹（天使米哈伊尔）修道院内。当他被判处死刑时，他还为正在召集民兵的米宁和波扎尔斯基祝福。他在致下诺夫哥罗德公民的信中这样写道："上帝一定会保佑他们，我们也恭敬地为他们祝福！上帝必将惩罚那些罪恶的叛逆，他们现在和未来将受到诅咒。"1612 年 2 月 17 日，格尔莫根由于长期绝食而死于狱中。季奥尼西（Дионисий，约 1570—1613），圣三一谢尔吉大修道院修士大司祭、俄罗斯宗主教格尔莫根的战友，他二人曾一起通过布道，对人民进行爱国主义教育，在俄罗斯各地散发诏书并号召人民勇于与波兰人做斗争。为了拯救祖国，为了武装民团，他们还动员所有的有钱人募捐。

[5] 圣谢拉菲姆・萨罗夫斯基（Св. Серафим Саровский，1759—1833；世俗名：普罗霍尔・希多罗夫・莫什宁），独居和苦行修士，以缄默和苦修的功绩著称。在多

年修行之后，在下诺夫哥罗德季维耶沃女子修道院、阿尔塔托沃女子修道院、泽连诺哥罗德修道院。1903年7月19日，根据尼古拉二世的倡议，谢拉菲姆被俄罗斯教会尊为圣者。

罗斯受洗在俄罗斯文化史上的作用

[1] 弗拉基米尔一世·斯维亚托斯拉维奇（约960—1015），诺夫哥罗德公（970—988）和基辅罗斯大公（978—1015）。987年接受了基督教，988年将基督教作为古罗斯国教。

[2] 费奥多西（Феодосий Печерский，约1008—1074），11世纪的东正教修士、俄罗斯东正教的圣者、基辅洞窟大修道院及修道院“宿舍”的创始人之一、基辅洞窟大修道院院长安东的弟子。他坚决反对王公贵族之间的内讧和相互残杀行为，上书基辅罗斯大公斯维亚托斯拉夫并揭露强权政治。费奥多西为修士们留下了5部揭露修道院生活中阴暗面的《训诫》、两部致基辅罗斯大公伊兹亚斯拉夫的关于净化东正教信仰和祈祷仪式的《训诫》、两部致全罗斯人民的《训诫》，其中的第一部揭露了多神教的遗迹、自私自利、受贿、偷盗和酗酒等不良行为；整个第二部只针对酗酒行为。除此之外，现存的还有费奥多西撰写的两部祈祷用书，其中一部的主要内容是“为所有的基督徒祈祷”。

[3] 根据《约翰福音》（1，41）的记载，圣彼得的哥哥圣使徒安得烈是施洗者约翰的弟子，他在弟弟彼得之前，在约旦河被耶稣承认。因此希腊传说中将安得烈成为耶稣的第一个弟子。据古罗斯编年史料记载，安得烈在后来的古罗斯境内布道时来到基辅，他在那里竖起了一个十字架，后来又去诺夫哥罗德布道。在俄罗斯和苏格兰，均设立了纪念圣使徒安得烈的功勋章。

[4] 福季（Фотий，约820—896），拜占庭帝国神学家、格里戈里和约翰·兹拉托乌斯特之后的第三任君士坦丁堡宗主教（858—867和877—886），促进了拜占庭教会在保加利亚、莫拉维亚和古罗斯的影响。

[5] 俄罗斯诗人Ф.И. 丘特切夫的一首诗歌（1879年首次发表于«Русском архиве»，本诗歌写于1834年9月15日）。全诗共12句，诗歌大意：

我喜欢新路德派信徒的祈祷仪式，
他们的仪式严谨、庄重而又简单；
在这宽阔而富丽堂皇的大宫殿里，
我懂得了世界上最崇高的教义。

你们还没看到吗？人们已挤满街道，
信仰最后一次呈现在你们面前：
信仰还没有迈出门槛，
她的家已经空空荡荡……

[6] 赫拉布尔（Храбр черноризец，9世纪末—10世纪初），保加利亚修士，关于斯拉夫人文字起源的最古老文献的作者之一。

[7] 一个叫佩列斯维特（Пересвет），另一个叫奥斯利亚贝（Ослябя）。

[8] 智者叶皮凡尼（Епифаний Премудрый，14世纪末—15世纪初），未被列入圣者系列的圣者、东正教修士司祭、谢尔吉·拉多涅日斯基的弟子、《谢尔吉·拉多涅日斯基行传》的作者，该书从圣者谢尔吉·拉多涅日斯基去世之后一年开始撰写，26年后才最后完成。

[9] 修士大司祭福季（Фотий，1792—1838；世俗名：彼得·尼基季奇·斯帕斯基），尤里耶夫修道院长老，曾以与阿拉克切耶维奇的秘密合作、与俄罗斯圣经协会的残酷斗争而著称。

解析俄罗斯历史

[1] 阿托尔夫·路易·列昂诺尔·德·居斯蒂纳（Astolphe-Louis-Léonor, Marquis de Custine，1790—1857），法国侯爵、贵族和保皇党、作家、旅行家，1839年应尼古拉一世的邀请曾游历俄罗斯并著有《1839年的俄罗斯》一书，直到1917年十月革命之后才被译成俄文。

[2] 摘自《纪念С.М. 索洛维约夫》// В.О. 克柳切夫斯基编，刊登在《科学语言》杂志（月刊）1904年第7卷，第127页。

[3] 摘自《关于彼得一世的公开讲座》// С.М. 索洛维约夫编著，莫斯科，1894年，第八讲。

[4] 阿夫拉米·帕利岑（Авраамий Палицын，？—1626；世俗名：阿维尔斯基·伊万诺维奇），俄罗斯混乱时期著名的活动家、圣三一谢尔吉大修道院掌管财务的修士。曾为被“图申诺小偷”围困莫斯科提供粮食援助。著有价值不菲的史学著作《氏族前辈的故事》，还可能是《另类故事》的作者。

[5] 佩列斯韦特和奥斯利贝亚（Пересвет и Ослябя Родион），佩列斯韦特（亚历山大）是圣三一谢尔吉大修道院的修士。出家前是布利扬斯克的大贵族，曾与奥斯利亚别伊（原名：罗曼，出家后的名字：罗迪翁）一道参加库利科沃会战，二人都曾接受圣谢尔吉·拉多涅日斯基的祝福。在与鞑靼勇士切利贝搏斗时牺牲。

[6] 米宁与波扎尔斯基（Минин Козьма，？—1616），俄罗斯民族英雄，下诺夫哥罗德工商区居民、缙绅会议代表、混乱时期民族解放运动的组织者、第二民团的领导之一。波扎尔斯基（Д.М. Пожарский，1578—1642），下诺夫哥罗德公、军事统帅、民族英雄，对抗波兰入侵者的第一民团的参加者、第二民团的领导者之一。

[7] 费奥多尔·彼得罗维奇·哈兹（Ф.П. Гааз，1780—1853；原名：哈斯·弗里德里希·约希夫），莫斯科监狱医生、忘我的慈善家。“他将自己的财富分给他人……为了拯救那些‘不幸者’而献出了自己所有的时间和精力，

努力与普通的俄罗斯人达成共识”（А.Ф. 科尼语）。在А.Ф. 科尼《费奥多尔·彼得罗维奇·哈兹》一书中有这样一段插曲：都主教菲拉列特对哈兹为“被审判的无辜者”鸣冤叫屈的信件感到很不耐烦，于是对哈兹说：“您总是说，那些被审判的无辜者……无辜者是没有的。如果一个人被判处服苦役，那就意味着他的确有罪。”哈兹博士反驳说：“看来您已经彻底忘记了基督耶稣，忘记了至高无上的天主！”菲拉列特低头沉思片刻之后回答说：“不，费奥多尔·彼得罗维奇！当我说出一些偏激的话时，并不意味着我已经忘记基督耶稣，而是基督耶稣把我忘了。”（摘自《费奥多尔·彼得罗维奇·哈兹》// А.Ф. 科尼编著，圣彼得堡，1906 年，第 97—98 页）

[8] 请参见《解读彼得大帝》// С.М. 索洛维约夫编著，第 27 页。

思考俄罗斯

[1] 马克西姆·格列科（Максим Грек，1470—1556；世俗名：米哈伊尔·特里沃利斯），出生于阿尔塔（阿尔巴尼亚）的一个非常有教养的家庭，曾在意大利学习，在那里与著名的古典出版商阿尔德·马努奇相识，但对他的世界观和道德观产生深刻影响的却是萨佛纳罗拉，希腊宗教政论家、作家和翻译家，被俄罗斯教会尊为圣者。1507 年马克西姆·格列科剃度出家并进入阿索斯圣山的瓦托派修道院。1515 年来到莫斯科。他的第一部著作《诗篇》译文得到了宗教界的赞赏，大公瓦西里·伊万诺维奇为此还给了“两倍”的奖赏，但是却没让他返回祖国。后来马克西姆·格列科继续在古罗斯从事宗教文献的翻译和校对。《三重颂歌》《日课经》《使徒行传》，与俄罗斯宗教活动家瓦西安·帕特里凯耶维奇一道重新审定了《教会与世俗法则》和拜占庭帝国皇帝颁布的《城市法律》。在关于修道院世袭领地的问题上，拥护尼尔·索尔斯基的观点，伏尔加河流域长老们反对约瑟夫派的行动。马克西姆·格列科关于莫斯科生活的“无序化”的批评文章与基督教义相矛盾，内容包括从行贿受贿和高利贷到放荡不羁和迷信等。1525 年，教会判马克西姆·格列科有罪并将其发配到与他敌对的沃洛科拉姆约瑟夫派修道院。1531 年，教会法庭再次对他进行审判，给他戴上手铐脚镣并将其发配到特维尔少年圣母安息修道院，在此度过了 20 多个春秋。后来斯维亚托戈尔斯基修道院的修士、安迪奥赫斯基和君士坦丁堡的宗主教联名请求俄罗斯教会准许他返回祖国，但最终无果。马克西姆·格列科多次亲自请求伊万雷帝和都主教马卡里，同样一次次被驳回。马卡里这样回答说：“我们关系密切，因为大家都是神职人员，但要帮你，我们却无能为力。”至于莫斯科将马克西姆·格列科留下的原因，是由于害怕有人揭发，因为狱卒们也都意识到他崇高的科学和道德威望。

[2] 在为弗拉基米尔大公安德烈·博格柳布斯基撰写的“颂词”中，编年史作者强调指出，大公经常“救济穷人”。

[3] 马克西米利安·亚历山德罗维奇·沃洛申（М.А. Волошин，1877—1932），俄罗斯诗人、画家、文艺批评家，大半生在克里米亚度过。

文化生态学

[1] “文化生态学”（Экология культуры）是我首次在国外媒体上使用的一个术语。在俄罗斯境内，先后在《文化生态学》杂志（莫斯科，1979 年第 7 期，第 173—179 页）、《祖国遗迹》（莫斯科，1980 年第 2 期，第 10—16 页）、《知识就是力量》（1982 年第 10 期，第 6 页、3—11 页）、《业余文艺创作俱乐部》（1984 年第 1 期，第 18—21 页）等杂志上发表。此前我还在口头发言、个别文章和接受采访时使用“文化生态学”这一术语。我在 1984 年发表的演讲稿《均质层是适合于当代形式的术语》（发表在《星火》杂志 1984 年第 34 期，第 17—19 页）中首次使用了“均质层”这个术语。

[2] 摘自《В.С. 索洛维约夫全集》// 列宁格勒，1903 年，第 7 卷，第 359—360 页。

俄罗斯知识分子

[1] 请参见《使徒保罗》// 摘自《罗马书》，第 2 章，第 10—11 条。

[2] 谢尔盖·格里戈里耶维奇·沃尔孔斯基公爵（С.Г. Волконский，1788—1865），南方协会的领导者之一、俄罗斯少将、1805—1807 年反拿破仑战争和 1812 年反法卫国战争的参加者。作为一级要犯被判处终身流放，先后在涅尔琴斯克矿场、赤塔和彼得罗夫斯克工厂服苦役。

[3] 马特维·伊万诺维奇·穆拉维约夫－阿波斯托尔（М.И. Муравьёв-Апостол，1793—1886），被处决的十二月党人谢尔盖·伊万诺维奇·穆拉维约夫－阿波斯托尔的哥哥、拯救协会和幸福协会的创始人之一、南方协会成员、1812 年反法卫国战争和国外战争的参加者。被判处一级要犯和 20 年苦役，由于最崇高的行为而被流放到维柳伊斯克。

[4] 尼基塔·米哈伊洛维奇·穆拉维约夫（Н.М. Муравьёв，1795—1843），十二月党人运动思想家、历史学家、拯救协会、幸福协会、北方协会的组织者之一、《宪法》草案的作者、莫斯科大学毕业生、1812—1814 年远征的参加者，曾在俄罗斯近卫军总参谋部供职。被判为一级要犯后被发配到赤塔和彼得罗夫斯克的工厂服苦役，最后在流放期间死亡。

[5] 亚历山德拉·格里戈里耶芙娜·穆拉维约娃（А.Г. Муравьёва，1804—1832；原姓：切尔内绍娃），十二月党人勇敢的女英雄之一，当年普希金请她将诗歌《致西伯利亚》转交给被流放的十二月党人手中，最后在流放期间去世。

[6] 致《新世界》杂志编辑部的一封信，1993 年第 2 期。

[7] 摘自刊登在《科学》杂志上《被镇压的科学》一书的《前言》// 列宁格列，1991 年。

省城与伟大的“小城”

[8] 马卡里耶夫女子修道院1435年由下诺夫哥罗德修士马卡里·热尔托沃茨基建造，目的是号召楚瓦什人和莫尔多瓦人。1439年，修道院被鞑靼人烧毁并禁止重建。直到1620年，修道院才得以重建。

方志学既是一门科学，又是一种活动

[1] 莫斯科西蒙诺夫修道院1370年由谢尔吉·拉多涅日斯基的弟子和侄子费奥多尔创建。该修道院以修士西蒙（世俗名：大贵族霍夫林，他曾为兴建修道院提供土地）的名字命名。1923年，西蒙诺夫修道院改为博物馆，但是在1930年1月21日夜间，当天是列宁去世6周年纪念日，修道院内的6座教堂被炸毁了5座，一起被炸毁的还有密室塔楼、瞭望塔楼和大部分围墙。目前圣母诞生教堂正在修复之中，西蒙诺夫修道院的大部分面积被利哈乔夫汽车厂占用。

彼得大帝的建城遗训

* 本文是在1993年10月26日圣彼得堡文化基金会举办的文学回忆录系列“往事与回想”纪念晚会上的发言稿。

建筑学随笔

[1] 摘自《18世纪下半叶—19世纪初的俄罗斯建筑学理论》一书 // Н.А.叶夫辛娜著，莫斯科，1985年，第43页。

[2] 请参见《建筑文物保护理论与实践》// 莫斯科，1974年。

[3] 萨里宁（Элиэль Сааринен，1873—1950），芬兰民族浪漫主义建筑的奠基人。

文化财富

[1] 这是后来的一种传说。伊万雷帝死于1584年，而沃洛戈达索菲亚大教堂的壁画始于1686年。根据另一种传说，当伊万雷帝视察教堂苍穹施工时，“一块红色的砖头掉下来”，砸在了沙皇的头上。还有其他几种传说，主要说明伊万雷帝再也不去沃洛戈达的原因所在。

[2] 请见《古罗斯建筑艺术》// П.А.拉伯波尔特编著，列宁格勒，1986年。

[3] 格里戈里·帕拉马（Григорий Палама，1296—1359），拜占庭神学家、静修伦理学说及关于通过“心灵净化”和自我集中思想达到与上帝沟通之路学说的捍卫者。众所周知，关于主易圣荣那一刻放射出的神光这一问题，格里戈里·帕拉马曾与移居拜占庭的忠实的东正教信徒和合理神学派的代表卡拉布里亚大修士瓦尔拉姆（Варлаам，约1290—1348）展开过一场激烈的争论。然而，通过这次争论，特别是当他了解阿索斯修士们（保持缄默、隐居并非常狂热地急于“目睹上帝圣荣”的修士们）的静修宗教实践之后，格里戈里·帕拉马受到了那些修士的嘲讽和严厉的批评。不过在关于主易圣荣时放射神光的特性的争论中，格里戈里·帕拉马最终获胜，瓦尔拉姆被革除教门，然后返回意大利并开始信奉天主教。

文学漫谈

[1] 本文首次发表在《外国文学》杂志1982年第10期。

[2] 1681年4月16日，东正教大司祭阿瓦库姆被焚烧。

[3] 请参见《古罗斯诗歌修辞特写》// В.П.阿德里安诺娃－佩特茨，莫斯科、列宁格勒，1947年，第50页。

[4] 帕霍米·洛戈费特是塞尔维亚人，大约在1440年来到莫斯科，然后在圣三一谢尔吉大修道院度过了20个春秋，被称为“杰出的修辞大师”，曾是多部圣者行传的编者和手抄本书籍的作者。

[5] 费奥多西娅·普罗科菲耶芙娜·莫罗佐娃（Ф.П. Морозова，原姓：索科夫尼娜），17岁时嫁给了在沙皇阿列克谢·米哈伊洛维奇宫廷地位很高的大贵族Г.И.莫罗佐夫。当她丈夫去世之后，莫罗佐娃全身心地献身于宗教和笃信宗教事业，她是大司祭阿瓦库姆最热心的战友，后来她和妹妹叶芙多吉娅（乌鲁索娃）被关进鲍罗夫斯克监狱，1672年死于狱中。

[6] 穆辛－普希金伯爵（А.И. Мусин-Пушкин，1744—1817），考古学家、俄罗斯皇家科学院院士、皇家美术研究院院长。擅长收集俄罗斯历史文物。1800年，发现并出版了《伊戈尔远征记的手稿》。

[7] 奥莉加·米哈伊洛芙娜·弗雷登贝格（О.М. Фрейденберг，1890—1955），苏联古典语文学家、古希腊罗马艺术学家、文化学家和民俗学家。著有《诗歌比较的起源》一书（以《伊利亚特》为素材），该书被收录在《1819—1944年科学会议著作丛书》之中，列宁格勒大学，列宁格勒，1946年，第113页。

[8] 请参见《普希金传记资料》// П.В.安年科夫，莫斯科，1984，第96页。

[9] 同上书，第159页。

[10] 同上书，第135页。

[11] 请参见《论陀思妥耶夫斯基的文学风格》// 列宁格勒，1964年，第58页。

[12] 见列夫·托尔斯泰于1874年11月22日和1875年3月16日致出版商列昂尼德的信。

[13] 请参见《我的日记》（1903年3月9日）// 列夫·托尔斯泰，刊于《首都与庄园》杂志1914年第4期，第5页。

[14] 请参见笔者论文《列斯科夫及文学创作》。

[15] 请参见笔者论文集《普希金·研究与素材》第12卷，1986年。

[16] 《穆罗姆的彼得与费芙罗尼娅》// Р.П.德米特里

耶娃翻译整理，列宁格勒，1979 年。

[17] 《东正教事务管理局索洛韦茨基最佳修道院发展史》// 列宁格勒，1899 年。

[18] 《致编辑部的一封信》// A.M. 列米佐夫，刊于《金羊毛》杂志 1908 年第 7—9 期，第 145—148 页。

[19] 请参见《文学的未来是一个研究对象》// Д.С. 利哈乔夫，本文首次刊登在《新世界》杂志 1969 年第 9 期；最后一次被收录在 1985 年出版的《过去与将来》一书中。

[20] 同上。

[21] 摘自《M. 夏加尔答记者问》（采访者：A. 卡缅斯基）//《星火》杂志 1987 年第 27 期，第 25 页。

艺术漫谈

[1] 请参见《访谈录》// И.Ф. 斯特拉文斯基，莫斯科，1971 年，第 288 页。

[2] 同上书，第 302 页。

[3] 请参见《毕加索画作印刷品》// Duthy R. 编著，摘自美术杂志《鉴赏家》，1983 年 2 月号。

[4] 请参见《关于散文》// Б.М. 艾兴包姆编著，莫斯科，1984 年，第 322 页。

[5] 请参见《安德烈·卢布廖夫与他所处的时代》// И.Е. 丹尼洛娃编著，莫斯科，1971 年，第 61 页。

[6] 请参见《政治学》第 8 卷第 2 章，С.А. 热别列夫译 // 亚里士多德编著，莫斯科，1911 年。

[7] 请参见《论古罗斯艺术》// И.Э. 格拉巴里编著，莫斯科，1966，第 296 页。

[8] 请参见《古希腊罗马文学史》// И.М. 特隆斯基编著，列宁格勒，1957 年，第 20 页。

[9] 请参见《14 世纪的拜占庭绘画艺术·俄罗斯考古协会古典分会札记》// Д.В. 艾纳洛夫编著，彼得格勒，1917 年，第 9 卷。

行为“小节”

[1] 《约翰福音》第 1 章第 47 句。

[2] 请参见《独居》// В.В. 罗扎诺夫编著，圣彼得堡，1912 年，第 153 页。

[3] 请参见《迟来的傍晚·回忆·论文·书简》// A. 格拉德科夫编著。

[4] 请参见《作家日记》（《陀思妥耶夫斯基全集》）// Ф.М. 陀思妥耶夫斯基编著，第 1 部第 10 卷，圣彼得堡，1895 年，第 45 页。

杂谈

[1] 请参见《时代与良知》// Г.М. 科津采夫著，莫斯科，1981 年，第 213 页。

[2] 请参见《远征与战马》// С.И. 马蒙托夫著，巴黎，Ymca-Press，1981 年。

[3] 请参见《首都与庄园》杂志 //1914 年第 1 期，第 22 页（其中带插图）。

[4] 请参见《花道》//Trivedi Devika 编著，德里、孟买，1975 年，第 49 页。

[5] 请参见《首都与庄园》杂志 1914 年第 3 期，第 21 页（《谈话》一节）。

[6] 请参见《首都与庄园》杂志 1914 年第 4 期，第 17 页（带照片）。

[7] 请参见《帕甫洛夫斯克·历史札记与描述（1777—1877）》//（根据俄罗斯帝国皇帝尼古拉一世的次子康斯坦丁·尼古拉耶维奇的指令编写）圣彼得堡，1877 年，第 22 页。

论人文学科的科学方法

[1] 请参见《新思想的诞生》// 爱德华·博诺著；莫斯科，1976 年，第 84 页。

[2] 请参见《古罗斯艺术风格及规则》// Г.К. 瓦格纳著，莫斯科，1987 年。

[3] 请参见《自传笔记》// В.И. 韦尔纳茨基著，莫斯科，1981 年，第 286 页。

[4] 请参见《科研工作中的自我暗示》// Д.А. 戈尔德加梅尔著（科普杂读物《科学语言》杂志）//1905 年，第 10 期，第 5—22 页。

[5] 请参见《禁卫军史研究》// С.Б. 维谢洛夫斯基著，苏联科学院出版社，1963 年，第 11 页。

[6] 请参见《阿西西的圣方济各》// 吉尔贝特·切斯特顿著，纽约，1987 年，第 9 页。

关于历史记忆

[1] 请参见《马克思与恩格斯选集》第 33 卷，第 45 页。

[2] 请参见《彼得的故事》（预备资料）· 1721 · 普希金笔记中剔出的内容 // A.C. 普希金著，（由于 1840 年的书检制度未能保存下来）。

[3] 请参见《关于彼得一世的公开讲座》（第七讲）// С.М. 索洛维约夫著，莫斯科，1894 年。

[4] 请参见《各种资料的札记·青田庄·1870 年 2 月 14 日》（《索菲娅·安德烈耶芙娜日记》1860—1891）// С.А. 托尔斯塔娅著，莫斯科，1928 年，第 30 页。

[5] 请参见《帕甫洛夫斯克·历史札记与描述》一书 //（根据俄罗斯帝国皇帝尼古拉一世的次子康斯坦丁·尼古拉耶维奇的指令编写），第 22 页。

[6] 请参见《游历俄罗斯西北部》//K.K. 斯卢切夫斯基著，圣彼得堡，第 1 卷，第 14—15 页。

[7] 同上书，第 152 页。

[8] 请参见《来自过去》// Е.Н. 特鲁别茨科伊著，第

19页。

[9] 请参见《共同事业的哲学》// Н.Ф. 费奥多罗夫编著，第2卷，1913年，第221页。

[10] 请参见《俄罗斯的民族问题》// В.С. 索洛维约夫著，圣彼得堡，1888年，第140页。

[11] 同上书，第140—141页。

[12] 同上书，第139页（附注）。

自然为人，人为自然

[1] 请参见《В.И. 韦尔纳茨基自传》// 莫斯科，1981年，第258—259页。

[2] 请参见《园林的诗意》//Д.С. 利哈乔夫著，圣彼得堡科学出版社，1991。

论俄语的古今之变

[1] 丹尼尔·扎托奇尼克（Данил Заточник，12或13世纪—？），出生于佩列斯拉夫尔的作家、1378年的编年史料将其称为历史人物。《被流放者丹尼尔的祈祷》收录了当时社会上流传很广的书籍中的名言警句，那些书籍包括《圣经》《诗篇》《小蜜蜂》《恶毒妻子的故事》等。对贬黜的不满体现了作者对丹尼尔所处社会的讽刺和抨击，所以《被流放者丹尼尔的祈祷》是一种宝贵的历史文献资料。

[2] 图罗夫主教基里尔（Туровский, Кирилл，1130—1182），东正教神学家、教会活动家、作家、12世纪古罗斯最著名的宗教作家之一、风格细腻的修辞家，他的布道词特具抒情和雄辩术的特点，他被称为“金口玉言”式的演说家，最后被俄罗斯东正教会尊为圣者。

关于生命，关于死亡

[1] 摘自长诗《波尔塔瓦》（《第三歌》一节）// А.С. 普希金著。

[2] 薇拉·德米特里耶芙娜·利哈乔娃（В.Д. Лихачёва，1937—1981），极具天赋的艺术学家，因车祸而死。主要著作有《4—15世纪拜占庭艺术》（两次出版）、《古罗斯艺术遗产与现代》（与德米特里·利哈乔夫合著；1971年在列宁格勒出版）。

[3] 请参见《共同事业之哲学》// Н.Ф. 费奥多罗夫编著。

[4] 丘特切夫诗词大意：

大自然并非像您认为的那样
她不是模塑品和空洞的面容，
她既有心灵，也懂得追求自由，
她既有爱情，也有自己的语言。

俄罗斯文化与当今世界

* 本文的基本素材是作者在“第七届俄罗斯语言与文学教师国际研讨会”（1990年）上的报告。

俄罗斯人与外国人

[1] 请参见《论欧洲启蒙运动的特点及它与俄罗斯早期启蒙运动之间的关系》；《致Е.Е. 科马罗夫斯基的一封信》// 两卷本《И.В. 基列耶夫斯基作品全集》第1卷，莫斯科，1911年，第203页）// И.В. 基列耶夫斯基编著。

[2] 同上书，第206页。

[3] 同上书，第118页。

[4] 请参见《往事》// Е.Н. 特鲁别茨科伊编著，第8—9页。

[5] 同上书，第22页。

[6] 同上书，第24页。

[7] 同上书，第26页。

利哈乔夫访谈录

* 法国语文学家雷涅·盖拉（Рене Герра）与俄罗斯科学院院士德米特里·利哈乔夫的访谈录首次发表在美国（纽约）的俄文版《新杂志》（《Новом журнале》）上，1999年第215期。